荷塘年鉴

HETANG YEARBOOK

2023

◎《荷塘年鉴》编辑委员会 编

方志出版社
Publishing House of Local Records

图书在版编目（CIP）数据

荷塘年鉴. 2023 / 《荷塘年鉴》编辑委员会编.
北京 : 方志出版社, 2023.9
ISBN 978-7-5144-5838-1

Ⅰ. ①荷… Ⅱ. ①荷… Ⅲ. ①区(城市)－株洲－2023－年鉴 Ⅳ. ①Z526.44

中国国家版本馆CIP数据核字(2023)第234678号

责任编辑：齐笑
责任校对：张玉霞
责任印制：梅中英
出 版 者：方志出版社
地　　址：北京市朝阳区潘家园东里9号（国家方志馆4层）
邮　　编：100021
网　　址：http://www.zgfzcb.cn
发　　行：方志出版社图书营销中心（010-67110500）
印　　刷：湖南金太阳印刷有限公司
开　　本：889毫米×1194毫米　1/16
印　　张：20.7
字　　数：499千字
版　　次：2023年9月第1版
印　　次：2023年9月第1次印刷
定　　价：298.00元

《荷塘年鉴（2023）》编辑委员会

《荷塘年鉴（2023）》编辑部

编辑说明

一、《荷塘年鉴》一年一卷，逐年出版，本卷（2023）为第7卷，以马克思列宁主义、毛泽东思想、邓小平理论、“三个代表”重要思想、科学发展观、习近平新时代中国特色社会主义思想为指导，辩证唯物主义和历史唯物主义的立场、观点和方法，全面、系统、真实地记载2022年荷塘区政治、经济、文化、社会和生态文明建设等方面的新情况、新变化、新经验，为各级党政领导和社会各界人士了解荷塘、服务荷塘、建设荷塘提供翔实的资料信息和参考依据。所载内容除特载外，记述时限为2022年1月1日至12月31日。

二、本卷年鉴采用条目式记事体，分类编纂，基本结构为类目、分目、条目3个层次。部分分目下设子目。全书共设23个类目，主要有特载、大事记（▲表示此事件时间与上一事件时间相同）、基本区情、中共荷塘区委员会、荷塘区人民代表大会、荷塘区人民政府、政协株洲市荷塘区委员会、纪检·监察、民主党派、群众团体、法治、军事、经济社会监督管理、农业·农村、科技和工业信息化、商贸·金融、财税·审计、城乡建设与环境保护、社会事务、镇（街道）、人物、荣誉、附录等。

三、本卷文稿均由各部门（单位）指定专人撰写，并经撰稿部门（单位）领导审核、加盖公章，由年鉴编辑部编辑人员进行统一组稿和编辑。荷塘区新任（职务变动）区级领导简介资料，区委、区人大常委会、区政府、区政协及机关各部门（单位）负责人名单由区委组织部提供；“双管”单位，军事、金融等单位负责人名单由各所在单位提供。所收录新任（职务变动）区级领导为2022年新任或职务变动的领导；各部门（单位）负责人名单为2022年1月1日至2022年12月31日的任免名单。统计资料由区统计部门提供。

四、本卷所收录的先进人物和湖南好人，以2022年当选或被授予为时限。由于时间紧迫和资料收集等方面的原因，本鉴所录只为此范围内部分先进人物和湖南好人。“荣誉”未收录企业所获荣誉。

五、本卷照片主要由区委宣传部提供，其余由各有关单位提供。为防疏漏错误，照片一律不署作者姓名。

六、本年鉴计量单位使用国家颁布的法定计量单位。标点符号执行国家标准《标点符号用法》（GB/T 15834—2011）规定，数字用法执行国家标准《出版物上数字用法》（GB/T 15835—2011）规定。行文规范、印刷设计遵行湖南省地方志编纂委员会提出的相关规定和要求。

目　录

荷塘区人民代表大会

荷塘区人民政府

政协株洲市荷塘区委员会

纪检・监察

民主党派

群众团体

法　治

军　事

经济社会监督管理

农业・农村

科技和工业信息化

商贸·金融

财税·审计

城乡建设与环境保护

社会事务

镇（街道）

荷塘荣誉

- “友邻帮”农村养老服务模式获评全国居家和社区养老服务改革试点工作优秀案例
- 全国巩固深化“强基础、转作风、树形象”专项行动表现突出单位
- 全国公安机关执法示范单位
- 全国空军青少年航空学校招生先进单位

◇ SHUZI HETANG ◇

数字荷塘

▲ 全区常住人口 34.39万人

▲ 地区生产总值（ GDP ）284.4 亿元

▲ 农林牧渔业总产值 8.5 亿元

▲ 规模以上工业同比增长 10.8%

▲ 固定资产投资同比下降 13.0%

▲ 全年社会消费品零售总额 93.4 亿元

▲ 一般公共预算总收入 7.1 亿元

▲ 高新技术增加值 83.4 亿元

▲ 小学在校学生 30217 人，普通初中在校学生 14582 人

▲ 全区城乡居民可支配收入 57955 元(季度)

当前位置： 首页 / 专题专栏 / 热点专题 / 争当基层治理先行区 / 稿件页

荷塘区：战“疫”练兵 楼栋长为小区治理注入红色“栋”能

来源：新湖南　作者：石丹、王微　发布时间：2022-04-14　访问量：20次　字体大小：放大 缩小

最近在荷塘区的很多小区，经常会看到一群群忙碌的身影，他们在距离疫情防控最近的一道防线，以“管家”的身份牢牢守住最近的家门，他们就是小区楼栋长。

2022年3月24日　湖南日报新媒体

荷塘区：战“疫”练兵 楼栋长为小区治理注入红色“栋”能

区县新闻｜有事一起“议”荷塘区推动小区治理议事协商机制创新

2022-04-14　作者：石丹、刘惠玲

一阵微风吹过，沁人心脾的花香迎面而来，这样的景色不再是公园的专属。“这块土地肥沃，多种点好看的花，茶梅种多撒点，还有金边黄杨，我们一定要把这个小花园打理好，等太阳下山了，我们还要来浇水呢！”

2022年4月14日　“学习强国”学习平台

有事一起“议”荷塘区推动小区治理议事协商机制创新

荷塘区：拉网式摸排 筑牢自建房安全网

2022-05-10 09:47:18　红网时刻　浏览量：5.6万

红网时刻新闻5月10日讯（通讯员 汪子涵 杨灿 廖婷）为吸取4·29长沙自建房倒塌事故的惨痛教训，坚持把“生命至上、安全第一”落在实处，有效防范房屋安全事故发生，荷塘区全面开展自建房安全隐患排查整治行动。

2022年5月10日　红网时刻

荷塘区：拉网式摸排 筑牢自建房安全网

粽情端午，情暖人心——株洲荷塘区开展“向阳计划”端午节活动

发布时间：2022-06-06 13:27:46 | 来源：中国网 | 作者：[illegible] | 责任编辑：[illegible]

为了让精神障碍的服务对象及家属体验到端午节的节日气氛和社会关爱，6月2日上午，株洲市荷塘区疾控中心联合长沙仁与公益组织在桂花街道向阳之家举办了“向阳计划”端午节活动暨上半年度生日会，与精障群体提前共度端午佳节。

包粽子现场

活动伊始，志愿者与服务对象带来一个个精彩的节目，吸引了大家的目光，现场不时爆发出阵阵掌声。在有奖问答环节，大家也热情满满，踊跃举手参与互动，并在回答问题中学到了不少端午节的相关知识。随后，志愿者开始向服务对象演示如何包粽子，每演示一个步骤，都会强调需要注意的地方，服务对象聚精会神地观察着，遇到不明白的地方就会提问。经过大家的努力，一个个精心制作的粽子呈现在大家面前。

2022年6月6日　中国网

粽情端午，情暖人心——株洲荷塘区开展“向阳计划”端午节活动

湖南学习平台 / 正文　　平台信息：湖南学习平台

区县新闻丨荷塘区小区“红·管·家”，居民“笑开颜”

2022-06-17　作者：石丹 刘惠玲

走进荷塘区新苑小区，车辆有序停放、环境整洁，几个老人正在大树底下谈笑乘凉，一派温馨和谐景象。

过去新苑小区属于“三无”小区，无主管单位、无物业管理、无人防物防，小区建设久远、设施老旧，居民怨声载道。自从小区启动“珊珊姐红·管·家”微项目，积极探索创新小区微治理以来，小区党支部带领党员、楼栋长、志愿网格员等参与基层治理，小区旧貌换新颜，居民纷纷点赞，这也成为荷塘区争当基层治理先行区的一个“缩影”。

2022年6月17日　“学习强国”学习平台

荷塘区小区“红·管·家”，居民“笑开颜”

新湖南　湖南日报新媒体　打开

湖南日报｜荷塘区10家企业签约入驻产业园

2022年7月4日　湖南日报新媒体

荷塘区10家企业签约入驻产业园

中国妇女报　CHINA WOMEN'S NEWS

2022年08月04日 星期四

国内统一刊号：CN11-0003

新闻报料热线：010-57983094　Email:zbs2006@126.com

返回目录　语音读报　放大　缩小　默认　旧版　上一期　下一期

湖南株洲荷塘区进一步延伸妇联组织基层阵地

“她空间”工作室让居民幸福感升级

荷塘区东部美的城小区“她空间”女性成长课堂。

2022年8月4日　《中国妇女报》

湖南株洲荷塘区进一步延伸妇联组织基层阵地

“她空间”工作室让居民幸福感升级

湖南株洲市首届乡村音乐节暨第七季“穿越荷塘”活动启动

2022年08月17日15:57 | 来源：人民网-湖南频道　小字号

“穿越荷塘”活动现场。单位供图

近日，湖南省株洲市首届乡村音乐节暨第七季“穿越荷塘”活动在荷塘区仙庾岭省级风景名胜区启动。

株洲市委书记曹慧泉宣布活动启动，株洲市委副书记、市长陈恢清出席并讲话。

2022年8月17日　人民网

湖南株洲市首届乡村音乐节暨第七季“穿越荷塘”活动启动

2022年1月13日，荷塘区举办“发愤图强、重振雄风”大讨论夜谈会

2022年1月21日，荷塘区召开党史学习教育总结会议

2022年3月2日，荷塘区举行“春风行动”就业招聘会

2022年3月5日，荷塘区开展“情系环卫工·童心送温暖”学雷锋志愿服务活动

2022年5月17日，荷塘区举行“请党放心·强国有我”青少年主题演讲比赛

2022年6月2日，荷塘区举行“6•5”环境日系列宣传活动

2022年6月29日，荷塘区举行株洲市“文艺轻骑兵 创文进社区”专场暨“周周乐”系列文化活动

2022年7月27日，荷塘区举行“礼赢职场”商务礼仪培训

2022年8月15日，荷塘区举办首届株洲市乡村音乐节暨第七季“荷塘穿越”活动

2022年9月27日，荷塘区举行“干部能力提升年”系列活动之“我有故事讲给你听”演说能力大赛决赛

2022年11月1日，荷塘区组织辖区中小学校开展防空警报试鸣和人员疏散演练活动

2022年1月6日，荷塘区召开争当基层治理先行区工作调度会

2022年4月18日，荷塘区召开争当基层治理先行区首批微项目路演会议

2022年4月19日，荷塘区茨菇塘街道在钻石新村小区召开楼栋长推选会议

2022年6月16日，荷塘区举行志愿达人交流座谈会

2022年6月24日，荷塘区举办“幸福邻里节”活动

2022年7月20日，荷塘区在亿都随园青年之家举办“七彩假期·情暖童心”公益课堂

2022年8月9日，荷塘区桂花街道联合三三一爱尔眼科为小区居民义诊

2022年8月26日，荷塘区宋家桥街道在新时代文明实践站举行“小小楼栋长”启动仪式

2022年9月20日，荷塘区举行幸福邻里社区学院基层治理骨干人才队伍培训

2022年2月14日，株洲市第一次重大项目集中开工活动在荷塘区举行

2022年7月22日，荷塘区举行湘钢梅塞尔株洲制氢项目签约仪式

2022年8月29日，荷塘区举行三一智慧钢铁城（一期）项目"竣工即交证"颁奖仪式

2022年9月21日，荷塘区举行株洲市“百日攻坚”行动——株洲市现代综合物流园（2.1期）项目开工仪式

2022年9月26日，荷塘区举行三一智慧钢铁城一标段项目交付暨产业链伙伴欢迎仪式

2022年10月28日，荷塘区举行株洲市项目建设“百日攻坚”行动——湖南飞山奇新型环保建材制造基地竣工仪式

2022年，株洲飞鹿高新材料技术股份有限公司生产的防腐产品运用于复兴号CR200J型力动车组

2022年，中车株洲车辆有限公司生产的KM81A煤炭漏斗车

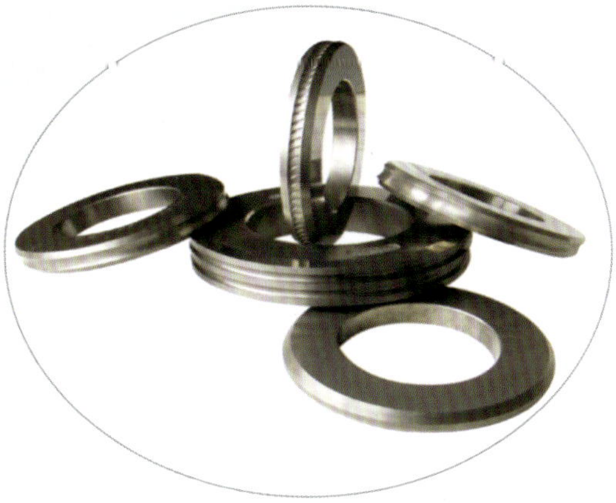

2022年，株洲硬质合金集团生产的低温轧制用YGA系列合金辊环

2022年5月12日，区市场监督管理局开展自建房经营安全隐患排查

2022年5月22日，区城管大队依法拆除金塘村有安全隐患的自建房

2022年5月25日，区治违大队对宋家桥街道存在重大安全隐患的居民自建房进行依法拆除

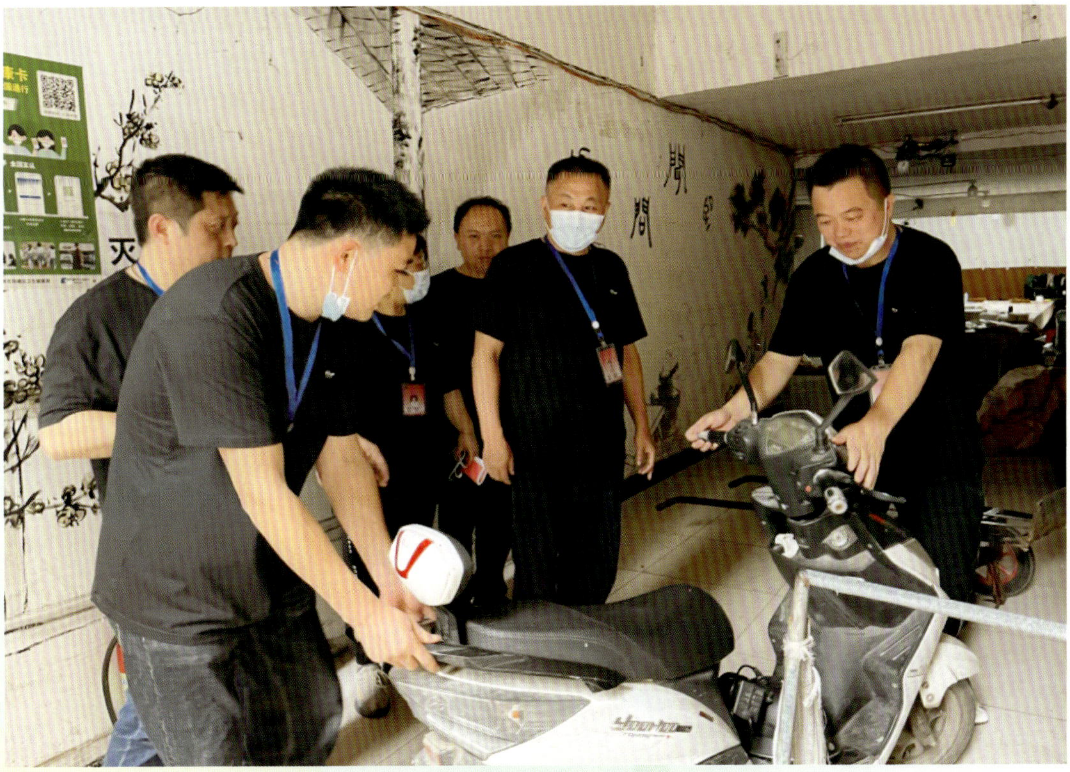

2022年6月10日，荷塘区开展“飞线充电”集中整治

2022年10月4日，荷塘区仙庾镇工作人员在开展森林防火值守

2022年10月12日，荷塘区开展燃气安全生产检查

2022年10月14日，荷塘区多部门联合开展自建房经营性场所集中整治行动

2022年10月25日，区消防救援大队在合泰服饰加工厂开展消防安全隐患排查

特　　载

凝心聚力建设“一区两城”
奋力谱写荷塘全面建设社会主义现代化新篇章

——在区委六届四次全体（扩大）会议暨区委经济工作会议上的讲话

中共荷塘区委书记　方　靖

2023 年 1 月 5 日

这次会议的主要任务是，深入贯彻落实党的二十大、省委十二届三次全会、市委十三届五次全会和中央、省委、市委经济工作会议精神，总结 2022 年工作，分析当前形势，部署 2023 年任务，动员全区上下一往无前、顽强拼搏，以崭新的精神面貌贯彻新思想、建功新时代，加速推进“一区两城”建设，助力“培育制造名城、建设幸福株洲”，奋力谱写荷塘全面建设社会主义现代化新篇章。现在，我受区委常委会委托，向全会报告工作。

一、客观总结成绩，坚定发展信心

2022 年是新一届区委高效履职的第一年。一年来，面对艰巨繁重的改革发展稳定任务特别是新冠肺炎疫情的严重冲击，在市委、市政府的坚强领导下，我们坚持以习近平新时代中国特色社会主义思想为指导，全面贯彻党的十九大及十九届历次全会和党的二十大精神，坚决落实“疫情要防住，经济要稳住，发展要安全”要求，以战之必胜的决心和排除万难的担当，奋力交出了大战大考之年的优异答卷。我们围绕迎接党的二十大召开和学习宣传贯彻党的二十大精神这一工作主线，统筹做好理论学习、舆论宣传、安保维稳等工作，区委常委会班子成员带头落实“领导包案”制度，128 个信访重点问题和重点人员得到有效化解稳控，创造了和谐稳定的社会环境。会议闭幕后，区委常委班子带头原原本本、逐字逐句学习，把学习党的二十大精神作为理论学习中心组学习、干部教育培训、领导班子建设的重要内容，确保入脑入心。同时，充分发挥“在荷塘”“荷塘青春志”、微信矩阵等新媒体作用，组建区委宣讲团，线上线下共同发力，推动党的二十大精神进企业、进农村、进机关、进校园、进社区、进军营、进网络。将学习宣传贯彻党的二十大精神与落实“三高四新”战略定位和使命任务、省市区党代会精神结合起来，立足实际、系统思考，切实将学习成效转化为推动“一区两城”建设的强大动力。我们致力于稳中求进，经济运行保持在合理区间。区委始终将发展作为第一要务，全力以赴加快“三个高地”建设，扎实开展“两个年”活动，聚焦“一区两城”精准发力，推动经济发展在逆势逆境中企稳回升。全年预计实现GDP293.1亿元，同比增长5.5%；规模工业增加值完成72.37亿元，同比增长8.1%；社会消费品零售总额完成94亿元，同比增长3%；城乡居民可支配收入完成5.72万元，同比增长3.4%，主要经济指标高于全市、全省、全国平均水平。我们致力于精准防控，团结一致抗击新冠疫情。区委凝聚各方力量，统筹推进防疫、抗旱、防火工作，有效防范化解政府债务、房地产、自建房等领域风险隐患，举全区之力坚决打赢了全域清零攻坚战、“外防输入”阻击战和经济发展保卫战“三场战役”。其间，1000多名干部职工毅然奔赴疫情防控一线，与广大村（社区）干部和志愿者们一同固守网格、保障物资、服务群众，社会各界人士勠力同心、共克时艰，凝聚成抗击疫情和推动发展的强大合力，切实保障了人民群众生命财产安全和身体健康。

一年来，区委常委会保持战略定力，团结带领全区上下，坚定不移高质量推动“一区两城”建设，各项工作取得了新的成效。

（一）我们直面风险挑战，“两城”建设成效显著。以打造“三个高地”为统领，加快“五好”园区建设，全面融入省市“3+3+2”现代产业体系，产业项目建设跑出“加速度”。招商引资逆势破局。连续开展“秋季行动”和“冬季决战”两大招商攻坚行动，共引进湘钢梅塞尔等亿元以上项目26个，其中三类500强项目3个；新设外资企业2个，外商投资实现“破零”；成功发行专项债券资金6.38亿元，实现融资72.05亿元，招商引资工作稳居全市前列。项目建设加速推进。实现宜安精密制造等30个重点项目顺利开工，好媳妇株洲智能制造基地等20个项目竣工。集中火力推进三一智慧钢铁城、湖南先进硬质材料及工具产业园两个“百亿”项目建设，分别引进35家规上企业、13家供应链企业入驻，先进硬质材料产业集群获评湖南省先进制造业集群，株硬集团荣获第七届省长质量奖，三一项目降本增效经验获市委主要领导肯定并在全市推广。营商环境持续优化。开展政企“早餐会”等系列活动，积极解决“两线三会一链一群一平台”反映的问题。实现市场主体净增长8625户，其中企业净增3370户，新增“四上”企业55家，新增省级专精特新企业7家、国家重点“小巨人”企业1家，市场活力不断焕发；大力推行“四即四办”，三一智慧钢铁城（一期）成为全市首个实现“竣工即交证”的百亿项目，荷塘营商环境排名连续位列全市第一方阵，已成为荷塘金字招牌。

（二）我们聚焦精准服务，治理活力争相竞发。秉持“六化”理念，坚持党建引领，以需求为导向，基层治理先行区建设稳步推进。基层赋能持续增强。扎实开展“五大活动”，策划“一米花园”等首批14个示范小区“微项目”，“劳动者之家”“团团心灵驿站”等一批小项目得到群众广泛好评，“楼栋长来当家”项目入选全省基层治理创新实验区重点案例。平台建设不断完善。制定志愿服务激励体系，推出“荷塘志愿”线上志愿服务平台，完成志愿者注册1.1万余人、爱心商家入驻72家，小茨微檬志愿者服务中心荣获第三批“湖南省示范社会组织”称号。迭代升级“我的荷塘”App，51个事项实现全程网办，“指尖政府”高效服务获省政府综合大督查表彰。民生服务推深做优。切实落实教育“双减”政策，有序推进水竹湖、美的等学校新改扩建，景炎初级中学、文化路中学、八达小学三校率先完成“民转公”，新增公办学位6232个，校园足球教育“三全”模式被省委深改委推介。持续推进“充分就业社区”建设，城镇新增就业9260人，职业技能培训3325人。做深做实养老服务、城乡帮困、基本公卫服务等工作，“友邻帮”养老模式获评全国居家和社区养老服务改革试点工作优秀案例。创新构建“一站受理、多元联调”的“大调解”工作机制，破解信访难题，社会矛盾调解更加规范便捷、联动高效，获评2022年度全省信访工作示范区。成立东湖、合泰地区基层治理专班，以一域之治助力全局之安。

（三）我们坚持建管并重，城乡品质蝶变升级。加快补齐基础设施短板，提升精细化管理水平，一体推进城乡建设，城乡面貌不断改善。城市承载力日益增强。实施新塘路（金荷大道）等38个市政基础设施项目，成功争取京港澳扩容线在我区开设落地互通口，有序推进铁东路隧道、白石港桥梁、新塘西路建设。火车站东站房正式启用，新华桥顺利通车，内外循环更加畅通。稳步推进城镇老旧小区改造、自建房安全专项整治，“两馆”顺利建成并将开馆运营，成功打造车城路、湘运路2条精细化管理示范街、金钩花园精细化示范小区，城区承载力大幅提升。高标准推进全国文明城市创建整改复查，城市面貌焕然一新。乡村吸引力持续显现。大力实施乡村振兴战略，推进耕食农禅文化园等项目建设，丰营畜牧、仙庾岭村整村推进运营、省民宿协会高端民宿等项目取得突破性进展。“荷塘区青少年农业科普基地”获评省级同心项目。成功举办株洲市首届乡村音乐节暨第七季“穿越荷塘”系列活动，耕食书院获评全市唯一“省五星级旅游民宿”，仙庾岭村成功申报“湖南省乡村旅游重点村”，乡村美誉度大幅提升。环境影响力不断提升。持续开展农村生活垃圾分类和厕所革命，积极落实河长制、林长制，大力推进“幸福屋场”、美丽乡村创建。全面开展污染防治攻坚，成功举办全市“6·5”环境日主会场活动，推进“春雷行动”“夏季攻势”“利剑行动”等生态环境专项整治，城乡生态环境持续改善，宜居宜业的生态大东城品牌更加闪亮。

（四）我们筑牢基层基础，党的建设全面加强。坚持人往基层走、心往基层想、劲往基层使，不断巩固基层的四梁八柱，全面夯实党的执政根基。纵深推进基层党建。大力实施“动力党建”工程，持续推进党建引领小区治理“1+6”模式，共组建244个小区党支部，实现城区所有居民小区党组织全覆盖。7个小区党支部获评市级四星、五星小区党支部，排名全市第一。选派111名小区党支部第一书记、222名小区工作队员、125名政法干警和112名城管队员联点小区，驻（联）村工作队员53名，共同打造以党组织为核心的基层治理新格局。打造过硬干部队伍。出台《关于进一步激励干部担当作为，打造“硬核”干部队伍的若干措施》，全链条完善领导干部能上能下、轮岗交流、容错纠错等机制。坚持务实担当的选人用人导向，从疫情防控、项目一线、驻村驻企工作等急难险重任务中发现使用表现突出的干部，队伍活力、战斗力、凝聚力不断增强。积极推进“6+N”系列主题活动，扎实开展“干部能力提升年”活动，干部队伍的能力素质得到全方位提升。持续优化政治生态。始终坚持“严”的主基调，以“零容忍”的态度惩治腐败。紧盯关键少数，突出重点环节，扎实开展领导干部违规收送红包礼金专项整治。精准运用“四种形态”，实现由惩治极少数向管住大多数拓展。深入开展警示教育，大力推进清廉单元建设，以点带面，推动清廉荷塘建设走深走实。出台《荷塘区容错纠错机制实施办法（试行）》，旗帜鲜明为担当者担当、为尽责者负责。充分发挥巡察利剑作用，深入推进村（社区）党组织巡察工作，高质量完成巡察“有形”和“有效”全覆盖。

一年来，荷塘发展蹄疾步稳，改革创新亮点纷呈，政治生态风清气正，呈现出一派蓬勃向上、欣欣向荣的可喜景象。这是党中央和省委、市委正确领导的结果，是全区各级党组织团结带领广大党员群众奋力拼搏的结果，是历届区委打下坚实基础和老领导、老同志关心支持的结果，是区各民主党派、工商联、无党派人士、人民团体、人民武装和社会各界同心合力的结果。在此，请允许我代表六届区委，向所有为荷塘发展做出贡献的同志们、朋友们，表示衷心的感谢和崇高的敬意！

回顾全年的工作，我们深切体会到：必须坚持党的全面领导。党是领导我们事业的核心力量，是战胜一切困难和风险的“定海神针”，把党的全面领导贯穿工作全过程各方面，才能确保荷塘发展行稳致远。必须坚持人民至上。把人民利益高举过头顶，党的事业就有源源不断的前进动力，干部队伍就有担当作为的底气，共同奋斗的目标就能始终沿着正确的道路前进。必须坚持产业为重。只有把产业项目作为发展的根基，一锤接着一锤敲，一年接着一年干，推动项目建设的大提速，才会有经济社会的大发展、群众生活的大改善。必须坚持团结奋斗。以事业凝聚人心，在共事、谋事、干事中增进团结，是荷塘事业成败的关键所在。

二、科学研判发展形势，牢牢把握整体要求和目标任务

中央经济工作会议深刻分析了当前发展面临的形势，系统部署了今年经济工作，明确提出了“五个坚持”的经验总结和优化“五大政策”、把握“六个统筹”、抓好“五个方面重点工作”等系列要求。省、市经济工作会议全面总结了全年经济工作，部署了今年重点任务，具有很强的针对性和操作性。可以说，“稳”的基调更加明确，“进”的要求更加积极，传递的信息十分丰富。我们要认真学习领会，全面抓好贯彻落实。

当前，我们既面临严峻困难挑战，也面临难得发展机遇，总体上看机遇仍然大于挑战。从挑战看，世界正处在新的动荡变革期，国际环境错综复杂，全球经济低迷，不稳定性不确定性明显增加；我国经济恢复的基础尚不牢固，需求收缩、供给冲击、预期转弱“三重压力”仍然较大；我区主特产业还有待强化，先进制造业的增量不足以弥补房地产低迷的缺口，财政收支、债务化解压力仍较大，社会不稳定因素仍需高度重视。从机遇看，我国经济韧性强、潜力大、活力足，长期向好的基本面没有变，特别是“五大政策”协同发力，疫情防控措施不断优化，今年国家在专项债发行规模、基建投资强度、实体经济支持力度等方面将持续加强，我们将迎来新一轮政策窗口期。与此同时，我们自身两大“百亿”项目也取得实质性突破，即将进入运行状态，为产业强区奠定了坚实基础。我们要审时度势、综合研判，既要正确看待当前经济发展中的困难、风险和挑战，更要敏锐把握宝贵机遇，团结奋斗、真抓实干，在危机中育先机、于变局中开新局。

2023年是贯彻党的二十大精神开局之年，是实施“十四五”规划承上启下关键一年，也是建设“一区两城”新征程的重要一年，做好今年的经济工作意义十分重大。总体要求是：以习近平新时代中国特色社会主义思想为指导，全面贯彻党的二十大精神，深入落实习近平总书记对湖南重要讲话重要指示批示精神，认真落实中央、省委、市委经济工作会议精神，坚持稳中求进工作总基调，完整、准确、全面贯彻新发展理念，服务和融入新发展格局，着力推动高质量发展，全面落实“三高四新”战略定位和使命任务，坚持“聚焦、裂变、创新、升级、品牌”工作思路，以“项目攻坚年”和“作风建设年”活动为抓手，更好统筹疫情防控和经济社会发展，更好统筹发展和安全，有效防范化解重大风险，在经济建设主战场上更加集中力量，全力以赴加快建设“一区两城”，为全面建设社会主义现代化新荷塘开好局起好步。

按照这一总体要求，区委经过认真研究，今年经济社会发展主要预期目标是：GDP增长8.0%左右，规模工业增加值增长9%左右，固定资产投资增长8%左右，地方一般公共预算收入增长8%左右，社会消费品零售总额增长8%左右，居民消费价格涨幅3.5%以内，居民收入增长高于经济增长，城镇调查失业率低于全省平均水平，完成省市下达的节能减排任务。

三、厚植“进”的动能，以“两城”建设为中心，谱写荷塘经济高质量发展新篇章

锚定“两城”抓发展，坚定“一产精、二产专、三产新”的发展思路，提振信心、提升效率，大力开展“项目攻坚年”活动，全面统筹好“两城”建设和乡村振兴，以“进”的姿态推动经济高质量发展。

（一）全力推进项目建设。发力稳投资，全力抓项目，推动项目建设跑出加速度。要重点完善项目全生命周期管理机制，强化项目引进端—实施端—服务端“三端”协同管理，着重创新重点项目服务机制，按照“工作项目化、项目清单化、清单责任化”的工作思路，完善领导对口联系、挂图作战、定期调度、问题交办等制度，以制度规范倒逼重点项目加速推进。要继续实施“降本增效”行动，创新大财评联席会议制度，完善最低价中标制度，着力压缩项目成本、征拆成本、平台公司运营成本。要集中精力加快先进硬质材料产业园建设，坚持“5个1”产业发展模式，落实“12个1”具体举措，精心筹备首届“钻石论坛”，加快莞深刀具展示交易中心一期、华亿标厂一期、梅塞尔等项目建设，积极争取华锐高性能粉末产业园等项目签约落户，不断延链补链强链，加速形成产业链大中小企业协调发展格局。要集中精力加快三一智慧钢铁城建设，积极推进与三一集团二、三级股权合作，加快大明国际、三一加工中心等已签约项目落地投产，加快铁路专线等核心配套项目建设，尽快实现项目投产达效。要抢抓全省发展现代物流体系的契机，巩固和发展好现代物流产业。要促进产业链间交融互动，支持智能建造、复合新材料产业融入两大“百亿”项目建设，推动“两城”协调发展。

（二）做强做优产业园区。以创建“五好”园区为抓手，持续深化园区改革，加快激活创新动力。要深化园区改革。深入推进园区六大改革，进一步完善“一委一司两中心”管理体系，稳妥推进平台公司改革，做好资本化、片区开发等文章，全面激发园区发展内生动力。要强化要素保障。全力以赴破解制约因素和瓶颈问题，探索新型投融资模式，拓宽融资渠道，引导社会资本参与园区建设；深化“亩产论英雄”理念，坚持节约集约用地，加大产业用地供给和低效闲置用地盘活力度，厚植产业发展坚实底座。要提升园区形象。按照生活、生产、生态“三生融合”发展理念，加快推进水、电、路、气等基础设施建设，加快师大附属学校、中美医院等生活配套建设进度，科学规划明照湖周边商贸功能区域，不断提升园区生产生活承载能力，聚力打造产城融合示范园区。

（三）全力构建“大招商”格局。实施“清塘引水”行动，强化国家政策、经济形势、产业形势等研究，加强招商队伍全链条管理，增强产业“造血”能力。要全力攻坚招商引资。巩固和拓展招商攻坚行动成果，坚持“三产”“三资”招商并重，借力株洲市先进产业集群发展母基金优势，持续推进基金招商、以商招商、标厂招商、产业链招商，不断强龙头、补短板、延链条，推动主特产业高质量发展。要全力推进争资引项。强化“争抢”意识，切实增强工作预见性和主动性，加强统筹调度，密切跟踪政策动向，积极“跑省进厅访市”，全力补齐“一件三证”等短板，争取更多专项债券、中央预算内资金。要全力加强财源建设。从税源培植、国有资源出让、盘活土地资源等方面合力挖掘收入潜力，完善协税护税工作机制，夯实持续增收基础。

（四）着力优化营商环境。实施“春风带露”行动，多点发力做好助企暖企专项工作，不断提升荷塘营商环境“含金量”。要深入推进优化营商环境“三年行动计划”。深化园区“放管服”改革，巩固“一把手走流程”“企业办事不求人”“帮带办”等成果，用好企业服务云平台，开展企业服务标准化建设，推深做实“四即四办”服务，扩大“跨省通办”事项范围，开展“法治护航”行动，全面提升企业服务效能。要积极为企业“纾困增效”。优化领导联点、专员包片、政企早餐会等制度，摸清企业痛点，精准落实惠企政策，确保市场主体稳中向好、稳中出新。要强化市场主体梯度培育。出台落实《支持非公有制经济（企业）高质量发展2023年行动计划》，聚焦个转企、小升规、规改股、股上市，建立重点市场主体培育库，鼓励支持单项冠军、隐形冠军、专精特新“小巨人”企业做强核心主业，提高企业竞争力，促进民营经济发展壮大。

（五）接续实施乡村振兴战略。实施仙庾振兴行动，着力强产业、美环境、促改革，奋力开创乡村振兴新局面。要做精农村产业。坚持以炎帝耕食文化为引领，以产业融合项目为方向，支持农业产业化主体发展，大力发展高端民宿，加快推进黄陂田农禅文化园等项目建设，力争徐家塘村现代农业产业园项目签约落地，积极培育农产品地理标志品牌，推动一、二、三产融合发展。要改善农村基础设施和人居环境。启动仙庾镇域建设，稳妥推进农村自来水扩面工程，积极争取农村垃圾和污水处理项目，推进夏徐线等提质改造项目，补齐农村基础设施短板。抓好“村电共治”“改水改厕”等重点工作，持续改善农村人居环境，建成一批省市美丽乡村。要深化农村改革。全力争取2023年国家农村综合性改革试点试验项目，有序推动农村宅基地、“三社合一”等改革，完善土地流转承包方式，激发农村资源要素活力。

四、筑牢“实”的根基，以“一区”建设为引领，增强群众获得感幸福感安全感

坚持“六化”工作理念，不贪大求全，不“脱实向虚”，紧盯基层治理难点、重点、堵点，探索基层治理新路径，以“稳”的步伐推动基层治理和区域稳定相融互促。

（一）持续完善治理机制体制。坚持党建引领，因地制宜创新基层治理机制体制，以制度保障推进基层治理体系和治理能力现代化建设。要大力推行党建引领小区治理“1+6”模式，做实“楼栋长全覆盖”、合泰东湖地区“网格管理”等基层治理新模式，有序推进村（居）民代表常态化联系服务群众工作，全面提升党建引领基层治理水平。要持续激发党建带群建、群建服务党建的机制优势，探索建立党群共建资源共享机制，做实做细“团团心灵驿站”等系列工作，打造“株事好商量”协商议事品牌，把党群组织优势转化为治理优势。要不断完善社会矛盾纠纷“一站受理、多元联调”的大调解工作机制，依法依规解决好群众合理诉求。要持续完善社工体系和志愿服务体系，发挥社工站、志愿者之家作用，加大社会组织、社工、志愿者培育力度，加快构建共建共治共享的基层治理新格局。

（二）不断增进民生福祉。坚持尽力而为、量力而行，深入群众、深入基层，采取更多惠民生、暖民心举措，着力解决好人民群众急难愁盼问题。要实施就业优先战略。进一步完善基层公共就业服务平台，加快推进充分就业社区（村）建设，创新培育零工市场，突出做好高校毕业生等重点群体就业工作，实现群众家门口就业。针对“两城”产业需求，打造“培训+实训+上岗”就业直通车，开展“定单、定向、定点”的职业技能培训。要办好人民满意的教育。深化集团办学，加强名师名校培养，有序推进学校新改扩建，不断优化、扩大公办学位，促进教育优质均衡发展。进一步规范校外培训机构管理，巩固和拓展“双减”成果。要深化打造“指尖上的政府”行动。进一步优化完善“我的荷塘”App，拓展全程网办事项，做实做细产业优管家，夯实我的生活、我的健康等板块，以优质的服务内容、服务质量增加用户黏度。要扎实办好其他民生实事。创新工作方法，引导更多社会资金进入民生领域，统筹做好城乡帮困、小区治理、物业提升、养老托育、公卫服务等系列行动，让改革发展成果惠及更多群众。

（三）有序推进城市更新。积极融入长株潭都市圈建设，加快城市更新步伐，加大城市宣传推介力度，打响靓丽城市品牌。要实施基础设施提质行动。全力配合市平台公司工作，加快推进铁东路、新塘西路等重点项目建设，畅通城市交通大动脉；全力推动金桥路、水竹湖片区道路等建设，完善交通路网布局；全面推进海绵城市建设，打造“金山—建宁港”海绵示范片区；加快老旧小区改造，持续推进中南蔬菜批发市场搬迁改造，新改建一批城市公园、绿地、停车场等配套设施，提升城区品质。要全力推动商业片区开发。全力推动火车站东片区商业综合体开发建设，加大对世贸广场招商支持力度，有序推进美的公园里商业资产整体运作，大力引进和培育新消费、新零售、新餐饮，为挖掘消费潜力、培育城市经济新增长点提供支撑。要实施荷塘归属感提升行动。组织好、参加好产业论坛（展会）、招商推介、“穿越荷塘”等系列活动，用好“在荷塘”“荷塘青春志”“我的荷塘”等渠道，全方位加强产业园区、基层治理、城市形象、美丽乡村等宣传，不断提升荷塘产业知名度、城市美誉度、上级和群众关注度，全面吹响“城市向东、东城崛起”新号角。

（四）全面统筹安全与发展。增强忧患意识，强化底线思维，持续做好各项安全工作，以新安全格局保障新发展格局。要持续改善生态环境。加速“建宁港流域”雨污分流改造，补齐城区排水设施短板。紧盯环保督察交办和重点生态环境问题，强化督查整改，更高标准打好蓝天碧水净土保卫战。要有效防范金融风险。牢固树立过紧日子思想，实施“厉行节约”行动，强化预算执行，切实精简会议，节约经费开支，降低行政成本；严格落实“631”工作机制，畅通政企银沟通渠道，系统推进债务化解；全面梳理在手资源，加快盘活闲置资产，最大限度实现保值增值；持续优化调整融资结构，推动债务结构“三变”，实现降本增效。要坚决压实安全生产责任。深入开展安全生产风险专项整治，加强重点行业、重点领域安全监管，持续开展自建房安全整治行动，建立健全应急管理和消防安全体系建设，以铁的决心、铁的措施推动安全生产形势持续稳定向好。同时，树牢以人民为中心的理念，科学、精准、高效做好疫情防控，统筹做好信访维稳、平安建设等工作，全力维护社会稳定。

五、保持“严”的主基调，以自我革命精神推动全面从严治党向纵深推进

全区上下要认真学习领悟党的二十大精神，弘扬伟大建党精神，全面落实新时代党的建设总要求，坚定不移全面从严治党，为荷塘高质量发展保驾护航。

（一）毫不动摇坚持和加强党的全面领导。把政治建设摆在首位，树牢政治思维，严明党的政治纪律和政治规矩，切实提高政治判断力、政治领悟力和政治执行力，增强“四个意识”、坚定“四个自信”、做到“两个维护”，坚决捍卫“两个确立”，自觉在政治上、思想上、行动上同以习近平同志为核心的党中央保持高度一致。充分发挥区委总揽全局、协调各方的核心作用，建立四大家定期协商机制，广泛凝聚人大、政府、政协、武装、统一战线和群团组织力量，坚决把习近平总书记重要指示批示、党中央重大决策部署及省委、市委工作要求不折不扣贯彻落实到位。

（二）坚持不懈加强党的创新理论武装。把学习宣传贯彻党的二十大精神作为首要政治任务，认真落实“第一议题”制度，充分发挥党委（组）理论学习中心组的示范引领作用，通过“三会一课”、主题党日等多种形式，组织广大党员干部原汁原味地研读党的二十大报告和党章，不断用新思想武装头脑、引领方向、指导实践。推进党史学习教育常态化长效化，不断巩固党史学习教育成果。严格落实意识形态工作责任制，牢牢掌握意识形态工作的领导权、主动权、话语权。

（三）着力建设新时代高素质干部队伍。坚持党管干部原则，全面落实新时代好干部标准，深入开展“作风建设年”活动，树立“能抓落实、敢抓落实、快抓落实”的鲜明导向，不断提升党员干部创造性抓落实的能力，确保各项工作真抓实干、一抓到底。加大年轻干部的培养力度，开展年轻干部“向下扎根”培养行动，推动干部双向交流，注重在基层、项目、重点工作和急难险重岗位等一线历练、考察、识别干部，培养更多新时代“五懂五会”的“硬核”干部队伍。健全完善容错纠错机制，用好用活“一措施一办法”，坚持“三个区分开来”，用有代表性、有说服力的具体案例鼓励担当作为。严格落实中共中央办公厅《推进领导干部能上能下规定》，注重从态度、能力、效果等方面综合评价干部，让“能上能下”成为干部工作常态。

（四）全力打造坚强有力基层战斗堡垒。坚持大抓基层鲜明导向，持续增强基层党组织政治功能和组织功能，加强村（社区）的保障力度，充分调动基层积极性。不断加强农村基层组织建设，配齐配强村干部队伍，发挥干部驻村积极作用，加大对村级集体经济扶持力度，以点带面促进乡村振兴。聚焦城市党建，加强小区党支部的引领作用，推动小区议事机构落地落实，加快构建以党建为引领的网格化服务管理体系，提升党建引领城市基层治理现代化水平。以“动力党建·聚力两新”建设为抓手，持续扩大党的组织和工作覆盖，组建快递物流等新业态行业党组织，提升党组织党建水平，推动基层党组织全面进步、全面过硬。

（五）始终以严的基调强化正风肃纪反腐。严格落实中央八项规定及其实施细则精神，深入开展基层减负行动，力戒形式主义、官僚主义，让基层腾出手来谋发展办实事。开展“清莲行动”，大力弘扬新风正气，以优良的党风引领社风民风。始终坚持把纪律规矩挺在前面，把严的要求贯彻到党纪教育、执纪监督全过程。坚持一体推进“三不腐”，精准运用监督执纪“四种形态”，加强对“一把手”等“关键少数”的监督，持续惩治群众身边的腐败和不正之风，坚决打赢反腐败斗争攻坚战持久战。充分发挥巡察利剑作用，统筹推进村（社区）巡察，深化巡察整改和成果运用，加强新时代廉洁文化建设，营造风清气正的政治生态，建设清廉荷塘。

同志们，风劲好扬帆，奋进正当时。让我们更加紧密地团结在以习近平同志为核心的党中央周围，全面学习、全面把握、全面落实党的二十大精神，在省委、市委的坚强领导下，踔厉奋发、勇毅前行，凝心聚力建设“一区两城”，奋力谱写荷塘全面建设社会主义现代化新篇章！

株洲市荷塘区人民代表大会常务委员会工作报告

——在株洲市荷塘区第六届人民代表大会第三次会议上

株洲市荷塘区人大常委会主任　刘国梁

2023年2月9日

2022年的主要工作

2022年是党的二十大召开之年，也是落实省、市、区党代会精神开局之年。一年来，区人大常委会在区委的坚强领导下，坚持以习近平新时代中国特色社会主义思想为指导，始终坚持以人民为中心的发展思想，围绕中心，服务大局，认真履行宪法和法律赋予的各项职责。共组织召开常委会会议8次，主任会议10次，听取和审议“一府一委两院”工作报告29项，作出决议、决定29项，依法选举、任免和决定任免有关人员及接受辞职等共计161人次，圆满完成了各项目标任务，为推进全区经济社会高质量发展和民主法治建设做出了应有贡献。

一、提高政治站位，坚定制度自信，把牢人大工作方向

强化思想理论武装。坚持不懈学思践悟习近平新时代中国特色社会主义思想，把政治理论学习列为党组会议、主任会议、常委会会议的第一议题，认真学习了党的十九大、十九届历次全会，尤其是党的二十大会议精神，努力在“率先”上着力、在“深学”中推进、在“践行”中深化，深刻领悟“两个确立”的决定性意义、增强“四个意识”、坚定“四个自信”、做到“两个维护”，从根本上保证了区人大及其常委会各项工作始终沿着正确方向前进。

坚定人大制度自信。坚持以习近平总书记关于坚持和完善人民代表大会制度的重要思想定向领航，深入学习习近平总书记在中央人大工作会议上的重要讲话精神和关于坚持人民当家作主、全过程人民民主等重要论述，进一步明确新时代人大工作的职能定位和总体要求，切实以新思想、新理念武装头脑、指导实践、推动工作，努力成为“自觉坚持中国共产党领导的政治机关、保证人民当家作主的国家权力机关、全面担负宪法法律赋予的各项职责的工作机关、始终同人民群众保持密切联系的代表机关”。

把准人大工作定位。始终将党的领导贯穿人大工作全过程、各方面，确保人大工作方向不偏、立场不移、初心不改。自觉服从区委领导，统筹安排重大事项决定、监督、任免等工作，严格按照法定程序办事，全年主动向区委报告重大事项和重要工作12次，提请区委研究人大工作事项5项。区委高度重视人大工作，在市委人大工作会议后第一时间召开区委人大工作会议，并制发《中共株洲市荷塘区委关于加强和改进新时代人大工作的意见》，为做好新时代荷塘人大工作指明了方向、提供了遵循。

二、围绕中心大局，依法履职尽责，服务全区发展安全

积极融入中心工作，坚持步调与区委一致。区

人大常委会领导主动牵头或参与重点项目、产业链发展、打造“基层治理先行区”等各项中心工作；围绕创文创卫、自建房安全隐患排查、落实“禁火令”等工作，严格落实联点责任，深入基层督查督导，协调解决实际问题，有力推动了中央和省、市、区委决策部署的贯彻落实。面对反复的新冠疫情，严格按照区委统一部署，班子成员第一时间分赴高风险街道、农贸市场、隔离酒店、封控区域，驻地指挥协调督导；人大机关干部全员参与月塘街道防疫“攻坚战”，负责所划网格卡口值守、核酸检测、小区居民生活服务保障等防疫工作；同时发动全区各级人大代表捐款捐物近150万元。

关注经济运行质量，强化财政审查监督。面对经济下行压力加大的形势，认真落实预算法和监督法的相关要求，切实加强对政府全口径预算决算的审查和监督。及时听取和审议区人民政府关于预算编制、预算执行、预算调整、财政决算、同级审计问题整改情况汇报，督促政府及相关部门紧盯问题整改落实；认真听取我区政府性债务管理和国有资产情况汇报，提出了“切实提高思想认识防范风险、坚持稳增长提高经济发展实力、持续化解债务存量、形成合力强化监督”等意见，为全区财政资金高效、规范、安全运行提供了有力支撑。

聚焦法治荷塘建设，合力维护安全稳定。助力统筹发展和安全，听取和审议了区监察委员会关于整治群众身边的腐败问题专项工作报告和区人民法院、区人民检察院上半年工作情况汇报，有针对性的提出意见建议，促进监察和司法机关进一步形成合力，为法治荷塘建设保驾护航。首次组织对“两院”员额法官、员额检察官开展履职评议，并在区人大常委会会议上进行满意度测评，被评议人员满意度均达85%以上。同时组织部分人大代表及法律专家听审评议法院审理案件5件，对“公检法”承办的66件111卷案件卷宗开展质量评查，助推“利剑护蕾”专项行动深入开展，进一步增强了司法工作监督实效，推动了司法工作与服务全区发展大局的有机融合。

三、坚守为民初心，站稳人民立场，促进百姓福祉改善

坚持为民行权，依法开展工作评议。认真组织对科技和工业信息化、卫生和健康、民政、自然资源等工作开展专项工作评议。由主任会议成员带队，分别成立评议调查组，坚持问题导向，对4个被评单位进行了为期两个月的评议调查，共走访相关单位、企业30余个，座谈各界人士200余人，发放问卷调查表500余份，收集各方面意见建议70余条，并在区人大常委会会议上进行满意度测评，其中，民政工作满意率为100%，其他3项工作满意率均达85%以上。会后，根据评议调查报告和部分人大代表的评议发言，归纳综合成评议意见，督促被评单位整改问题、转变作风、推动工作、服务发展。

坚持人民民主，助推民生事业发展。从“为民作主”向“由民作主”转变，将民生实事人大代表票决制工作作为践行全过程人民民主的重要抓手，按照“群众提出、代表选定、政府实施、人大监督”的总体要求，广泛动员人大代表多方式、多渠道、多途径参与事项征集，与群众面对面交流，按照“三上三下”的原则，精准识别群众最广泛、最迫切的民生实事候选事项。针对在人代会上票决确定的民生实事事项，多次组织主任会议和监督小组视察督办民生实事进展情况，提出“加强资金保障、简化报批手续、实施挂图作战”等建议和意见，力促遇到的困难和问题得到及时妥善解决，办成了一批群众“急难愁盼”的事，如在“迎风北路街头公园建设”推进过程中，发动全区146名人大代表捐赠7.34万元认种、认养苗木600余棵，建成了占地约0.8

公顷的“人大代表林”。

坚持为民解难，积极回应群众关切。始终坚持把保障民生作为监督的重点，通过实地调研、座谈交流、代表视察、听取汇报等方式，推动解决民生短板问题。围绕幼有良育，听取我区幼儿园安全工作情况汇报；围绕乡村振兴，听取区农村集体经济发展及贯彻实施《基本农田保护条例》工作情况汇报；围绕老有颐养，听取我区养老专项资金使用绩效情况；围绕审议意见“回头看”，听取对贯彻实施社区矫正法、消防法审议意见落实情况；围绕“基层治理先行区”建设，视察并听取我区基层治理开展情况和无物业管理小区自治情况；围绕便民利民，听取我区政务服务改革工作及社保基金监管情况汇报，督促各职能部门牢固树立以人民为中心的发展思想，针对发现的问题，切实加以整改，回应群众关切。

四、发挥主体作用，丰富平台载体，代表工作深入推进

创新机制，代表履职网格化。把人大代表“三联三问”活动作为深入践行全过程人民民主，不断提高新时代人大代表履职水平的重要抓手，精心组织、周密部署，结合打造“基层治理先行区”这一实际，采取“三个一”的措施（成立一个协调机构，负责活动组织推动；结合一项中心工作，深入开展走访调研；完善一套问题解决机制，推动解决群众急难愁盼），列出时间表，明确路线图，加强对活动的指导和保障，提高活动的质量和效果。研究制定活动方案，将272名省、市、区、镇四级代表按网格划分至各企业（单位）、各个居民小区或村民小组，做到代表有点，点上有责。据统计，全年通过微信群（组）、入室接待、走访选民等途径共收集和整理意见建议180条，帮助并协调解决了群众普遍关注的老旧小区改造、道路安全等热点难点问题70余个，筹措帮扶资金（物资）36.6万元。

完善阵地，活动平台标准化。代表工作室是人大代表联系选民群众的平台和收集民意的窗口，在已实现各镇（街道）、村（社区）全覆盖的基础上，按照“五有”（有牌子、有场地、有人员、有规章、有计划）的要求，稳步推进各代表工作室提质升级改造，市人大联工委及各兄弟县（市）区多次到金山街道代表工作室观摩学习。同时，结合区委中心工作，积极探索工作室延伸机制，在产业园区的硬质合金产业链、节能环保和绿色装配式建筑产业链上创建了代表工作室，架起人大代表联系园区单位和企业、选民、群众的桥梁，协助园区企业、务工人员解决实际困难，进一步提升了人大代表的社会影响力。

强化督办，建议办理体系化。不断完善建议交办、办理和督办工作机制，由主任会议成员重点督办、各专门委员会对口督办、代表参与跟踪督办，并开展办理落实情况“回头看”，督促各承办单位不断提高代表建议办理质量和水平。区六届人大二次会议及闭会期间共收到代表建议、批评和意见84件，现已全部办结，代表见面率和满意率均达100%，实际解决率达到58.3%。同时，通过丰富代表小组活动形式，积极为全市、全区经济社会发展建言献策，全年围绕园区产业发展、火车站、铁东路及新塘西路建设、水竹湖学校新建工程项目等开展视察调研活动，并形成高质量的视察调研报告，得到了市、区两级政府的高度重视，有效促进了相关问题的解决。

五、坚持党建引领，注重固本强基，工作基础更加扎实

始终把党风廉政建设摆在突出位置。认真贯彻新时代党的建设总要求，全面落实“一岗双责”，坚持把落实党风廉政建设责任制与人大业务同部署、同落实。不断强化政治引领，扎实抓好意识形态工作，严格执行中央八项规定精神及其实施细则，推动全面从严治党纵深发展。坚持以整风的精神认真开好专题民主生活会，打好作风建设“持久战”，切实增强责任意识、规矩意识，促进了机关廉洁和纪律作风转变。

始终加强对基层人大工作的联系指导。坚持区、镇（街道）人大联动开展专题视察、工作评议、执法检查等重要活动，扩大镇（街道）对区人大常委会重点工作的参与。定期召开镇人大主席、副主席座谈会和镇（街道）人大工作例会，通报工作动态，在听取工作汇报的同时，及时研究解决工作中的一些具体问题，总结交流好经验、好做法，取长补短，使基层人大工作既相对独立，又步调一致，凝聚全区人大工作“一盘棋”效应。

始终坚持夯实人大基础工作。根据换届实际，及时调整主任会议成员分工，并就各专门委员会、各工作（办事）机构联系工作部门（单位）予以进一步明确和规范。积极争取区委支持，充实人员力量，按照上级统一部署，增设公益一类副科级事业单位区人大代表事务中心，人员编制5名，一定程度上缓解了“一人委”问题。注重人大宣传工作，《战“疫”中的荷塘人大力量》等5篇文章在《人民之友》刊发，百余篇信息被新华网、红网、市人大微信公众号等各类媒体采用并报道。

各位代表，一年来，我们合力同心，务实奋进，各项工作迈出了新步伐，取得了新成效，这是区委正确领导的结果，是全体人大代表、人大常委会组成人员和人大工作者共同努力的结果，也是全区人民大力支持，“一府一委两院”及各部门密切配合的结果。在此，我谨代表区人大常委会向重视、关心、支持人大工作的各级领导、全体代表、社会各界人士和全区人民表示衷心的感谢和崇高的敬意！

回顾过去一年的工作，我们也清醒地认识到，区人大常委会工作还存在一些不足和短板：监督方式、方法、手段需不断创新，监督的刚性、针对性、实效性还需增强；对由人大常委会选举和任命人员的监督还有待加强；对决议决定和审议意见的跟踪监督还需进一步加大力度等。在今后的工作中，我们将始终坚持问题导向，虚心听取各方面的意见建议，切实整改存在的问题，不断加强和改进人大工作。

2023年的主要任务

2023年是全面贯彻落实党的二十大精神的开局之年，是实施“十四五”规划承上启下的关键之年，也是建设“一区两城”新征程的重要一年。区人大常委会工作总的要求是：高举中国特色社会主义伟大旗帜，坚持以习近平新时代中国特色社会主义思想为指导，坚持党的领导、人民当家作主、依法治国有机统一，全面贯彻党的二十大精神，认真落实中央、省委、市委、区委人大工作会议精神，在区委的坚强领导下，紧扣“三高四新”战略定位和使命任务，紧扣“培育制造名城，建设幸福株洲”和“一区两城”目标任务，紧扣回应人民群众重大关切，践行全过程人民民主，依法履职尽责，团结和凝聚全体代表和全区人民的智慧和力量，为全力以赴加快建设“一区两城”，全面建设社会主义现代化新荷塘开好局起好步发挥人大作用、贡献人大力量！重点做好以下四个方面的工作：

一是坚持党的全面领导，认真践行全过程人民民主。持续加强党的创新理论武装，用习近平新时代中国特色社会主义思想统揽指导人大工作，把学习贯彻党的二十大精神作为当前和今后一个时期的首要政治任务，将党的二十大精神贯穿到人大工作的全过程、体现在人大工作的各方面。坚持党对人大工作的全面领导，严格执行重大事项向区委请示报告制度，自觉对标对表，把准前进方向，不断提高政治判断力、政治领悟力、政治执行力。不断发展全过程人民民主，在党的领导下不断扩大人民有序政治参与，通过法定和有序的途径、渠道、方式、程序，保证人民的知情权、参与权、表达权、监督权落实到人大工作各方面全过程。紧扣区委决策部署精准发力，切实做到区委工作重心在哪里，人大工作就跟进到哪里，力量就汇聚到哪里，作用就发挥到哪里。

二是认真履行职责，切实做到正确监督有效监督依法监督。围绕推动经济高质量发展，进一步强化对计划、预算、决算、国有资产、全口径债务的监督，对审计发现问题整改落实情况进行“回头看”，切实加大对重点工程、重大项目等重点领域资金有效运行的监管力度，提升计划运行质量和财政管理水平。围绕保障和改善民生，视察并督导民生实事人大代表票决制工作推进情况，适时听取我区社保基金监管、乡村旅游发展、农业企业培育和农业品牌体系建设等工作情况汇报，推动实事项目落实落地。围绕依法行政和公正司法，持续开展专项工作评议、“两官”履职评议和“公检法”案卷质量评查工作，进一步促进“一府一委两院”强化服务理念，转变工作作风。围绕园区发展、产业项目、基层治理、城市更新和乡村振兴等方面，加强专题调研，为更好推动“一区两城”战略实施提供决策参考。

三是充分发挥人大代表作用，努力做到民有所呼我有所应。进一步贯彻落实区委关于加强和改进新时代人大工作的意见精神，推进代表工作室提质升级，持续深入开展“代表接待日”活动，常态化开展四级人大代表“联系群众办实事”和“三联三问”活动。加强能力建设，着力抓好人大代表和人大工作者履职培训，大力宣传代表履职先进事迹，支持和保障代表更好依法履职。认真组织代表向原选举单位或原选区选民报告履职情况，健全代表履职档案，探索建立人大代表履职负面清单和退出机制。切实做好代表建议、批评和意见督办工作，探索开展建议办理工作满意度测评，进一步推动建议办理工作提质增效。

四是落实“四个机关”定位和要求，不断加强自身建设。认真落实发展和完善全过程人民民主的要求，不断健全区人大及其常委会的会议制度、工作程序、运行机制等，打造“政治坚定、服务人民、尊崇法治、发扬民主、勤勉尽责”的人大工作队伍。强化党建引领，把政治建设摆在首位，落实全面从严治党主体责任和意识形态工作责任制，严明纪律作风，深入开展党风廉政建设和反腐败斗争。进一步加强对基层人大工作的联系指导，采取区、镇（街道）人大联动的方式开展视察、执法检查等活动，及时总结推广基层人大好经验好做法，不断提升人大工作整体水平。

各位代表！荷塘发展前景壮阔，人大代表使命光荣。让我们更加紧密地团结在以习近平同志为核心的党中央周围，在区委的坚强领导下，团结奋斗，担当作为，不断开创全区人大工作新局面，为凝心聚力建设“一区两城”、奋力谱写荷塘全面建设社会主义现代化新篇章做出新的更大贡献。

政府工作报告

——在株洲市荷塘区第六届人民代表大会第三次会议上

株洲市荷塘区人民政府区长　罗鹏程

2023 年 2 月 9 日

2022年工作回顾

2022 年是党的二十大胜利召开之年，也是荷塘发展历程至关重要的一年。一年来，全区上下坚持以习近平新时代中国特色社会主义思想为指导，在市委、市政府和区委的坚强领导下，在区人大和区政协监督支持下，坚持稳中求进，强化“两个统筹”，积极应对各类风险挑战叠加考验，务实担当，攻坚克难，奋力实现既定目标任务，迈出了建设社会主义现代化新荷塘的坚实步伐。

一年来，我们踔厉奋发，扛起“稳住经济”责任，展现为功久久的韧劲。因地制宜推出各项政策措施，组织开展制造强区“七大工程”[1]、科技创新“七大计划”[2]、改革开放“六大行动”[3]，全力以赴稳经济保增长促发展。全年地区生产总值增长 5.3%，地方税收收入增长 1.8%，规模工业增加值增长 10.8%，社会消费品零售总额增长 2.3%，城乡居民收入增长 4.8%，产业项目投资占全部投资比重 79.1%，多项指标增速跻身全市第一方阵，发展的韧性持续显现。

一年来，我们勇毅前行，守住“安全发展”底线，托起群众稳稳的幸福。以众志成城的决心、攻坚克难的毅力，打赢了新冠肺炎疫情以来最为严峻的一场“战役”。我们严格落实债务管理十五条，隐债规模下降 17.4 个百分点，有效平滑偿债高峰。我们坚持早反应，严部署，防范化解房地产、自建房等领域风险，恒大林溪郡在全市率先完成“保交楼”，“拆违保安”行动城区排名第一。我们坚持早预警、勤监测，有效应对了持续罕见高温干旱灾害，全年未发生较大及以上事故，群众的安全感和获得感大幅提升。

一年来，我们汇聚动能，锚定“一区两城”目标，宏伟图景徐徐展开。全面落实“三高四新”战略定位和使命任务，紧扣“聚焦、裂变、创新、升级、品牌”工作思路，产业规划、项目布局、企业引进、基础建设均取得突破性进展。三一智慧钢铁城、先进硬质材料产业园分别完成投资 79.33 亿元、19.78 亿元，入驻企业 48 家，预期年产值 230 亿元。我们秉持“六化”[4]理念，从七个“小切口”[5]着手，推出一批创新举措，形成一批特色亮点，充分调动自治主体各方力量，形成了共建共治共享的治理新格局。

这一年，我们创新机制，狠抓落实，“六大工程”[6]初见成效。

——深入推进产业升级工程，主特优势逐步显现。坚持产业为要、项目为王，全年实施省、市重点项目 68 个，完成年度投资 113.25 亿元。三一智慧钢铁城 10 万平方米厂房交付开园，13 万平方米厂房加速建设，钢铁供应链线上交易额破百亿元。先进硬质材料展示交易中心一期完成 6 栋厂房封顶，华亿产业基地一期启动建设。硬质合金产业获省级先进制造业集群。飞山奇新材竣工投产，装配式产业链持续补强。开展“秋季行动”“冬季决战”招商攻坚，全年引进梅塞尔等亿元以上项目26个，总投资94.65亿元。新设外资企业2家，外商投资实现“破零”，招商引资工作位居全市前列。

——深入推进园区提质工程，“五好”水平同步提档。坚持高起点谋划、高标准建设，“三区三线”[7]划定，先进硬质材料产业片区规划获批实施。荷塘产业开发区获评省级绿色园区、有望获批省级高新区。剥离园区社会事务职能，管委会、平台公司完成人事、薪酬等制度改革。动态储备地完成287亩，标厂竣工15.3万平方米。处置批而未供、闲置、低效“三类用地”420亩，亩均税收同比增长21.4%。省级工业主导型开发区土地集约利用排名全省第八、全市第一。

——深入推进实施营商环境优化工程，内生动力全面激活。坚持稳存量扩增量提质量，新增市场主体8625家、“四上”企业55家、国家级重点“小巨人”1家、省级“小巨人”7家、高新技术企业11家。政务大厅设立园区“一件事一次办”专窗，推出秒批秒办事项20项。“指尖上的政府”做法入选省政府大督查典型案例。把“政企早餐会”开到企业一线，把优惠政策送到企业门口，为企业减税降费3.24亿元、争取资金1.1亿元、帮助授信13.66亿元，解决“急难愁盼”问题370余个。

——深入推进城市更新工程，城市功能更加完善。新华桥重建通车，火车站东站房东广场建成启用，城市地标重塑升级。京港澳复线荷塘落地互通成功获批，金宋路等5条道路竣工通车，新塘路四期、新文化路等16条城市主次干道加速推进。金山海绵工厂等28个海绵城市项目启动建设，建宁港水系雨污分流稳步推进。世贸广场三期商业综合体基本建成，签约温德姆酒店等一批知名品牌。完成老旧小区改造53个、电梯加装24台，惠及居民3000余户，公交小区改造经验获全省推广。拆除违法建设8.7万平米，改造坑洼路面13千米。开展市容环境整治“百日攻坚”行动，高质量通过全国文明城市创建整改、国家卫生城市创建复审。圆满承办“6·5”世界环境日株洲主场活动。“利剑”行动获评全省优秀。城市水质改善率、绿心生态补偿考核居全市第一。

——深入推进乡村振兴工程，农村面貌变化显著。落实进出平衡、耕地恢复，牢牢守住1700公顷耕地红线。新建农村道路8千米，实施仙庾岭灌渠整修等一批“五小”水利项目。新改建农村户厕268个，建成幸福屋场3个。率先在全市开展“村社分账”[8]改革试点，全面推广“村电共治”便民服务。稳步推进“农校对接”，“一条链”打造樟霞茶油、兴塘丝瓜等本土品牌，龙洲矿泉被认定为市级龙头企业。成功举办全市首届乡村音乐节暨第七季“穿越荷塘”系列活动，耕食书院获评全市唯一“省五星级旅游民宿”，仙庾岭村获评“省级乡村旅游重点村”。

——深入推进“幸福荷塘”民生工程，惠民举措有力有效。基层治理稳步向前，“楼栋长来当家”自治模式入选全省基层治理创新实验重点案例，小茨微檬获评“省示范社会组织”。上线“荷塘志愿”平台，注册志愿者达1.1万人。省、市、区重点民生实事全面完成。新增城镇就业9260人，“零就业家庭”保持动态清零，城镇调查失业率低于全市水平。实施城乡帮困项目20个，受益群众3000余人。新增养老床位1561张，实现养老机构“医养结合”全覆盖。完成义务教育学校“民转公”3所。新增公办学位6232个、园位500个。区图书馆、文化馆建成开馆。校园足球“三全”模式[9]经验全省推介。常态化开展扫黑除恶斗争，强力打击电信网络诈骗等各类突出违法犯罪。创新构建“一站受理、多元联调”大调解机制，获评全省信访工作示范县市区。完成国防动员体制改革，民兵建设质量、基层武装部星级达标进入全市前列。

这一年，我们勤勉履职，担当作为，政府效能显著提高。坚决落实全面从严治党要求，深入学习贯彻党的二十大精神，坚定拥护“两个确立”，坚决做到“两个维护”。自觉接受人大及其常委会法律监督、工作监督和政协民主监督，办理市、区两级人大代表建议89件、政协委员提案90件，办复率100%。启用政府办公OA系统，办公流程更加高效。修订《政府工作规则》，推动政府工作规范运行。坚持过“紧日子”，严控“三公”经费，政府投资项目降本增效经验获全市推广。严格落实党风廉政建设责任制，坚决执行中央八项规定及其实施细则精神，持续涵养风清气正的政治生态。深入开展“干部能力提升年”活动，广大党员干部充分发扬历史主动精神，在困难面前迎难而上，在风险面前积极应对，在机遇面前主动出击，汇聚起全区上下开拓奋进的磅礴力量。

同时，国防教育、双拥、退役军人、人防等工作进一步加强，民宗、审计、医保、机关事务、档案等工作取得新进步，工会、共青团、妇联、残联、红十字、计生协、科协、文联、工商联、侨联、新联会、知联会等事业做出新贡献。

各位代表！过去一年，我们在风险挑战中负重前行，在发展难题中创造新绩。成绩的取得，根本在于区委的正确领导，根本在于区人大、区政协的监督支持。饱含了代表、委员的智慧和奉献，凝聚了全区人民的心血和力量。在此，我代表区人民政府，向各位人大代表、政协委员，向辛勤工作在各条战线上的建设者，以及所有关心、支持、参与荷塘发展的各界朋友，表示衷心的感谢并致以崇高的敬意！

思危方能居安，知忧才能克难。我们也清醒地认识到，经济总量偏小，产业链条较短，转型升级的步伐亟待加快；消费信心不足，措施成效不够，经济回暖亟待加快；增收渠道单一，债务包袱沉重，收支矛盾的情况亟待缓解；服务存在短板，功能配套不全，仍不能完全满足群众对美好生活的向往。这些困难和挑战，必须认真对待，切实改进。

2023年工作任务

2023年是全面贯彻落实党的二十大精神的开局之年，也是后疫情时代的全面恢复之年，做好全年工作责任重大。虽然我们面临的环境依然严峻复杂，但是挑战与机遇并存，困难与希望同在。我们始终坚信，唯有高质量发展，才是解决一切困境的根本出路；唯有加快“两城”建设，才是重塑荷塘中心城区地位的关键；唯有基层治理现代化，才是夯实社会稳定与长治久安的基石。只要我们坚定信心、团结奋斗，沿着区委确定的高质量发展道路砥砺前行，就一定能够开创荷塘更加美好灿烂的明天！

2023年政府工作的指导思想是：坚持以习近平新时代中国特色社会主义思想为指导，全面贯彻党的二十大精神，深入落实习近平总书记对湖南重要讲话重要指示批示精神，认真落实中央、省委、市委经济工作会议精神，坚持稳中求进工作总基调，完整、准确、全面贯彻新发展理念，服务和融入新发展格局，着力推动高质量发展，全面落实“三高四新”战略定位和使命任务，坚持“聚焦、裂变、创新、升级、品牌”工作思路，以“项目攻坚年”和“作风建设年”活动为抓手，更好统筹疫情防控和经济社会发展，更好统筹发展和安全，有效防范化解重大风险，在经济建设主战场上更加集中力量，全力以赴加快建设“一区两城”，为全面建设社会主义现代化新荷塘开好局起好步。

2023年发展的主要预期目标是：地区生产总值增长8%左右，规模工业增加值增长9%左右，固定资产投资增长9%左右，地方一般公共预算收入增长8%左右，社会消费品零售总额增长8%左右，居民消费价格涨幅3.5%以内，居民收入增长高于经济增长，城镇调查失业率低于全市平均水平，园区技工贸总收入增长20%以上。粮食产量、能耗“双控”完成省、市既定目标。

实现上述目标，必须突出有效投资、产业升级、扩大消费“三个重点”，努力建设材料科技城、现代物流城；必须突出改善民生、城市更新、乡村振兴、兜牢底线“四个关键”，奋力争当基层治理先行区，着力推进以下七项重点工作。

（一）扩大有效投资，在增强发展后劲上实现新突破。加快重点项目建设。大力开展“项目攻坚年”活动，完善项目全生命周期管理体系，实现瓶颈难题大破解、项目攻坚大提速。全年实施省、市、区重点项目85个，完成年度投资129.8亿元。实现中车涂布机等37个项目开工，铁路货车车体制造技改等28个项目竣工。滚动储备一批惠民生、促发展、补短板的基础设施项目。加大招商引资力度。精心筹办首届“钻石论坛”。持续开展“迎老乡、回故乡、建家乡”行动、招商引资攻坚行动，坚持“三产”“三资”招商[10]并重，加强基金招商、以商招商、标厂招商、产业链招商，推动华锐高性能粉末产业园等重点项目签约落地，力争引进亿元以上项目29个、“三类500强”项目3个。强化要素服务保障。完成国土空间规划修编，新增产业用地5平方公里，加快产业开发区调区扩区。完成集体土地征拆53.33公顷、国有房屋征收3万平方米，批回用地80公顷、出让土地113.33公顷。建成标厂40万平方米，清理园区低效闲置用地2宗。力争多渠道融资80亿元，专项债到账资金10亿元。

（二）加快转型升级，在培育“两城”产业上实现新突破。培育集群壮大体量。启动梅塞尔等一批项目建设，实现莞深刀具展示交易中心一期和华亿标厂1—1期竣工，先进硬质材料产业园形成规模。持续引入钢铁供应链上下游企业，推动大明国际、三一加工中心建设，完成三一铁路专线主体建设，启动红旗路、桂花路铁路跨线桥前期工作，加快三一智慧钢铁城投产达效。支持轨道交通、智能建造、复合新材料产业融入两大“百亿”项目建设，促进产业链间交融互动。助企纾困盘活存量。扎实开展“春风带露”行动，优化政企早餐会、领导联点、专员包片制度，精准推送惠企政策，全面落实减税降费。升级“指尖上的政府”品牌，完善“产业优管家”精准化服务。新增“四上”企业60家、高新技术企业10家、省级以上“小巨人”8家。实施“金芙蓉”跃升行动，新增上市企业1家，区域性股权挂牌企业2家。制订“人才发展三年计划”，实施一批重点人才工程。大力弘扬新时代企业家精神，为经济发展凝聚力量。持续赋能五好平台。深化园区体制机制改革，推进赋权强园，实现“园区办事不出园”。推进平台公司向实业经营转型，引入多元市场主体参与开发建设。持续开展亩均效益评价，提升土地开发利用质效。完成丽舍路、悦舍路、映日路、金溪路、金泉路建设，启动金城东路三期建设，畅通区域“循环”。实施园区形象提质工程，提升园区美誉度、知名度和认知度。

（三）激发市场活力，在提升三产水平上实现新突破。做活休闲文旅业态。完成仙庾岭省级风景名胜区规划修订。启动活力荷塘文化艺体中心、神农部落高端民宿建设，开展第八季“穿越荷塘”等系列文旅活动，实现商文旅融合发展。重点打造荷野公社、香荷生态园等网红品牌，发展观光体验、户外拓展、亲子游乐、乡村游学新业态。提升商贸服务水平。加快红旗广场、大润发等现有商圈提档升级，打造火车站商业中心、世贸广场、美的商业街等新兴商圈。支持盘活富华广场等商业综合体。稳步推进中南蔬菜批发市场整体搬迁，为智慧冷链物流园、东大门市场注入活力。激发市场消费潜力。依托“我的荷塘”App，整合美食、购物、家居建材等消费信息，引导企业开展代金券发放等优惠活动，激发网络消费市场潜在需求。常态化开展促消费活动，组织开展“味道湖南”美食季、汽车博览会等活动，提振餐饮、住宿等服务消费，促进汽车、家电等实物消费。

（四）持续改善民生，在创新基层治理上实现新突破。提升社会治理效能。健全城乡基层治理体系，推动社会治理重心向基层下移。充分发挥“居民自治”的主动力，推进业委会组建攻坚，推广楼栋长来当家、首日议事厅、花园议事会等经验做法，完善社会矛盾纠纷多元综合治理机制。加快社工总站、社工站和志愿者之家建设，完善社工体系和志愿服务体系。兜牢基本民生底线。高质量完成省、市重点民生实事，抓好民生实事票决事项办理。开展“定单、定向、定点”技能培训，打造“培训+实训+上岗”就业直通车，新增城镇就业8800人。落实全民参保计划，健全基本养老、基本医疗保险筹资和待遇调整机制。继续实施困难老人居家适老化改造，推进农村日间照料中心建设。提高公共服务质量。全力推动水竹湖学校建设，新增公办学位1060个。加强名师名校长培养，减轻教师非教育教学负担，促进教育优质均衡发展。健全分级诊疗体系，优化家庭医生签约服务，提升基层卫生机构服务能力。抓好区文化馆、图书馆运营管理，持续开展“欢乐潇湘”“送戏下乡”等公共文化活动，满足群众日益增长的精神文化需求。

（五）聚力补短锻长，在追求城市品质上实现新突破。完善城市服务功能。打造海绵园区与雨污分流相互融合的“金山—建宁港”示范片区，开创海绵城市建设荷塘路径。全力推动京港澳复线落地互通、沪昆高速互通建设。建成新文化路、黄泥塘路、新塘路四期等主次干道，推动铁东路北段、新塘西路建设，不断完善城市路网。加快推动601片区、汽车城片区城市更新。实施老旧小区改造22个。加大合泰、东湖片区治理力度，以自建房安全专项整治为契机，推动服饰加工产业转型升级，逐步实现“功能分区、业态分栋”。提高城市管理水平。构建市政维护、智慧停车等数字化平台，提升城市管理智能化水平。持续推进联合执法进小区，整治居民小区各类乱象。大力开展城市精细化管理示范街创建，打造一批诚信管理“网红店”。完成月塘街道垃圾分类示范创建，实现城区垃圾分类全覆盖。创新推动“三认”[11]活动，加速建设街头公园、小游园、口袋公园，全面建设更高水平国家园林城市。加强生态文明建设。启动国家、省级生态文明示范区创建。持续开展“春雷行动”“利剑行动”“夏季攻势”，坚决打好“蓝天、碧水、净土”保卫战。重点防治餐饮油烟、工地扬尘、垃圾焚烧等大气污染，全力提升空气质量。加速实施中心城区污水系统综合治理工程，全面实现“水清岸绿景美”治理目标。加快国土绿化和废弃矿山生态修复，严格落实“林长制”，保障森林生态安全。

（六）聚焦“三农”发展，在推进乡村振兴上实现新突破。夯实农业发展底线。扛牢粮食安全政治责任，全面落实“田长制”，有序推进退林还耕，确保粮食生产面积达到2533.33公顷以上。加大防返贫监测帮扶，巩固拓展脱贫攻坚成果同乡村振兴有效衔接。做强农业特色产业。持续推进农产品加工产业园建设，支持兰亭食品、非你魔薯等企业扩能提效，新增农业产业化龙头企业1家、“两品一标”[12]农产品4个。以炎帝耕食文化为引领，推动黄陂田农禅文化园建成营业，加速仙庾岭村整村运营项目落地见效。加快推进乡村建设。全力争取国家农村综合性改革试点试验。全力推动仙庾镇区建设，有序推进仙庾片区城乡供水一体化，完成乌石、旱塘水库除险加固，持续加强“四好农村公路”建设。新改建农村户厕100个，建成幸福屋场5个，建设宜居宜业和美乡村。继续实施“村电共治”便民服务工程，积极推动“三社合一”[13]等综合改革。

（七）统筹发展安全，在共建平安荷塘上实现新突破。筑牢安全稳定屏障。突出自建房、道路交通、食品药品、建筑施工、城镇燃气、消防安全等重点领域，从严从重“打非治违”，坚决遏制安全生产事故发生。启动新一轮交通顽瘴痼疾整治三年行动。推动自然灾害综合风险普查成果转化，完善防灾减灾救灾体系，扎实做好防汛抗旱、森林防灭火等各项工作。科学防范化解风险。加大资产盘活力度，拓宽争资引项渠道，杜绝新增隐性债务和高息债务，确保债务水平保持在安全区间。严厉打击非法集资、传销行为，维护金融和社会秩序稳定。加快“保交楼”工作进度，全力排查清除房地产领域风险。夯实平安建设基石。深入推进市域社会治理现代化工作，构建覆盖城乡的“综治中心+网格化+信息化”工作体系。完善社会治安防控体系，加快推进“雪亮工程”，常态化开展扫黑除恶斗争，严厉打击电诈、盗抢骗、黄赌毒等各类违法犯罪活动，提升公共安全保障能力。强化信访矛盾源头治理，推进初信、初访质效办理和积案化解。启动民兵训练基地改造，抓好征兵、国防教育、退役军人事务等工作。

加强政府自身建设

打铁必须自身硬。面对新形势、新目标，我们将持续加强自身建设，不断提升干事创业的本领，努力建设人民满意的政府。

以对党忠诚铸牢为政之魂。深刻认识“两个确立”的决定性意义，增强“四个意识”、坚定“四个自信”、做到“两个维护”，把忠诚核心、紧跟核心、捍卫核心体现到实际工作中。坚持从讲政治的高度推进工作，不折不扣落实党中央国务院重大决策部署和省委省政府、市委市政府及区委工作要求，确保政府工作始终沿着正确的政治方向笃定前行。

以依法行政促进公平正义。坚持科学、民主、依法决策，落实“三重一大”事项集体决策制度。自觉接受人大法律监督、工作监督和政协民主监督，高质量办理人大代表建议和政协委员提案。深入推进政务公开，主动接受社会各界监督。全面落实行政执法“三项制度”[14]，推广“柔性”执法。扎实开展“八五”普法，连片打造民主法治示范村（社区），加快构建大普法工作格局。

以务实担当践行初心使命。深入开展“作风建设年”活动，树立“能抓落实、敢抓落实、快抓落实”的鲜明导向，确保各项工作真抓实干、一抓到底。健全完善容错纠错机制，坚持“三个区分开来”[15]，旗帜鲜明地为担当者撑腰、为干事者鼓劲，提振干事创业精气神，凝聚争先创优正能量。

以清正廉洁永葆公仆本色。严格落实中央八项规定及其实施细则精神，力戒形式主义、官僚主义，为基层松绑减负。继续带头过“紧日子”，把有限财力用在发展紧要处、民生急需上。开展“清莲行动”，大力弘扬新风正气。纵深推进党风廉政建设和反腐败斗争，强化重点领域和关键环节监管，严惩群众身边的“微腐败”，建设清廉荷塘。

各位代表，梦想在召唤，使命催征程。让我们更加紧密地团结在以习近平同志为核心的党中央周围，在市委、市政府和区委的坚强领导下，砥砺初心使命，接续奋斗，勇毅前行，在建设“一区两城”中干在实处、走在前列、作出示范，奋力谱写中国式现代化的荷塘篇章！

名词解释

1. 制造强区“七大工程”：先进制造业集群建设工程、产业基础再造工程、产业链供应链提升工程、园区提质升级工程、军民融合发展工程、质量品牌提升工程、数字经济赋能工程。

2. 科技创新“七大计划”：关键核心技术攻关计划、基础研究发展计划、创新主体增量提质计划、创新人才引培计划、创新平台建设计划、创新生态优化计划、科技成果转化计划。

3. 改革开放“六大行动”：深化国资国企改革行动、深化投融资体制改革行动、深化要素市场化配置改革行动、营商环境优化行动、“走出去”行动、“引进来”行动。

4. “六化”理念：治理单元最小化、治理层级扁平化、治理手段多元化、治理主体协同化、治理流程标准化、治理要素再组织化。

5. 七个“小切口”：做实小区党建、抓好党建带群建、系统推进志愿服务体系建设、稳步实施物业提升工程、打造“指尖上的治理服务”、创新大调解机制建设、持续巩固系列民生行动。

6. 六大工程：中共株洲市荷塘区第六次代表大会提出，未来五年实施“产业升级、园区提质、营商环境优化、城市更新、乡村振兴、‘幸福荷塘’民生”六大工程。

7. “三区三线”：“三区”指城镇空间、农业空间、生态空间三种类型的国土空间；“三线”分别对应在城镇空间、农业空间、生态空间划定的城镇开发边界、永久基本农田、生态保护红线三条控制线。

8. “村社分账”：村民委员会与村级集体经济组织分别设置账套，进行独立核算，明确各自业务范围和职责，按照“事务分离、账户分设、资产分管、核算分立、平台统建”的目标，切实保证村级集体经济组织成员的合法权益。

9. 校园足球“三全”模式：全方位推进校园足球“一盘棋”、全覆盖锻造校园足球“指挥官”、全链条选拔校园足球“运动员”。

10. “三产”“三资”招商：农业、工业、商贸招商和资产、资源、资本招商。

11. “三认”活动：义务植树“认种、认养、认建”。

12. “两品一标”：绿色食品、有机农产品和农产品地理标志。

13. “三社合一”：供销社、农民专业合作社、农村信用服务社融合运行的新型农村合作经济联合社。

14. 行政执法“三项制度”：行政执法公示制度、行政执法全过程记录制度、重大执法决定法制审核制度。

15. “三个区分开来”：要把干部在推进改革中因缺乏经验、先行先试出现的失误和错误，同明知故犯的违纪违法行为区分开来；把上级尚无明确限制的探索性试验中的失误和错误，同上级明令禁止后依然我行我素的违纪违法行为区分开来；把为推动发展的无意过失，同为谋取私利的违纪违法行为区分开来。

中国人民政治协商会议株洲市荷塘区第六届委员会常务委员会工作报告

——在政协株洲市荷塘区第六届委员会第三次会议上

政协株洲市荷塘区委员会主席 汤小红

2023年2月8日

各位委员、同志们：

我代表政协株洲市荷塘区第六届委员会常务委员会，向大会报告工作，请予审议，并请列席会议的同志提出意见。

2022年，在区委的坚强领导和市政协大力指导下，区政协常委会坚持以习近平新时代中国特色社会主义思想为指导，全面贯彻习近平总书记关于加强和改进新时代人民政协工作的重要思想，紧扣全区中心工作，充分发挥专门协商机构作用，履职尽责、务实作为，为荷塘高质量发展贡献了政协力量。

一、突出政治引领，凝聚团结奋进的政协共识

加强理论武装筑牢思想基础。坚持第一议题学习制度，党组会议、主席会议始终把学习习近平总书记最新讲话、指示批示精神放在优先位置。坚持新思想领航，全年开展理论中心组学习12次。坚持常态化多层次学习制度，不断规范常委会、主席会、支部会及界别工作组的理论学习，筑牢共同思想政治基础。聚焦学习宣传贯彻党的二十大精神，主席会议成员带头下沉到各界别工作组和基层一线开展宣讲，邀请市委党校专家授课，广大政协委员通过政协云平台开展主题交流活动12场，推动党的二十大精神学习宣讲走深走实。

加强政治建设把牢履职方向。区政协党组不断增强拥护“两个确立”、做到“两个维护”的思想行动自觉，坚决落实党对政协工作的全面领导。政协领导班子成员主动参与打造“三个高地”、举办乡村音乐节等区委中心工作；党组工作要点、协商计划、委员学习培训等重大事项坚持报请区委研究同意；重大协商、视察、监督活动主动邀请区委、政府领导现场指导；重要履职成果及时上报区委作为决策参考，确保党的决策部署不折不扣落实到政协全部工作之中。持续改进政协党的建设，完善政协党组议事规则；建立中共党员委员联系党外委员制度；向各委员工作室选派党建指导员，推动政协党建“两个全覆盖”从“有形”到“有效”转变。

加强思想引领汇聚奋进合力。持续加强与各民主党派、工商联和无党派人士的经常性联系，坚持定期走访看望、座谈交流和工作对接，主动帮助解决委员重点关切的实际问题。注重为各民主党派、工商联、无党派人士履职搭建舞台，大会发言优先考虑，视察、协商活动邀请参加，保障党派团体在政协履职发声。打造“书香政协”，依托“云书院”常态化开展委员读书活动，组织开展线上线下读书活动40余场次，参与分享2200余人次，引导广大委员讲好履职故事、荷塘发展故事，不断加强政治引领、增进思想共识、凝聚发展力量。

二、紧扣中心大局，贡献服务发展的政协智慧

政治协商有广度。全会期间，全体政协委员对

“一府两院”和其他报告深入协商讨论，聚焦全区中心工作、改革发展重大问题提出意见建议73条。围绕先进硬质材料产业园建设、仙庾岭风景区提质升级、城乡文化设施建设与管理等议题，开展常委会专题议政性协商、主席会专题协商，全年报送协商专报8期。着力打造“株事好商量”协商议事新平台，围绕未成年人保护法律监督专项行动、垃圾分类、暖心家园建设等开展“株事好商量”协商议事活动7次，委员和各界群众代表300余人次参与，政协协商与基层民主进一步融合，专门协商机构作用更加凸显。

民主监督有力度。就义务教育阶段“双减”政策落实、小游园建设和管理工作分别派出民主监督小组，开展入驻式协商监督，提交监督建议8条。开展优化营商环境、基层法治建设2个专题视察监督，寓支持于监督之中，通过提出批评意见和建议，推动政策措施落实。主席会议成员领衔督办重点提案6件，有效推动党政有关部门工作改进、效率提升。关注百姓身边事，开展各类微监督，提出微建议133条，一批群众“急难愁盼”问题得到及时解决。

参政议政有深度。围绕“稳定粮食播种面积”“农村饮水安全问题”参与三级联动调研，向省、市政协提交调研报告2篇。围绕我区硬质合金专精特新企业培育、民宿高质量发展、老旧小区改造提质等发展重点和民生难点，深入开展专题调研，形成调研报告13篇。全年立案交办提案86件，区直有关部门认真研究采纳，在工作中转化落实协商议政成果。广大委员精准发力助推民生问题解决，提交社情民意信息11条，其中管婧委员撰写的《关于建立乡村振兴统计监测体系的建议》被中央统战部采用。

三、厚植民本情怀，展现履职为民的政协担当

为基层治理赋能。积极参与全区“三治融合”工作，选派10名干部赴小区任第一书记、基层治理工作队员。政协工作重心和委员资源力量下沉，将全区157名政协委员联点到村（社区），助力基层社会治理工作。发动委员积极参与基层创文工作，累计220余人次参与志愿服务，捐资捐物共计6万余元。

与界别群众贴心。践行“人民政协为人民”理念，引导委员深入界别群众察民情、听民声、解民忧。开展委员工作室值班活动，面对面听取群众意见诉求，并积极转化为委员提案、微建议和社情民意，畅通政协“民意直通车”。持续开展结对帮扶活动，帮扶困难家庭43户，累计帮扶资金12万余元。广泛开展“喜迎二十大，委员在行动”系列活动，各界别工作组进社区、入学校、走企业，开展义务普法、科普展览、公益讲座等惠民服务，用实际行动把温暖送到群众心坎上。

为疫情防控尽力。面对新冠疫情，区政协坚决落实区委部署，领导班子成员率先垂范奔赴一线督导、驻守隔离酒店。广大政协委员、机关干部众志成城、全力以赴参与各项防疫工作。委员们发挥专业特长和资源优势，积极投入疫情防控一线，开展医疗救治、核酸采集、熬送汤药、志愿服务等活动，齐国华委员在退烧药一药难求的紧张时候，无私捐助布洛芬近4万颗。广大政协委员累计捐赠26万余元的防疫物资，在抗疫“大考”中，展现政协“硬核”力量。

四、把握新时代要求，彰显守正创新的政协风采

委员工作室建设成效明显。建成委员工作室15个，将委员工作室与“株事好商量”协商平台、社情民意联络站“三位一体”建设，实现“一个阵地、多种功能”。同步打造线上委员工作室，履职渠道更丰富。依托乡村振兴委员工作室，精心打造政协文化园，委员有了自己的“文化家园”。制定委员

工作室考核办法，开展“看学议”活动，委员工作室履职质效全面提升。仙庾镇、石子头社区2个委员工作室获评省级示范性委员工作室。

专委会建设特色凸显。强化专委会组织功能，完善落实专委会联系界别工作组、党政职能部门机制，更好地发挥其广泛联系委员和各界人士的桥梁纽带作用。健全专委会工作制度，出台专委会考核办法，落实专委会述职制度，专委会建设明显加强。发挥专委会优势，重点打造了“心护荷苗”“法润荷塘”“小微帮扶”等一批特色委员工作室，专委会工作“专”出质量，“专”出特色。

委员履职能力不断提升。开展“干部能力提升年”活动，组织赴炎陵、韶山履职培训，有力提升政协机关干部和政协委员理论素养和履职水平。加强政协云使用和推广，大力培养委员政协云使用习惯，委员履职迈入“掌上时代”，政协云活跃度、履职运用等各项指标在全省排名前列。出台委员履职考评办法、界别工作组考评办法，激发委员履职热情。张安洲等30名委员获评优秀政协委员，吴世强委员参加全市政协系统履职创新故事演讲比赛荣获三等奖，《新时代深化政治协商的思考》等多篇理论文章、调研报告在市政协获奖。

各位委员、同志们，一年来，全区各方面大力支持政协工作。区委常委会多次研究政协工作，区政府高度重视政协提案办理和协商建议的吸收转化工作。方靖书记、罗鹏程区长等领导更是多次参加政协会议、活动，对政协工作提出要求，对协商建议作出指示。六届区政协创造的良好开局，离不开中共荷塘区委的高度重视和坚强领导，离不开区人大、区政府的全力支持，离不开历届区政协打下的坚实基础，离不开区直各部门的理解配合，离不开社会各界的关注参与，更凝聚了全区政协系统、政协各参加单位、广大政协委员的智慧、汗水和心血。在此，我代表区政协常委会致以衷心的感谢和崇高的敬意！

回顾一年的工作，我们也清醒认识到，对照新时代新要求，我们的工作还存在不小差距，如发挥政协协商民主优势，打造“株事好商量”荷塘样本，我们还需加快步伐；增强界别优势，提升履职实效，我们还需加大力度；利用政协云平台优势，改进委员履职服务管理，我们还需多方探索。对此，我们将认真研究，着力改进。

各位委员、同志们，2023年是全面贯彻落实党的二十大精神的开局之年。我们要以习近平新时代中国特色社会主义思想为指导，全面贯彻落实党的二十大精神，在区委的坚强领导下，聚焦中心大局，坚持建言资政和凝聚共识双向发力，立足专门协商机构性质定位，全面推进政协工作提质增效，为加快推进“一区两城”建设，全面建设社会主义现代化新荷塘尽政协之责、倾政协之力、展政协之为。

一、把牢政治方向，在贯彻落实党的二十大精神上下功夫

把学习宣传贯彻党的二十大精神作为首要政治任务和凝心聚力的主基调。依托政协云、委员工作室、委员读书活动等平台和载体，深入开展宣传活动，教育引导政协委员和机关干部深刻领悟党的创新理论，增强坚定拥护“两个确立”、坚决做到“两个维护”的政治自觉、思想自觉和行动自觉。对标对表党的二十大对政协工作提出的新任务新要求，紧紧围绕党的二十大擘画的蓝图以及区委全会作出的部署，认真谋划政协工作，深入践行全过程人民民主，履行好全面发展政协协商民主的职责和使命。

二、积极履职作为，在服务中心大局上显担当

围绕“项目攻坚年”，聚焦重大项目，就“三一智慧钢铁城项目招商”等区委重点工作开展专题议政性常委会协商；就“推进园区产业项目配套建设”“加强基层医疗机构服务能力建设”等开展主席会议专题协商；就“探索荷塘路径，推动海绵城市建设”等议题开展协商座谈会。重点就“农村水利设施维修维护”“就业直通车平台建设”等精心组织“株事好商量”活动。围绕“民转公义务教育学校教学情况”“食品药品安全”等重点领域开展视察监督、专项监督。坚持提案工作全局性定位，树牢质量意识，增强督办效应，强化跟踪落实，提升办理实效。鼓励党派、界别、委员积极参与其他形式民主监督，形成政协监督合力。精选调研课题，改进调研方法，整合调研力量，推动专题调研工作更精准、更有效。把“关键小事”作为“履职大事”，组织委员深入基层、贴近群众、关注民生，推动微调研、微建议、微协商、微监督、微评议等“五微联动”深入开展，打通联系服务群众“最后一公里”。

三、广泛凝聚共识，在汇聚发展合力上出实招

牢牢把握团结奋斗的时代要求，坚持把加强思想政治引领、广泛凝聚共识作为履职的中心环节，贯穿于工作全过程。全面落实政协党组成员联系各民主党派、专委会对口联系党派团体制度，加强思想交流、情感沟通；充分利用政协云、委员工作室等平台传递党委政府声音；邀请区委、政府领导和有关单位、部门负责人，向各党派团体、广大政协委员和社会各界通报区委、区政府重大工作。持续开展委员读书活动，使读书学习的过程成为深化共识、传播共识的过程。组织开展富有文史特色的专题调研，着手筹备编辑《荷塘文史（教育篇）》，发挥文史工作凝心聚力作用。深入开展“城市向东、东城崛起”大讨论，进一步增强政协委员和界别群众的荷塘归属感、认同感、幸福感。落实党的二十大关于完善委员联系界别群众机制要求，团结服务好界别群众，广泛汇聚民意民智，形成加快建设“一区两城”的强大合力。

四、持续固本强基，在提升自身建设上见实效

着力加强政协党的建设。牢固树立“所有履职平台都是党建工作平台”的工作理念，发挥政协党组的领头作用，加强政协功能性党组织建设，突出党员委员示范引领，强化党建与履职融合互促。着力加强委员队伍建设。强化委员培训和管理，全面增强委员履职能力；进一步突出界别特色，完善界别活动机制，丰富界别活动形式，引导委员发挥主体作用；积极做好组织委员、关心委员、服务委员的工作，鼓励和引导广大委员在履职实践中施展才华。着力加强政协机关建设。以“作风建设年”为契机，积极改进工作作风，提升能力水平，切实加强机关综合协调、服务保障的枢纽功能，打造政治过硬、服务优质、充满活力的政协机关。

各位委员、同志们，力量生于团结，幸福源自奋斗。让我们更加紧密地团结在以习近平同志为核心的中共中央周围，在区委的坚强领导下，踔厉奋发，团结奋斗，推动荷塘政协事业高质量发展，为加快推进“一区两城”建设，奋力谱写荷塘全面建设社会主义现代化新篇章做出更大贡献。

荷塘区打造“三个高地”建设工作纪实

荷塘区打造“三个高地”指挥部

2022 年 12 月 28 日

2022 年，荷塘区打造“三个高地”指挥部坚持“聚焦、裂变、创新、升级、品牌”的工作思路，着力打造国家重要先进制造业高地、具有核心竞争力的科技创新高地、内陆地区改革开放高地，促进株洲高质量发展。2022 年，荷塘区被评为全市年度先进单位（第 4 名）及落实“企业办事不求人”机制成效明显单位。

一、聚焦重点，蓄力攻坚

荷塘区打造“三个高地”指挥部以“项目”为龙头。引进湘钢梅塞尔等亿元以上项目 26 个，宜安精密制造等 30 个重点项目顺利开工，好媳妇株洲智能制造基地等 20 个项目竣工。三一智慧钢铁城、先进硬质材料两个“百亿”项目，分别引进 35 家规上企业、14 家供应链企业，预计实现年产值 35 亿元。以“用地”为保障。实施“审计先行”，开展征拆清零行动，完成集体项目 11 个、国有项目 1 个，交地 1589 亩；其中产业项目交地 804.206 亩。盘活低效闲置用地，首批依法收回闲置用地 2 宗；盘活工程废渣、废石等资源，最大限度降低成本，三一智慧钢铁城土石方及配套设施工程项目降本增效经验在全市推广。以“招商”为源水。组建农、工、商、“三资”招商组，聚焦硬质材料产业园与三一钢铁城招商。引进天合能源等 26 个项目，投资 92.85 亿元，完成率 130%；园区引进先进制造亿元以上项目 18 个，完成率 225%；新引进三类 500 强项目 3 个，完成率 150%；湘商企业投资项目 5 个，完成率 167%。

二、锚定特点，逐一突破

荷塘区打造“三个高地”指挥部打牢根基，培育市场主体。预留 800 万奖励，推行“三零”举措，实现市场主体净增 8625 家，完成率 101%；企业净增 3370 家，完成率 104%；个转企完成 456 家，完成率 144%；实有企业占比 23.26%，全市排名第 3；实有法人企业占比 94.41%，全市排名第 1 。科技牵引，集群先进制造。扶持企业强化知识产权，株洲飞鹿、橡胶院、科能新材 3 家企业获国家知识产权优势示范企业。荷塘高新技术产业开发区通过省级高新区专家评审会答辩，已获省政府批复。1—11 月规模工业增加值同比增长 11%，连续 8 个月全市第一。硬质合金产业链获省集群竞赛“第一名”。聚合优势，升华荷塘品牌。聚焦荷塘优势，成体系打造产业、企业、文旅品牌，提升吸引力、美誉度；株硬集团荣获“省长质量奖”，荷塘区耕食书院获评省五星级旅游民宿，系株洲市唯一获此殊荣；仙庾岭村入选湖南省乡村旅游重点村。

三、擦响亮点，优化服务

荷塘区打造“三个高地”指挥部，服务干部，能力大提升。出台《关于进一步激励干部担当作为打造“硬核”干部队伍的若干措施》，全链条完善干部容错纠错、能上能下；党建引领，选派 111 名小区第一书记和 222 名驻小区工作队员，选举产生 177 名小区党支部书记，推选产生 2568 名楼栋长。中组部《组工参阅》刊载工作信息，获部长陈希批示。市委基层办向全市推广荷塘区基层治理专题培训的经验做法。服务群众，基层微治理。探索“小切口、微治理”的基层治理先行模式，民政部、财政部公布“友邻帮”走出农村养老服务新路子为“居家和社区养老服务改革试点工作优秀案例”；市委副书记胡长春代表株洲市在第四次全国市域社会治理现代化试点创新研讨班作交流发言，《荷塘区新桂都小区以党建引领共建和谐家园》被作为发言中的典型案例；茨菇塘街道实验主题“以‘楼栋长来当家’撬动‘一引三管’居民自治模式”入选2022年全省基层治理创新实验单位名单。服务企业，办事不求人。解决政企“早餐会”交办的企业困难12个，“帮代办”为30余家企业代办手续200余次，取得证件68个。协助企业申报科技、工信项目30余个，获得奖补资金1700余万元。“指尖上的政府”推进政务新媒体建设，荣获省政府综合大督查持续优化营商环境、全面提高政府行政效能典型经验做法通报表扬。

（贺青惠）

荷塘区市场主体培育工作纪实

荷塘区打造“三个高地”指挥部

2022 年 12 月 28 日

2022 年，荷塘区对标“三个高地”任务目标，贯彻“聚焦、裂变、创新、升级、品牌”的工作思路，多措并举进一步培育和壮大市场主体。截至 2022 年 12 月 31 日，荷塘区新成立市场主体共 12637 户，其中企业 4076 户，个体工商户 8561 户。实现市场主体净增 8625 家，完成率 101%；企业净增 3370 家，完成率 104%；个转企完成 456 家，完成率 144%；实有企业占比 23.26%，全市排名第 3；实有法人企业占比 94.41%，全市排名第 1。小规模纳税人完成 5716 户，一般纳税人完成 373 户。新增“四上”企业 55 家。规上工业企业净增量为 13 家；科技型中小企业注册登记 118 家，高新技术企业完成 97 家。

一、紧盯目标举措有力，下好市场培育“先手棋”

荷塘区高度重视市场主体培育工作，进一步强化组织领导，健全工作机制，完善组织架构，确保各项工作任务落到实处，助推全区市场主体不断发展壮大。一是严格调度落实。建立“月推进，周调度”工作机制，区委书记方靖每月组织召开一次市场主体培育工作推进会，总结经验亮点，研究部署下一步工作；每周召开一次市场主体培育工作调度会，至少有一名常委领导参与会议，整合资源、解决问题，加强调度推进。二是抓实责任分解。建立“分管领导负责、业务干部联片指导”工作制度，制定阶段目标，细化任务指标，及时通报工作进度，确保全年任务能圆满完成。三是明确奖励办法。荷塘区制定市场主体培育工作奖励办法，根据市场主体培育、个转企、纳税主体小升规、税收率等主要考核指标的完成率对责任单位进行考核排名。

二、优化流程开办省时，打好高效审批“服务牌”

一是抓程序简化。持续推进企业开办“一窗受理”，严格保证企业注册登记、涉税事项、公章刻制、银行开户办理时限压缩在 1 个工作日、一次办结。二是抓窗口建设。持续推进“政务大厅”和各镇办办证大厅等窗口程序化、标准化、制度化建设，严格执行服务承诺、首问负责、限时办结、一次性告知等服务举措，做到“提请材料马上办、材料不全指导办、紧急项目加班办、特殊项目跟踪办、重大项目领导办、民生项目贴心办”，变被动服务为主动服务。三是抓产业服务。聚焦区域优势产业，以先进硬质材料制造业为切入点，整合区级权限内产业全生命周期事项，梳理“一件事一次办”事项服务清单 42 项、“全程网办”事项 14 项。在我的荷塘 App 设立“先进硬质材料专区”，为硬质合金产业链上各类企业提供政务、金融、政策等方面服务。2022 年即办率达到 70%以上，获服务对象广泛好评。四是抓电子化办公。持续推进工商登记全程电子化工作，实现办照“零纸张、零见面”，为各类市场主体提供高效便捷的登记服务。截至 2022 年，荷塘区企业设立电子化率达 98%，居全市前列。

三、锚定目标有的放矢，当好创新创业“引路人”

一是聚焦问题，有效纾困减负。针对新增市场主体对象对报税业务不熟、报税意识不强的问题，主动引入第三方公司，预留 180 万用于各项新增市场主体代理税收申报工作，为市场主体减轻负担，为4000余家市场培育新增主体提供相关服务。针对新增市场主体结构不优、企业占比偏低的问题，结合荷塘区实际，开展“餐饮业提质”和“农贸及各专业市场提质”专项行动，挖掘、培育一批有活力、有实力的市场培育主体，进而提升荷塘区新增市场主体结构质量。针对融资需求，围绕“金芙蓉”跃升行动，实行政企银担“日交流、月反馈”点对点互动等特色服务。为盘活企业资金“活水”，开展留抵退税直达快享工作，通过大数据分析，对重点政策和重点纳税人进行“一对一”精准辅导，确保政策红利第一时间到达纳税人。2022年，荷塘区联合13家金融机构为317家辖内企业授信13.66亿元，放款8.9亿元，放款金额同比增长39.5%，获得首次贷款支持的小微企业持续增加，为99家辖内中小微企业办理贷款展期或续贷1.67亿元，有效纾困。二是瞄准园区，提供“定制化”服务。在园区工程建设领域，全面推行“四办四即”服务（四办：现场帮办、全程代办、部门快办、联合督办，四即：洽谈即服务、拿地即开工、开工即配套、竣工即办证），为企业提供全方位贴心服务。已帮助湖南先进硬质材料产业园、三一智慧钢铁城等项目办理行政审批相关手续190余次，取得行政审批证件64个，帮助新入驻企业办理工商注册26个，获得企业一致好评。三是加强引导，激发市场活力。关注政策热点，加大电商指导力度，鼓励电商，微商等电子商务经营者办理营业执照。积极引导农贸市场，大型商超，产业园区、物流园区内符合办照条件，有办照意愿的市场主体办理营业执照，根据需要集中办理或提供上门办照服务。加大惠民利民政策宣传力度，特别是鼓励引导返乡民工、复转军人、应往届大学毕业生等群体创办市场主体，落实优惠政策，充分释放改革红利。根据区域特点，发展本区优势产业（行业）如农家乐、服装加工销售、硬质合金加工销售等发展带动力强的特色产业，打造市场主体增长亮点。

（谭渊之）

荷塘区干部能力提升工作纪实

荷塘区委组织部

2022 年 12 月 30 日

2022 年，荷塘区围绕《荷塘区“干部能力提升年”活动实施方案》，对标对表，明确时间节点，落实“五个强化”，稳步推进各项工作，引导全区各级干部以敢闯敢创的精气神和能干会干的硬本领，勇挑打造“三个高地”重担，全力建设“一区两城”。其中，荷塘区干部能力提升组在全市 2022 年第三、四季度打造“三个高地”竞赛评比中被评为冠军。

一、强化责任担当，聚力任务执行

按照干部能力提升年工作部署，结合荷塘区实际，压实责任，建立完善部门交流、联动、争先机制。加强组织领导。制定《荷塘区“干部能力提升年”活动实施方案》，成立干部能力提升工作专班，依照实施方案明确牵头单位、责任单位，细化任务目标，抓好干部能力提升工作“方向盘”。完善工作机制。建立周调度、月调度工作机制，通过定期安排会议调度工作进度，及时解决堵点难点问题，交流经验做法，确保各项工作有序进行，切实推动荷塘区干部能力提升工作落在实处。着力活动开展。积极主动承办 2022 株洲市大学生暑期社会实践营活动，市委书记曹慧泉，市委副书记、市长陈恢清等市领导出席；组织开展“干部能力提升年”系列活动之“我有故事讲给你听”演说能力大赛暨干部演说能力专题培训汇报会，市人大常委会副主任、市“三高办”副主任刘剑飞出席活动并给予充分肯定。聚焦宣传工作。用好各类宣传渠道，在人民日报、湖南日报等党报党刊，红星云、红星网等线上媒体宣传荷塘做法，分享荷塘经验。2022 年在市级及以上媒体宣传报道 259 次，其中中央 17 次，省级 114 次，市级 128 次。市级以上党报党刊、电视台宣传报道 38 次（其中中央 5 次、省级 12 次）。

二、强化精准施策，形成长效机制

根据工作实际，着眼发现荷塘区干部紧缺能力素养，直指干部能力提升工作关键。制定专业素养清单。牵头制定区委办主任、检察长 2 个重点岗位十大专业素养清单。通过下发摸底表、征求意见表等形式，根据全区不同层次、不同类别、不同岗位实际情况，高质量制定镇（街道）、区直机关等重点岗位、关键领域干部十大专业素养清单。建立完善培训档案。对参加省市区三级培训的干部建立完善个人培训档案，收集培训证书和成果，及时更新干部培训记录，确保干部培训有记录、有效果。制定激励措施。出台《关于进一步激励干部担当作为打造“硬核”干部队伍的若干措施》，从结构优化、队伍建设、容错纠错等方面入手，持续完善担当作为激励和保护机制，引导全区干部勇担当、敢作为。

三、强化多元培训，提升能力素质

围绕干部专业素养清单，个性化定制培养方案，有针对性开展不同类别、不同形式、不同层次的培训。开展专题班。举办专题讲座 87 期；开展贯彻落实“三高四新”战略专题研讨班 12 期，让干部在专题班中增强战略思维能力，助力干部更好地履职尽责。组织案例讨论。开展案例讨论 54 期，鼓励干部在讨论中互相启发学习，分享经验观点，以真实案例促进干部举一反三，提升干实事本领。选送干部调训。选送党员干部93人次参加省、市委党校（行政学院）调训，切实增加干部知识储备、提升技能、拓宽视野、激发干部潜能，提升干部工作效能。用好在线教育。充分利用在线教育课程资源，广泛开展在线教育，组织791名党员干部参加干部教育网络学院学习，拓宽干部学习渠道，打破专业知识壁垒，为干部提供灵活、便利、多样化的学习资源。做实基层宣讲培训。以面向群众、面向基层为出发点，深入全区开展主题宣讲530余场，微宣讲 2560余场，“板凳课堂”860余堂，受众高达20万余人次；围绕党建引领基层治理、乡村振兴、行业素养等方面开展培训，全面完成新时代基层干部主题培训任务，培训1600余人次。另外，全区各单位分别以各种形式开展学习研讨，如区委组织部举办“组工学堂”，区民政局开展“荷民分享”等，实现干部在讲中练、在听中学、在思中益。

四、强化一线推出磨练，练就过硬本领

重视实践锻炼，推动干部在一线磨砺。开展挂职大练兵。选派2名90后科级干部到市直单位挂职，选派1名到株洲田心片区城市更新指挥部参与项目建设，承接3名市派干部到仙庾镇及园区挂职，1名泸溪县干部到区农业农村局挂职。开展干部联企行动。从区直部门选派驻企工作队员到区属国有企业工作，抽调优秀年轻干部参与全区先进硬质合金产业园建设，让干部熟悉经济工作与项目建设。选派97名干部驻点联系全区397家企业，对全区“四上”企业、中小企业、园区企业全面走访，以此锻炼提升干部能力、送达解读政策、收集解决问题。全年共开展集中培训8次，现场教学8次，提供法律、财税、金融等专业咨询服务600余人次。联企干部累计帮助企业解决问题和困难190余个，其中协助解决企业上下游产业链、资金短缺、疫情防控、员工子女教育等共性难题120余个，协助申报专项资金、政策补助、税务减免等个性问题70余个。开展“六个一批”活动。选派4名科级干部参加全市巡察，选派3名干部参加省委巡视，15名干部到省市机关跟班。从机关事业干部中选派驻小区第一书记111名、驻小区工作队员222名、125名政法干警联点小区开展工作，明确79家区直机关单位、10家企业成为小区后援单位；选派驻（联）村工作队员53名，积极参与森林防火、自建房隐患排查、文明创建等工作。抽派1080名干部下沉一线参与疫情防控工作，切实汇集各方力量，筑牢抗疫防线。开展“十大能手”评选。制定《荷塘区“业务能手”评选活动的实施方案》，各牵头责任单位立足实际均制定具有本系统本行业特点的业务能手评选方案，自实施以来，共评选“业务能手”、每月一星41名，设立11个能手工作室，开设能手讲堂12期，通过线下海报、市级以上媒体、在区政府门户网开设宣传专栏、“在荷塘”视频号发布专辑宣传片等方式开展“每月一星”宣传活动。宣传报道上稿省级媒体3篇，市级媒体8篇，区级媒体宣传42余篇，充分发挥了业务能手的辐射带动作用，营造各领域“比学赶超”氛围。开展“五个到户”活动。发动全区党员到城市小区走访3万余户居民家庭，联系结对1300余户，解决问题269条。

五、强化成果运用，突出正向激励

及时总结提炼工作经验，推动干部能力提升工作落在实处。多项工作经验被上级推介。1篇信息上稿中组部《组工参阅》刊物，得到时任中央政治局委员、中组部部长陈希批示，荷塘区作为先进典型在全省组工信息编报业务会上发言。经验材料《株洲市荷塘区：基层“小课堂”筑牢治理“大根基”》得到市委常委、组织部部长李武宁批示。《荷塘区新桂都小区以党建引领共建和谐家园》作为典型案例被市委副书记胡长春在第四次全国市域社会治理现代化试点创新研讨班中作交流发言。《株洲市荷塘区进一步健全激励干部担当作为机制》等5篇上稿湘组信息。《荷塘区：三聚焦三强化，举办基层小课堂提升干部大能力》等4篇经验做法上稿市级刊物并在全市推广。以改革促能力提升。荷塘区城管局在2022年度巩固深化“强基础、转作风、树形象”专项行动中获住建部表扬；“指尖政府”高效服务获省政府综合大督查表彰。“友邻帮”养老模式获评全国居家和社区养老服务改革试点工作优秀案例，被省委政研室在《研究与决策》上推广。荷塘区校园足球教育“三全”模式被省委深改委推介。茨菇塘街道“楼栋长来当家”，居民自治模式被株洲市深改委评选为“2022年度十大改革创新案例”，街道党工委书记多次在全市基层干部座谈会、省委组织部干部政治能力建设座谈会作正面发言。树立先进典型。《光明日报》对中车长江集团株洲车辆有限公司电焊业务能手易冉进行了重点推介；荷塘区团委兼职副书记、株洲市大同社会工作服务中心主任尹琴菲被评为“第21届全国青年岗位能手”。区人民法院刑事审判庭庭长何丽被最高人民法院表彰为全国优秀法官；区人民法院云龙示范区人民法庭副庭长、执行局长舒睿被表彰为全省法院先进个人。（张秦铭）

大 事 记

1月

4日 先进硬质材料产业园K1、K2地块征拆工作启动会在荷塘产业开发区召开。

5日 芙蓉路-规划九路（32号路—升龙路）新建工程顺利通过竣工验收。

10日 荷塘区召开学习贯彻党的十九届六中全会精神市委宣讲团报告会。

11日 荷塘区召开区委六届二次全体(扩大）会议暨区委经济工作会议，按照中央、省委、市委经济工作会议及省市党代会精神的总体要求，回顾总结2021年工作，研究部署当前和今后一个时期经济社会发展任务。区委书记方靖出席会议并发表讲话。区委副书记、区长罗鹏程部署2022年经济工作。

12日 省水利厅党组成员、副厅长范金星，省移民事务中心党委书记、主任袁侃夫，省水利厅水库移民处处长江泽智一行到仙庾镇樟霞村走访慰问困难移民。

▲ 荷塘区组织开展“围绕制造名城，聚焦一区两城建设，助推民营经济高质量发展”企业座谈、文化惠企活动。

13日 区委书记方靖带队赴步步高超市、四三零医院等地开展消防安全、食品安全、疫情防控联合检查。

▲ 荷塘区举办“发愤图强、重振雄风”大讨论夜谈会。全区150余名干部以及10名企业家齐聚一堂，面对面开展大讨论，为奋力谱写现代化新株洲的壮美篇章提供强大的思想动力。

18日 区委副书记、区长罗鹏程带队到株洲长途汽车站、恒瑞祥养老院等地检查消防安全和疫情防控工作。

▲ 荷塘区召开湖南先进硬质材料及工具产业园建设工作调度会。

▲ 荷塘区委宣讲团在美的小学宣讲党的十九届六中全会精神。

19日 株洲市人民政府副市长白云峰带队到荷塘区督查养老机构安全生产与疫情防控工作。

20日 区委书记方靖一行到荷塘区敬老院、仙庾镇、茨菇塘街道走访慰问辖区内部分老党员、困难党员、百岁老人及边缘户，向他们送去新春的祝福以及党和政府的关怀与温暖。

21日 荷塘区召开党史学习教育总结会议，区委书记、区委党史学习教育领导小组组长方靖出席会议并讲话。

▲ 荷塘区召开2022年度城乡居民基本医疗保险费集中征收攻坚行动调度会。

▲ 区委副书记、区长罗鹏程到月塘街道石子头社区宣讲中共十九届六中全会精神。

▲ 金塘大道二期工程顺利通过竣工验收。

25日 区委理论学习中心组举行2022年第一次集中学习暨“发愤图强、重振雄风”专题大讨论。

27日 区委副书记、区长罗鹏程带队到大润发超市、中南蔬菜批发市场检查疫情防控、保供稳价、食品安全、消防安全等工作落实情况。

28日 I14地块边坡抢修开标完成 为周边居民保驾护航。

▲ 区住建局（人防办）开展党的十九届六中全会精神宣讲。

29日 荷塘区委常委班子召开党史学习教育专题民主生活会。

▲ 由中共荷塘区委、区政府、区人武部主办，区委宣传部、区退役军人事务局、株洲烈士纪念园管理处承办的“缅怀先烈，弘扬抗美援朝精神——退役军人匡仙鹏《长津湖》《水门桥》系列钢笔画展”启动仪式在株洲市烈士纪念园开展。

2月

7日 荷塘区举行新年升国旗仪式，号召全区干部群众以崭新的姿态，投入到新一年的经济社会发展热潮中，为荷塘区打造“一区两城”贡献力量。

8日 荷塘区副区长向前进组织召开先进硬质材料产业园K1K2地块征拆工作启动会议。

9日 荷塘区在仙庾镇黄塘集市举办“春风行动暨就业援助月”返乡农民工专场招聘会，吸引众多求职者前来咨询、应聘。

14日 株洲市举行2022年第一次重大项目集中开工活动。在荷塘区轨道交通及航空装备产业化项目开工仪式现场，市委常委、市人民政府常务副市长王卫安宣布项目开工。

15日 荷塘区召开六届人民政府第一次全体（扩大）会议，讨论即将提交区第六届人民代表大会第二次会议审议的《政府工作报告》（征求意见稿），研究部署2022年工作。

16日 荷塘区总工会召开第五届委员会第二次全体会议。荷塘区总工会第五届委员会23名委员参加会议。

18日 市委统战部副部长邵建平带队到荷塘区调研新的社会阶层人士统战工作。

▲ 荷塘区举办第二届“荷你一起闹元宵”活动，通过组织丰富多彩的线上公共文化服务活动，让人民群众度过一个喜庆平安、欢乐祥和的春节。

20日 国内在建承受水压最高、直径最大盾构隧道的“聚力一号”超大直径盾构机刀盘在江阴靖江长江隧道工程顺利下井组装，该盾构机所有配套盾构刀具均由株洲硬质合金集团设计、制造。

21日 荷塘区召开2022年全区武装工作会议暨区人武部党委全体（扩大）会议，总结2021年武装工作完成情况，安排部署2022年工作。

22日 中共荷塘区委召开理论学习中心组（扩大）2022年第二次集中学习会议，邀请中共湖南省委党校湖南行政学院经济学教授、湖南县域经济研究会副理事长戴军和株洲市人力资源和社会保障局二级调研员熊超群分别进行专题授课。

23—24日 政协株洲市荷塘区第六届委员会第二次会议召开。

24日凌晨 荷塘区下了一场大雪，区委、区政府启动应急方案，镇、街道、区直部门带领机关干部在公路、小区、扫雪除冰保畅通、保安全志愿服务为居民安全出行保驾护航。

24—25日 株洲市荷塘区第六届人民代表大会第二次会议召开。

25日 中国中化党组成员、副总经理、中国化工总经理阳世昊一行到中国化工株洲橡胶研究设计院有限公司生产调研。

28日 荷塘区科协获评“2021年科普中国信息

员队伍建设区县级优秀组织单位”。

3月

4日 仙庾镇人民政府联合国网株洲城东供电支公司召开“村电共治，为民服务”四级联动工作协议签约会议。

5日 荷塘区召开第六届纪律检查委员会第二次全体会议，总结回顾荷塘区2021年纪检监察工作，部署2022年工作任务。

7日 湖南先进硬质材料及工具产业园首批入园企业签约大会顺利召开。

8日 省委统战部副部长、省政府侨办主任符俊根、省委统战部侨事处处长唐盛华一行到荷塘区仙庾镇调研基层统战工作。

11日 区委副书记、区长罗鹏程主持召开荷塘区2022年粮食生产暨春耕备耕工作会议。

▲ 荷塘区开展2022年城区义务植树活动。

▲ 金城集团政通路（金龙西路-K0+320段）新建工程顺利通过竣工验收。

13日 荷塘区召开书记专题会议，听取六届区委第一轮巡察工作情况汇报，研究部署下阶段巡察工作。

15日 区委副书记、区长罗鹏程带队督导常态化疫情防控工作。

17日 株洲市人大常委会副主任、市打造“三个高地”指挥部办公室副主任刘剑飞一行到荷塘调研打造“三个高地”工作推进情况。

18日 荷塘区召开打造“三个高地”暨“市场主体培育年”“干部能力提升年”活动推进大会，安排部署各项工作任务。

▲ 荷塘区召开区未成年人保护工作领导小组第一次全体会议。

22日 区委副书记、区长罗鹏程带队深入桂花街道西子社区陡岭坡开展“敲门行动”，走进居民家中进行疫情防控知识宣传，切实落实防疫措施。

25日 市自然资源和规划局二级调研员丁桂云一行来荷塘区就国家、省级例行督察反馈问题整改情况及月清“三地两矿”工作进行督察。

4月

1日 荷塘区宣传思想文化系统举办“增强‘四力’知行合一”主题读书活动。

2日 株洲市委常委、市政府副市长、株洲经开区党工委第一书记王庭恺一行到中天杭萧调研。

6日 荷塘区召开2022年生态环境保护工作暨“春雷行动”工作推进会。

15日 市委常委、统战部部长罗琼带队到荷塘区调研统战工作及市场主体培育年工作情况。

17日 荷塘区召开湖南先进硬质材料及工具产业园片区水系规划、重点项目水利设计和配套市政排水工程的专项研讨会。

20日 湖南先进硬质材料及工具产业园水系专题研讨会在园区召开。

24日 株洲市人大常委会副主任刘剑飞一行到千金湘江药业文化路基地开展污染治理情况调研。

▲ 荷塘区召开全国文明城市创建整改工作调度会。

25日 区委副书记、政法委书记余鹏一行到区司法局开展司法行政工作调研。

▲ 荷塘区召开首次政企“早餐会”，由区委副书记、区长罗鹏程邀请蓝马车业集团、湖南德商置业、习家兄弟厨房、亿都控股、夏普高新材料、三一集团6家企业负责人相聚一堂共进早餐，切实了解企业所盼，共话荷塘发展未来。

27日　区委副书记、区长罗鹏程拜访中南水泥、中材水泥(海外)公司，并与公司董事长、总裁吕文斌等高层就绿色建材循环经济产业园项目合作事宜进行座谈交流。

29日　金城华亿电商服饰产业园（二期）项目启动建设。

5月

1日　区委书记方靖带队督导安全生产、疫情防控、创文等工作。

4日　荷塘区开展生态环保铁军“五·四”青年节素质拓展活动。

6日　区委副书记、政法委书记余鹏在耕食书院集中召开“五号山谷”民宿项目现场调度会，以此契机推动荷塘仙庾片区乡村振兴开发建设。

7日　区委书记方靖前往月塘街道督导居民自建房安全隐患排查整治工作。

▲　仙庾镇开展“干部能力提升年”系列活动之“优化治理支撑，推动人才振兴”专题培训。

12日　荷塘区在语翔康复学校举行“全国助残日”活动暨“点亮万家灯火”残疾人夏季就业招聘会。

13日　湖南省工业和信息化厅发布2022年湖南省“专精特新”中小企业认定名单，株洲硬质合金集团所属子公司—株洲长江硬质合金工具有限公司榜上有名。

14日　由株洲市委宣传部、市文旅体局、市文联主办的“文艺轻骑兵 创文进社区”活动在荷塘区月桂社区茶园小区正式启动。

17日　荷塘区组织开展以“制造名城 民营企业家论坛”为主题的“情系民企抓服务 凝心聚力谋发展”团建活动。

▲　株洲市副市长杨胜跃调研八达小学办学情况。

19日　区商务和粮食局开展“2022年粮食和物资储备科技活动周”宣传活动。

20日　市人大常委会副主任、市“三高”指挥部办公室副主任刘剑飞到荷塘区调研督查重大项目建设情况。

24日　省关工委副主任唐之享一行到荷塘区茨菇塘街道调研关工委基层基础工作。

27日　市政协党组书记、主席聂方红带领市政协特邀（县市区政协主席）界别到荷塘区调研株洲市先进硬质材料产业发展。

30日　荷塘区举行科技工作者座谈会暨2022年“最美科技工作者”“最美科技志愿者”表彰会。

▲　荷塘区市场监管局与市市场监管局化妆品监管科、市食品药品检验所联动，组织星光小学50余名师生在株洲市食品药品检验所开展2022年化妆品安全宣传周系列活动—实验室开放活动

6月

2日　由株洲市委宣传部、市生态环境局、荷塘区委、区政府主办，区委宣传部、市生态环境局荷塘分局承办的2022年“6·5”世界环境日系列宣传株洲主场活动在荷塘区中车株洲车辆有限公司文体活动中心举行。

4日　荷塘区举行城乡帮困爱心捐赠仪式，现场有56个城乡帮困服务对象得到捐助，捐赠金额共计20万元。

6日　区委书记方靖带队到茨菇塘街道前进社区、月塘街道袁家湾社区、宋家桥街道月桂社区等地督查创建全国文明城市整改工作。

8日　荷塘区青年志愿者协会获评2022年团中央“七彩假期”志愿服务示范团队。

9日　荷塘区召开党的建设研究会成立大会。

14日　省人大常委会副主任杨维刚到仙庾镇调研。

15日　荷塘区税务局落实增值税留抵退税工作，精准掌握留抵退税受惠企业情况，分类分级做好政策宣传辅导，铺就留抵退税直达快享“高速路”，助力市场主体纾困解难，为企业的发展提供资金“活水”。

16日　荷塘区召开落实“省万名干部联万企‘送政策、解难题、优服务’行动”动员暨培训会。

▲　区委副书记、政法委书记余鹏，区委常委、统战部长单丹一行到区行政审批局调研“我的荷塘”App及基层治理智慧化工作。

16—17日　湖南省工信厅党组成员、副厅长毛六平带队到荷塘区督导干部联企工作，深入一线了解荷塘区贯彻落实“省万名干部联万企‘送政策、解难题、优服务’”行动工作开展情况。

23日　省委督查室一级主任科员吴欢带队到荷塘区督导自建房安全专项整治工作。

24日　省司法厅二级巡视员田自成，省司法厅普法与依法治理处处长李莲贤，省司法厅法律职业资格管理与对外合作交流处处长刘刚魁等一行到荷塘区调研。

▲　区委书记方靖到茨菇塘街道、宋家桥街道调研基层工作和产业项目建设。

25日　荷塘区召开株洲市先进硬质材料产业链工作推进会议。

26日　茨菇塘街道在六〇一社区钻石广场举行“文明创建我来了，幸福株洲我来建”主题活动。

28日　荷塘区2022年十四五省市两级规划课题集中开题论会在株洲市十九中学东校区举行。

28—30日　荷塘区举办学习贯彻党的十九届六中全会精神专题读书班暨中共荷塘区委理论学习中心组（扩大）2022年第5次集中学习交流会，140余名县处级领导和正科职领导干部参加。

29日　株洲金城集团在株洲市公共资源交易中心对丽舍路二期新建工程、建宁港荷塘铺支流一期箱涵新建工程监理进行招标。

▲　株洲金山工业园产业新城铁路专线项目专题审查专家组深入项目现场查勘，本次勘察针对地形、环境、地质、水源，对现场地质条件、钻孔岩芯进行查勘，充分了解铁路专线的建设条件。

7月

4日　湖南先进硬质材料及工具产业园第二批入园企业签约顺利召开。

5日　荷塘区直机关工委举行“优秀共产党员、优秀党务工作者和先进基层党组织”表彰大会暨“光荣在党50年”纪念章颁发活动，庆祝中国共产党成立101周年。

▲　区委副书记、区长罗鹏程到省交通运输厅汇报京港澳高速扩容互通口工作。

6日　区委常委、宣传部部长张宇晨一行到宋家桥街道月桂社区、荷叶塘农贸市场、徐记酒店红旗广场分店开展2021年省级“文明社区”“文明集市”“文明餐饮示范店”上门授牌仪式。

7日　荷塘区产业服务中心在金山新城一楼会议室成功举办专精特新中小企业上市挂牌和融资路径沙龙活动，区内11家企业，共计20余人参加。

10日　区委书记方靖带队到株洲西高铁站进行学习考察，并调研株洲火车站东广场环境整治工作。

21日　荷塘区举行株洲市先进硬质材料产业基金联盟暨银企对接会。

22日　湘钢梅塞尔株洲制氢项目签约仪式隆重举行。

25日　区委书记方靖带队到中国化工株洲橡胶研究设计院有限公司调研。

27日　湖南铁路科技职业技术学院党委书记康月林，党委委员、副院长陈忠林一行到荷塘区调研。

▲　区委书记方靖，区委副书记、区长罗鹏程分别带队到市军干所、区人武部、区消防救援大队、武警中队、武警教导队开展“八一”慰问。

28日　中共株洲市荷塘区委六届三次全体会议暨促进经济高质量发展大会召开，总结2022年上半年工作，部署下半年任务。

29日　中共株洲市委书记曹慧泉带队到荷塘区观摩产业项目建设情况。

▲　荷塘区总工会组织开展2022年“情系职工·夏送清凉”活动。

▲　荷塘区委组织部举办“组工学堂”第二期专题学习暨“干部能力提升年”专题讲座。

▲　荷塘区人社局召开全体干部职工大会传达学习区委六届三次全体会议暨促进区域经济高质量发展大会精神。

▲　荷塘区红十字会开展“童心向党，以爱育爱——送您一朵小红花”活动，庆祝株洲市红十字志愿服务点的成立，用志愿爱心为八一建军节献礼。

▲　荷塘区举行"礼赢职场"商务礼仪培训。

30日　2022年“制造名城，幸福株洲”消费节之新能源汽车下乡活动启动仪式在仙庾镇拉开序幕。

8月

2日　荷塘区组织开展“清河净滩”专项行动，重点清除水库大坝坝体上的灌木杂草，溢洪道内树枝、拦鱼网等杂物，清理河道水面河岸垃圾。

3日　市委宣传部为区政务服务中心授“湖南省学雷锋活动示范点”奖牌。

8日　区委书记方靖带队到合泰、富家垅片区和株洲火车站东广场等地，查看自建房安全专项整治及创文工作开展情况。

12日　中共株洲市委书记曹慧泉率队到中国化工株洲橡胶研究设计院有限公司开展专题调研。

15日　株洲首届乡村音乐节暨第七季“穿越荷塘”活动在株洲市荷塘区仙庾镇仙庾岭省级风景名胜区举行。

16日　区委书记方靖带队督查深化全国文明城市创建工作。

21日　株洲市水利局党组书记、局长张智敏一行到荷塘区调研。

22日　由于近期南方各地持续高温干旱，多地发生森林火灾，荷塘区启动抗旱Ⅳ级应急响应，各镇街道充分利用辖区内现有山塘存水开闸放水，打井灌塘蓄水农田灌溉；调派消防车对辖区内旱情严重的农田实施紧急补水；在辖区内通过河道抽水，用于农田补水。

23日　区委书记方靖带队实地督导调研生态环境保护工作。

24日　市政协党组书记、主席聂方红一行到荷塘区调研。

▲　茨菇塘街道开展高温护绿行动。

26日　株洲市荷塘区宋家桥街道联合四三〇社区在新时代文明实践站内举行“小小楼栋长”启动仪式。

29日　荷塘区举行三一智慧钢铁城（一期）项目“竣工即交证”颁证仪式。

▲　荷塘区举行株洲景炎初级中学、荷塘区文化路中学两校揭牌仪式。

9月

1日　株洲市先进硬质材料产业链链长、市委常委、纪委书记、监委主任邓为民会见中国钨业协会会长丁学全一行，共同商议举办“钻石论坛”活动相关事宜。

5日 区委书记方靖到仙庾镇蝶屏村开展乡村振兴“金秋五课”线上集中学习培训，并组织交流研讨，探索乡村振兴之路。

▲ 株洲市人民政府副市长杨胜跃一行到景炎初级中学检查秋季开学及校园安全工作。

8日 第十三届全国硬质合金学术会议在株洲召开，来自全国各地的390名硬质合金行业专家、教授、企业负责人及科技人员代表参加会议。

13日 区委书记方靖到株洲火车站东广场调研环境整治工作，市交通运输局局长付访华参加调研。

14日 荷塘区召开荷塘区委全面深化改革委员会2022年第二次（扩大）会议。

▲ 湖南省质量大会在长沙召开。株洲硬质合金集团喜获第七届湖南省省长质量奖。

16日 荷塘区召开迎接中共二十大全区意识形态领域风险分析研判会暨网络安全保障工作部署会和2021年度株洲市文明建设获奖单位、家庭表彰会会议。

18日 区委常委、常务副区长、区安委会常务副主任陈柏文带领应急、消防、公安、住建部门及街道一行，开展高层建筑及商业综合体消防安全检查。

19日 荷塘区在仙庾镇举办党建引领乡村振兴专题培训班。

20日 荷塘区召开2022年总河长会议，落实省市党代会关于“深化做实河湖长制”要求和2022年省、市总河长会议精神，部署下阶段重点工作。

▲ 荷塘区在株洲八达小学举行“国防教育进校园”活动启动仪式。

21日 株洲市“百日攻坚”行动—株洲市现代综合物流园（2.1期）项目开工仪式顺利举行。荷塘区参与本次全市集中开工活动的6个项目，年计划投资7.6亿元，总投资19.5亿元。

22日 株洲市委统战部副部长、市工商联党组书记杨志华带队到湖南合盾集团有限公司调研。

▲ 区委书记方靖，区委副书记、区长罗鹏程以“四不两直”方式分别带队到仙庾镇婆仙岭、株洲中燃铁达能源有限公司、株洲美特优硬质合金有限公司、株洲迪远冶金工业炉有限公司和财富广场等地，督导森林防火、安全生产工作。

23日 株洲市政协副主席、市社科联主席周恕一行到荷塘区美的学校开展“双减”监督性视察工作。

26日 荷塘区举行三一智慧钢铁城一标段项目交付暨产业链伙伴欢迎仪式。

▲ 区政府副区长张璐组织三一智慧钢铁城首批入驻企业召开“投产即培育”提前服务联席会，20家企业负责人与区政府经济工作部门人员面对面畅谈，就入园优惠、税务咨询和主体培育等事项展开咨询交流。

▲ 荷塘区残联为精神障碍家庭开展“我为群众办实事”免费发药暖人心，关爱精神残疾人活动。

27日 荷塘区在株洲飞鹿高新材料技术股份有限公司举行“干部能力提升年”系列活动之“我有故事讲给你听”演说能力大赛决赛暨荷塘区干部演说能力专题培训汇报会。

▲ 湖南省军区转业办大校主任牟作明一行到荷塘区开展双拥模范创建届中考评调研。

28日 中共荷塘区委理论学习中心组（扩大）召开2022年第九次集中学习暨贯彻落实“三高四新”战略专题研讨班。

29日 荷塘区组织企业赴三一重工“灯塔工厂”学习考察。

▲ 区残联开展“重阳心喜 属你幸福”重阳节

敬老爱老活动。

30 日 荷塘区召开生态环境保护委员会 2022 年全体（扩大）会议。

▲ 株洲市驻荷塘区第十六届人大代表联组到株洲火车站、铁东路及新塘西路视察活动。

10 月

3 日 荷塘区召开安全防范和森林防灭火工作会议。

9 日 省司法厅党组副书记、副厅长方华堂一行到荷塘区开展法治政府建设及司法行政等工作调研。

12 日 荷塘区举行株洲景炎初级中学房屋及场地租赁协议签约暨教育捐赠仪式。

13 日 省地方金融监管局二级巡视员胡军率队深入株洲市荷塘区调研指导企业上市工作。

19 日 荷塘区召开市政道路建设、“月清三地”、耕地恢复工作调度会，区委书记方靖出席会议并讲话。

▲ 株洲市委副书记、市长陈恢清一行到中南水泥所属中材株洲调研。

20 日 区人大常委会党组书记、主任刘国梁率队到荷塘产业开发区调研园区管理体制机制改革工作。

21 日 荷塘区召开招商引资工作调度会。

27 日 副市长、市工商联（市总商会）主席（会长）、市级副林长杨胜跃一行到荷塘区仙庾镇婆仙岭省级森林公园开展巡林工作。

▲ 荷塘区残联召开第四次代表大会专门类别残疾人代表会议。

28 日 株洲市项目建设“百日攻坚”行动重大项目竣工仪式（荷塘分会场）在湖南飞山奇新材料有限公司举行。

31 日 荷塘区组织开展 2022 年荷塘区危重症孕产妇急救及新生儿室息复苏演练。

11 月

1 日 荷塘区组织全区所有中小学校，部分企业、机关、社区近 5 万人开展防空警报试鸣和人员疏散演练。

▲ 株洲市在主动就诊人员中筛查出新冠感染者阳性病例。面对紧急情况，荷塘区委、区政府高度重视、迅速行动，连夜召开会议，对疫情防控工作进行安排部署。

2 日 区委副书记、政法委书记余鹏到富家垅、南雅学校、领秀天下、高速东收费站等地督导疫情防控工作。

▲ 荷塘区在各镇、街道、小区、广场设立 84 个核酸检测点、166 个台位，出动采样人员大约 340 人。完成采样 290619 人。

23 日 荷塘区金山街道湘华社区荣获“全国红十字模范单位”称号。

27 日 经荷塘区疫情防控指挥部批准同意，荷塘区 4 所中小学校首批复学复课。

12 月

3 日 省环科院协同市生态环境执法支队对荷塘区入河排口整治工作开展现场核查。

9 日 荷塘区召开非公有制经济工作领导小组全体会议，区委书记方靖出席会议并讲话。

12 日 荷塘区召开打造“三个高地”指挥部月调度会暨招商引资工作会议。

13 日 区委书记方靖带队到月塘街道合泰地

区、富家垅地区调研自建房专项整治工作。

15日 荷塘区举办返乡大学生寒假系列活动之“梦想在荷塘”青年人才沙龙活动，区委书记方靖出席活动并讲话。

▲ 荷塘区科工信局举办科技特派员登记备案培训暨国家高新技术企业集中授牌颁证仪式。

20日 荷塘区住建局（人防办）开展“国家公祭日”悼念和人防宣传教育活动。

29日 由株洲市生态环境局、荷塘产业开发区管理委员会主办，株洲市生态环境荷塘分局、中车株洲车辆有限公司承办的“2022年度荷塘产业开发区企业突发环境事件应急演练”在中车株洲车辆有限公司举行。

31日 荷塘区召开2022年区委工作务虚会，客观总结2022年以来的工作成绩，科学研判当前形势，理性分析存在的问题，谋划安排2023年工作。

（何爱辉）

基本区情

自然地理

【位置面积】 荷塘区位于北纬27°49′46″~28°00′55″，东经113°07′49″~113°17′02″，地处株洲市东北部，东与长沙市的浏阳市接壤，南与芦淞区毗邻，西、北与石峰区相连。辖区面积143平方千米，其中陆地135.5平方千米，占94.8%；水域7.5平方千米，占5.2%。 （彭 玲）

【地势地形】 荷塘区属湘东山丘区，为丘陵岗地地貌。地势东北高、西南低，由东北部向西南部倾斜。城区处于湘江冲积堆积形成的一、二台阶地上，地形较平坦，地面高程39～42米；农村地区为构造侵蚀和构造溶蚀低丘地貌，切割深度60～160米。最高峰婆仙岭，位于境内东南部，海拔313.3米；最低点白石港，位于境内西南角，海拔31.4米。 （贺 钰）

【气候】 荷塘区属亚热带季风气候，气候温暖，四季分明，热量充足，降水集中，春温多变，夏季多旱，严寒期短，暑热期长；降水量正常略偏少，空间分布极度不均匀，呈北少南多的空间分布；日照时数偏多；主导风向为偏北风，平均风力为2级。

气温 2022年，荷塘区气温偏高。年平均气温19.0℃，较历年偏高0.8℃；年平均最高气温24.1℃，较历年偏高0.9℃，属于正常年份；年平均最低气温15.4℃，较历年偏高0.6℃，属于正常年份。呈中间高，南北两端低的空间分布特点；冬、春季气温正常，夏、秋季气温偏高。2022年，荷塘区≥35℃的天数72.6天，较历年偏多31.6天，属异常偏多年份。

降水 2022年，荷塘区降水量正常略偏少，年平均降水量1465.5毫米，较历年偏少5.1%；空间上呈明显的北少南多分布特征；年平均降水日数145.4天，较历年偏少18.0天，属显著偏少年份。从各月雨日距平分布来看，1月和2月显著偏多，8月、9月、10月异常偏少，其他各个月份相对正常，夏秋冬连续干旱特征明显。地区平均年暴雨日数3.6天，较历年同期偏少0.6天；平均年大雨日数12.6天，较历年偏少0.3天；平均年中雨日数29.0天，较历年偏少0.3天，平均年小雨日数100.2天，较历年偏少16.8天。 （贺 钰）

建置区划

【建置沿革】 《湘潭县志·概述》记：战国时，境内开始植莲，居民“饭稻羹鱼”。三国至唐初，历为建宁县著名驿铺。唐、两宋、元时代，历为湘潭县著名村落。明清时代，以驿铺逐渐聚落为集镇。明时，属湘潭县一都；清时，属三都，清末一度属株洲抚民府（又称株洲厅）；民国初属湘潭县东一区，民国末属株洲乡。1951年6月，株洲建市，划入株洲市。境内月塘（原铁路地区）、茨菇塘等地域先后辖于城市街道（后更名建宁街道、市区街道）、贺家土街道；太平桥、荷塘、龙洲等农村区域辖于郊区。1952年3月设为明照乡，后相继并入宋家桥乡、郊区人民公社（后更名朱田铺人民公社）、白关人民公社。1959年1月，蝶屏乡由长沙县划入株洲市郊区。1959年6月，株洲市以境内晏家湾、荷塘铺、宋家桥一带为行政区域，设荷塘铺区。区人民委员会驻晏家湾。1960年7月，成立荷塘铺城市人民公社，与荷塘铺区合署办公。1969年7月，以原荷塘铺、田心两区和原中心区月塘办事处辖境，设立株洲市东区（县级），辖月塘、茨菇塘、宋家桥、田心4个街道，区政府驻晏家湾。1984年4月，蝶屏、明照重新划入株洲市郊区，并恢复乡建制，同时析置荷塘铺乡。1997年5月，株洲市撤东、南、北、郊4个区，以原东区的月塘、茨菇塘、宋家桥3个街道和原郊区的蝶屏、明照、荷塘铺3个乡为主要行政区域，始立荷塘区。是年8月1日，荷塘区正式成立。2001年10月，撤蝶屏乡建仙庾镇。2005年2月，撤荷塘铺乡析置桂花、金山2个街道。2015年11月，撤明照乡，并入仙庾镇。2016年9月，将仙庾镇的星星、东园村、金塘、明照、龙洲5个建制村划入宋家桥街道，将仙庾镇的新市、桐梓坪2个建制村划入金山街道。2017年5月，将宋家桥街道的星星村、东园村、金塘村、明照村4个建制村划出，成立明照街道。2022年12月，荷塘区辖7个乡级政区。

【行政区划】 2022年年末，荷塘区辖仙庾镇1个镇和茨菇塘、月塘、宋家桥、金山、桂花、明照6个街道和1个省级产业开发区，下设38个社区、24个建制村。

仙庾镇：永福社区1个社区，联星村、东山村、兴塘村、黄陂田村、徐家塘村、黄塘村、樟霞村、亭子前村、仙庾岭村、蝶屏村10个村。

茨菇塘街道：麻园社区、红旗村社区、前进社区、红旗路社区、上月塘社区、新月塘社区、六零一社区、长征社区、荷叶塘社区、余家冲社区、天鹅社区、黄家塘社区、汽车城社区13个社区。

月塘街道：野鸭冲社区、石塘冲社区、南岳岭社区、袁家湾社区、石子头社区、东环社区、水竹社区、合泰社区、文化路社区、东湖社区10个社区和荷塘铺村1个村。

宋家桥街道：芙蓉社区、四三零社区、月桂社区3个社区和宋家桥村、天台村、龙洲村3个村。

金山街道：流芳社区、湘华社区、晏家湾社区、石宋路社区4个社区和太阳村、金钩山村、新市村、桐梓坪村4个村。

桂花街道：西子社区、新荷社区、赵家冲社区、向阳社区、龙湾社区、阳光里社区6个社区和戴家岭村、新桂村2个村。

明照街道：青塘社区1个社区和东园村、金塘村、星星村、明照村4个村。 （彭　玲）

人口状况

【户籍人口】 2022年，荷塘区共有户籍71893户，比上年减少423户；户籍总人口195911人，比上年减少3043人，下降1.53%；其中户籍城镇人口155195人，较上年减少2832人，户籍人口城镇化率79.22%，较上年下降0.11个百分点；户籍总人口中男性为97326人，女性为98585人，男女性别比为98.72，比上年度略低；全区出生登记904人，出生登记数占户籍总人口4.614‰，全区死亡注销1916人，死亡注销数占户籍总人口9.780‰，2022年人口自然负增长1012人；全区迁入人数1938人，迁出人数3969人；全区农业转移人口落户城镇1106人，比上年减少56人；全区户籍总人口中月塘街道30957人，茨菇塘街道44157人，桂花街道34812人，金山街道 25557 人，宋家桥街道 21180 人，明照街道 13769 人，仙庾镇 25479 人。

【流动人口】 2022 年，荷塘区登记流动人口 131540 人，其中月塘街道 64985 人，茨菇塘街道 22310 人，桂花街道 23526 人，金山街道 13254 人，宋家桥街道 6487 人，明照街道 786 人，仙庾镇 192 人。 （刘云庆）

中共荷塘区委员会

综 述

【概况】 2022年，中共株洲市荷塘区委员会（以下简称荷塘区委）坚持以习近平新时代中国特色社会主义思想为指导，全面落实“三高四新”战略定位和使命任务，锚定“一区两城”目标，深入推进“三个高地”建设，扎实开展“两个年”活动，推动经济发展在逆势逆境中企稳回升。全年实现地区生产总值（GDP）284.4亿元，同比增长5.3%；规模工业增加值完成76.2亿元，同比增长10.8%；社会消费品零售总额完成93.4亿元，同比增长2.3%；城乡居民可支配收入完成5.8万元，同比增长4.8%。高效统筹疫情防控和经济社会发展，科学统筹发展和安全，有效应对各种风险挑战，确保经济稳中有进、社会大局和谐稳定，以战之必胜的决心和排除万难的担当，奋力交出了大战大考之年的优异答卷。

【政治建设】 2022年，荷塘区大力实施“动力党建”工程，持续推进党建引领小区治理“1+6”模式，共组建244个小区党支部，实现城区所有居民小区党组织全覆盖。获评3个市级五星小区党支部和4个市级四星小区党支部，排名全市第一。选派驻小区工作队员333名，驻（联）村工作队员53名，共同打造以小区党组织为核心的基层治理新格局。打造过硬干部队伍。出台《关于进一步激励干部担当作为，打造“硬核”干部队伍的若干措施》，全链条完善领导干部能上能下、轮岗交流、容错纠错等机制。坚持务实担当的选人用人导向，从疫情防控、项目一线、驻村驻企工作等急难险重任务中发现使用表现突出的干部，队伍活力、战斗力、凝聚力不断增强。积极推进“6+N”系列主题活动，扎实开展“干部能力提升年”活动，干部队伍的能力、素质得到全方位提升，干部能力提升工作在株洲市打造“三个高地”第三季度竞赛评比中荣获冠军。持续优化政治生态。始终坚持“严”的主基调，以“零容忍”的态度惩治腐败。紧盯关键少数，突出重点环节，扎实开展领导干部违规收送红包礼金专项整治。精准运用“四种形态”，实现由惩治极少数向管住大多数拓展。深入开展警示教育，不断筑牢拒腐防变的思想堤坝。大力推进清廉单元建设，以点带面，推动清廉荷塘建设走深走细走实。出台《荷塘区容错纠错机制实施办法（试行）》，旗帜鲜明保护改革者、鼓励探索者、宽容失误者，为担当者担当、为尽责者负责。充分发挥巡察利剑作用，深入推进村（社区）党组织巡察工作，有形有效推进巡视高质量全覆盖。

【学习宣传贯彻中共二十大精神】 2022年，区委常委班子坚持带头原原本本、逐字逐句学习，把学习中共二十大精神作为理论中心组学习、干部教育培训、领导班子建设的重要内容，确保入脑入心。同时，充分发挥“在荷塘”、“荷塘青春志”、微信矩阵等新媒体作用，组建区委宣讲团，线上线下共同发力，推动中共二十大精神进企业、进农村、进机关、进校园、进社区、进军营、进网络。将学习宣传贯彻中共二十大精神与落实“三高四新”战略定位和使命任务、省市区党代会精神结合起来，立足实际、系统思考，切实将学习成效转化为推动“一区两城”建设的强大动力。

【“两城”建设】 2022 年，荷塘区连续开展“秋季行动”和“冬季决战”两大招商攻坚行动，共引进湘钢梅塞尔等项目 36 个，其中三类 500 强项目 3 个；新设外资企业 2 个，外商投资实现“破零”；成功发行专项债券资金 6.38 亿元，实现融资 72.05 亿元，招商引资工作位居全市前列。项目建设加速推进。实现宜安精密制造等 29 个重点项目顺利开工，好媳妇株洲智能制造基地等 19 个项目竣工。集中火力推进三一智慧钢铁城、湖南先进硬质材料及工具产业园两个“百亿”项目建设，分别引进 35 家规上企业、10 家供应链企业入驻，先进硬质材料产业集群获评湖南省先进制造业集群，株硬集团荣获第七届省长质量奖，三一项目降本增效经验获市委主要领导肯定。营商环境持续优化。开展政企“早餐会”、“政银企”合作、“帮代办”、“百名干部联百企”等系列活动，积极解决“两线三会一链一群一平台”反映的问题。实现市场主体净增长 8625 户，其中企业净增 3370 户，新增“四上”企业 25 家，新增省级专精特新企业 7 家、国家重点“小巨人”企业 1 家，市场活力不断焕发；大力推行“四即四办”，三一智慧钢铁城（一期）成为全市首个实现“竣工即交证”的百亿项目，优良营商环境已经成为荷塘区的金字招牌。

【基层治理】 2022 年，荷塘区扎实开展“五大活动”，策划“一米花园”等首批 14 个示范小区“微项目”，以“微项目”推动“微治理”，“劳动者之家”“团团心灵驿站”等一批小项目得到群众广泛好评，“楼栋长来当家”项目入选全省基层治理创新实验区重点案例。平台建设不断完善。制定志愿服务激励体系，推出“荷塘志愿”线上志愿服务平台，完成注册志愿者 1.1 万余人，商品、服务上线 72 家，小茨微檬志愿者服务中心荣获第三批“湖南省示范社会组织”称号。迭代升级“我的荷塘”App，51 个事项实现全程网办，“指尖政府”高效服务获省政府综合大督查表彰。民生服务推深做优。切实落实教育“双减”政策，有序推进水竹湖、美的学校建设，景炎初级中学、文化路中学、八达小学三校率先完成“民转公”，新增公办学位 6232 个，校园足球教育“三全”模式被省委深改委推介。持续推进“充分就业社区建设”，城镇新增就业 9260 人，职业技能培训 3300 人。做实做深养老服务、城乡帮困、基本公卫服务等工作，“友邻帮”养老模式获评“全国居家和社区养老服务改革试点工作优秀案例”。构建“一站受理、多元联调”的“大调解”工作机制，社会矛盾调解更加规范便捷、联动高效。成立东湖、合泰地区基层治理专班，以一域之治助力全局之安。

【城乡建设】 2022 年，荷塘区实施新塘路（金荷大道）等 38 个市政基础设施项目，成功争取京港澳扩容线在荷塘区开设落地互通口，推进铁东路隧道主体结构和跨白石港桥梁施工，新塘西路完成 80% 施工进度。火车站东站房正式启用，新华桥顺利通车，内外循环更加畅通。稳步推进老旧小区改造、自建房安全专项整治，“两馆”（图书馆和文化馆）顺利建成并将开馆运营，成功打造车城路、湘运路 2 条精细化管理示范街、金钩花园精细化示范小区，城区承载力大幅提升。高标准推进全国文明城市创建整改复查，城市面貌焕然一新。乡村吸引力持续显现。大力实施乡村振兴战略，推进耕食农禅文化园等项目建设，丰营畜牧、仙庾岭村整村推进运营、省民宿协会高端民宿等项目取得突破性进展。“荷塘区青少年农业科普基地”获评省级同心项目。成功举办株洲市首届乡村音乐节暨第七季“穿越荷塘”系列活动，耕食书院获评株洲市唯一“省五星级旅游民宿”，仙庾岭村成功申报“湖南省乡村旅游重点村”，乡村美誉度大幅提升。环境影响力不断提升。持续开展农村生活垃圾分类和厕所革命，积极落实河长制、林长制，全力推进“幸福屋场”、美丽乡村创建。全面开展污染防治攻坚，成功举办全市“6·5”环境日主会场活动，推进“春雷行动”“夏季攻势”“利剑行动”等生态环境专项整治，城乡生态环境持续改善，宜居宜业的生态大东城品牌更加闪亮。

【全面深化改革】 2022年，荷塘区坚定改革决心、把牢改革方向、聚焦改革任务，持续加大改革推进力度，通过不断深挖改革特色亮点，切实推动各项改革走深走实，充分激发经济社会高质量发展动力和创新基层社会治理活力，促进全区经济社会协调发展。稳步推进重点改革任务。完成国企改革三年行动，健全中国特色现代企业制度，完善国资监管体制。加快国有资本布局优化和结构调整，围绕“3+3+2”现代产业体系构建，推动增量资本、存量资源向新兴产业和优势产业集中。加快推进区管国有企业改革。制定并实施《关于规范区管公司管理的若干意见》和《公司改革推进计划》《株洲市荷塘区深化国有企业改革重点任务清单》等系列改革制度和措施，稳步推进区管国有企业改革。探索园区投资新模式。健全中国特色现代企业制度，推进董事会应建尽建、规范运行。制定并实施《株洲市荷塘区区管国有企业负责人年度经营业绩考核方案》《株洲市荷塘区区管国有企业领导人员管理办法（试行）》，公司经理层成员推行任期制和契约化管理。全面完成国有企业改革三年行动目标任务。加快市场化转型。积极推进金城华亿、资产经营公司、乡村投资公司等全资子公司的实体化运作，对国信伟大、金城燃气、国投金汇等参股公司规范管理。持续推动债务化解。2022年，已经完成3.93亿元的化债任务，对比年初的化债任务3.33亿元，完成率达118％。全面完成《株洲市深化国有企业改革工作重点任务清单》（株改办发〔2022〕3号）明确的目标任务。推进区属国有企业资源整合，全面完成全区及区管国有企业清产核资工作。进一步减员降本增效。有2家区管国有企业均完成2022年工资总额、管理费用等，可控成本费用在2021年基础上压减15%以上工作。有效盘活闲置资产。委托第三方机构对资产情况进行全面清理，对存量可盘活资产进行清查及评估，并制定拟处置方案，即将启动闲置资产去化工作。深化国防动员体制改革。制定并实施《荷塘区深化国防动员体制改革实施方案》等系列改革措施，完成国防动员改革涉及机构调整及领导职数设置事项的动议。建立规模以上工业企业加快培育工作机制。认真贯彻落实《株洲市培育规模以上工业企业实施方案》（株政办发〔2022〕1号），结合“百名干部联百企”活动，选派134名干部驻点联系全区509家企业，支持企业发展壮大。建立规模企业培育库，将营业收入2000万元的临近规模工业企业和高成长性工业企业列入重点培育对象，及时跟踪监测，实施动态管理。2022年荷塘区新增规工企业目标数18家，截至12月，已完成2家新建新投，全区共有112家规上企业。贯彻落实规范民办义务教育发展相关政策。实现2022年秋季民办学校在校生控制在5534人，占比控制

12.35%，超额完成14.2%的目标。积极探索基层改革事项。精准谋划“大创意”，以小切口服务大民生，包装、策划“珊珊姐红·管·家”等14个项目品牌,化解居民“微矛盾”近40个。持续探索居家养老服务模式。建成居家养老服务信息平台，累计为老人提供送餐、助洁、助浴等多种居家上门服务23万余单。突出实效提升乡村治理。荷塘区全面开展移风易俗工作，有效规范殡葬服务市场；推进乡村治理改革试点，以试点村仙庾镇樟霞村、蝶屏村为突破口，实施典型引路，以点带面促进全区乡村治理改革。“创新动作”出成效，着力破除发展改革制约。大力推进降本增效，三一智慧产业园2#、4#、5#土石方及配套设施工程项目通过优化设计，比原预算造价节约资金近80%。持续深化行政审批制度改革。围绕高效“一次办”，梳理并发布政务服务事项清单487项、中介服务事项19项、涉企经营许可告知承诺事项6项、园区赋权事项8项，实施标准化规范化清单管理；推动“一件事一次办”改革向乡村延伸，累计下放74个服务事项到镇（街道），63个服务事项到村（社区），服务事项即办率达到70%以上。深入探索体教融合发展路径。从机制体制不断深化校园足球教育发展，完善常态化、纵横贯通的足球竞赛体系，建立“区俱合作”培养模式，有效提升青少年足球运动参与度。深入推进农业农村领域各项改革。深入开展农村宅基地改革与管理工作，进一步完善农村宅基地审批管理工作机制。全面做好产权制度改革工作，启动“村社分账”管理改革工作试点。

【召开党史学习教育专题民主生活会】 2022年1月29日，荷塘区委常委班子召开党史学习教育专题民主生活会。会议以“大力弘扬伟大建党精神，坚持和发展党的百年奋斗历史经验，坚定历史自信，践行时代使命，厚植为民情怀，勇于担当作为，团结带领人民群众走好新的赶考之路”为主题，全面查摆问题、深刻剖析思想根源，认真开展批评和自我批评，明确努力方向和改进措施。市委党史学习教育第二巡回指导组组长陈玉明到会指导并作点评讲话。区委书记方靖主持会议并作表态发言。

2022年1月29日，荷塘区委常委班子召开党史学习教育专题民主生活会

【召开“七一”表彰会】 2022年7月5日，荷塘区召开“优秀共产党员、优秀党务工作者和先进基层党组织”表彰大会暨“光荣在党50年”纪念章颁发活动，庆祝中国共产党成立101周年。区委常委、组织部长邹晖出席会议并讲话，大会由区委党校校长肖勇主持。本次大会共表彰优秀共产党员45名、优秀党务工作者15名和先进基层党组织12个，为3名老党员代表颁发“光荣在党50年”纪念章。本次表彰大会，充分展示在机关党建工作中涌现出的先进典型，激励区直机关各党组织和广大党员以先进为榜样，进一步振奋精神、扎实苦干，团结拼搏、创先争优，为实现“一区两城”建设目标努力奋斗，迎接中共二十大胜利召开。

【新冠疫情防控】 2022年，荷塘区全面落实“疫情要防住，经济要稳住，发展要安全”要求，统筹各方力量推进防疫工作。迅速召开紧急会议，对疫情防控工作进行安排部署，第一时间抽调全区452名区直机关干部下派到核酸检测点、隔离酒店、株洲东高速收费站等一线进行疫情防控工作，发布《关于在静默期间充分发挥基层党组织战斗堡垒作用和党员先锋模范作用的倡议书》。区疫情防控工作组迅速进入疫情防控应急状态，动员广大党员、干部、志愿者凝心聚力，充分宣传引导，在各镇（街道）、小区、广场设立84个核酸检测点、166个台位，出动采样人员340余人，为全面开展全员核酸检测工作提供快捷、顺利、安全有力保障，其间，1000多名干部职工毅然奔赴疫情防控一线，与广大村（社区）干部和志愿者们一道固守网格、保障物资、服务群众，社会各界人士勠力同心、共克时艰，凝聚成抗击疫情和推动发展的强大合力，切实保障人民群众生命财产安全和身体健康。

【区委六届全体会议】 2022年，中共荷塘区六届区委共召开2次全体会议（第2次至第3次）。

1月11日，荷塘区召开区委六届二次全体（扩大）会议暨区委经济工作会议，以习近平新时代中国特色社会主义思想为指导，全面贯彻落实党的十九大和十九届历次全会精神，按照中央、省委、市委经济工作会议及省市党代会精神的总体要求，回顾总结2021年工作，研究部署当前和今后一段时期经济社会发展任务，动员全区上下开拓创新、砥砺奋进，以更昂扬的精神、更创新的举措、更务实的作风，加快推进“一区两城”建设，奋力谱写荷塘高质量发展新篇章，以优异成绩迎接中共二十大胜利召开。区委书记方靖出席会议并发表讲话。区委副书记、区长罗鹏程部署2022年经济工作。会议由区委副书记、政法委书记杨喜兰主持。区委书记方靖围绕发展质效、“两城”建设、基层治理、城乡面貌、社会大局、党的建设等方面，系统回顾了2021年取得的主要成就，并客观分析工作中存在的问题和不足，就2022年工作做安排部署。会议传达市委常委会（扩大）会议精神。审议通过《关于追认中共株洲市荷塘区委员会常务委员会给予赵文喜开除党籍处分的决定（草案）》，表决通过推荐中国共产党第二十次全国代表大会代表候选人推荐人选。

7月28日，中共株洲市荷塘区委六届三次全体会议暨促进经济高质量发展大会召开，会议以习近平新时代中国特色社会主义思想为指导，全面落实党中央和省委、市委部署要求，总结2022年上半年工作，部署下半年任务，动员全区上下统一思想、迎难而上，冲刺全年目标任务，加快“一区两城”建设，推动高质量发展。区委书记方靖代表区委常委会做题为《永葆“闯”的精神 “创”的劲头 “干”的作风 加快“一区两城”建设 推动荷塘高质量发展》的报告。区委副书记、区长罗鹏程总结分析上半年全区经济运行情况，安排部署下半年经济工作。区委副书记、政法委书记余鹏主持会议。

全会认为，2022年以来，面对疫情反复和经济下行压力，全区上下认真贯彻落实党中央和省委、市委决策部署，坚持“聚焦、裂变、创新、升级、品牌”工作思路，聚焦“制造名城”“幸福株洲”建设，统筹推进疫情防控和经济社会发展，有效应对各种风险挑战，确保经济稳中有进、社会大局和谐稳定。主要体现在以下六个方面，一是克难奋进，发展质效稳步提升。区委团结带领全区干部群众，凝心聚力、众志成城防疫情、稳增长，牢牢稳住经济大盘，主要经济指标平稳向好。二是高位推动，“两城”建设加速破局。以“两城”建设为统揽，深入开展“市场主体培育年”活动，推进“五好”园区建设，产业项目建设逆势向前。三是绵绵用力，基层治理有序推进。坚持以党建为引领、走实群众路线，基层治理先行，区建设蹄疾步稳。四是聚焦重点，城乡面貌持续改善。聚焦城乡基础设施建设、污染治理等弱项短板，不断改善人居环境，城乡面貌焕发新颜。五是严控风险，社会大局和谐稳定。毫不松懈抓好常态化疫情防控工作，不断压实“哨点”责任，推进疫苗接种，时刻保持高度警惕，全力以赴织密扎牢防线。六是从严从实，党的建设全面加强。将政治建设放在统领地位，旗帜鲜明讲政治，加强政治建设，持续增强“四个意识”、坚定“四个自信”、捍卫“两个确立”、做到“两个维护”。同时，区委总揽全局、协调各方，积极支持区人大及其常委会依法履职，全力支持区政协发挥职能作用，切实巩固和发展最广泛的爱国统一战线，全面落实党管武装要求，切实加强党的群团工作，凝聚起了推动发展的最广泛力量。

【区委六届常委会会议】 2022 年，中共荷塘区六届区委共召开 27 次常委会会议（第 13 次至第 39 次）。

1 月 7 日 传达学习习近平总书记近期重要讲话精神以及《求是》杂志发表的习近平总书记重要文章精神。听取关于召开区委六届二次全体会议暨区委经济工作会议有关事项的汇报，研究决定于 2022 年 1 月 11 日召开区委六届二次全体（扩大）会议暨区委经济工作会议；听取关于 2020 年度荷塘区平安建设考评有关工作情况的汇报；听取关于荷塘区社会治理风险防控“N 合一”机制建设有关情况汇报；研究干部人事工作。

1 月 21 日 研究干部人事工作。

1 月 25 日 传达学习习近平总书记近期重要讲话精神；传达学习《求是》杂志发表的习近平总书记重要文章精神。听取关于《荷塘区人民政府工作报告》（征求意见稿）起草情况的汇报；听取关于荷塘区 2022 年民生实事人大代表票决事项征集情况的汇报；听取关于株洲市荷塘区第六届人民代表大会第二次会议有关事项的情况汇报；听取关于政协株洲市荷塘区第六届委员会第二次会议有关事项汇报；听取关于荷塘区排查整顿农村发展党员违规违纪问题工作有关情况的汇报；听取关于召开党史学习教育专题民主生活会有关事项的汇报。

2 月 21 日 传达学习习近平总书记近期重要讲话精神以及《求是》杂志发表的习近平总书记重要文章精神。传达学习省委、市委关于加强常委会班子建设的相关文件精神。听取关于省委、市委进一步贯彻落实中央八项规定及其实施细则有关文件精神的汇报。听取关于《株洲市荷塘区 2021 年度财政预算执行情况及 2022 年财政预算》（草案）有关情况的汇报；研究干部人事工作。

2 月 25 日 安排部署近期重点工作。

3 月 2 日 传达学习省、市关于深入开展违规举债和虚假化债专项监督检查工作相关会议精神。听取关于中共荷塘区第六届纪委第二次全体会议筹备工作有关情况汇报。

3 月 25 日 传达学习习近平总书记近期重要讲话精神以及对东航客机坠毁作出的重要指示精神；传达学习《求是》杂志发表习近平总书记重要文章精神。听取关于传达学习中央、省委关于巡视巡察有关会议及文件精神的汇报。听取全国、全省、全市宣传部长会议有关精神的汇报。听取《关于加强区委常委会班子建设的意见（审议稿）》、《株洲市荷塘区人大常委会党组 2022 年工作要点（草案）》以及《中共株洲市荷塘区政协党组 2022 年工作要点（草案）》起草有关情况汇报；听取全国、全省、全市统战部长会议有关精神及区委统一战线有关工作情况的汇报；听取关于《关于打造“三个高地”促进荷塘高质量发展的实施方案（征求意见稿）》《株洲市荷塘区“市场主体培育年”活动实施方案

（征求意见稿）》起草有关情况的汇报；听取关于《荷塘区“干部能力提升年”活动实施方案（草案）》起草有关情况的汇报；听取关于全区近期疫情防控工作有关情况的汇报。

3月29日 研究干部人事工作。

4月8日 研究干部人事工作。

4月12日 传达学习习近平总书记近期重要讲话精神；传达学习《求是》杂志发表习近平总书记重要文章精神。传达省、市基层党建工作重点任务推进会暨基层党组织整建提质专项行动动员部署会议精神；听取关于事业单位管理岗位职员等级晋升有关情况的汇报；听取关于荷塘区公务员职级晋升方案有关情况的汇报。

4月22日 传达省纪委办公厅湘纪办发〔2022〕2号文件精神；传达学习赵乐际同志在湖南调研时重要讲话精神。

4月24日 研究干部人事工作。

5月7日 传达学习习近平总书记近期重要讲话精神以及对湖南长沙居民自建房倒塌事故指示精神；传达学习《求是》杂志发表的习近平总书记重要文章精神；听取关于在全区开展提升基层治理满意度测评攻坚活动的情况汇报；传达学习中央、省委、市委政法工作会议精神；听取关于《中共株洲市荷塘区委常委会2022年工作要点》起草情况的汇报；听取关于《株洲市荷塘区志愿服务终身积分、星级评定、礼遇褒奖办法（试行）》起草情况的汇报；听取关于2020年度荷塘区“人才十六条”落实兑现有关事项汇报；听取《关于规范区管国有公司管理的若干意见》起草情况的汇报；传达学习上级对湖南长沙居民自建房倒塌事故作出的重要指示批示精神。

5月13日 传达学习《关于市委人才工作会议少数分会场人员迟到情况的通报》；传达学习省委《关于加强对“一把手”和领导班子监督的若干措施》；研究干部人事工作。

5月18日 研究干部人事工作。

6月7日 传达学习市委曹慧泉书记来荷调研指示精神；传达学习省委、省政府《关于服务和融入新发展格局的实施意见》；听取关于《荷塘区2022年争资引项工作实施方案》起草情况的汇报；听取关于2021年荷塘区机构编制事项报告的情况汇报；研究干部人事工作。

7月15日 传达学习习近平总书记近期重要讲话精神、指示精神；传达学习《求是》杂志发表的习近平总书记重要文章精神；传达学习习近平在中央政治局第40次集体学习时的重要讲话精神和《关于印发〈党委（党组）履行巡视巡察工作主体责任清单〉〈关于加强市县巡察整改和成果运用的二十条措施〉的通知》《关于加强新时代廉洁文化建设的若干措施》《关于高质量推进清廉株洲建设的实施意见》文件有关精神；听取关于《中共株洲市荷塘区委关于加强和改进新时代人大工作的意见（草案）》《荷塘区护航党的二十大安保信访维稳工作方案》起草情况的汇报；听取关于2022年荷塘区重点文化体育活动安排、2021年度绩效评估、2021年度荷塘区高质量发展激励建议名单和奖励金额情况的汇报；听取关于荷塘区老干部工作和关心下一代工作有关情况的汇报。

7月26日 传达学习习近平总书记在新疆考察时的重要指示精神；传达学习《求是》杂志发表习近平总书记重要文章精神；听取关于全区信访维稳问题化解稳控情况的汇报；传达学习平安湖南建设表彰大会会议精神；听取关于区委六届三次全体会议暨促进经济高质量发展大会方案和《在区委六届三次全体会议暨促进经济高质量发展大会的报告》起草情况的汇报；听取关于荷塘区检察院落实《中共中央关于加强新时代检察机关法律监督工作的意

见》和《中共湖南省委关于加强新时代检察机关法律监督工作的实施意见》的情况汇报；听取关于2022届省文明村镇、文明单位、文明校园申报推荐工作的情况汇报；听取关于荷塘区老干部工作和关心下一代工作有关情况的汇报；听取关于荷塘区安全生产工作的情况汇报；听取关于荷塘区统计工作的情况汇报；听取关于《荷塘区耕地保护田长制实施方案》起草情况的汇报。

7月28日 研究干部人事工作。

8月30日 传达学习习近平总书记近期重要讲话精神；传达学习《求是》杂志发表的习近平总书记重要文章精神；听取关于全区信访维稳问题化解稳控情况的汇报；传达学习《株洲市"忠诚保平安、护航二十大"安保信访维稳工作总体方案》《株洲市关于加强国家政治安全和社会稳定重点人员管控工作的实施意见》；传达学习中央统战工作会议精神；传达学习《纪检监察机关派驻机构工作规则》；传达学习省委、市委组织工作重点任务推进会会议精神；听取关于《荷塘区2022年绩效考核实施办法》（讨论稿）起草情况的说明；听取关于开展2021、2022年度公务员个人账户补助工作的情况汇报；研究干部人事工作。

9月6日 传达学习习近平总书记在中共中央政治局会议上讲话精神；传达学习《求是》杂志发表习近平总书记重要文章精神；传达学习李克强总理讲话精神；传达学习《关于贯彻国务院安委会〈关于进一步强化安全生产责任坚决防范遏制重特大事故的若干措施〉任务分工和任务清单》《湖南省安全生产条例》文件精神；研究"提升'政治三力'，迎接党的二十大"专题民主生活会相关事宜；听取关于调整统一区生态环境保护办法相关工作机构和制定"一规定一办法"的情况汇报。

9月19日 研究干部人事工作。

9月28日 传达学习习近平总书记近期重要讲话精神；传达学习《求是》杂志发表的习近平总书记重要文章精神；听取关于荷塘区信访维稳问题化解稳控、反恐怖、株洲景炎学校民转公、第六轮环卫作业市场化等工作的情况汇报；听取关于2022年荷塘区医保基金监管工作的情况汇报及传达学习贯彻国务院令第735号文件精神；听取关于2021年度区管领导班子及区管领导干部年度考核的情况汇报；听取《关于进一步激励干部担当作为，打造"硬核"干部队伍的若干措施》的情况汇报；研究干部人事工作。

10月21日 传达学习习近平总书记近期重要讲话精神；传达学习《求是》杂志发表的习近平总书记重要文章精神；听取关于全区信访维稳问题化解稳控的情况汇报；传达学习省纪委（湘纪通〔2022〕5号、6号）通报；听取《荷塘区容错纠错机制实施办法（试行）》文件起草有关情况说明；听取2022年荷塘区科技专项经费安排的情况汇报；听取关于召开荷塘区残疾人联合会第四次代表大会有关情况的汇报；传达学习《推进领导干部能上能下规定》文件有关精神；听取事业单位职员等级晋升工作有关情况汇报。

11月28日 研究干部人事工作。

12月14日 传达学习习近平总书记近期重要讲话精神；传达学习习近平总书记对河南安阳市凯信达商贸有限公司火灾事故作出的重要指示精神；传达学习《求是》杂志发表的习近平总书记重要文章精神；传达学习《中国共产党处分违纪党员批准权限和程序规定》《中共湖南省委常委会关于进一步贯彻落实中央八项规定及其实施细则精神的实施意见》文件有关精神；听取关于做好全区学习贯彻党的二十大宣讲工作有关情况汇报；听取关于2022年荷塘区落实粮食安全责任制考核

工作有关情况汇报；听取关于荷塘区社会保险基金监管工作有关情况汇报；听取关于贯彻落实食品安全“两个责任”机制有关情况汇报；听取关于传达学习省委巡视巡察有关会议、文件精神及六届区委巡察情况的汇报；传达学习市委组织部《进一步规范县市区干部选拔任用工作的提示》文件有关精神；研究事业单位管理岗位职员等级晋升工作；研究公务员职级晋升工作；研究干部人事工作。

12月31日 传达学习习近平总书记近期重要讲话精神；传达学习《求是》杂志发表的习近平总书记重要文章精神；听取关于荷塘区近期安全生产工作的有关情况汇报；听取关于评选表彰2022年度文明建设先进集体工作的有关情况汇报；审议《中共株洲市荷塘区委关于深入学习宣传贯彻党的二十大精神为全面建设现代化新荷塘而团结奋斗的意见》；听取区委六届四次全体会议暨区委经济工作会议有关事项汇报；听取区人大常委会、区政府、区政协、区人民法院、区人民检察院党组工作情况汇报。 （何爱辉）

2022年中共荷塘区委发文一览表

表1

序号	文号	文件标题
1	株荷发〔2022〕1号	关于2021年度征地拆迁和房屋征收工作考核结果的通报
2	株荷发〔2022〕2号	转发《区委宣传部、区司法局关于开展法治宣传教育的第八个五年规划（2021—2025年）》的通知
3	株荷发〔2022〕3号	关于加强区委常委会班子建设的意见
4	株荷发〔2022〕5号	关于印发《中共株洲市荷塘区委关于加强和改进新时代人大工作的意见》的通知
5	株荷发〔2022〕6号	关于深化园区体制机制改革推动“五好”园区创建的实施意见
6	株荷发〔2022〕7号	关于激励2021年度真抓实干促进区域经济高质量发展先进单位和先进个人的通报
7	株荷发〔2022〕9号	关于印发《株洲市荷塘区生态环境保护工作职责规定》和《株洲市荷塘区生态环境问题（事件）责任追究办法》的通知
8	株荷发〔2022〕10号	关于深入开展全区安全突出问题隐患排查整治的通知

（马志豪）

区委办公室工作

【概况】 中共株洲市荷塘区委办公室（以下简称区委办）为中共荷塘区委内设办事机构。区委办负责区委接待、会议准备、党委信息、机要保密、档案管理、督查督办、深化改革、对台、外事等工作。2022年，区委办全面学习宣传贯彻党的二十大精神，深入学习贯彻习近平总书记重要讲话和重要指示批示精神，以提升“三服务”工作为主线，发扬优良工作作风，提高综合服务水平，有力保障各项工作稳步推进。

【党委信息】 2022年，为做好党委信息工作，保持政令畅通、密切联系群众、把握社情民意以及更好地服务领导决策，充分发挥办公室参谋助手作用，组织编发《荷塘工作》38期，向省市党办报送信息176条，被市级以上刊物采用54条，信息工作质量提升显著。

【办文办会】 2022年，区委办按照中央八项规定，落实中央、省“基层减负”要求，全力整治“文山会海”，在公文处理方面，严格控制发文数量，规范收文管理，所有文件均实现规范办理、收发、传阅、报备审查、存档管理。2022年，区委及“两办”（区委办、区政府办）发文35件，同比减少7.9%；规范性文件4件，同比减少33.3%。会务工作做到组织协调严谨细致，会场布置井然有序，承办株洲市“6·5”环境日、区“两会”等大型会议约136次。

【应急值班】 2022年，区委办严格按照市委办公室和市委总值班室要求，进一步细化值班的工作职能，加强制度化、规范化建设，规范紧急重大信息的报送流程，完善横向到边、纵向到底的值班应急管理体制。发布各类信息通知2000余条次，接转群众来电200余次，及时上报突发事件信息10余次，确保信息渠道畅通。

【督查督办】 2022年，区委办办结市级及以上督办件82件。其中，中央和省委重大决策部署3件、省委省政府交办工作11件、市委常委会重要事项4件，书记市长批示20件、市委领导重要指示8件、市委领导重要批示5件、市委重要工作24件、民生实事7件。区委书记、区长批示件均按时办理、及时反馈。办结网络问政件254件，办结率100%，满意率96.9%。联合督查抓重点。完善党委督促检查工作分级负责机制，成立区委督促检查工作协调小组，构建党委统一领导，党委督查部门牵头协调，纪委、政府督查部门共同参与，相关部门主动负责的督促检查工作模式。对全区重大活动、重点项目统一研究、统一安排、统一组织、统一协调，制定下发《2022年荷塘区督查检查考核计划清单》，明晰相关部门（单位）职责，有序推动工作落实。围绕区委常委会、政企早餐会等部署的重点工作，下发交办函，建立“周调度、月督查、季考评”工作机制，确保工作取得实效。定期督查抓难点。将疫情防控、信访、安全生产、创文创卫等重点难点工作纳入全区各级党委、政府重大事项督查范围，依据节点，高标准开展督查，下发督查通报，组织开展“回头看”，以钉钉子精神抓落实求实效。围绕《2022年荷塘区督查检查考核计划清单》中13项具体任务的落实，根据实际情况，每年一次或半年一次对相关部门（单位）开展全面督查，分析了解情况和问题，提出改进意见和建议，形成书面报告，向受督查的部门（单位）反馈。定期召开专题会议，紧盯堵点难点问题，下发督办函，及时跟踪督办、严格考评，充分利用绩效评估指挥棒的作用，激励各级各部门推动工作做深做实。随机抽查抓热点。采取“四不两直”方式，随机抽查全国市域社会治理现代化试点合格城市创建工作、营商环境优化提升行动等热点工作和区委主要领导批示要求落实情况，发现问题立即下发整改通知书，责令限期整改到位。紧扣社会和民生热点工作开展督查，确保民情民意反映顺畅。

【机要保密】 2022年，区委办对全区各区直单位、镇（街道）开展安全保密检查。同时，开展保密责任书签订等工作，进一步提升机要保密工作质量。在保密工作中严格落实领导干部保密工作责任制，对涉密载体进行严格管理，组织领导干部、涉密人员、办公室主任开展保密培训，有效增强涉密人员的保密能力，做到文件管理严格规范，未发生泄密事件。

【档案管理】 2022年，区委办全面贯彻落实新修订的《中华人民共和国档案法》，切实履行"为党管档、为国守史、为民服务"的岗位职责，认真学习贯彻习近平总书记对档案工作"四个好""两个服务"的重要批示精神及关于档案工作重要论述精神，继续将档案工作纳入区绩效考核，为迎接国家档案局的监督检查，印发《关于做好迎接国家档案局2022年档案工作监督检查的通知》，督促各部门（单位）对标对表国家档案局《2022年档案工作监督检查要点》开展档案工作自查，组织档案管理工作人员到区直部门开展档案综合检查1次；对区直部门开展档案执法检查1次。对辖区内档案中介服务机构进行监督管理及备案审查，并将审查情况在荷塘区政府门户网站进行公示。主动对接辖区内大型企业征集红色档案，完成红色档案目录报送工作，报送红色档案目录134条。持续开展"两类"（脱贫攻坚、疫情防控）档案归集工作。荷塘区"两类"档案专题数据库已逐步建成，2022年，新增录入疫情防控档案目录1899条。组织辖区区直部门档案管理员进行业务培训，邀请市档案馆机关党委专职副书记对归档文件的收集与整理进行讲解，并对新修订《中华人民共和国档案法》进行解读，发放档案业务培训资料汇编100余份。 （何爱辉）

2022年中共荷塘区委办公室发文一览表

表2

序号	文号	文件标题
1	株荷办发〔2022〕2号	关于2020年度荷塘区平安建设考核情况的通报
2	株荷办发〔2022〕3号	关于2021年荷塘区乡村振兴工作优秀驻村工作队、驻村队员的通报
3	株荷办发〔2022〕4号	关于印发《关于打造"三个高地"促进荷塘高质量发展的实施方案》的通知
4	株荷办发〔2022〕6号	关于印发《株洲市荷塘区"市场主体培育年"活动实施方案》《株洲市荷塘区"干部能力提升年"活动实施方案》的通知
5	株荷办发〔2022〕7号	关于印发《荷塘区乡村振兴人才队伍建设若干意见（试行）》的通知
6	株荷办发〔2022〕8号	关于印发《中共株洲市荷塘区人大常委会党组2022年工作要点》的通知
7	株荷办发〔2022〕10号	关于印发《中共株洲市荷塘区政协党组2022年工作要点》的通知

续表 2

序号	文号	文件标题
8	株荷办发〔2022〕12 号	关于印发《荷塘区区级议事协调机构管理办法》的通知
9	株荷办发〔2022〕13 号	关于印发《2022 年荷塘区督查检查考核计划清单》的通知
10	株荷办发〔2022〕15 号	关于印发《荷塘区开展房屋及基础设施工程安全专项整治“百日攻坚”行动方案》的通知
11	株荷办发〔2022〕16 号	关于印发《荷塘区开展拆违保安“百日攻坚”行动方案》的通知
12	株荷办发〔2022〕17 号	关于印发《荷塘区“镇（街）吹哨、部门报到”工作机制（试行）》的通知
13	株荷办发〔2022〕18 号	关于印发《荷塘区 2022 年省、市重点民生实事项目实施方案》的通知
14	株荷办发〔2022〕19 号	关于印发《中共株洲市荷塘区委全面深化改革委员会 2022 年工作要点》的通知
15	株荷办发〔2022〕20 号	关于印发《荷塘区 2022 年争资引项工作实施方案》的通知
16	株荷办发〔2022〕22 号	关于全面推行《株洲市荷塘区耕地保护“田长制”实施方案》的通知
17	株荷办发〔2022〕23 号	关于 2021 年度全区绩效评估结果的通报
18	株荷办发〔2022〕24 号	印发《关于推动党史学习教育常态化长效化的实施方案》的通知
19	株荷办发〔2022〕26 号	印发《关于开展“大走访、大培训、大宣传、大化解、大巡防”提升民调、毒调的工作方案》的通知
20	株荷办发〔2022〕28 号	印发《关于推进园区体制机制改革的实施意见》的通知
21	株荷办发〔2022〕29 号	印发《关于进一步激励干部担当作为打造“硬核”干部队伍的若干措施》的通知
22	株荷办发〔2022〕31 号	关于印发《荷塘区合泰、富家垅地区自建房安全专项整治再攻坚工作方案》的通知
23	株荷办发〔2022〕32 号	关于印发《中共株洲市荷塘区委 2022 年度落实全面从严治党主体责任工作任务计划》的通知
24	株荷办发〔2022〕35 号	关于兑现 2021 年度荷塘区党委信息工作考核奖励的通知
25	株荷办发〔2022〕36 号	关于印发《荷塘区东湖、合泰地区基层治理专班工作方案》的通知

续表 2

序号	文号	文件标题
26	株荷办发〔2022〕37 号	关于做好全区学习贯彻党的二十大精神宣讲工作的通知
27	株荷办发〔2022〕39 号	关于扎实做好 2022—2023 年迎峰度冬期间节约用电有关工作的通知

（马志豪）

组织工作

【概况】 中共株洲市荷塘区委组织部（以下简称区委组织部）是主管全区组织工作、干部人才和老干部工作的区委工作机构。2022 年，区委组织部深入贯彻落实党的二十大精神以及全国、省、市组织部长会议精神，全面夯实基层基础，紧扣中心工作，恪守公道正派之本，坚守勤勉务实之要，努力展现组织担当，全力彰显组织作为。

【干部任用与管理】 2022 年，区委组织部起草《关于进一步激励干部担当作为，打造“硬核”干部队伍的若干措施》和《荷塘区转任职级的领导干部管理暂行办法》。全年累计调整干部 187 人次，完成公务员职级晋升 75 名，完成事业单位管理类人员职员等级晋升 146 名。举办专题讲座 54 期、案例讨论 23 期、贯彻落实“三高四新”战略专题研讨班 11 期；干部能力提升工作在全市打造“三个高地”工作竞赛第三季度、第四季度评比中获得冠军。加强干部监督管理，全区 4 名干部因履职不力被给予通报批评、停职检查等处理。建立平时考核、分类考核、近距离考核的知事识人体系，完善考核制度，激发干部队伍内生动力。制定《荷塘区委组织部平时考核制度》，实现“量化评比、制度管人”，在制度轨道上推动各项工作顺利开展。

【基层党建】 2022 年，荷塘区全年获评 3 个市级五星小区党支部和 4 个市级四星小区党支部；基层治理“小课堂”培训做法得到市委常委、市委组织部部长李武宁肯定和批示，形成经验在全市推广。全域推进村（居）民代表联系服务群众工作，推动 6908 名村（居）民代表联系 83625 户居民。从社区专职工作者人才库招录 12 名社区工作者，充实社区人才队伍力量，从村（社区）干部中招聘 6 人进入镇（街道）事业单位，畅通基层干部上升渠道。紧抓基层党组织整建提质专项行动，助推全区基层党组织全面进步、整体提升，完成软弱涣散基层党组织整顿工作。成立区党建研究会，共收集 26 项调研成果。全年累计在上级组工宣传平台发表信息稿件 67 篇，其中，《基层反映成立临时党支部需规范》在全省县市区中率先实现在中组部《组工参阅》上稿，获得中央组织部部长陈希批示。

【“两新”组织建设】 2022 年，区委组织部推动党的组织和工作在“两新”领域全覆盖，建立“两新”党组织 204 个，覆盖 433 家企业，“两新”党组织覆盖率达 93.3%，“两新”组织党建阵地“众筹”模式得到市委组织部认可。构建“党建+产业链”模式，组建先进硬质材料、生物医药、装配式建筑 3 个产业链联合党委，100 余家链上企业实现党组织共建、产销管理互学。推行企业党组织与小区党支部结对共建，400 余家企业参与乡村振兴、城乡帮困、基层治理等重点工作，50余家企业党组织与小区党支部结对共建，助力城市基层党建。

【人才引进】 2022年，区委组织部围绕“人才强区”战略，以打造“一区两城”为主线，协调区财政投入87.55万元，兑现人才政策奖补措施，吸引产业人才来荷留荷。承办株洲市2022年“走进制造名城·畅享幸福株洲”大学生暑期社会实践营开营式等14场活动。面向高校应届毕业生招才引智，新招录事业单位人员10名，硕士研究生占比30%。举办返乡大学生寒假系列活动之“梦想在荷塘”青年人才沙龙活动，组织返乡大学生代表参观“一区两城”建设情况；推出政务实践、志愿服务、人才招聘等系列寒假人才活动，制作并送出3600份“返乡大礼包”，发放到返乡大学生手中。

【老干部工作】 2022年，老干部服务中心以建立离退休干部功能型党支部为切入点，积极探索社区、原单位相结合的离退休干部党建工作新模式。强化保障离退休干部生活待遇，用好离退休干部特殊困难帮扶专项资金，对区本级和接管的原市属改制破产企业离休干部，始终坚持“五必访”制度。以党建资源共享模式，在小区党群服务站和建成的“美在金秋”老党员之家组织离退休干部党员开展丰富多彩的活动，为离退休干部党员就近学习、就近活动、就近发挥作用提供保障。

【关心下一代工作】 2022年，荷塘区关心下一代工作委员会坚持“急党政所急、想青少年所需、尽关工委所能”的工作方针，发动“五老讲师团”深入镇（街道）、社区、学校开展特色宣讲，教育广大青少年传承红色基因、坚定理想信念，引领青少年“扣好人生第一粒扣子”。联合区教育局举办“请党放心 强国有我”青少年主题演讲比赛，引导青少年不断增强爱国意识和爱国情怀，牢固树立正确的世界观、人生观、价值观。桂花街道阳光里社区关工委和茨菇塘街道关工委获评株洲市“五好关工委”。

【党校教育】 2022年，区委党校举办党的十九届六中全会精神专题读书班，党员发展对象培训班和党建引领乡村振兴专题培训班，培训人数近400人。前往醴陵市枫林镇的党校现场教学基地进行调研学习，将经验用于仙庾镇教学点的提质升级。党校师资库中的老师参加全市党校行政学院（校）系统中青年教师教学比赛暨十九届六中全会精神宣讲比赛并荣获三等奖。荷塘区委党校荣获“2022年度全市党校行政学院系统创新工作先进单位”称号。 （姚 广）

宣传工作

【概况】 中共株洲市荷塘区委宣传部（以下简称区委宣传部）主要负责部署全区宣传思想文化工作，研究和指导全区的宣传工作，对全区各级党（工）委（党组）中心组理论学习进行部署、检查和指导。负责以正确的舆论引导人，组织开展新闻宣传工作，管理、指导全区精神产品的生产。承担研究制定并组织实施全区精神文明建设活动规划，指导、协调、督促全区的创建工作，完成区委、区政府和上级宣传部门交办的其他任务等。对外加挂区新闻出版局（区版权局）、区精神文明建设指导委员会办公室牌子，下设荷塘区融媒体中心1个全额拨款副科级事业单位；归口领导区文旅体局，管理区文联，对区委网信办进行业务指导。2022年，区委宣传部扎实开展各项宣传思想文化工作，在精神文明建设、新闻宣传等工作中取得一定成效，为全区经济建设发展提供强大的精神动力和舆论支撑。

【理论学习中心组学习】 2022 年，荷塘区委理论学习中心组始终把学习贯彻落实习近平新时代中国特色社会主义思想作为重中之重，坚持每个月至少开展一次高规格、严要求的学习活动。2022 年，组织全区正科级及县级领导干部开展集中学习研讨 12 次，邀请 6 名专家、学者授课。

【理论宣讲】 2022 年，区委宣传部在全区组织开展学习宣传贯彻党的二十大精神宣讲工作，按照“贴近实际、贴近生活、贴近群众”的原则，依托新时代文明实践中心（所、站）深入基层开展充满生活气息和情感温度的宣传宣讲，让党的创新理论在基层热起来、强起来、实起来。在全区举办学习宣传贯彻《习近平谈治国理政》第四卷专题读书班、学习贯彻党的十九届六中全会精神专题读书班、“发愤图强、重振雄风”大讨论夜谈会等形式多样的学习活动。

【意识形态工作】 2022 年，区委常委会共召开 3 次专题研究部署意识形态工作会议；调整全区宣传思想工作暨意识形态工作领导小组成员，召开 2 次意识形态工作联席会议暨形势分析研判专题会议，认真研判分析荷塘区可能存在的意识形态风险隐患，并制定防范措施。2022 年，区委宣传部重点对 20 余个部门（单位）党（工）委（党组）意识形态工作情况进行督查，并下发督查通报。

【推进党史学习教育常态化】 2022 年，荷塘区继续推进党史学习教育常态化，印发《关于推动党史学习教育常态化长效化的实施方案》，持之以恒推进党史总结、学习、教育、宣传。深入开展“我为群众办实事”实践活动，结合“在职党员进小区 • 服务群众办实事”“文明进万家”等活动，充分发挥驻（联）村工作队员、小区第一书记作用，积极组织开展党员志愿服务活动，为身边群众办实事好事。组织广大党员、干部经常性开展斗争精神教育，着力讲好党的历史中战胜风险挑战的故事，从党史中汲取敢于斗争、敢于胜利的智慧和力量，切实把党史学习教育成效转化为“闯”的精神、“创”的劲头、“干”的作风，锚定“三高四新”美好蓝图，全力培育制造名城，建设幸福株洲，奋力打造“一区两城”、加快建设社会主义现代化新荷塘提供坚强思想支撑、强大精神力量。

【新闻宣传】 2022 年，荷塘区紧紧围绕喜迎二十大、学习宣传贯彻二十大、“三个高地”建设、“一区两城”建设、“两个年”活动、疫情防控工作等重点主题进行宣传报道，在市级及以上主流媒体先后上稿 2155 条（次），其中在“学习强国”学习平台、央视、新华社等 6 家中央权威媒体上稿 113 篇。全力打造区属新兴媒体品牌，“在荷塘”微信公众号更新 334 期，累计 57 个月位居全省县级政务微信公众号排名前五；“在荷塘”视频号、“荷塘青春志”抖音号共发布短视频 708 余条，“荷塘青春志”抖音号在全省县级政务抖音号中影响力及各项指标名列前茅。

【品牌推广】 2022 年，荷塘区成功举办株洲首届旅游发展大会系列活动之株洲首届乡村音乐节暨第七季“穿越荷塘”活动，吸引 687 万人次观众线上线下“围观”。荷塘区文旅融合赋能乡村振兴的工作经验在全省乃至全国引起强烈反响，在中央、省、市媒体共发布图文、视频稿件 60 余条，其中“学习强国”学习平台、人民网、新华社、光明网等国家级媒体共发布10篇稿件，各级媒体平台稿件总阅读量超500万，“穿越荷塘”品牌持续擦亮，荷塘区逐渐成为长株潭独具特色的乡村休闲旅游区。创作推出《在荷塘》歌曲及MV，邀请著名歌手王丽达深情演绎，讲好荷塘故事，塑造荷塘形象。对湖南先进硬质材料及工具产业园进行推介，央视《新闻直播间》播出新闻《借力RCEP株洲高端硬质合金产品畅销海外》。荷塘区在“学习强国”学习平台发布《荷塘腾飞小巨人》剧集7期，全面宣传荷塘区7家专精特新“小巨人”企业。开展“工人阶级宣传月”活动，对荷塘区23名劳模多渠道开展宣传，营造干事创业良好氛围，央视新闻频道大篇幅报道荷塘区“大国工匠”“全国劳动模范”易冉相关事迹。

【文明城市建设】 2022年，区委宣传部高标准推进全国文明城市创建整改复查工作，始终坚持“以人为本、创建为民、共建共享”原则，把群众需求作为工作的根本出发点和落脚点，深入推进民生实事，推动一批城市治理难题得到破解、一批民生实事落地落实。提质改造老旧小区180个，惠及居民4.5万余户。硬件设施日益完善，修复人行道700平方米、侧边石300米，铺设沥青路面3000平方米。

2022年8月8日，区委书记方靖（右四）带队到株洲火车站东广场指导创文工作

【干部能力提升】 2022年，区委宣传部组织开展“悦读荷塘 畅享书香”读书会、“我有故事讲给你听”提升干部演说能力大赛、“三高四新”征文大赛等“干部能力提升年”系列活动，制定并实施《荷塘区宣传思想文化系统开展“增强‘四力’，知行合一”主题实践活动》方案，全面提高全区党员干部特别是战线干部的“四力”能力，在全区掀起积极学习、干事创业的热潮。积极搭建干部上下联动学习平台，选送1人赴新华社湖南分社跟班学习，1人到湖南省委宣传部意识形态处跟班学习，选拔7名区直部门宣传文化战线干部下沉到社区、村担任第一书记、驻村干部，积极参与基层治理，打造干部全链条培养的荷塘新模式。

【志愿服务平台建设】 2022年，区委宣传部出台《株洲市荷塘区志愿服务终身积分、星级评定、礼遇褒奖办法》等志愿者管理办法，建立志愿者工作的基本依据和准则。积极打造新时代文明实践中心暨“荷塘志愿”线下共享超市，推动“荷塘志愿”线上平台正式投入运营使用。“荷塘志愿”线上管理平台已注册志愿者人数11235人，组建队伍201支，累计发布活动6202场，开展志愿者培训50场，已有文化培训、医疗保健、活动出行、美食美发、日用百货等领域的72家爱心商家、爱心达人入驻，共享超市上线后，积分兑换商品总计420次。

【文明培育】 2022年，区委宣传部在全区广泛开展“道德模范”“中国好人”“湖南好人”“新时代好少年”等申报推荐评选工作。全年共推选10名市道德模范候选人、1名“中国好人”候选人、10名“湖南好人”候选人、3名“新时代好少年”候选人。其中，茨菇塘派出所民警杨定国被评为2022年第一季度“中国好人榜”见义勇为类“中国好人”

以及株洲市第七届“道德模范”；桂花街道七旬志愿者汤果仁荣获株洲市第七届“道德模范”提名奖；区教育局黄九龄、何姣龙被评为2—3月见义勇为类“湖南好人”；仙庾镇“愚公”李春雄获评“湖南好人·最美生态环境保护者”；桂花街道小区党支部书记赵光辉被评为10月助人为乐类“湖南好人”；桂花街道西子社区“活雷锋”志愿者刘晓雷以及区基层民医齐国华获评2022年第三季度“助人为乐、敬业奉献类株洲好人”；荷塘小学周熙雯和红旗路小学田翰2名同学获评2022年株洲市“新时代好少年”。（张春花）

统战工作

【概况】 2022年，中共株洲市荷塘区委统一战线工作部（以下简称区委统战部）进一步发挥新时代统一战线法宝作用，深入开展“四明白四清楚”大调研，着力强化政治引领，服务中心大局，防范化解风险隐患，深化调查研究，提升统战工作能力素质，构建大统战工作格局，为推动“一区两城”建设凝聚最广泛的力量。

2022年，区委统战部明确权责分配，完善考评机制，成立以区委书记为第一指挥长的“三个高地”指挥部，下设“一办八组”，构建“日通报、周推进、月调度、季讲评”的推进机制，以及区委常委联系投资5亿元以上项目的联点机制，“挂图作战”百亿项目推进计划和任务清单。印发《荷塘区“市场主体培育年”活动工作方案》《市场培育组重点指标及重点工作清单》等文件。区委常委、区委统战部部长多次深入基层现场指挥、督促市级主体申报工作，帮助协调解决基层困难。2022年，市场主体净增长8625户，其中企业净增3370户，新增“四上”企业55家、省级专精特新企业7家、国家重点“小巨人”企业1家，在壮大市场主体、服务民营经济上成效更加显著。

【非公有制经济工作领导小组会议】 2022年12月9日，区委书记、区非公有制经济工作领导小组第一组长方靖组织召开区非公有制经济工作领导小组会议。区委常委、统战部部长、领导小组执行副组长单丹主持会议，领导小组成员单位和区直有关单位负责人参加会议。会议传达学习市非公有制经济工作领导小组会议精神；审议通过《株洲市荷塘区非公有制经济工作领导小组工作规则》《株洲市荷塘区非公有制经济工作领导小组办公室工作细则》；讨论修改《调整荷塘区非公有制经济工作领导小组组成人员》《落实“民营经济十条”任务分工》。

【“四明白四清楚”大调研】 2022年，区委统战部严格执行《中国共产党统一战线工作条例》各项规定，及时调整充实区委统战工作领导小组，把开展“四明白四清楚”（即：想明白想清楚、说明白说清楚、写明白写清楚、干明白干清楚）大调研，作为推动守正创新、提升能力素质、服务中心大局的重要抓手。召开专题座谈会，会上传达学习市委统战部大调研活动精神，印发大调研活动通知，并根据区域特点，梳理汇总荷塘统战领域调研课题清单；由班子成员带队、机关干部全员参与，围绕新时期统战领域的重点难点问题明确调研课题21个，各调研组深入企业、市场、农村等一线开展各类调研累计9次。

【民族宗教工作】 2022年，区委统战部全面贯彻党的民族政策、宗教政策，认真做好党的民族工作、宗教工作。加强宗教政策宣传。切实为辖区少数民族做好服务工作，为31名少数民族考生审核加分，协调1名新疆籍少数民族儿童春季插班入学。压实“三级网络两级责任制”，加强日常巡查督查，做好宗教场所疫情防控、安全生产等工作。切实规范宗教场所内部管理。认真落实市委统战部关于民主管理、财务规范和安全消防的工作要求。

【新的社会阶层人士统战工作】 2022年，区委统战部创新推动和进一步完善新的社会阶层人士统战工作。领导小组审议、通过并印发《新的社会阶层人士统战工作联席会议制度》。开展关爱留守儿童、学雷锋等活动，为24名留守儿童、3户特困户送去慰问金和学习、生活用品。开展调研走访，提出“乡村振兴关键在引进人才和致富带头人”等课题研究。努力探索“智慧统战”新模式。依托升级改版“我的荷塘”荷塘区政务服务App平台，打造民族宗教模块，提供民族宗教服务；拟打造“荷塘统战”板块，管理统战对象，服务统战成员，宣传统战工作。积极开展“三百三助”(即：“百名网红助产业”“百名专家助企业” “百名志愿者助基层”）活动，其中市委统战部牵头主办的“百名律师助治理”活动在荷塘区成功举办。

【民主党派参政议政】 2022年，区委统战部支持民主党派“五有三好”建设，每月组织统战成员在“荷塘党派之家”开展系列专题学习、座谈及活动，并支持各党派每月在阵地开展各项会议及学习活动，确保各党派自身能力的提升与发展。积极参政议政。各民主党派协助区委制订《2022年政党协商计划》，协商区委全会报告、政府报告；聚焦全区中心工作、改革发展重大问题提出意见建议73条；围绕发展重点和民生难点，深入开展专题调研，形成调研报告13篇；积极提交社情民意信息，其中民进会员撰写的《关于建立乡村振兴统计监测体系的建议》被中央统战部采用。由民盟荷塘区工委承办的民盟株洲市委会“微议政沙龙”第一期在荷塘区成功举行。

【重点区域防控】 2022年，区委统战部在疫情防控期间，做好重点区域防控，督促指导全区各宗教场所落实“双暂停”；统筹调度社会捐赠爱心物资，共接收派发物资折合人民币共计160余万元；积极引导全区统战成员及统战干部120余人次下沉一线，开展疫情防控和志愿服务活动。

【推动品牌建设】 2022年，区委统战部在打造荷塘党外知识分子品牌、同心项目创建上亮点突出。仙庾岭村成功申报“省乡村旅游重点村”，荷塘区青少年农业科普基地被授予省级“同心项目”荣誉称号，仙庾镇徐家塘村、茨菇塘街道六零一社区被授予全市“同心美丽乡村”“同心社区”等荣誉称号。

【服务中心工作】 2022年3月，荷塘区13名统战系统、民主党派、统战团体机关干部参与驻村，全区24个村中，由10位统战成员担任驻村队长，各队员下村200余次，看望慰问困难户10户。深入开展扶贫帮困、疫情防控、基层治理、自建房隐患摸排等系列重点工作，累计开展人居环境整治、抛秧、志愿帮扶等活动20余次，帮扶群众900余人，链接帮扶资金30余万元，有关工作情况获新华社等媒体报道。区委统战部下派干部驻仙庾镇兴塘村，带领村民将“白冠一号”丝瓜打入市场，组织建设20余块共1.33公顷丝瓜种植基地，种植16000余棵丝瓜苗，积极链接销售渠道，为村集体增收6万余元。同时，区委统战部先后选派6名统战系统机关干部及优秀党外在职干部任驻小区第一书记和工作队员。积极参与基层治理，组织开展“我选楼栋长”活动，引导居民自治组织制定小区公约、楼栋公约，激活群众参与自治热情，完善“小区+楼栋+单元”三级联动自治体系，实现98个无物业小区自治。“楼栋长来当家”项目成功入选全省基层治理创新实验区重点案例。依托全省首个区级社会公益中心，组建108个社区社会组织，引进社会组织13家、孵化15家，组织40余名专业社工专职参与城乡帮困、就业服务、社区养老等小区事务，有效推动“社区、社会组织、社工、社会资源及社区自治组织”“五社联动”。开展志愿者进小区、进楼栋、进家庭“三进活动”，引导120余名统战成员、1000余名志愿者开展疫情防控、志愿服务活动，统筹发放爱心物资160余万元，助力打赢防疫攻坚战；出台《民主党派开展社会服务帮扶行动的方案》，引导统战成员参与小区治理、城乡帮困等系列民生行动，为基层治理贡献统战力量。

（黄　明）

机构编制

【概况】　中共株洲市荷塘区委机构编制委员会办公室（以下简称区委编办）为中共株洲市荷塘区委机构编制委员会的办事机构，承担委员会日常工作。作为区委工作机关，对外使用株洲市荷塘区事业单位登记管理局名称，归口中共株洲市荷塘区委组织部管理。下设荷塘区机构编制事务中心，为公益一类事业单位。2022年，区委编办坚持党管机构编制原则，坚决落实中央、省委、市委、区委决策部署，严格遵守机构编制法律法规，精准聚焦部门主责主业，有序推进机制体制改革，持续优化机构编制管理，不断提升社会服务水平，全面加强自身建设，为实现“一区两城”战略目标提供坚实的机构编制保障。

【机构编制审批管理】　2022年，区委编办召开编委会5次，召开室务会12次。严格遵守机构编制管理权限。凡按规定需上级批准的重大改革方案和机构编制事项，均由区委编委研究决定后报市委编办审批，共报送9项；凡涉及编委审批的事项，由区委编委集体研究决定，共研究决定20项；凡涉及编办审批的事项，由室务会研究决定，共研究决定30项。严格按《条例》《规则》等政策法规开展机构编制事项。不断建立和完善机构编制审批程序和服务工作流程，严格执行事业单位登记管理制度和实名制管理制度，加大审批、监管和服务力度，将机构编制规矩意识、法治观念贯穿机构编制日常管理，共审批事业单位登记管理事项171项，审批机构编制实名制管理事项2468项。严格履行研究论证、风险评估、审核把关等职责。坚持围绕“动议、论证、审议决定、组织实施”等关键环节，对标上级编委要求，要求各级各部门机构编制事项，需按程序经党委（党组）会议作出动议决定后，提请编委（编办）审议，共收到各单位动议报告19份，并逐一进行审批。严格遵守机构编制报告制度。严格按程序向市委编办及时报告全区落实机构改革、重大体制机制和职责调整等任务完成情况，向区委常委会、区委编委报告机构编制管理情况。

【机构编制保障民生】　2022年，区委编办着重保障民生部门需求。坚持及时反馈、立足全局、精细服务，持续有序优化教育等民生领域编制需求，核增公办中小学教职工编制76名，调剂各公办中小学教职工编制166名，保障3所“民转公”学校编制需求；增设1所公办中学并及时核准调剂教职工编制127名，加强教职工队伍整体素质，提高区域教育优质均衡发展水平。着重保障经济部门需求。调整优化区市场监督管理局内设机构，核增区市场监督管理事务中心事业编制6名；调整优化区产业服务中心内设机构设置，将职能相近的2个内设机构进行整合优化为1个；调优区荷塘产业开发区内设机构，增加产业发展局、经济合作局等内设机构，并核增20名事业编制。着重保障基层治理部门需求。核准使用仙庾镇行政编制3名、事业编制8名用于乡镇补员。配备镇领导干部1名，配备农村工作经验足的职级干部1名，公开面向村社区干部定向招录公务员1名，面向优秀应届毕业生公开招聘事业单位工作人员7名，2020届“三支一扶”期满入编事业单位工作人员1名，充实乡镇人员力量。明确基层司法所编制，核准区司法局使用政法专项编制3名用于招考基层司法所工作人员，充实基层执法队伍力量。核准各镇街道所属事业单位事业编制10名用于招聘优秀应届毕业生、核准各镇街道所属事业单位事业编制6名面向村（社区）公开招聘、考核镇（街道）所属事业单位工作人员，充实基层人员力量。核增市场服务中心事业编制23名，加强合泰地区基层治理力量。

【体制机制改革】 2022年，区委编办推进重点领域改革。有序推进疾病预防控制体系改革、应急管理领域体制机制改革、动植物疫病防控体系改革、国防动员体制改革、国家安全职能职责调整、粮食职能职责调整、自然资源局职责职权下放、文物保护和考古研究职能职责明确等改革任务。推进基层综合行政执法改革。调整镇（街道）内设机构设置，增加承担村镇建设管理、农村建房管理、农村住房建设监督检查、行政处罚等住建领域和动植物疫病防控等农业农村相关职责。推进义务教育“民转公”改革。完成义务教育“民转公”学校3所，占比缩减为12.24%，超额完成市里下达的指标任务。出台《荷塘区公办中小学教职工周转编制管理使用办法》，建立健全教职工管理、编外教师聘用、借调人员、教师课时标准等管理办法。推进“三定”规定落实。全年调整优化区委组织部等7家单位内设机构，核增区财政局等3家单位所属科级事业单位的股级职数。

【机构编制自查自纠】 2022年，区委编办开展机构编制违规违纪违法清理整治专项行动，学深悟透《机构编制违规违纪违法行为处理和问题规则》。通过切入主题会议、主题党日活动、业务技能竞赛等方式，学深悟透《机构编制违规违纪违法行为处理和问题规则》精神，切实提高政治站位。多管齐下抓整改。通过单位自主“管”、编办精准“管”、督导组联动“管”，深入查摆问题，共发现机构编制违规违纪违法问题29个，运用《规则》下发责令纠正函20份，全部整改到位。多措并举建机制。健全“勤学苦练”的能力提升制度、完善“规范严谨”的工作程序、建立“协同联动”的督查通报考核机制，为贯彻落实《规则》及有序查处和纠正机构编制违规违纪违法行为提供机制保障。

【编外人员管理】 2022年，区委编办继续加强规范编外人员实名制管理。通过统一台账模板，规范填写花名册，对身份证号码、用工信息等内容应填尽填。统一清零各单位实名制库内原有数据，上传导入最新最全编外人员数据，做到人册一致，数据齐全。统一培训数据维护业务，指导各单位人事专干掌握系统操作业务。规定时间及时更新数据，确保系统内信息准确。

【行政编制超编整治】 2022年，区委编办开展行政编制超编问题专项整治行动，通过到龄退休、干部调整、自然减员等方式，消化行政编制总量超编5人，截至2022年，全区行政编制494名，实有人员494人，总量暂未超编，行政编制超编消化工作取得阶段性成效。

【事业单位登记管理】 2022年，区委编办全面完成2021年度事业单位年度报告公示及抽查工作。在“机构编制管理QQ群”内发布申报系统的操作视频，开展线上培训，坚持“最多跑一次，容缺办理”的服务准则，精简线下程序。严格执行相关规定，根据“双随机、一公开”工作要求，抽取7家已登记事业单位进行实地核查，冻结2所2022年未招生的利用国有资产举办的幼儿园的法人证书。主动与发改部门联系，积极推动事业单位信用系统的建设。第一时间在信用平台上导入机关事业单位基本信息，并随时更新事业单位登记管理事项，更大范围接受社会监督，丰富监管手段。

【网上名称管理】 2022年，区委编办在2021年度摸底排查的基础上对区内各单位进行定期检查监督，确保无违规开通网站、未挂标网站开通的现象。

【机构编制问题整改】 2022年，上一轮省委巡视主要反馈贯彻落实党和国家机构改革和机构编制重大决策部署、机构设置、编制管理、领导职数及其他5大类共计23个问题。荷塘区第一时间严要求、快部署、明分工，压实巡视问题整改责任。一是编委会议专题研究，提高政治站位。二是专项会议严格部署，明确责任分工。三是党委会议专题落实，确保责任到人。截至2022年年底，已完成完全整改销号问题21个，阶段性销号问题1个，正在整改销号问题1个。

（李　泉）

网信工作

【概况】 中共株洲市荷塘区委网络安全和信息化委员会办公室（以下简称区委网信办）为中共株洲市荷塘区委网络安全和信息化委员会（以下简称区委网信委）的办事机构，区委正科级工作机关，成立于2019年3月。主要职责包括落实互联网信息传播方针政策和推动互联网信息传播法制建设，指导、协调、督促有关部门加强互联网信息内容管理，依法查处违法违规网站等。

2022年，区委网信办认真落实区委和区委网信委的各项任务部署，为全区改革发展稳定提供良好网络舆论环境、可靠网络安全保障和有力信息化支撑。在2022年全市网上群众路线年度考评中，荷塘区获评城区第一名，连续四年排名第一；2022年，区委网信办荣获“湖南网民留言办理组织工作成绩突出单位”“株洲市舆情信息报送工作先进单位”称号。

【网络综合治理】 2022年，区委网信办加大清理核查力度，印发《关于加强互联网用户公众账号管理工作的通知》，对全区新媒体、自媒体账号进行梳理统计和清理整改，登记备案新媒体平台/账号42家。加强对属地媒体平台的跟评内容、直播等互动环节的监管，要求主管单位严把审核关。坚持依法管网治网，规范网络传播秩序，行政处罚9家涉网企事业单位，处置1家违规网站，破获电信诈骗案件265起；对属地彩霞旧书店、三娱书社等9家网上书店进行核查，未发现售卖违法有害书籍；排查属地21款网络游戏，未发现违法违规行为，有效维护清朗网络空间。党的二十大召开期间，制定并印发《荷塘区做好党的二十大网络安全保障工作方案》等文件，确保各项网络安全保障任务和措施落实。

同时，组织专人专班严格执行 7×24 小时全天、全网、全程值班值守制度，为党的二十大胜利召开营造良好网络安全环境。

【网络安全宣传】 2022 年 9 月 5—11 日为国家网络安全宣传周。区委网信办线上通过“学习强国”学习平台、《株洲日报》、“在荷塘”微信公众号及视频号等平台推送宣传稿件、网络安全警示案例视频、电信诈骗案例警情通报，通过网上群众路线微信群组广泛转发网络安全宣传知识链接 3000 余次，不断扩大宣传覆盖面和传播力。线下各相关部门结合法治日、青少年日、个人信息保护日等 6 大主题日活动，开展网络安全进社区、进农村、进企业、进校园、进军营、进家庭等宣传普及活动，制作宣传展板 30 块，张贴宣传海报 200 余张，通过电子显示屏播放宣传视频和宣传标语 2000 余频次，发放宣传折页 2 万余张，广泛组织党员干部、村（居）民观看教育视频、讲解网络和电信诈骗典型案例 100 余次，组织村（社区）干部上户宣传、走访沿街门店近 1 万户，全面营造浓厚的网络安全宣传氛围。

2022 年 9 月 7 日，荷塘区开展网络安全宣传活动

【网络安全防护】 2022 年 1 月 4 日，区委网信委启动网络安全攻防演习，依托国内专业攻防平台，组建 2 支攻击团队模拟黑客对 32 家机关、企事业单位网站系统开展网络安全攻防演习，全面检验全区关键信息基础设施的网络安全防御能力，排查问题和隐患，不断提升各部门关键信息系统网络安全防护和应急处置水平。2022 年，区委网信办、公安网安大队共同组织开展网络安全检查，委托湖南金盾对荷塘区 6 家单位 7 个信息系统进行全面安全检测，对 4 个存在中高危风险漏洞的信息系统主管单位下达限时整改通知。同时，在全区范围开展网络安全自查工作，对行政审批局、教育局等多家单位下达 15 次整改通知，已全部整改到位。

【信息化发展】 2022 年，区委网信办加强统筹协调推进，充分发挥信息化的驱动引领作用，协调有关部门大力推进“掌上办理”，以“数字赋能、政务瘦身”为目标，迭代升级“我的荷塘”App，推进政务 App 转型升级为集政务服务、生活服务、公共服务、基层治理服务为一体的综合性 App。截至 12 月，共有 487 个事项实现线上查询，51 项服务事项和 27 所公办学校教育缴费实现全程网办；大力推进数字乡村建设。加大数字乡村信息基础设施建设力度，全区自然村实现光纤网络覆盖率 100%，农村 4G 网络覆盖率达到 100%。依托农业产业协会打造全区农副产品公共区域品牌，推进农业品牌建设，形成“一县一特”。截至 12 月，完成“三品一标”产品 11 个，完成中国美丽休闲乡村 1 个、省三星级以上农庄 7 家、省级休闲农业集聚示范村 1 个、省级休闲农业示范点 3 家。

【网上群众路线】 2022 年，荷塘区有居民微信群 1500 个，入群居民 20.46 万人，入群户数 8.8 万户。通过居民微信群推送政策宣传、警示教育、疫情防控类信息 60 余万次。大力推广“培育制造名城、建设幸福株洲”品牌，在工作前期和进行中，充分尊重广大群众的参与和表达，主动接受群众监督，在

“点亮株洲品牌 邀您 e 起来”活动中，广泛动员网友参与，共征集网民意见建议 138 条。积极发动网民参与“制造名城 幸福株洲”短视频大赛，共征集短视频作品 43 条，其中一条获市三等奖。通过微信走好网上群众路线，及时回应群众诉求，解决一大批群众的烦心事和揪心事，更好地聚民心、暖人心。2022 年，已通过微信群收集群众诉求 2112 件，回复解决 2110 件，解决率达 99.86%。（陈　钦）

网格化管理

【概况】 荷塘区网格化管理服务中心（以下简称区网格化中心）于 2019 年 3 月设立（属机构改革调整单位，2012 年 2 月至 2019 年 2 月为社会管理工作办公室），是区委直属全额拨款正科级公益一类事业单位。2020 年 12 月，归口区委政法委管理。2021 年，荷塘区第六次党代会提出创新基层社会治理，争当基层治理先行区工作目标。同年 11 月，成立荷塘区争当基层治理先行区工作领导小组，领导小组下设办公室，办公室设在区网格化中心，主要负责创新基层社会治理，推动基层社会治理体系重构、能力提升，为基层减负赋能；负责网格化建设的统筹、协调、督查、考核，完善网格化管理体系，建立健全网格化长效工作机制；负责城乡帮困工作，进一步健全完善城乡社区服务体系等工作；建立健全志愿服务体系，深化志愿服务品牌和队伍建设。

【基层社会治理】 2022 年，区网格化中心围绕“争当基层治理先行区”的战略目标，“五个原则”（即：秉持实事求是、群众路线、系统思维、创新改革、长期主义）和“六化”（即：治理单元最小化、治理层级扁平化、治理手段多元化、治理主体协同化、治理流程标准化、治理要素再组织化）工作理念，以“五升五降”（即：实现群众的幸福感明显上升，党的组织力和动员力明显上升，老百姓的组织化程度明显上升，党委政府形象和党群干群关系明显上升，干部队伍能力素质明显上升；政府的治理成本显著下降、刑事发案率、报警率、矛盾纠纷量、信访量等一批关键数据显著下降，基层的负担显著下降，经济活动成本显著下降，陈规陋习和封建迷信活动显著下降）为治理目标，改变路径依赖，以组团式、项目制、清单式、督导制的精准服务推动重心下移，实现基层治理破局起步。推进做实小区党建、抓好党建带群建、系统推进志愿服务体系建设、稳步实施物业提升工程、打造“指尖上的治理服务”、创新大调解机制建设和持续巩固系列民生行动的基层治理 7 项重点工作，成立基层治理 6 个督导组，组织开展骨干人才各类主体培训，助力基层治理先行区建设。全区 244 个居民小区全部成立党支部，并选派 111 名在职干部任小区支部第一书记，选派 222 名机关干部任驻小区、125 名政法干警任小区支部委员，确定 79 家区直机关单位、10 家企业为后援单位，通过移交一批、改造一批、共建一批，新增社区、小区基层治理活动阵地 152 处。以“五大活动”为契机，全面组织“大培训”，分类别、分层次开展 200 余场培训宣讲。开展“大走访”，走访覆盖率 100%。发动群众“大推选”，公开推选出楼栋长 3800 余名，小区网格员 196 名，组建 108 个社区社会组织。精准谋划“大创意”，以小切口服务大民生，包装、策划“珊珊姐红 · 管 · 家”“建国 511”等 14 个项目品牌。其中，茨菇塘街道的“楼栋长来当家”项目入选全省基层治理创新实验重点案例、株洲市 2022 年度十大改革创新案例。

【城乡帮困】 2022 年，区网格化中心持续实施 2021 年度 26 个相对贫困人员精准帮扶项目，覆盖老、弱、病、残、计生特扶家庭等群体，帮扶重点个案总数1000余人，受益群众达3000余人。在此基础上，提质扩面升级2022年度20个城乡帮困项目，包括微项目5个，帮扶重点个案总数1000余人，受益群众达4000余人。完成项目中期、末期评估，兑现奖补，确保项目有效实施。继续围绕“三榜工作法”（即：精准识别榜、精准施策榜、精准退出榜），做到分层、分级、分类施策，在满足共性需求的基础上，做深做实个性化帮扶。全年通过广泛链接爱心基金会、发动腾讯“99”公益众筹等线上线下筹资方式，筹集社会资金、物资合计180余万元，助力城乡帮困对象。充分发挥公益服务中心组织孵化、人才培育等功能，孵化培育株洲市荷塘区星手相牵志愿服务工作中心等3家本土社会组织。线上线下组织开展各类专业培训课程26场；举办“社工说”等特色主题沙龙活动3期。制定大病、困境妇女、困境老人、困境儿童、残障人群5大类别项目服务手册，打造具有荷塘经验、荷塘特色的服务品牌。建立全区督导人才库，聘请首批6名社工督导，通过采用“师徒帮带”的方式，“一对一”督导本土社会组织，提升全区专业服务水平。

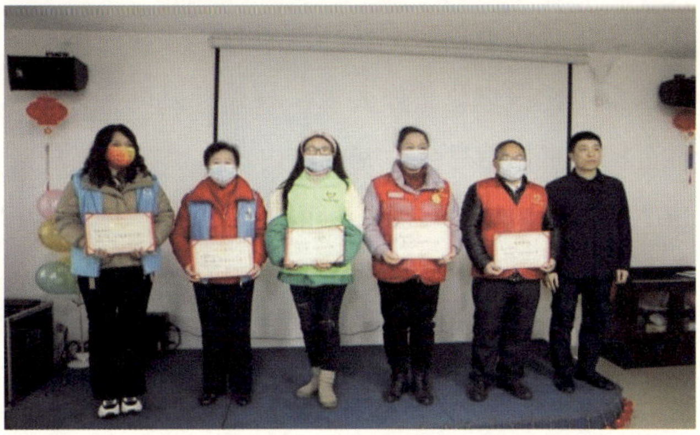

2022年2月14日，荷塘区在区公益服务中心召开城乡帮困志愿服务表彰大会

【网格管理】 2022年，荷塘区划分网格184个，配备网格人员196人（其中专职网格员72名，兼职网格员124人），形成“区级—镇（街道）—村（社区）”三级网络化体系，基本实现社会治理网格全覆盖。通过网格员定期排查、街面巡查、入户走访等形式，上报处理各类事件17169件，结案率达到99%。组织4期谈心谈话暨业务培训，评选表彰荷塘区“十佳网格员”，开展网格员走访慰问，在市级及以上媒体发表网格员事迹报道12篇，进一步激发网格员工作积极性，提升工作效率。

【志愿服务】 2022年，区网格化中心升级全区志愿服务平台（“荷塘志愿”线上平台），整合在“我的荷塘”App中，统筹管理志愿服务，实现志愿服务报名、组建队伍、寻找组织、开展活动、兑换积分等线上全流程。线上平台于6月6日上线，累计注册志愿者1万余人，组建队伍200支，累计发布活动8000余场。制定出台《株洲市荷塘区志愿服务终身积分、星级评定、礼遇褒奖办法（试行）》《株洲市荷塘区星级志愿者认定、爱心达人评定办法（试行）》《株洲市荷塘区“荷塘志愿”志愿服务活动及积分记录违规行为处理办法（试行）》等文件，探索建立志愿服务“终身积分、星级评定、礼遇褒奖”的激励体系，开创系列案例制积分，调动社会力量提供礼遇支持，增强志愿者、志愿服务组织成就感和荣誉感，营造尊崇礼遇志愿服务的良好风尚。

（刘慧玲）

经济研究

【概况】 荷塘区经济研究中心（以下简称区经研中心）于2019年12月设立，属机构改革时成立的区委、区政府直属全额拨款正科级公益一类事业单位，内设办公室、综合室、调研室。区经研中心主要承接原区委政研室职责，负责起草区委重要文稿、重要文件和区委主要领导重要讲话稿、署名文章及相关材料，承担区委重大决策和重大问题的调查研究，组织协调区委调研活动并负责相关调研文稿的起草，为区委提供决策参考。

【文稿工作】 2022年，区经研中心紧紧围绕文稿写作、调研等主责主业，坚持深入钻研、精心打磨，不断提高文字材料的质量和水平，起草完成六届区委二次全会暨经济工作会议、区委六届三次全会暨促进经济高质量发展会议、荷塘区招商工作推进会、区委务虚会等报告材料和主要领导讲话材料40余篇，有效发挥“智囊”作用。

【调研工作】 2022年，区经研中心始终坚持调查研究服从、服务于区委、区政府中心工作，坚持深入部门、深入基层，紧扣“一区两城”目标，聚焦产业项目建设、营商环境优化、基层治理创新、民生保障等工作开展调研，形成创新社会治理、乡村振兴、优化营商环境、地方政府专项债情况等调研报告10余篇；组织开展重要经济、民生部门、聚焦人民群众反映迫切问题集中调研活动，形成调研报告40余篇，为区委、区政府决策部署提供智力支撑。（周　密）

档案·史志

【概况】 株洲市荷塘区档案馆（以下简称区档案馆）主要负责档案接收与利用、史志编纂工作。2022年，区档案馆深入学习贯彻党的二十大精神及习近平总书记关于档案工作重要批示精神，围绕中心工作，以史志档案资源建设为抓手，以服务民生为己任，大力推进档案、党史、地方志等工作高质量开展。

【档案接收与利用】 2022年，区档案馆共接收档案6666卷（件、张），其中文书档案5762件，科技档案39卷，专业档案864卷，实物档案1件。截至2022年12月31日，区档案馆馆藏档案188747卷（件、册、张、盘），其中文书档案118059卷（件），科技档案1098卷，专业档案40419卷，寄存档案22818卷，实物档案1206件，照片档案1435张，音像档案237件（盘），图书资料3475册。2022年，区档案馆规范服务流程，扎实做好民生、财务及文书档案的查询工作，共计接待查阅档案730余人次，调阅档案1510余卷，复印有效材料近0.54万页。

【档案安全管理】 2022年，区档案馆牢固树立“安全第一，预防为主”的思想，组织档案馆工作人员参加消防大队组织的消防安全知识培训，建立档案安全管理制度，安排专人对档案馆定期进行安全排查，9月28日，对即将到期的灭火器进行统一更换，通过一系列措施，进一步提高档案馆工作人员安全防范意识，确保档案安全。

【档案信息化建设】 2022年，区档案馆按照省、市档案工作信息化工作要求，与外包公司签订合同推进档案工作信息化，完成馆内民生档案扫描任务14万余页。同时，对接收进馆的档案全部要求进行扫描，2022年，共计接收扫描档案12.21万页，为群众及各部门提供更方便快捷的档案查询利用服务。

【《荷塘年鉴（2022）》出版发行】 2022年，按照湖南省人民政府办公厅《关于进一步加强地方志工作的意见》（湘政办发〔2016〕11号）文件要求，区档案馆有序开展《荷塘年鉴（2022）》编纂工作，2022年12月，《荷塘年鉴（2022）》由方志出版社公开出版发行。《荷塘年鉴（2022）》收录彩页27个，文字56.8万余字，印数800本。截至2022年，《荷塘年鉴》连续6年公开出版，为荷塘区经济社会发展提供第一手参考资料。

【党史工作】 2022年，区档案馆（区志和党史研究室）采取“线上+线下”结合学、集中组织专题学、学习分享交流学等多种形式，激发广大党员干部学习热潮，实现党史学习常学常新。对标对表党史研究工作要求，结合荷塘区实际情况，开展《共产党组织根本原则》专题研讨；按照收集区有关地情影像资源的要求，积极对接各部门（单位），共收集上报地情音像资源11个；做好湖南省党史学习教育创新案例申报工作，以“党的故事我来讲——争做红领巾讲解员”为主题，报送视频资料4个；完成《株洲党委纪事》组稿任务。围绕党史学习教育常态化长效化，积极开展红色教育，组织全体干部赴湘阴杨开慧故居、任弼时纪念馆开展“寻初心、守初心、践初心”活动；升级改版爱国主义教育基地，更新展板79块，制作荷塘区宣传视频1个，改版后接待参观人数350人。（贺　钰）

2022年6月7日，荷塘区开放爱国主义教育基地

荷塘区人民代表大会

综　述

【概况】 2022年，株洲市荷塘区人民代表大会常务委员会（以下简称区人大常委会）坚持以人民为中心的发展思想，围绕中心，服务大局，认真履行宪法和法律赋予的各项职责。组织召开常委会会议7次，主任会议10次，听取和审议“一府一委两院”工作报告25项，作出决议、决定21项，依法选举、任免和决定任免有关人员及接受辞职等共计113人次，圆满完成各项目标任务，为推进全区经济社会高质量发展和民主法治建设作出应有贡献。

【融入中心工作】 2022年，区人大常委会领导主动牵头参与重点项目、产业链发展、打造“基层治理先行区”等各项中心工作；围绕创文创卫、自建房安全隐患排查、落实“禁火令”等工作，严格落实联点责任，深入基层督查督导，协调解决实际问题，有力推动中央和省委、市委、区委决策部署的贯彻落实。面对新冠疫情，严格按照区委统一部署，班子成员第一时间分赴高风险街道、农贸市场、隔离酒店、封控区域，驻地指挥协调督导；人大机关干部全员参与月塘街道防疫“攻坚战”，负责所划网格卡口防疫值守、核酸检测、小区居民生活服务保障等防疫工作；同时发动全区各级人大代表捐款捐物近150万元。

依法履职

【财政监督】 2022年，区人大常委会认真落实预算法和监督法的相关要求，切实加强对政府全口径预算决算的审查和监督。及时听取和审议区人民政府关于预算编制、预算执行、预算调整、财政决算、同级审计问题整改情况汇报，督促政府及相关部门紧盯问题整改落实；认真听取荷塘区政府性债务管理和国有资产情况汇报，提出“切实提高思想认识防范风险、坚持稳增长提高经济发展实力、持续化解债务存量、形成合力强化监督”等意见，为全区财政资金高效、规范、安全运行提供有力支撑。

【民生监督】 2022年，区人大常委会围绕老百姓普遍关注的热点问题，认真组织对科技和工业信息化、卫生和健康、民政等工作开展专项工作评议。坚持把保障民生作为监督的重点，视察和听取荷塘区幼儿园安全、养老专项资金使用绩效、农村集体经济发展及贯彻实施基本农田保护条例、贯彻实施社区矫正法等多项工作情况汇报，针对发现的问题，切实督促整改，回应群众。针对人代会票决确定的民生实事事项，强化督办、落实保障，力促遇到的困难和问题得到及时妥善解决，办成一批群众“急难愁盼”的事，如在“迎风北路街头公园建设”推进过程中，发动荷塘区146名人大代表捐赠7.34万元认种、认养苗木600余棵，建成占地约0.8公顷的“人大代表林”。

【司法监督】 2022年，区人大常委会听取和审议区人民法院、区人民检察院上半年工作情况汇报，有针对性地提出意见建议，促进司法机关进一步形成合力，为法治荷塘建设保驾护航。首次组织对“两院”员额法官、员额检察官开展履职评议，并在区人大常委会会议上进行满意度测评，被评议人员满意度均达85%以上。同时组织部分人大代表及法律专家听审评议法院审理案件5件，对“公检法”承办的66件111卷案件卷宗开展质量评查，助推“利剑护蕾”专项行动深入开展，进一步增强司法工作监督实效，推动司法工作与服务全区发展大局的有机融合。

【平台建设】 2022年，区人大常委会在已实现各镇（街道）、村（社区）全覆盖的基础上，按照“五有”（有牌子、有场地、有人员、有规章、有计划）的要求，稳步推进各代表工作室提质改造，市人大联工委及各兄弟县（市）区多次到金山街道代表工作室观摩学习。同时，结合区委中心工作，积极探索工作室延伸机制，在产业园区的硬质合金产业链、节能环保和绿色装配式建筑产业链上创建代表工作室，架起人大代表联系园区单位和企业、选民、群众的桥梁，协助园区企业、务工人员解决实际困难，进一步提升人大代表的社会影响力。

【代表履职】 2022年，区人大常委会把人大代表“三联三问”活动作为深入践行全过程人民民主，不断提高新时代人大代表履职水平，精心组织、周密部署，结合打造“基层治理先行区”这一实际，采取“三个一”（成立一个协调机构，负责活动组织推动；结合一项中心工作，深入开展走访调研；完善一套问题解决机制，推动解决群众急难愁盼）的措施，研究制定活动方案，将272名省、市、区、镇四级代表按网格划分至各企业（单位）、各个居民小区或村民小组，做到代表有点、点上有责。2022年，通过微信群（组）、入室接待、走访选民等途径共收集和整理意见建议180条，帮助并协调解决群众普遍关注的老旧小区改造、道路安全等热点难点问题70余个，筹措帮扶资金（物资）36.6万元。

【建议办理】 2022年，区人大常委会不断完善建议交办、办理和督办工作机制，由主任会议成员重点督办、各专门委员会对口督办、代表参与跟踪督办，开展办理落实情况“回头看”，督促各承办单位不断提高代表建议办理质量和水平。区六届人大二次会议及闭会期间共收到代表建议、批评和意见84件，已全部办结，代表见面率和满意率均达100%，实际解决率达到58.3%。同时，通过丰富代表小组活动形式，积极为全市、全区经济社会发展建言献策，全年围绕园区产业发展、铁东路及新塘西路建设、水竹湖学校新建工程项目等开展视察调研活动，并形成高质量的视察调研报告，得到市、区两级政府的重视，有效促进相关问题的解决。 （贺　梦）

人大重要会议

【区六届人民代表大会第二次会议】 2022年，2月24—25日，株洲市荷塘区第六届人民代表大会第二次会议召开。会议应到代表178人、实到代表169人、邀请列席人员148人。共举行3次全体会议、3次主席团会议。会议听取和审查区人大常委会、区人民政府、区人民法院、区人民检察院工作报告；审查和批准荷塘区2021年国民经济和社会发展计划执行情况与2022年计划草案的报告，批准荷塘区2022年国民经济和社会发展计划；审查和批准荷塘区2021年财政预算执行情况和2022年财政预算草案的报告，批准荷塘区2022年区级财政预算；书面审查荷塘区2021年环境状况和环境保护目标完成情况及2022年环境保护目标的报告；选举刘海荣、李红梅、唐佳昕为株洲市荷塘区第六届人民代表大会常务委员会委员；表决通过唐佳昕为株洲市荷塘区第六届人民代表大会财政经济委员会主任委员，刘海荣为株洲市荷塘区第六届人民代表大会社会建设委员会主任委员；审议通过区人大常委会工作报告、区人民政府工作报告、计划报告、财政报告、区人民法院工作报告、区人民检察院工作报告决议；票决确定2022年荷塘区十项民生实事事项：完善农村基础设施、城镇老旧小区改造、美的学校改扩建、食品安全检查、罗家冲消防救援站改扩建、精准就业服务、基层养老设施提质、区疾控中心PCR实验室负压改造、荷塘区“两馆”建设、迎风北路街头公园建设；会议期间共收集代表建议、批评和意见84件，全部予以受理，圆满完成大会各项任务。

2022年2月25日，荷塘区召开第六届人民代表大会第二次会议第二次全体会议

【区六届人大常委会会议】 2022年，共召开7次常委会会议（第2次至第8次）。

1月25日 区六届人大常委会举行第二次会议。传达省十三届人大五次会议精神。审议通过关于召开荷塘区第六届人民代表大会第二次会议有关事项。会议决定荷塘区第六届人民代表大会第二次会议于2022年2月24—25日召开，通过列席人员建议名单；提出会议议程（草案）、会议日程（草案）和主席团成员等有关人员建议名单。初审提请荷塘区第六届人民代表大会第二次会议审查的区人大常委会工作报告（征求意见稿）、区人民政府工作报告（征求意见稿）、区2021年国民经济和社会发展计划执行情况与2022年国民经济和社会发展计划草案的报告（征求意见稿）、区2021年财政预算执行情况和2022年区级财政预算草案的报告（征求意见稿）、区2021年环境状况和环境保护目标完成情况及2022年环境保护目标的报告（征求意见稿）、区人民法院工作报告（征求意见稿）、区人民检察院工作报告（征求意见稿），会议对各项报告提出意见建议，原则同意提交大会审查。审议通过2022年度区人大代表票决的民生实事备选事项，原则同意提交大会票决。会议决定接受习招平、田畅、何海云、肖昊昕、赵虎、秦素辉6人辞去荷塘区第六届人民代表大会代表职务，其中田畅、赵虎两名同志的区六届人大常委会委员职务自行终止。任命游艳为区人民法院审判委员会委员。免去：凌灿的区人民法院审判员职务，金自仿的区人民法院审判委员会委员、审判员职务。审议区人大常委会代表资格审查委员会关于补选代表的代表资格审查报告，会议确认刘海荣、刘石平、唐佳昕、廖结文、王洪连、谭爱平的荷塘区第六届代表人民代表大会代表资格有效。

2月22日 区六届人大常委会举行第三次会议。会议决定接受黄克忠辞去株洲市荷塘区人民代表大会财政经济委员会主任委员，报下一次人民代表大会备案。听取《株洲市荷塘区人大常委会代表资格审查委员会关于代表异动的代表资格审查报告》，表决同意这个报告。听取《2022年财政预算草案编制变动部分的情况汇报》，会议原则同意，提交区六届人大二次会议审查。

3月30日 区六届人大常委会举行第四次会议。审议通过《株洲市荷塘区人大常委会2022年工作要点》。部署2022年民生实事监督和评估工作。交办区六届人大二次会议期间代表建议，区人民政府副区长王昆代表区人民政府承接区人大常委会交办的代表建议共79件，区委组织部常务副部长袁夕辉代表区委组织部承接区人大常委会交办的代表建议共5件。听取《关于落实社区矫正法审议意见的情况汇报》。会议决定接受黄克忠、余前、曾祥军3人辞去株洲市荷塘区第六届人民代表大会代表职务，其中黄克忠的区六届人大常委会委员职务自行终止。

5月30日 区六届人大常委会举行第五次会议。听取和审议《荷塘区国有资产管理情况汇报》和《关于荷塘区国有资产管理情况的调查报告》。听取和审议《荷塘区人民法院诉源治理工作情况汇报》和《关于荷塘区人民法院诉源治理工作情况的调查报告》。听取《关于贯彻实施消防法审议意见落实情况汇报》。听取和审议《荷塘区贯彻执行〈基本农田保护条例〉工作情况汇报》和《关于荷塘区贯彻执行〈基本农田保护条例〉工作情况的调查报告》。任命杨思维为区桂花街道人大工作委员会主任。免去黎伟的区桂花街道人大工作委员会主任职务。决定任命：汤思源为区市场监督管理局局长；谭洪勇为区城市管理和综合执法局局长；郭维为区应急管理局局长；贺志德为区农业农村局局长。决定免去：汤思源的区城市管理和综合执法局局长职务；谭洪勇的区农业农村局局长职务；曾健的区科技和工业信息化局局长职务；赵冰的区应急管理局局长职务；罗炽威的区市场监督管理局局长职务。免去欧阳妤的区监察委员会委员职务。任命：谢振宁的区人民法院云龙示范区人民法庭副庭长职务；舒睿的区人民法院综合审判庭庭长职务；陈晓东的区人民法院民事审判庭庭长职务；余岚的区人民法院立案庭庭长职务；黄晓华的区人民法院立案庭副庭长职务；吴珉庆的区人民法院审判委员会委员职务；文辉的区人民法院审判委员会委员职务。任命：舒睿为区人民法院云龙示范区人民法庭副庭长；余岚为区人民法院民事审判庭庭长、审判委员会委员；黄晓华为区人民法院立案庭庭长；游艳为区人民法院综合审判庭庭长；文勇为区人民法院审判委员会委员。会议决定接受：黎伟、马艳花2人辞去株洲市荷塘区第六届人民代表大会代表职务，其中，黎伟的区六届人大常委会委员职务自行终止。

6月24日 区六届人大常委会举行第六次会议。审议通过2022年度法官、检察官履职评议实施方案，并组织召开“两官”履职评议动员部署会议。听取和审议《关于荷塘区优化营商环境工作情况汇报》和《关于荷塘区优化营商环境工作情况的调查报告》。听取和审议《关于荷塘区养老专项资金使用绩效情况汇报》和《关于荷塘区养老专项资金使用绩效情况的调查报告》。决定任命马艳花为株洲市荷塘区科技和工业信息化局局长。

7月27日 区六届人大常委会举行第七次会议。听取和评议《关于我区科技和工业信息化专项工作的报告》和《关于我区科技和工业信息化专项工作的评议调查报告》，同时进行满意度测评，满意率为91.3%。书面审查2022年上半年计划执行情况和“两院”上半年工作情况汇报。听取《关于2021年财政决算草案和2022年上半年预算执行情况的报告》和《关于2021年度区本级预算执行和其他财政收支的审计工作报告》，进行审查，会议同意区人大财政经济委员会提出的《关于2021年度财政决算和2022年上半年预算执行情况的审查报告》，决定批准2021年区级财政决算。

9月26日 区六届人大常委会举行第八次会议。听取《关于2021年度区本级预算执行和其他财政收支审计查出问题整改落实情况的报告》和12家审计整改责任单位整改落实情况报告，进行认真审查，会议同意区人大财政经济委员会提出的《关于2021年度区本级预算执行和其他财政收支审计查出问题整改情况的调查报告》。听取和审议《关于区六届人大二次会议代表建议办理工作情况汇报》和《关于区六届人大二次会议及闭会期间代表建议、批评和意见办理和督办情况的报告》。听取和评议《荷塘区卫生健康工作情况汇报》和《荷塘区卫生健康工作评议调查报告》，同时进行满意度测评，满意率为96%。听取和评议《荷塘区民政专项工作报告》和《荷塘区民政工作评议调查报告》，同时进行满意度测评，满意率为100%。决定接受谭光明辞去株洲市荷塘区人大常委会副主任职务，报下一次人民代表大会备案。决定接受韩东、张荣文、杨艳红、刘翔、杨峥5人辞去株洲市荷塘区第六届人民代表大会代表职务，根据有关法律规定，刘翔的区六届人大常委会委员职务自行终止。决定任命刘超为区自然资源局（林业局）局长。决定免去熊昕的区自然资源局（林业局）局长职务。任命谭艳辉为株洲市荷塘区监察委员会委员。任命欧阳翔为株洲市荷塘区人民检察院检察员、检察委员会委员、副检察长。决定欧阳翔副检察长为株洲市荷塘区人民检察院代理检察长，报株洲市人民代表大会常务委员会和株洲市人民检察院备案。决定接受陈卫华辞去株洲市荷塘区人民检察院检察长职务，报下一次人民代表大会备案。

【区六届人大常委会主任会议】 2022年，共召开主任会议10次（第3次至第12次）

1月20日 区六届人大常委会召开第三次主任会议。研究讨论荷塘区六届人大二次会议有关事项；讨论荷塘区六届人大二次会议有关人员建议名单；讨论2022年度荷塘区人大代表票决民生实事备选事项；讨论2022年荷塘区人大常委会、区人民政府、计划、财政、环保、区人民法院、区人民检察院工作报告（征求意见稿）；研究讨论有关代表补选和人事任免事项。

3月24日 区六届人大常委会召开第四次主任（扩大）会议。研究讨论荷塘区人大常委会2022年工作要点（草案）；研究确定2022年重点督办建议；研究通过2022年荷塘区民生实事监督和评估工作方案；研究通过荷塘区人大常委会深化人大代表更加密切联系群众“三联三问”活动方案；讨论常委会会议事项。

4月22日 区六届人大常委会召开第五次主任会议。视察株洲昌盛混凝土有限公司、仙庾镇东园村福源建材厂、芙蓉社区、区政务服务大厅，听取区农业农村局《关于荷塘区农村村级集体经济发展情况汇报》和区人大农业农村委《关于荷塘区农村村级集体经济发展情况的调查报告》；听取区行政审批局《关于我区政务服务改革工作情况汇报》和区人大监察和司法委员会所作的《关于我区政务服务改革工作情况的调查报告》。

5月23日 区六届人大常委会召开第六次主任会议。听取区教育局《关于我区幼儿园安全工作情况的报告》和区人大教科文卫委《关于我区幼儿园安全工作情况的调查报告》；讨论关于员额法官、检察官履职评议相关事项；听取2022年度人大代表票决的民生实事事项进展及督办情况；讨论常委会会议召开有关事项。

6月9日 区六届人大常委会召开第七次主任会议。听取荷塘区人民检察院《荷塘区人民检察院落实认罪认罚从宽制度工作报告》；研究讨论2022年度法官、检察官履职评议实施方案；研究讨论区委人大工作会议相关准备工作；讨论常委会会议事项。

7月26日 区六届人大常委会召开第八次主任会议，视察“迎风北路街头公园建设”等人大代表票决民生实事进展情况，听取区政府办《区人民政府实施10件民生实事的情况汇报》和10件民生实事责任单位负责人汇报的事项进展情况及当前存在的问题和困难。

8月30日 区六届人大常委会召开第九次主任会议。视察茨菇塘街道余家冲社区新苑小区，听取区物业服务指导中心《关于2022年度自治小区推进情况的汇报》和区人大环资委《关于荷塘区物业管理工作情况的调查报告》；听取区人大监司委《2022年度案件质量评查情况报告》；研究讨论代表异动及人事任免有关事项。

9月16日 区六届人大常委会召开第十次主任会议。会议听取区政府办《关于区六届人大二次会议代表重点建议办理情况的汇报》和区人大常委会选举任免联络工作委员会《2022年度代表重点建议办理及督办情况报告》及各承办单位的补充汇报；讨论常委会会议事项。

10月27日 区六届人大常委会召开第十一次主任会议。视察东部美的城小区党群服务站，听取区民政局《关于我区基层治理工作情况汇报》和区人大社建委《荷塘区社会基层治理的调查报告》；听取区财政局《株洲市荷塘区全口径债务管理情况汇报》和区人大财经委《关于我区全口径债务管理情况的调查报告》；

12月19日 区六届人大常委会召开第十二次主任会议。听取区人社局《株洲市荷塘区社会保险基金监管工作情况汇报》、区医疗保障事务中心《关于2022年荷塘区医保基金监管工作情况汇报》和区人大社会建设委员会《关于我区社会保险基金监管工作情况的调查报告》；听取区审计局《关于2021年度区本级预算执行和其他财政收支审计查出问题整改落实情况的报告》；听取区人大常委会联工委《2022年度区人大常委会表彰事项有关情况汇报》，会议原则通过，并提请下一次人大常委会会议审议决定；讨论人大常委会会议有关事项。 （贺 梦）

荷塘区人民政府

综　述

【概况】 2022年，荷塘区人民政府坚持以习近平新时代中国特色社会主义思想为指导，坚持稳中求进，强化“两个统筹”，积极应对各类风险挑战叠加考验，全面落实“三高四新”战略定位和使命任务，紧扣“聚焦、裂变、创新、升级、品牌”工作思路，产业规划、项目布局、企业引进、基础建设均取得突破性进展，圆满完成全年既定目标任务。全年地区生产总值增长5.3%，地方税收收入增长1.8%，规模工业增加值增长10.8%，社会消费品零售总额增长2.3%，城乡居民收入增长4.8%，产业项目投资占全部投资比重79.1%，多项指标增速跻身全市第一方阵。三一智慧钢铁城、先进硬质材料产业园分别完成投资79.33亿元、19.78亿元，入驻企业48家，预期年产值230亿元。基层治理稳步向前，推出一批创新举措，充分调动自治主体各方力量，形成共建共治共享的治理新格局，“楼栋长来当家”自治模式入选全省基层治理创新实验重点案例，小茨微檬获评“湖南省示范社会组织”。2022年，荷塘区获评“全省信访工作示范县（市、区）”。

【六届人民政府第一次全体（扩大）会议】 2022年2月15日，荷塘区召开六届人民政府第一次全体（扩大）会议，讨论即将提交区第六届人民代表大会第二次会议审议的《政府工作报告（征求意见稿）》，研究部署2022年重点工作。区委副书记、区长罗鹏程出席会议并讲话，区委常委、常务副区长陈柏文主持会议。

【区政府常务会议】 2022年，荷塘区人民政府共召开常务会议16次。

1月23日 会议传达学习习近平总书记在省部级主要领导干部学习贯彻党的十九届六中全会精神专题研讨班开班式上的重要讲话精神。听取区政府办关于《政府工作报告（征求意见稿）》起草工作的情况汇报；听取区财政局关于荷塘区2021年财政预算执行情况和2022年财政预算草案报告；听取区卫生健康局关于“两节”期间疫情防控工作的情况汇报；听取区政府办关于荷塘区2022年民生实事人大代表票决事项征集的情况汇报。

2月27日 会议传达学习习近平总书记在中共中央政治局第三十六次集体学习时的重要讲话精神、2022年全国和全省生态环境保护工作电视电话会议精神。听取区发展改革局关于《打造“三个高地”促进荷塘高质量发展的实施方案（征求意见稿）》的情况汇报；听取区政府办关于《荷塘区人民政府工作规则》制定的情况汇报；听取区政府办关于研究部署近期重点工作的情况汇报；听取产业开发区关于荷塘区国金数字化产业园项目的情况汇报。

3月28日 会议传达学习习近平总书记在中共

中央政治局第三十五次集体学习时的重要讲话精神。通报六届区委第17次、第18次常委会会议精神。听取区政府办关于2022年区政府重点工作分解的情况汇报；听取区司法局关于《荷塘区2021年法治政府建设工作报告》的情况汇报；听取区财政局关于《关于规范区管国有公司管理的若干意见》的情况汇报；听取公安荷塘分局关于公安荷塘分局租赁明照安置房用于明照派出所办公的情况汇报；听取区卫生健康局关于荷塘区近期疫情防控工作的情况汇报；听取生态环境荷塘分局关于创建国家生态文明建设示范县（市、区）和举办株洲市2022年“6·5”世界环境日主题宣传活动的情况汇报。

4月24日　会议传达学习习近平总书记在参加首都义务植树活动时的重要讲话精神。传达省纪委办公厅《关于深化整治领导干部违规收送红包礼金问题的通知》（湘纪办发〔2022〕2号）要求。通报3月25日区委常委会会议精神。听取区应急管理局关于近期安全生产工作的情况汇报；听取区征地工作协调服务中心关于征地拆迁工作和房屋征收工作的情况汇报；听取区自然资源局关于启动仙庾镇国土空间规划编制工作的情况汇报；听取区委组织部关于2020年度荷塘区“人才十六条”政策落实兑现的情况汇报；听取区教育局关于规范民办义务教育学校发展的情况汇报；听取区教育局关于提高义务教育教师待遇的情况汇报；听取区政府办关于荷塘区政务（OA）办公系统建设规划的情况汇报。

5月16日　会议传达学习上级关于自建房安全隐患排查和专项整治相关指示批示精神、省长毛伟明在省政府廉政工作会议上的讲话精神。听取区人力资源社会保障局关于荷塘区2022年省、市民生实事项目工作的情况汇报；听取区委宣传部关于荷塘区创文整改工作推进情况汇报；听取区金融办关于与中国建设银行股份有限公司株洲分行战略合作协议签订的情况汇报；听取区财政局关于荷塘区2022年争资引项工作实施方案起草工作的情况汇报；听取荷塘产业开发区关于湖南先进硬质材料及工具产业园（1—1期）项目招标事项的情况汇报；听取月塘街道办事处关于合泰、富家垅地区自建房安全风险集中排查整治工作的情况汇报；听取区委宣传部关于2022年荷塘区重点文化体育活动安排的情况汇报；听取公安荷塘分局关于开展荷塘区中小学、幼儿园等重点部位“雪亮工程”安防设施建设工作的情况汇报；传达学习市委、市政府《深化园区体制机制改革创建“五好”园区实施方案》文件精神，听取荷塘产业开发区关于深化园区体制机制改革推动“五好”园区创建的区级方案制定的情况汇报。

5月26日　传达学习习近平总书记在庆祝中国共产主义青年团100周年大会上的讲话精神、全国稳住经济大盘电视电话会议精神。通报六届区委第25次、第26次常委会会议精神。听取产业开发区关于株洲精卓科技有限公司总部项目入园的情况汇报；听取区农业农村局关于株洲市建宁港荷塘铺支流（东环北路—小山冲水库坝下段）规划审批事项的情况汇报。

6月10日　传达学习习近平总书记在中共中央政治局第三十九次集体学习时的重要讲话精神。听取区司法局关于设立荷塘区人民政府行政复议咨询委员会及聘任委员的情况汇报；听取区财政局关于荷塘区当前财政运行的情况汇报；听取区教育局关于《荷塘区2022年中小学招生工作方案》的情况汇报；听取区教育局关于荷塘区规范民办义务教育学校办学的情况汇报。

7月7日　传达学习习近平总书记在中共中央政治局第四十次集体学习时的重要讲话精神。听取区政府办关于2021年度荷塘区高质量发展激励建议名单和奖励金额相关事宜的情况汇报；听取区统计局关于荷塘区统计工作的情况汇报；听取产业开发区关于丽舍路（东环北路—悦舍路）、映日路（金溪路—丽舍路）、建宁港荷塘铺支流一期（东环北路—悦舍路段）新建工程等项目招标相关事宜的情况汇报；听取区教育局关于荷塘区重点企业高管和“双创人才”子女入学暂行办法的情况汇报；听取区教育局关于湖南海源房地产开发有限公司和株洲颐鑫房地产开发有限公司捐资与招生入学的情况汇报；听取区发改局关于荷塘区2022年重点建设项目计划编制及政府投资项目计划的情况汇报。听取区住建局关于将荷塘路、黄泥塘路的中央预算内资金调整至金桥路、金泉路的情况汇报。

7月25日 传达学习习近平总书记在庆祝香港回归25周年大会上的重要讲话精神、毛伟明在省安委会第三次全会暨全省安全生产电视电话会议上的讲话精神、李殿勋在全省全面深化改革专题培训班上“关于当前改革的三个基本问题”的报告精神。传达区委常委会会议关于信访维稳问题化解稳控相关要求，并对信访维稳重点问题（群体）、重点人员化解工作专班和风险稳控“五包一”工作进行部署。听取区自然资源局关于《荷塘区耕地保护“田长制”实施方案（送审稿）》起草的情况汇报；听取株洲金科建设投资经营集团有限公司关于荷塘区中小学食堂大宗食材集中采购统一配送项目的情况汇报；传达学习省政府办公厅印发的《进一步规范政府性投资项目决策和立项防范政府债务风险的管理办法》（湘政办发〔2022〕26号）文件精神，听取株洲金科建设投资经营集团有限公司关于荷塘区城乡集中供水管网工程等五个项目的情况汇报；听取区财政局关于2021年度财政决算（草案）和2022年度上半年预算执行的情况汇报；听取区财政局关于《荷塘区2022年“财源建设”激励方案》起草情况的汇报；听取月塘街道关于合泰、富家垅地区自建房安全专项整治工作的情况汇报。

8月25日 传达学习习近平总书记在中共中央政治局第四十一次集体学习时的重要讲话精神。听取生态环境荷塘分局关于调整统一荷塘区生态环境保护相关工作机构和制定“一规定一办法”的情况汇报；听取区市场监管局关于食品安全工作的情况汇报；听取区医保局关于开展2021、2022年度公务员医疗保险个人账户补助的情况汇报；听取区住建局关于新文化路（经一路—田园路）新建工程项目立项的情况汇报；听取区人社局关于2021年度机关事业单位工作人员年度考核等次的情况汇报；听取区科工信局关于2022年荷塘区科技专项经费安排的情况汇报；听取区司法局关于建设荷塘区“智慧矫正中心”的情况汇报；听取区自然资源局关于荷塘区2021年国土变更调查、净减少耕地整改补足工作和荷塘区2022年度耕地恢复任务的情况汇报。

8月29日 传达学习习近平总书记在省部级主要领导干部“学习习近平总书记重要讲话精神，迎接党的二十大”专题研讨班的重要讲话精神。听取区教育局关于株洲景炎学校“民转公”工作的情况汇报。

9月8日 传达学习《习近平谈治国理政》第四卷重要论述精神。听取区招商办关于电力生产检修基地项目入园的情况汇报；听取区招商办关于湘钢梅塞尔株洲制氢项目入园的情况汇报。

9月21日 传达学习习近平总书记在中央全面深化改革委员会第二十七次会议上的重要讲话精神。听取区医保局关于2022年荷塘区医保基金监管工作的情况汇报，传达学习国务院令735号文件精神；听取区城管局关于第六轮环卫作业市场化工作的情况汇报；听取区应急管理局关于荷塘区近期安全生产工作的情况汇报；听取区农业农村局关于开展村民委员会与村（股份）经济合作社分账管理和集中代理记账工作的情况汇报；听取区农业农村局关于荷塘区仙庾片区灌溉修复工程和仙庾岭村灌溉渠道整修工程的情况汇报；听取区政府办关于荷塘区禁毒工作的情况汇报；听取株洲金科建设投资经营集团有限公司关于荷塘区白石港流域河道治理建设项目、株洲市荷塘区仙庾设施农业标准化基地建设项目的情况汇报；听取株洲金城投资控股集团有限公司关于湖南先进硬质材料及工具产业园（1—2期）等三个项目的情况汇报；听取区交通运输局关于荷塘区仙庾镇夏徐线（Y014）提质改造及2022年新建农村道路项目的情况汇报。

10月20日 传达学习习近平总书记代表第十九届中央委员会向党的二十大所作的题为《高举中国特色社会主义伟大旗帜 为全面建设社会主义现代化国家而团结奋斗》的重要报告精神、省长毛伟明在全省深化“放管服”改革持续优化营商环境电视电话会议上的讲话精神。听取区城管局关于荷塘区2023—2025年市政日常维护项目的情况汇报；听取区发展改革局关于荷塘区流芳园片区城市更新项目、601片区城市更新项目（一期）、建宁港荷塘铺支流一期箱涵新建工程（金溪路—金达路段）等项目的情况汇报；传达学习《关于加强社会保险基金监管工作的实施办法》（株办〔2022〕19号）文件精神，听取区人力资源社会保障局关于荷塘区社会保险基金工作的情况汇报；听取区教育局关于荷塘区教育局与株洲市四中合作办学协议的情况汇报；听取区财政局关于安置房项目资产拟处置方案的情况汇报。

11月29日 传达学习习近平总书记在中共中央政治局第一次集体学习时的重要讲话精神。听取区政府办关于2022年荷塘区“真抓实干”工作的情况汇报；听取区政府办关于荷塘区稳住经济大盘措施落实的情况汇报；听取区发改局关于2022年荷塘区落实粮食安全责任制考核工作的情况汇报；听取区财政局关于荷塘区融资化债工作的情况汇报；听取区应急管理局关于荷塘区近期安全生产工作的情况汇报；听取区财政局关于荷塘区2022年财政运行和2023年预算编制思路的相关情况汇报；听取区卫生健康局关于荷塘区疫情防控工作的情况汇报；传达学习《关于建立健全分层分级精准防控末端发力终端见效工作机制 推动食品安全属地管理责任落地落实的意见》（食安委发〔2022〕7号）和国家市场监督管理总局令第60号《企业落实食品安全主体责任监督管理规定》的文件精神，听取区市场监督管理局关于荷塘区贯彻落实食品安全“两个责任”机制工作的情况汇报；听取区人社局关于2022年荷塘区被征地农民养老保险参保缴费工作的情况汇报；听取区城管局关于荷塘区新市村安置小区生活污水管网建设项目的情况汇报；听取金城集团关于合资经营荷塘区城市服务项目的情况汇报；听取区自然资源局关于2023年荷塘区6个历史遗留矿山生态修复项目实施方案和预算报告的情况汇报。

12月30日 传达学习习近平总书记在中央农村工作会议上的重要讲话精神。听取区统计局关于荷塘区当前经济形势分析预测的情况汇报；听取区政府办关于《荷塘区政府工作报告（征求意见稿）》起草情况的汇报；听取区政府办关于荷塘区2023年民生实事人大代表票决事项征集的情况汇报；听取区财政局关于荷塘区2022年预算执行情况、2023年财政预算（草案）及2022年区级预算调整方案（草案）的情况汇报；听取区发改局关于《荷塘区2022年国民经济和社会发展计划执行情况与2023年计划草案的报告（征求意见稿）》起草的情况汇报；听取生态环境荷塘分局关于《荷塘区2022年环境状况和环境保护目标完成情况及2023年环境保护目标的报告（征求意见稿）》起草的情况汇报；听取区自然资源局关于对《仙庾岭风景名胜区总体规划（2013—2030）》实施修编的情况汇报；听取区教育局关于太阳小学边坡抢险治理项目的情况汇报；听取区住建局关于2022年创文期间市政道路应急维修及改造项目立项的情况汇报；听取区文旅体局关于荷塘区图书馆、文化馆委托运营的情况汇报；听取区市场监督管理局关于紧急购买连花清瘟胶囊的情况汇报。

【产业升级】 2022年，荷塘区实施省、市重点项目68个，完成年度投资113.25亿元。三一智慧钢铁城10万平方米厂房交付开园，13万平方米厂房加速建设，钢铁供应链线上交易额破百亿。先进硬质材料展示交易中心一期完成6栋厂房封顶，华亿产业基地一期启动建设。硬质合金产业获评省级先进制造业集群。飞山奇新材竣工投产，装配式产业链持续补强。开展“秋季行动”“冬季决战”招商攻坚，全年引进梅塞尔等亿元以上项目26个，总投资94.65亿元。新设外资企业2家，外商投资实现“破零”，招商引资工作位居全市前列。

【园区提质】 2022年，“三区三线”划定，先进硬质材料产业片区规划获批实施。荷塘产业开发区获评“省级绿色园区”。剥离园区社会事务职能，管委会、平台公司完成人事、薪酬等制度改革。动态储备地完成19.13公顷，标厂竣工15.3万平方米。处置“三类用地”（批而未供、闲置、低效）28公顷，平均税收同比增长21.4%。省级工业主导型开发区土地集约利用排名全省第八、全市第一。

【安全生产】 2022年，荷塘区以众志成城的决心、攻坚克难的毅力，打赢新冠疫情以来最为严峻的一场“战役”。严格落实债务管理十五条，隐债规模下降17.4个百分点，有效平滑偿债高峰。坚持早反应，严部署，防范化解房地产、自建房等领域风险，恒大林溪郡在全市率先完成“保交楼”，“拆违保安”行动城区排名第一。坚持早预警、勤监测，有效应对持续罕见高温干旱灾害，全年未发生较大及以上事故。

【优化营商环境】 2022年，荷塘区全年新增市场主体8625家、“四上”企业55家、国家级重点“小巨人”1家、省级“小巨人”7家、高新技术企业11家。政务大厅设立园区“一件事一次办”专窗，推出秒批秒办事项20项。“指尖上的政府”做法入选省政府大督查典型案例。把“政企早餐会”开到企业一线，把优惠政策送到企业门口，为企业减税降费3.24亿元、争取资金1.1亿元、帮助授信13.66亿元，解决“急难愁盼”问题370余个。

【城市提质改造】 2022年，新华桥重建通车，火车站东站房东广场建成启用，城市地标重塑升级。京港澳复线荷塘落地互通成功获批，金宋路等5条道路竣工通车，新塘路四期、新文化路等16条城市主次干道加速推进。金山海绵工厂等28个海绵城市项目启动建设，建宁港水系雨污分流稳步推进。世贸广场三期商业综合体基本建成，签约温德姆酒店等一批知名品牌。完成老旧小区改造53个、电梯加装24台，惠及居民3000余户，公交小区改造经验获全省推广。拆除违法建设8.7万平方米，改造坑洼路面1千米。开展市容环境整治“百日攻坚”行动，高质量通过全国文明城市创建整改、国家卫生城市创建复审。“利剑”行动获评“湖南省优秀”。城市水质改善率、绿心生态补偿考核居全市第一。

【乡村振兴】 2022年，荷塘区落实进出平衡、耕地恢复，牢牢守住1700公顷耕地红线。新建农村道路8公里，实施仙庾岭灌渠整修等一批“五小”水利项目。新改建农村户厕268个，建成幸福屋场3个。率先在全市开展“村社分账”改革试点，全面推广“村电共治”便民服务。稳步推进“农校对接”，“一条链”打造樟霞茶油、兴塘丝瓜等本土品牌，龙洲天宝矿泉水被认定为市级龙头企业。成功举办全市首届乡村音乐节暨第七季“穿越荷塘”活动，耕食书院获评“湖南省五星级旅游民宿”，仙庾岭村获评“湖南省乡村旅游重点村”。

【民生实事】 2022年，荷塘区全面完成省、市、区重点民生实事。新增城镇就业9260人，“零就业家庭”保持动态清零，城镇调查失业率低于全市水平。实施城乡帮困项目20个，受益群众3000余人。新增养老床位1561张，实现养老机构“医养结合”全覆盖。完成义务教育“民转公”学校3所。新增公办学位6232个、园位500个。区图书馆、文化馆建成开馆。校园足球“三全”模式经验全省推介。常态化开展扫黑除恶斗争，强力打击电信网络诈骗等各类突出违法犯罪。创新构建“一站受理、多元联调”大调解机制。2022年，获评“全省信访工作示范县市区”。完成国防动员体制改革，民兵建设质量、基层武装部星级达标进入全市前列。

【自建房安全专项整治】 2022年5月，荷塘区成立自建房安全专项整治暨拆违保安工作领导小组，强化组织领导，层层压实责任。扎实开展排查鉴定，夯实基础。开展房屋安全专项整治工作排查业务知识培训会，镇办及村社区有关人员100余人参加培训，定期组织培训交流会、工作推进会，及时释疑解惑，明确举措。督促指导各镇办开展自建房排查，全区共完成自建房摸排17939栋，镇办完成排查16645栋，排查率100%，全区用作经营性的自建房为2140栋，经营性自建房资料复核率100%。采取“一天一排名、一周一调度”模式，组织镇办开展鉴定工作，共完成存在结构安全隐患经营性自建房鉴定1066栋，鉴定率99.38%。“一栋一策”推进分类整治，消除隐患。严格按照“人不进危房、危房不进人”原则，对存在隐患自建房逐栋研究，分类施策，采取“5包1”模式压实各级责任，对鉴定为C、D级的56栋经营性自建房挂红、黄牌警示，并采取停止使用、停止经营、封控警示等方式进行管控，管控率100%，在全市率先组织专家团队对需维修加固的自建房进行图审，安排技术人员对施工进行全程监督管理。

2022年10月25日，荷塘区多部门联合开展合泰地区自建房经营性场所整治行动

【株洲首届乡村音乐节暨第七季“穿越荷塘”活动】 2022年8月15日，株洲首届旅游发展大会系列活动株洲首届乡村音乐节暨第七季“穿越荷塘”活动在荷塘区仙庾镇仙庾岭省级风景名胜区举行。市委书记曹慧泉宣布活动启动，市委副书记、市长陈恢清出席活动并讲话，荷塘区委书记方靖出席活动，区委副书记、区长罗鹏程致辞。陈恢清指出，近年来，市委、市政府高度重视发展旅游产业，不断做强品牌、做优产品、做大市场，先后成功创建国家公共文化服务体系示范区、国家文化和旅游消费试点城市。荷塘区依托自身区位优势和资源禀赋，大力推进农文旅深度融合发展，逐渐成为长株潭独具

特色的乡村休闲旅游区，“穿越荷塘”活动更是成为其中一张靓丽名片。此次活动线上预约游客共400余人参加，382万线上观众通过观看直播一同感受现场热烈的气氛。

（王梓菁）

【株洲东火车站投入使用】 2022年，株洲东火车站经过2年多的改扩建，建筑总面积将达到6.8万平方米，采用线侧式+线上式的综合站型，主要由东西两侧站房、高架候车厅、站场客运设施及西广场四部分组成，共设11个站台，候车大厅对应每个站台南北方向共设置8个检票口，设计每日最大可容纳5491人同时候车。东站房于2022年6月30日正式启用，建筑面积为1.3万平方米，7月1日起，开始恢复办理客运业务。在站办理客运营业的客车共有88列，其中普速客车49列，城际动车组列车39列。为进一步满足广大旅客出行需求，7月30日起城际铁路进行调图，在原39列停靠的基础上增停74列，总计113列。其中上行长沙方向58列、下行株洲南方向55列，并开通运营周末线6列、高峰线8列。

（郑毅峰）

2022年荷塘区人民政府发文一览表

表3

序号	文号	文件标题
1	株荷政发〔2022〕1号	关于同意株洲金科建设投资经营集团有限公司办理法定代表人变更的批复
2	株荷政发〔2022〕2号	关于印发《株洲市荷塘区人民政府工作规则（试行）》的通知
3	株荷政发〔2022〕3号	关于授予株洲市荷塘区智慧停车场建设项目特许经营权、建设权及划拨土地使用权的批复
4	株荷政发〔2022〕4号	关于印发《荷塘区开展“走流程、解难题、优服务”行动方案》的通知
5	株荷政发〔2022〕5号	关于印发《荷塘区合泰、富家垅地区自建房安全风险集中排查整治工作方案》的通知
6	株荷政发〔2022〕6号	关于印发《荷塘区落实“省万名干部联万企‘送政策、解难题、优服务’行动”实施方案》的通知
7	株荷政发〔2022〕7号	关于印发《荷塘区合泰、富家垅地区自建房安全鉴定和整治工作方案》的通知
8	株荷政发〔2022〕8号	关于印发《株洲市荷塘区2022年度政府投资建设项目计划》的通知
9	株荷政发〔2022〕9号	关于印发《株洲市荷塘区2022年度行政许可事项清单（2022年版）》的通知

（王梓菁）

区人民政府办公室工作

【概况】 株洲市荷塘区人民政府办公室（简称区政府办）是区政府工作部门，为正科级单位，所属事业单位有区委、区政府接待服务中心，区民兵武器装备仓库。2022 年，区政府办公室紧紧围绕中心、服务大局，充分发挥参谋助手、综合协调、督查落实等职能作用。密切与上级部门的联系对接，争取工作指导和支持。强化与区直部门和镇（街道）的沟通合作，确保政令畅通、贯彻有力。加强对重点项目、重大活动、重要工作的综合协调，积极解决工作推进中遇到的困难，较好地完成各项工作任务。（王梓菁）

【交通顽瘴痼疾整治】 2022 年，区政府办按照省、市整治办交办工作要求，针对辖区通报违法企业开展隐患排查治理工作，发现安全隐患 37 处，并下发整改通知书 9 份，“一单四制”25 份，督促限期完成整改隐患项目 34 处。开展校车安全整治行动 17 次，检查校车 100 台次，开展校车驾驶员培训 15 次，约谈驾驶员 16 次，下发整改单 5 份。积极向上推介荷塘区专项整治工作经验及成效，向市整治办推荐重点采访线索、典型案例素材、先进事迹和人物素材 18 条，省级上稿 29 篇，切实扩大宣传面、宣传力度。（汤　欢）

【禁毒工作】 2022 年，区政府办持续提升禁毒工作水平，为人民群众生命健康筑起安全屏障。通过开展“清库行动”，将人员管控落实到位，中、高风险人员管控率 100%。举办禁毒宣传“五进”（进楼栋、进单元、进场所、进社区、进农村）活动，组织开展集中宣传共计 118 场、禁毒知识教育讲座 20 场，展出禁毒宣传展板 112 块、悬挂禁毒横幅 800 余条、发放宣传资料 16 万余份。（汤　欢）

2022 年 6 月 23 日，荷塘区召开禁毒工作大会

【督查督办】 2022 年，区政府办紧盯各项重大决策部署和重点民生实事项目，持续强化督查督办，全力确保政府重大决策和重要工作落地见效，“指尖上的政府”推进政务新媒体建设入选省政府 2022 年综合大督查发现的典型经验做法。“区疾控中心 PCR 实验室负压改造”“基层养老设施提质”“迎风北路街头公园建设”等人大票决民生实事有序推进。高质量办理市、区两级人大代表建议 89 件、政协委员议案 90 件，满意率、办结率均达 100%。（王梓菁）

【政务公开】 2022 年，荷塘区在区政府门户网站发布信息 2964 条、政策文件 6 份。受理已申请公开信息 8 次，并依法按时作出答复。严格落实省、市有关政府门户网建设的工作要求，积极推动网站栏目整合和政府信息公开目录规范化建设工作，切实将区政府门户网站打造为政务公开的第一平台网站。规范政务新媒体管理，按照省、市工作要求，开展全区政府部门新媒体账号查漏工作，组织有关责任部门及时修改政务新媒体模块并做好政策转发等工作。（汤　欢）

【办文办会】 2022年，区政府办进一步规范办文办会工作，积极推动办公信息化，全力提升工作质效。全流程发力，做好收文的登记、拟办、传阅、交办、归档等工作，确保件件可追溯、件件有着落、件件有留档，全年共计收文1500余件。严把公文印发关，全年共计发文266件。加强沟通协调，精心组织对接，认真筹备区政府全体会议、常务会议、党组会议等日常会议，协调参与区党代会、区“两会”、经济工作会议等各类大型会议组织。严格遵照各项接待规定，在政务接待上合理安排、周密部署，确保接待活动顺畅有序。 （王梓菁）

【参谋辅政】 2022年，区政府办坚持深入一线，围绕政府中心工作和重大课题，深入开展调查研究，积极为政府科学决策提出合理的参谋意见和创新性思路。坚持提高站位，认真学习领会中央、省、市重大决策部署，切实做到综合文稿起草贴近上级要求、贴近中心工作、贴近领导思路，全年精心起草领导讲话、工作汇报、调研文章等综合材料200余篇，为领导科学决策提供重要参考。同时，扎实做好政务信息报送工作，围绕经济社会发展过程中出现的新情况、新问题和群众关心的热点、难点问题，深入挖掘特色典型的精品信息，及时、真实反映荷塘区工作动态，全年共报送各类政务信息100余条，其中《荷塘区“三零”举措服务市场主体培育》《荷塘区推进政务新媒体建设，打造“指尖上的网上政府”》等约稿被市办采用，2022年，荷塘区获评“株洲市政务信息工作先进单位”。 （王梓菁）

2022年荷塘区人民政府办公室发文一览表

表4

序号	文号	文件标题
1	株荷政办发〔2022〕1号	关于印发《株洲市荷塘区2022年春运工作实施方案》的通知
2	株荷政办发〔2022〕2号	关于成立化解恒大株洲荷塘区项目风险工作专班的通知
3	株荷政办发〔2022〕3号	关于印发《2022年荷塘区人大代表票决的民生实事事项实施方案》的通知
4	株荷政办发〔2022〕4号	关于印发《荷塘区人民政府常务会议制度》的通知
5	株荷政办发〔2022〕5号	关于印发《2022年区政府重点工作任务分解表》的通知
6	株荷政办发〔2022〕6号	关于进一步完善和规范政府投资项目预结算管理的补充通知
7	株荷政办发〔2022〕7号	关于成立江西匠工装饰工程有限公司“4·10”高处坠落事故调查组的通知
8	株荷政办发〔2022〕8号	关于印发《株洲市荷塘区2022年度地质灾害防治方案》的通知

续表 4

序号	文号	文件标题
9	株荷政办发〔2022〕9 号	关于成立湖南省巨安人防智能科技有限公司“5.28”起重伤害事故调查组的通知
10	株荷政办发〔2022〕10 号	关于颁布实施《荷塘区县域农村生活污水治理专项规划（2021—2030）》的通知
11	株荷政办发〔2022〕11 号	关于印发《2022 年荷塘区地方临储粮收购处置工作预案》的通知
12	株荷政办发〔2022〕12 号	关于印发《株洲市荷塘区生态环境保护网格化监管实施方案》的通知
13	株荷政办发〔2022〕13 号	关于印发《株洲市荷塘区仙庾镇国土空间规划编制工作实施方案》的通知
14	株荷政办发〔2022〕14 号	关于印发《株洲市荷塘区全民科学素质行动规划纲要实施方案（2021—2025 年）》的通知

（王梓菁）

信访工作

【概况】 株洲市荷塘区信访局（以下简称区信访局）前身是区信访办，归口区人民政府办公室管理。2005 年更名为信访局，为区政府正科级工作部门。主要负责接待和处理群众来信来访，承担上级机关和区委、区政府领导交办、转办的信访事项，检查指导、督察督办、参与协调处理突出信访问题。

2022 年，荷塘区信访局深入贯彻落实习近平总书记关于加强和改进人民信访工作的重要思想，以做好党的二十大期间信访工作为主线，以规范信访业务为基础，突出推进专项治理工作，化解信访突出问题。全年共接待群众到区上访 130 批 418 人次，同比批次下降 0.76%、人次上升 6.63%；到市上访 59 批 83 人次，同比批次下降 44.86%、人次下降 85.74%；赴省上访 15 批 20 人次，同比批次下降 74.14%、人次下降 81.48%；圆满完成北京冬奥会、残奥会等期间信访接待工作。在 2022 年度全省“真抓实干”系列考核中，荷塘区获评“湖南省信访工作示范区”。

【矛盾纠纷排查】 2022年，区信访局推动广大党员干部走出机关，深入群众，着力构建源头治理、动态协调、全域覆盖的基层群众工作新格局，全方位收集民情民意，对一些群众最关心、最需要解决的问题，采取定人、定责、定时限、挂号的方式进行落实，共协调解决各类矛盾纠纷385件，化解信访积案15件，解决小区急难愁盼问题58件；交办完结的问题在公示榜销号存档，干群关系明显改善，群众满意度明显提高。

【领导接访】 2022 年，区信访联席办对重点问题、突出矛盾问题进行摸排，甄别摸排信访积案 128 件（含国家第一批、第二批专项工作交办件），对每件信访积案全部实行区级领导包案，通过实行“五个一”（一个积案、一名领导、一套班子、一个方案、一包到底）工作机制，将128件信访积案按照“三到位一处理”原则已协调化解52件，化解率40.63%。

【信访源头治理】 2022年，区信访局按照“控增量、减存量、防变量”的要求，注重源头治理。完善领导干部接访包案机制。进一步畅通信访渠道，坚持和完善区级领导坐班接访机制，推动领导干部主动约访、带案下访，在处理信访问题上变“被动”为“主动”，推动信访问题有效化解。完善疑难问题会诊联调机制。定期召开信访工作联席会议，由区信访联席会议召集人牵头，各相关乡镇（街道）、责任部门主要领导和分管区领导参加，对疑难复杂问题进行分析研判，按照“三到位一处理”的原则，制定化解方案，按程序决策，按决策化解到位。

【“示范区”创建】 2022年，区信访局继续以真抓实干“湖南省信访工作示范区”创建活动为抓手，扎实推进“示范区”创建活动的开展。强化源头治理，落实责任，加强沟通与协调，通过引导群众更多地通过网络表达诉求、建立矛盾纠纷常态化调处机制、加强基层基础建设、压实基层工作责任、对化解不力的进行催办、督办、限期办结，提高积案化解效率。确保群众合理诉求得到及时解决，切实将信访矛盾解决在基层。加大督查力度，每案一档，切实推进确保“案结事了”。全区7个镇（街道）参与全市的“三无”创建考核，其中“三无”达标镇（街道）4个，达标率为57.14%。

【信访积案化解】 2022年，区信访局开展“去存量、控增量、防变量”信访积案化解专项行动，共收到并办理专项工作交办件58件，上报率100%，其中第一批44件，第二批14件，分别为来访6件、来信28件、网上投诉24件，审核化解58件，审核化解率100%。

【信访回访核实】 2022年，区信访局全面开展信访回访核实工作，对于纳入满意度评价的初件和上级督办、交办件做到100%回访核实，形成回访核实材料。

（杜　钰）

行政审批服务

【概况】 株洲市荷塘区行政审批服务局（以下简称区行政审批局）成立于2019年3月，为区政府正科级工作部门，下设事业单位区政务服务中心。区行政审批局主要职责是贯彻落实国家、省、市有关方针政策、法律法规和决策部署；负责推进“一件事一次办”改革工作；负责全区电子政务的发展应用、“互联网+政务服务”有关政策、制度和工作计划的制定、组织实施、监督和考核工作；负责全区政府数据资源工作，组织建立数据资源管理沟通协调机制；负责自然人、法人和其他组织区级审批事项的全程审批、综合协调、监督考核工作；负责公共服务综合信息平台等行政审批、社区管理电子网络一体化项目、“我的荷塘”App规划建设、应用推广、管理维护以及与市级平台对接、数据互通工作。

2022年，区行政审批局坚持以“放管服”改革为引领，坚决树牢“规范、便民、廉洁、高效”政务服务理念，持续巩固拓展“一件事一次办”改革成效，积极探索优化营商环境和推进基层治理现代化新路径，全年累计受理业务9万余件。2022年，区行政审批局获评“湖南省学雷锋活动示范点”；打造“指尖上的政府”获湖南省政府综合大督查通报表扬、被评为湖南省“放管服”改革“揭榜竞优”优秀成果和湖南省基层智慧治理优秀案例。

2022年8月3日，荷塘区行政审批局被授予“湖南省学雷锋活动示范点”称号

【政务服务改革】 2022年，区行政审批局实施标准化规范化清单管理，全面梳理涉企经营许可告知承诺事项和园区赋权事项，发布荷塘区行政许可事项清单，全年梳理“一件事一次办”清单487项，中介服务事项19项，公布“园区事园区办”事项205项，累计下放74个服务事项到镇（街道），63个服务事项到村（社区）。继续深化“前台综合受理、后台分类审批、统一窗口出件”的“一窗通办”政务服务模式，实现“一窗收件”为“一窗办理”。让企业群众“凭一张证，进一扇门，在一个窗，办众家事”，办事窗口减少62.5%以上。在全市率先建立自治家园大数据库，以公民身份证号码作为唯一标识，通过村（社区）采集区域范围内居民姓名、居住地址等18项基本信息，实现数据“一次采集、反复使用”。梳理涉及31个部门的电子印章，46类区县层级电子证照数据，已完成24个类别电子证照应用，录入证照857张，电子印章781个。

【政务服务“一网通办”】 2022年，区行政审批局持续推进“清廉大厅”建设，健全绩效评价体系、首席代表AB岗等制度，对窗口人员考勤请假、廉政学习、业务办理等工作实行“周通报、月总结、季反馈、年考核”。开展党员示范岗“亮身份、亮岗位、亮承诺”行动，充分发挥党员带头模范作用。设置线下“办不成事”反映窗口和线上电子监察系统、“好差评系统”。积极推广全省网上中介服务超市，已进驻中介机构16家、委托人27家。实现权力运行公开可视、可控、可查、可纠，有效促进部门单位和工作人员转作风、强能力、优服务、提效能，更好服务全区经济社会高质量发展。

【政务便民服务】 2022年，区行政审批局打造线上产业优管家板块，先进硬质材料专区、智慧钢铁供应链专区正式上线，为企业提供“服务贴身、功能定制、内容管用”的掌上服务体系，让企业“找得到”“看得懂”“用得上”。设立“跨域通办”和“跨省通办”窗口，选取高频服务事项与长沙开福区、浏阳市、兰州城关区对接，实现59个服务事项异地可办、跨省通办。围绕构建15分钟政务便民服务圈，打造统一基层便民服务平台，确保群众“办事不找人、办成事不求人”。推出免费办理健康证、免费邮寄、免费自助照相、午间延时办等便民服务，有效降低办事成本，提振市场发展活力。

【打造“指尖上的政府”】 2022年，区行政审批局高质量完成湖南省“放管服”改革“揭榜竞优”任务。探索数字化赋能模式。围绕“全政务、多场景、数字化”打造“指尖上的政府——我的荷塘”App，实现全区22个部门487个政务服务事项线上同步办理，全区27所学校缴费全程网办。设立产业优管家专区，开通先进硬质材料和智慧钢铁供应链全流程定制服务，为行业提供政务、金融、法律、政策等“点单”服务。打造全媒体宣传矩阵。全面整合全区政务媒体资源，垂类构建涵盖抖音视频、图文、手机App等宣传矩阵，实现全面覆盖、梯次发声、权威统一。累计发布原创稿件162篇，“在荷塘”版块32个月蝉联全省政务公众号榜首，参与活跃用户十万余人。全面加强荷塘志愿者队伍建设，构建“终身积分、星级评定”激励体系，积极探索“线上点单、数字跑腿、项目跟踪”的“一站式”帮办服务，积极构建共建共治共享基层治理新格局。全年累计提供帮办服务2万余人次，上门帮办业务累计16578件；为辖区孤寡老人提供助洁、助餐、助医等服务，上门志愿服务时长达99261.6小时。（李　涛）

优化营商环境

【概况】　株洲市荷塘区优化营商环境协调事务中心（以下简称区优化营商环境中心）组建于2019年5月，为区政府直属全额拨款正科级公益一类事业单位。主要负责统筹协调全区项目建设（原项目办职能），组织协调各职能部门、业主单位解决项目建设中问题和困难，提高项目建设的效率和效能，定期交办、督办、调度进度按时间节点推进；负责贯彻落实中央、省、市、区委、政府关于优化营商环境工作的方针政策和决策部署；组织对全区营商环境提升优化，相关政策的宣传，对政策落实情况开展评价。

2022年，区优化营商环境中心深入组织开展“营商环境优化提升”三年行动及区打造“三个高地”指挥部要素保障组工作，着力解决荷塘区营商环境的痛点、堵点、难点，加速项目顺利推进，加快营商环境优化升级。2022年，荷塘区获株洲市打造“三个高地”要素保障组第四季度冠军。

【优化营商服务】　2022年，区优化营商环境中心对照省、市营商环境评价指标体系，制定《株洲市荷塘区营商环境优化提升行动实施方案》《株洲市荷塘区打造‘三个高地’要素保障组重点工作实施方案》，明确任务和指标体系，压实责任到部门、到个人。压实责任抓调度，按照“周调度、月讲评、季考核”工作机制调度，会同区委、区政府督查室开展政策体检形成问题交办、信息报送、责任分解等5个规范性制度，统筹协调推进，并对区打造“三个高地”要素保障组实行周调度会，落实对交办问题和日常发现问题的“一单四制”机制。充分发挥舆论正向引导作用，宣传荷塘区优化营商环境的政策措施、经验做法、成果成效，着力营造“人人都是营商环境、处处优化营商环境”良好氛围，塑造荷塘营商环境新形象。

【助企纾困】　2022年，区优化营商环境中心通过“政银企”合作、政企“早餐会”“帮代办”、大走访大调研、区领导联点企业等一系列活动，积极解决“两线三会一链一群一平台”反映的有关营商环境的困难和问题307件。11月疫情期间，帮助企业闭环生产管理的“三度一环”筑牢疫情防线，用心用情解决企业防疫物资，帮助企业复工复产，重点项目建设不停工。全面提升“网上办、掌上办、一次办”，针对重点项目，在App上设立硬质合金专区版块，为硬质合金产业提供定制服务，“点单定制”服务。“指尖上的政府”受到湖南省大督查优化营商环境表彰激励。

【法治护航企业】　2022年，区优化营商环境中心牵头联合公、检、法开展合力法治护航工作，促进企业法治，成立“法治护航”行动工作办公室，在重点企业设立“法治护航工作站”，百名律师进企业，在线收集《企业常见法律风险体检调查问卷》问题，为150多家企业开展专题培训2期，提供“订单式”法律服务，为企业家专心创业、放心投资、安心经营提供坚实的司法服务，加快构建法治化营商环境。2022年，荷塘区受理各类涉企案件1826件，结案1586件，结案率为86.86%，质效指标保持在省、市法院先进行列。

【落实惠企政策】 2022年，区优化营商环境中心强化纾困增效行动，企业沙龙、知识讲座、点对点等政策宣讲，落实惠企政策应享尽享快享。编印《荷塘区惠企政策汇编》，邀请行业专家解读，做好政策匹配和推送，提升知晓率和申报成功率。2022年，开展政策培训35场8025人，通过官网、电视媒体发布推广200条，微信公众号、制作口袋书（电子书、小视频）5000本/条，走访宣传近1000次，通过短信平台定制化、点对点，精准推送惠企政策。

【市场主体培育】 2022年，荷塘区创新市场主体培育举措，结合老城区实际，按照“数质兼备，以质为先”的原则，推行专业保障“零”缺失，资料审批“零”纸张，群众评价“零”差评的“三零”措施，以“电子化”为翼，全方位服务市场主体培育。2022年，荷塘区共培育企业法人3147户，全程电子化率达98.8%，法人企业占比达93.90%，2项指标均为全市第一。（周　溸）

机关事务管理

【概况】 株洲市荷塘区机关事务服务中心（以下简称区机关事务中心）是区政府直属全额拨款正科级事业单位。主要负责机关大院和机关宿舍的公共设施维修、设备维护、治安秩序、园林绿化、会议服务、环境卫生、公务用车使用管理、立体停车场和机关食堂管理及院内报刊征订收发等工作。2022年，区机关事务中心推动机关后勤服务保障工作高质量发展，坚持节能增效，取得新成效。机关事务服务日常管理更加精细化，在疫情期间，严格把好区政府机关院楼内疫情防控第一关，特别在11月份，采取24小时轮流值班量体温、验“两码”严格门岗查验，确保机关院内安全。同时，用心监管食堂，规范管理公务用车，机关干部的满意度越来越高。在全市机关事务工作会上就公共机构垃圾分类工作作典型经验发言。

【日常管理】 2022年，区机关事务中心全力以赴守住区政府机关大院的平安。热情细致地引导来访企业和群众。积极化解区政府机关院内停车难题，围绕区委、区政府中心工作提供停车便利，有效调节使用2号楼地下停车库，积极排解智能停车楼故障，大力解决机关干部停车难的问题。开展关爱机关干部暖心活动，将服务做到机关干部的心坎里。契合弘扬端午节的传统习俗，联合机关食堂开展包粽子比赛活动；“三八”妇女节慰问女同胞；正月初七上班伊始赠送福虎；联合机关物业暑期熬制凉茶，防暑降温；低温天气提供姜茶，驱寒暖心。提供会议服务400余场次，完成零星维修报修600余次，劝返或处置各类上访事件60余次，定期清洗3个二次供水水箱。

【食堂监管】 2022年，区机关事务中心指导机关食堂不断创新，经过多轮尝试，夏季推出“轻食”、油泼面、冰凉粉、新鲜果汁等，满足机关干部的多样化需求。其次，不定期调度机关食堂工作，到市直部门学习食堂监管经验，组织机关干部开展座谈，达到供需双方充分了解，彼此尊重和包容，不断提高食堂膳食质量。此外还联合区市场监管局对机关食堂食品安全和食堂小超市物品价格进行随机抽查，不定期对机关食堂的主要食材（油、米、面、肉类）等进行抽查，确保食堂食品安全，供货渠道正规。

【公务用车管理】 2022年，区机关事务中心公车平台有运行车辆43台，委托管理车辆16台，聘用司勤人员19名。区公务用车信息化管理平台电子派单、调度、出行正常有序，截至2022年12月31日平台累计派车3402次。车辆运行维护实行“定点停放、定点加油、定点维修、定点洗车”。修订《荷塘区司勤人员和车辆管理制度》和《荷塘区司勤人员安全绩效考核及优秀班组评比办法》，并印发学习，组织司勤人员技能大赛，班组长竞选，进一步增强司勤人员的团队意识和安全意识。（彭超群）

政协株洲市荷塘区委员会

综　述

【概况】 2022年，政协株洲市荷塘区第六届委员会（以下简称区政协）有委员157名。2022年，区政协围绕中心，服务大局，主动担当，有效作为，率先垂范，勇挑重担，坚守防疫一线。广大政协委员捐赠防疫物资累计价值26万余元，为荷塘区疫情取得胜利贡献政协力量。全年开展理论学习中心组学习12次，召开全体委员会会议3次，常务委员会议5次，主席会议6次，广大政协委员通过政协云平台开展主题交流活动12场。围绕区委中心工作，举办常委会议协商、主席会议协商、提案协商4次，扎实开展课题调研和民主监督，成果丰硕，收集基层干部、群众反映的意见建议73条，征集提案93件，立案86件，微建议133条，社情民意11条，较好地发挥人民政协作为专门协商机构作用。

【视察评议】 2022年，区政协主席会议先后围绕荷塘区基层法制建设工作、未成年人保护法律监督专项行动、优化营商环境工作、公共文化设施建设与管理等工作开展视察评议。全年共视察桂花街道司法所、区政务服务中心等10余个部门与单位，结合视察评议提出合理化建议共计13条。

【提案工作】 2022年，区政协收到各类提案125件，立案86件，办复率为100%。开展“界别预审”协商、“提审办三方”交办协商、“提办”双方见面协商，“督办”评议协商，努力构建提案办理协商新格局。增强督办效应。灵活运用重点督办、专题督办、集中督办、日常督办等协商形式，通过实地走访、座谈交流等方式，跟踪协调难点提案8件，区政协主席会议成员高规格领衔督办重点提案6件。拓宽协商渠道。结合区政协常委会议协商、主席会议协商、视察评议、民主监督、“株事好商量”等协商活动，延伸提案办理协商深度，提升提案工作质量。所有立案提案办复率100%，其中《关于后疫情时代下荷塘区文旅行业振兴与发展》《关于做好融合文章 加快荷塘专精特新“小巨人”企业培育》等12件提案被评为年度优秀提案。

【委员驻室工作】 2022年，区政协建成委员工作室15个，将委员工作室与“株事好商量”协商平台、社情民意联络站“三位一体”建设，实现“一个阵地、多种功能”。同步打造线上委员工作室，履职渠道更丰富。依托乡村振兴委员工作室，精心打造政协文化园，委员有了自己的“文化家园”。制定委员工作室考核办法，开展“看学议”活动，委员工作室履职质效全面提升。仙庾镇、石子头社区2个委员工作室获评“2022年度湖南省示范委员工作室”。

【履职成果汇编】 2022年，区政协组织编写《建言献策 忠诚担当——政协株洲市荷塘区委员会

2022 年履职成果汇编》。全书分为协商专报、理论文章、调研报告、优秀提案 4 个部分，共 9.5 万余字，拍摄了 2022 年政协工作纪实，更好地彰显守正创新的政协风采。

【表彰先进】 2022 年，区政协评选管婧、屠利勇、周水平、余群林、张安洲、彭程卉、帅慧娟、刘志峰、谭发、袁宏伟、阳源良、朱其利、周晖、齐国华、谭文剑、王武林、余琼、武文花、周毅、吴琼、田丽丽、李丽姿、高世逢、单伟阳、曹晓晖、戴重斌、周远各、陈志雄、刘黎黎、李国忠 30 名政协委员为优秀政协委员。评选群团界别工作组、农业农村界别工作组、教育界别工作组 3 个界别组为先进界别工作组。评选教育界别工作组、工商联界别工作组、群团界别工作组 3 个界别组为政协云运用先进界别工作组。评选高世逢、胡嵩、袁宏伟、齐国华、姜华、周毅、张伟 7 人为微建议先进个人。评选株洲市荷塘区委组织部、株洲市荷塘区科工信局、株洲市荷塘区文化旅游体育局、株洲市荷塘区卫生健康局、株洲市荷塘区城市管理和综合执法局、株洲市荷塘区市场监督管理局、株洲市荷塘产业开发区管理委员会 7 个单位为提案办理工作先进单位。

（王　丹）

政协会议

【区政协六届二次全会】 2022 年 2 月 23—24 日，政协株洲市荷塘区第六届委员会第二次会议在荷塘区机关举行。会议听取并审议通过政协株洲市荷塘区委员会主席汤小红代表区政协常委会所作工作报告；协商并讨论区人民政府工作报告、区人民法院工作报告、区人民检察院工作报告及其他有关报告，通过政协株洲市荷塘区第六届委员会第二次会议有关决议。

2022 年 2 月 23 日，政协株洲市荷塘区第六届委员会第二次会议隆重开幕

【区政协六届常务委员会会议】 2022 年，荷塘区六届政协共召开 5 次常委会会议（第 1 次至 5 次）。

1 月 25 日 区政协六届一次常委会会议召开。会议协商审议通过区政协有关干部人事任免、委员辞免以及界别工作组组长调整事宜；协商通过政协株洲市荷塘区第六届委员会各专门委员会组成人员名单建议名单；协商通过政协株洲市荷塘区第六届委员会第二次会议有关事项。

2 月 24 日 区政协六届二次常委（扩大）会议召开。会议协商审议提案审查情况报告（草案），协商审议区政协六届二次会议关于常务委员会工作报告的决议（草案），协商审议区政协六届二次会议政治决议（草案）。

4 月 27 日 区政协六届三次常委会会议召开。会议学习《关于加强和改进新时代市县政协工作的意见》《中国人民政治协商会议全国委员会常务委员会工作报告》；审议通过《政协株洲市荷塘区委员会委员履职考核评价办法》（讨论稿）；审议通过《政协株洲市荷塘区委员会界别工作组履职考核评价办法》。

6 月 17 日 区政协六届四次常委会会议召开。审议通过有关委员辞免、增补委员审批名单；开展“微建议有什么价值”讨论活动。

8月26日 区政协六届五次常委会会议召开。听取区政府半年工作情况通报；审议通过有关委员辞免审批名单。

【区政协六届主席会议】 2022年，荷塘区六届政协共召开6次主席会议（第3次至8次）。

1月4日 区政协召开六届三次主席会议。审议通过有关人事任免、委员辞免以及界别工作组长调整事宜；审议通过《区政协委员工作室建设实施办法》（讨论稿）及委员工作室建设有关事宜；审议通过召开区政协六届二次会议的时间、议程及其他有关事项。

2月24日 区政协召开六届四次主席会议。审议全会期间委员提案及提案报告情况。

3月18日 区政协召开六届五次主席会议。审议通过《中共株洲市荷塘区政协党组2022年工作要点》；审议通过《政协委员履职活动经费管理办法》（讨论稿）；审议通过《政协委员工作室考核办法》（讨论稿）并讨论关于委员工作室建设经费的安排事宜。

4月21日 区政协召开六届六次主席会议。审议通过《荷塘区政协2022年重点提案督办安排》；审议通过《小游园建设专项民主监督工作实施方案》；审议通过《义务教育阶段“双减”政策落实民主监督方案》。审议通过《政协株洲市荷塘区委员会委员履职考核评价办法 》（讨论稿）；审议通过《 政协株洲市荷塘区委员会界别工作组履职考核评价办法》（讨论稿）；审议通过《政协株洲市荷塘区委员会机关各委办工作目标考核细则》（讨论稿）。

5月31日 区政协召开六届七次主席会议。审议通过《3—5月份政协云运用及“政协云书院”委员读书活动总结表彰方案》（讨论稿）；审议通过《荷塘区政协2022年委员履职能力提升培训方案》。

6月16日 区政协召开六届八次主席会议。审议通过有关人事议题；审议通过《关于建设“株事好商量”协商议事平台助力“一区两城”的实施方案》及操作指南；传达《关于开展全市政协系统履职创新故事初赛的通知》精神；并组织开展“微建议有什么价值”讨论活动。

（张浩、王丹）

政协履职

【专项民主监督】 2022年，区政协义务教育阶段“双减”政策落实、小游园建设和管理工作分别派出民主监督小组，开展入驻式协商监督，提交监督建议8条。

【参政议政】 2022年，区政协各界别工作组围绕先进硬质材料产业园建设、仙庾岭风景区提质升级、城乡文化设施建设与管理等议题，开展常委会专题议政性协商、主席会专题协商，全年报送协商专报8期。围绕“稳定粮食播种面积”“农村饮水安全问题”参与三级联动调研，向省、市政协提交调研报告2篇。围绕荷塘区硬质合金专精特新企业培育、民宿高质量发展、老旧小区改造提质等发展重点和民生难点，深入开展专题调研，形成调研报告13篇。

【微建议和社情民意监督】 2022年，区政协利用政协云和提案系统，组织委员积极开展微建议和社情民意报送工作。全年共收到133条微建议并全部交由相关职能部门办理，帮助人民群众解决微困难、微需求，有效对接区委、区政府微建设、微服务；广大委员精准发力助推民生问题解决，提交社情民意信息11条，其中管婧委员撰写的《关于建立乡村振兴统计监测体系的建议》被中央统战部采用。

（王　丹）

纪检·监察

纪律检查

【概况】 2022年，中共株洲市荷塘区纪律检查委员会、株洲市荷塘区监察委员会（以下简称区纪委监委）坚持以习近平新时代中国特色社会主义思想为指引，坚决扛起管党治党政治责任，以全面从严治党引领保障经济社会科学发展，发扬自我革命精神，忠诚履职尽责，以清廉荷塘建设为总揽，以全周期管理一体推进“三不腐”，充分发挥监督保障执行、促进完善发展作用，为打造“一区两城”，建设现代化新荷塘提供坚强保障。

【区纪委六届二次全会】 2022年3月5日，荷塘区召开第六届纪律检查委员会第二次全体会议。区委常委、纪委书记、监委主任李小冬代表区纪委常委会作工作报告。报告全面回顾了2021年全区纪检监察工作，对2022年全区纪检监察工作进行深入部署。报告指出，2022年纪检监察工作总体要求是：坚持以习近平新时代中国特色社会主义思想为指导，深入贯彻党中央、省委、市委和上级纪委监委部署要求，在市纪委和区委的正确领导下，坚定捍卫“两个确立”，坚决做到“两个维护”，坚持稳中求进工作总基调，实事求是、守正创新，自觉运用党的百年奋斗历史经验，始终保持自我革命定力，坚持全面从严治党战略方针，坚定不移将党风廉政建设和反腐败斗争进行到底，为加快建设“一区两城”和现代化新荷塘提供坚强纪律保障。

【巡视巡察】 2022年，区纪委监委准确把握政治巡察定位，不断提升巡察工作质量，完成对8个单位、12个村（社区）党组织常规巡察，发现问题269个，交办立行立改问题79个，移交问题线索32件。紧盯“一把手”和班子成员的权力责任，重点查找存在突出问题，发现问题96个，移交问题线索18件，提出意见建议27条。推进村（社区）巡察，首轮发现问题68个，交办立行立改问题16个，移交问题线索9件，解决急难愁盼问题25个。压实被巡察党组织主体责任，纪检监察、组织部门日常监督责任，对整改有关材料进行“四方联审”，提出审查意见21条。建立移交建议函机制，向区委、政府职能部门移交建议函7份，进一步增强巡察整改监督合力，推动巡察整改同向发力。 （温　馨）

全面从严治党

【监督检查】 2022年，全区纪检监察机关共受理检举控告57件，处置问题线索78件，立案37人，党内警告2人，严重警告4人，留党察看1人，开除党籍12人，政务警告2人，政务撤职3人，政务开除2人，移送司法4人，收缴违纪违法资金1130余万元。建立纪检监察片区协作新机制，将4个区纪委监委派驻纪检监察组和7个镇（街道）纪（工）

委整合成两个片区协作组，着力聚焦相对疑难复杂案件的查处、大型专项监督检查以及巡察整改任务，形成全面覆盖、常态长效的监督合力。做实三类监督，形成工作合力。加强纪检监察、巡察和审计三类监督贯通协同高效运行，将监督力量一体融合，监督任务一体谋划，监督重点一体发力，监督成果一体共享，加强对容易滋生腐败的重点领域、重点岗位、重点环节的监督和管理，从源头上遏制腐败问题发生。

【专项整治】 2022 年，区纪委监委深入乡村振兴领域专项监督，做到乡村振兴政策资金、项目在哪里，监督就跟进到哪里，确保乡村振兴工作推进不走样、不变形。督促完善制度 4 个，查处问题线索 3 个，处理 3 人，移送检察机关审查起诉 1 人。利用“幸福株洲监督与服务”微信群、“小微权力监督一点通”等平台开展涉及自建房相关情况的专项监督，推进重点工作攻坚突破，下发交办、督办函 8 个，纪检监察建议书 2 个，推动问题整改 2 个，移送检察机关审查起诉 1 人。开展信访积件动态清零活动，变“上访”为“下访”，主动下沉基层一线，着力解决群众信访诉求。全年化解信访积案 3 件，牵头解决一起长达 20 年的信访难题，受理本级信访举报 57 件，同比下降 60%，让群众从一个个具体问题的解决中切实感受到公平正义。

【政治监督】 2022 年，区纪委监委深化生态环境领域专项整治，中央、省环保督察以及“回头看”交办的 158 个环境问题已全部完成销号，其中湘华社区环境问题整改被树为优秀典型案例，南郊垃圾场渗滤液和中材水泥环境两个历史遗留问题也圆满画上句号，群众身边的突出环境问题得到有效解决，人民群众的幸福感显著提升。围绕选人用人强化监督，把好选人用人政治关、廉洁关。全年出具党风廉政意见 99 批次，共 1508 人次。坚持严管厚爱结合、激励约束并重，制订出台《荷塘区容错纠错机制实施办法（试行）》，旗帜鲜明保护改革者、鼓励探索者、宽容失误者，最大限度为党员干部卸包袱、松手脚、增干劲，为荷塘建设画出最大“同心圆”。

（温　馨）

廉政教育

【廉政建设】 2022 年，区纪委监委坚持用习近平新时代中国特色社会主义思想武装头脑、指导实践，严格落实常委会“第一议题”制度，高标准开展纪检监察系统学习党的二十大精神活动，通过主题宣讲、专家授课、支部研讨、知识竞答等形式，切实推动学原文、悟原理、促实践，从学习教育中汲取智慧力量，全年组织开展各类学习宣传活动 30 余场次，在学思践悟中不断提高“政治三力”。区纪委监委共查处违反中央八项规定精神等作风问题 21 件，其中，形式主义、官僚主义问题 3 件，党纪政务处分 1 人，组织处理 2 人，持续加固中央八项规定精神堤坝。开展领导干部违规收送红包礼金专项整治，督促区直单位（部门）召开专题党组织会议 73 个，503 名副科级以上干部全部上交了承诺书；主动说明违规收受红包礼金 158 人次，上缴 84.3 万元，有力防范“四风”反弹回潮。持续整治群众身边腐败和不正之风。开展惠民惠农资金“一卡通”“清廉医保”、养老领域突出问题等专项治理，对有关公职人员领低保、死亡人员领补贴疑点数据进行核查，发现问题 2 起，组织处理 2 人，提出工作建议 1 条；督促相关职能部门完成 104 条惠民惠农惠企政策的公开工作。

【监督效能】 2022年，区纪委监委建立“制造名城监督与服务微信群”133个，及时交办跟进，累计接收信息27376条，受理办结工单51个，服务1万余人；稳步推进幸福株洲监督与服务微信群和“小微权力监督一点通”平台工作，建立251个幸福株洲微信群，共受理办结工单575条，服务10万余人，“小微权力监督一点通”平台共受理办结投诉事项22条，有力促进全区62个村（社区）三务公示公开，监督效能稳步提升。 （温 馨）

巡察工作

【概况】 株洲市荷塘区委巡察工作领导小组办公室（以下简称区委巡察办）为荷塘区委正科级工作机构，下设股级二级机构荷塘区巡察事务中心。2022年，六届荷塘区委组织开展2轮巡察，派出7个巡察组对区教育局、区人社局、区农业农村局、仙庾镇等20个单位党组织开展常规巡察，其中3个巡察组对仙庾镇兴塘村等12个村（社区）党组织开展专项巡察。召开区委常委会会议3次、“书记专题会”2次、巡察工作领导小组会5次，传达学习中央、省委、市委巡视巡察工作相关精神，听取巡察情况汇报，研究决定巡察重大事项，推动解决巡察过程中发现的问题和难题。8月15日，区委书记方靖发表署名文章《高举巡察利剑，推动全面从严治党向纵深发展》，“湖南巡视”公众号重点推介荷塘区巡察先进做法。其中，《探索发挥巡察优势，推动解决群众急难愁盼问题的做法》被湖南日报社“新湖南”客户端、《株洲日报》、“清廉株洲”公众号等主流媒体宣传报道。

【区委巡察专题会议】 2022年3月13日、9月15日，区委分别召开2次书记专题会，听取巡察情况汇报。区委“五人领导小组”对第一轮、第二轮巡察发现的问题逐一进行点评，区委书记方靖对惠民政策落实、民生项目管理、农村“三资”管理等方面的重点人、重点事、重点问题提出16条具体处置意见，要求相关单位发扬“钉钉子”精神，把握好分寸，解决好问题，抓好整改落实。

【巡察工作领导小组会议】 2022年2月17日、8月25日，区委巡察工作领导小组分别召开2次会议，听取巡察情况汇报，研究部署阶段重点工作。会议要求要始终紧盯重点人群、重点区域、重点项目，突出政治监督重点，坚持标准不降、力度不减、劲头不松，进一步压实责任，传导压力，明确要求，推动巡察“前半篇文章”和“后半篇文章”做实做细。1月6日、7月14日，区委常委、纪委书记、监委主任、区委巡察工作领导小组组长李小冬带队到各巡察组驻点单位召开巡察中期会议，现场听取巡察阶段性工作汇报。会议要求要提高政治站位，紧扣巡察职责定位，防止“高举轻放”“大病小治”，通过发挥巡察的震慑作用，达到“发现问题、整改落实、推动工作、促进发展”的效果。

【六届区委巡察工作规划】 2022年，区委巡察办根据《中国共产党巡视工作条例》《关于加强巡视巡察上下联动的意见》《湖南省贯彻〈中国共产党巡视工作条例〉实施办法》《关于推动新时代市县巡察工作高质量发展的指导意见》《中共株洲市委巡察工作办法》等党内法规制度，经区委常委会审定，结合荷塘实际，制定《区委巡察工作规划（2021—2026年）》《村（社区）党组织巡察工作专项规划（2021—2026年）》《年度巡察干部抽调计划》3个规划和计划，推动巡察工作向纵深发展、向基层延伸，实现一届任期内高质量完成区内党组织巡察全覆盖的目标。

【常规巡察】 2022年，区委第一轮、第二轮巡察共派出7个巡察组对区教育局、区人社局、区农业农村局、仙庾镇等20个单位党组织开展常规巡察，其间共开展谈话318人次，查阅资料6811册（盒），受理信访62件。巡察中共发现问题269个，交办立行立改问题79个，向被巡党组织和相关职能部门提出意见建议53条，收到反馈7条。第一轮巡察移交问题线索15件，立案3件，了结1件，初核3件，正在办理1件，办结3件（组织处理3人）。第二轮巡察移交问题线索17件，立案2件，正在办理15件。

【村、社区专项巡察】 2022年5月19日，区委第二轮派出3个巡察组，对仙庾镇兴塘村等12个村（社区）党组织开展常规巡察。巡察中发现问题68个，交办立行立改问题16个，移交问题线索9件。通过紧扣村（社区）“三个聚焦”重点内容，细化工作方案和问题清单，创新巡察宣传与告知途径，开通“二维码”信访举报通道，广开群众反映问题言路，巡察期间接待受理信访11件，推动解决区管学校食堂管理方式、取缔违规校外培训机构、修复六零一社区罗家冲小区垮塌护坡等急难愁盼问题12个，基层治理问题13个，确保民生问题密切关注、强烈反映问题高度重视、群众诉求及时回应。

【提级交叉巡察】 2022年8月10日，市委第一巡察组提级巡察进驻月塘街道荷塘铺村。按照省委巡视会议精神和市委巡察办提级巡察工作要求，预先做好巡前意见征求，督促被巡察党组织提供有关资料。派出专职联络员主动对接做好上传下达，统筹协调等工作，为提级交叉巡察提供服务保障，同时要求荷塘铺村党委、月塘街道党工委全力配合提级巡察工作，协作开展提级巡察发现问题整改专项监督检查，督促月塘街道、荷塘铺村党组织立行立改、集中整改、长期整改、按时按质销号，共同推进整改落实。

【巡察整改】 2022年3月17日、9月23日，区委第一轮、第二轮巡察完成问题反馈。反馈后3个月集中整改期结束，区纪委监委牵头区委组织、宣传部门和巡察机构对区教育局、区人社局、区农业农村局、仙庾镇等20个单位党组织的巡察整改方案、巡察整改情况报告、党组织主要负责人组织整改落实情况报告等进行四方联审，提出审查意见21条。同时，对整改完成情况开展跟踪监督检查，第一轮反馈问题64个，55个整改到位，4个基本整改到位，5个未整改到位，整改完成率92.18%；第二轮反馈的问题正在整改中。对整改不力、整改不到位的3个单位在年度绩效考核中给予扣分处理。

（宋炬红）

民主党派

民革荷塘区工作委员会

【概况】 民革株洲市委员会荷塘区工作委员会（简称民革荷塘区工委）成立于2019年，现有基层组织3个，共有党员74名，各支委有支委委员5—7名，工委党员来自不同领域，有党政机关、事业单位、企业、教育、文艺界等优秀党员。有省政协委员1人、市政协常委1人、市政协委员3人；有区人大代表5人、区政协委员8人。2022年，民革荷塘区工委荣获区委“统战工作先进单位”。

【参政议政】 2022年，民革荷塘区工委坚持关注学习国家、省、市各个层面的党代会、人大、政协会议精神，关注经济、民生等各级各类专题会议；组织党员积极参加市、区两级党委、政府、政协及有关部门的协商会、座谈会、调研视察等，围绕产业发展、民生服务、乡村振兴等领域建言献策。撰写并提交《关于建筑垃圾消纳再利用》《关于引进高端人才，助力“一区两城”战略发展》《关于强化人才支撑，助推乡村振兴》《关于加强老旧小区消防安全工作》等建议、议案和提案。党员王晓龙荣获民革株洲市委“参政议政先进个人”；姜开维、李昕酌、陈艳、罗会霞荣获区级“参政议政先进个人”；李晓清荣获“区工商联优秀常执委”等称号。

【服务社会】 2022年，民革荷塘区工委开展“情暖仙庾”留守儿童慰问活动，为20名留守儿童送去学习用品、慰问金等价值6000元的爱心大礼包；发挥文艺支部的特色，联合耕食小镇公司举行“情系仙庾、爱在小镇”为村民送春联、送福字活动；联合民革中心医院支部到渌口区吴田村开展“送医下乡”义诊活动；在仙庾岭敬老院、芙蓉花园小区开展“学雷锋献爱心”活动，提供健康、医疗、法律、就业、防诈等公益咨询服务；联合省水文地质环境队开展自建危房、违章建筑安全隐患排查工作；发挥党员专长，开展“爱心助残”活动，为低保户残障家庭提供公益心理咨询服务。在11月新冠疫情期间，民革荷塘区工委组织党员积极投身社区或小区疫情防控一线，参与卡点值守、防疫宣传、人员排查、物资运送、核酸检测等抗疫志愿服务活动，并进行捐款、捐物。

【交流合作】 2022年，民革荷塘区工委以“书香民革读书月”活动为契机，开展党员读书心得分享会，讲好民革故事，讲好中国故事。组织党员参加民革长沙、株洲、湘潭市委会开展的“重温‘五一’口号，喜迎中共二十大”活动，通过“三地”网络连线形式，开展交流学习。与此同时，参与基层支部诗歌吟诵、二胡、古筝演奏等才艺展示交流活动，通过学习互动，引导党员们在重温历史中铭记合作初心，在弘扬传统中深化政治共识。（刘　婷）

民盟荷塘区工作委员会

【概况】 中国民主同盟荷塘区工作委员会（以下简称民盟荷塘区工委）成立于2019年10月29日，有支部6个，盟员114人。主委曹姜君，副主委文静、李芳、江小阳，委员郭纪要、孙彩虹、蒋建岸、程锦亮、张晓莉。2022年，民盟荷塘区工委认真履行参政议政职能，不断加强思想建设，在组织建设、参政议政、社会服务等各项工作中取得新发展。

【参政议政】 2022年，民盟荷塘区工委在荷塘区“两会”召开期间，盟员代表李芳，盟员委员曹姜君、文静、谭鑫、江小阳、程锦亮、蒋建岸、黄思怡以饱满的政治热情和高度的政治自觉积极履职尽责，为荷塘区的经济社会发展和民生实事建言献策，发出民盟好声音，展现新时代盟员风采。区政协委员文静代表民盟荷塘工委就《推进业委会建设 提升基层治理能力》作政协大会发言。与会盟员代表和委员提交《关于在芙蓉路与新华东路交叉路口设置交通信号灯的建议》《关于加强志愿队伍专业化、多元化培育的建议》《关于培育壮大养老服务队伍，推进养老服务工作的建议》《关于抢抓机遇布局数字经济的提案》等建议和提案，为奋力打造“一区两城”，加快建设现代化新荷塘贡献民盟力量。

【社会服务】 2022年，民盟荷塘区工委深入仙庾镇黄陂田村开展新春慰问活动，慰问困难群众。联合民盟市委会“盟心”心理志愿者团队，赴株洲硬质合金集团有限公司开展“全国科技工作者日”心理健康咨询志愿服务进企业活动。组织工委各支部开展“矢志不渝跟党走、携手奋进新时代”主题教育活动。开展“致敬‘时代楷模’弘扬榜样精神”主题活动，学习“时代楷模”张桂梅老师的先进事迹。开展“发愤图强、重振雄风”大讨论活动。承办株洲民盟第一期“微议政沙龙”活动。通过一系列的社会服务活动，密切支部盟员与群众关系。

（曹姜君）

2022年5月13日，民盟荷塘区工委开展“矢志不渝跟党走、携手奋进新时代”政治交接主题教育活动

民建荷塘区工作委员会

【概况】 民建荷塘区工作委员会（以下简称民建荷塘区工委）成立于2019年12月，其前身为2007年成立的民建荷塘总支。有4个支部、会员64名。2022年民建荷塘区工委发展新会员2名，有市人大代表1人、市政协委员2人；区人大代表1名、渌口区人大代表1名；区政协委员7名、攸县政协委员1名。民建荷塘一支部、三支部（四中支部）荣获“五有三好”会员之家认定。

【参政议政】 2022年，民建荷塘区工委市、区两级人大代表、政协委员积极参政履职。交政协立项提案1篇、联名提案26篇、微建议2篇，荷塘区政协常委陈志雄完成《抓源头、培根基、激活潜力、倍增活力——对推进荷塘区市场主体培育高质量发展的建议》调研文章1篇，获荷塘区政协调研成果二等奖，并安排荷塘区政协六届三次会议大会发言；发起成立“小微帮扶委员工作室”在荷塘区政协评优中获奖，提名获评2022年度区优秀政协委员。市政协委员陈林锋被市政协评为“2022年度优秀政协委员”、调研报告《后疫情时代文旅体企业发展对策研究》被市政协评为“2022年度优秀调研报告一等奖”、联名提案《进一步推进“互联网＋上门护理服务”模式》被市政协评为“2022年度优秀委员提案”、他撰写的《深挖特色资源擦亮乡村旅游品牌》作为株洲市政协第十届委员会第二次会议的政协联组发言。荷塘区政协委员田丽丽在荷塘区第六届委员会第二次会议第一次全体会议暨开幕大会发言《推动网格化发展 助力基层社会治理》。

【社会服务】 2022年，民建荷塘区工委积极参与疫情防控志愿服务、社会捐赠等工作，累计参与市、区抗疫十余人次、完成捐款捐物金额达2万余元；开展慰问困难家庭活动，2月，为月塘街道贫困人员杜仕新捐款1100元，6月，一支部捐款河北助教1000元，为泸溪县抗洪救灾向株洲市红十字协会捐赠1000元，民建荷塘工委联系民建市委会法律工作委员会，送培训、送法律咨询援助进园区；发动和组织园区“两室建设”。以工委牵头，联合市委会法律援助委员会，在金汇电商产业园孵化基地开展“两室建设”（小微帮扶委员工作室+民建法律援助工作室），结合区政协委员履职工作，为园区小微企业发展助力，取得良好社会效果。2022年，在基地开展公益培训3批次累计完成近200人次“直播电商公益培训”；2022年8月市政协主席聂方红视察“小微帮扶委员工作室”并对工作室“为小微企业赋能为创新创业助力”的定位予以肯定。

（知 雨）

民进荷塘区工作委员会

【概况】 中国民主促进会株洲市荷塘区工作委员会（简称民进荷塘区工委）成立于2018年4月，下辖9个支部，其中全国先进基层支部1个，省示范支部2个，省级先进集体3个，市“五有三好示范支部”4个。有会员110人，其中民进湖南省委会专委会委员2人、市委会委员3人；市政协委员4人，其中常委1人；区人大代表3人；区政协委员9人，其中副主席1人、常委1人。

2022年，区工委3人被市政协评为优秀委员、2人被市政协评为政协云履职先进个人，4人被区政协评为优秀委员、2人被评为区优秀民主监督员，发展新会员4名，其中宏达电子信息总监王武林、南阳职业学校何艳艳2人为优才入会。

【参政议政】 2022年，民进荷塘区工委聚焦“制造名城、幸福株洲”，通过学习研讨、座谈交流、成果分享等形式促进会员提升建言献策质量。2022年，被中央统战部、民进中央、省、市政协等采用各类参政议政稿件40余篇。围绕实体经济难点堵点和老百姓身边的揪心事、忧心事积极撰写社情民意信息。被中央统战部《零讯》采用社情民意1篇；管婧撰写的《支持湖南股交所打造区域性股权交易市场创新样板促推中小微企业发展的建议》《建立规则统一的区域性股权交易市场转板绿色通道，为“专精特新”企业提供长期成长的资本动能的建议》和吴德望撰写的《“最难就业季”亟需进一步规范职校实习管理》共3篇社情民意被民进中央采用；管婧撰写的《关于加快地方国有企业资产处置盘活的建议》《关于引导市场信心修复，支持民营企业债券融资的建议》2篇社情民意被省政协采用；管婧撰写的《关于加快地方国有企业资产处置盘活的建议》《以“信”换“贷”发展以龙头企业信用为基础的农业供应链金融的建议》《关于引导市场信心修复 支持民营企业债券融资的建议》《支持湖南股交所打造区域性股权交易市场创新样板促推中小微企业发展的建议》4 篇社情民意被市政协采用；管婧撰写的《以“信”换“贷”，发展以龙头企业信用为基础的农业供应链金融的建议》被中国经济新闻网采用，并被《湖南金融》转载；管婧撰写的《提高产业基金运行效率，促进株洲经济结构优化》的提案被列为市政协十届二次全会大会发言，杨能华撰写的《关于株洲人才引进、招聘程序优化的几点建议》、吴德望撰写的《发展直播电商，助力市场主体培育》的提案被列为市政协十届二次全会联组发言；杨能华撰写的《县级政协参与基层治理的优势、困境及对策思考》、吴德望撰写的《党外人士在“三个高地”建设中的新作为研究》的理论研究分别获市政协理论论文二、三等奖；杨能华撰写的《关于加大硬质合金专精特新企业培育的调研报告》获区政协调研报告一等奖，管婧撰写的《发挥“万企帮万村”中金融支持作用深化农村产业融合的建议》的提案、帅慧娟撰写的《关于加大硬质合金专精特新企业培育》的建议被列为区政协六届三次全会大会发言。

【社会服务】 2022 年，民进荷塘区工委开展文明劝导、疫情防控、垃圾分类、暑期防溺水、防范和处置非法集资等志愿服务行动 10 余次，共发放各类科普宣传资料 6000 余份。疫情期间，党员志愿者积极到隔离酒店、学校、街道、社区参与疫情防控。主动链接银行、委员等资源，为荷塘区捐赠价值 9 万余元的抗疫物资。积极响应民进省委会号召，组织会员为何炳麟故居修缮捐赠 1.7 万余元。春节及“七一”期间，开展慰问贫困家庭、老党员等活动共送去慰问金 3500 元，用实际行动诠释民进担当。

（管　婧）

农工民主党荷塘区工作委员会

【概况】 中国农工民主党株洲市荷塘区工作委员会（简称农工荷塘支部）有党员 38 名，基层组织 2 个，工委班子成员周逸、蔡群英、凌翔、李佳。有市政协委员 2 名，区政协委员 4 名（区政协常委 1 名）、区人大代表 1 名，2022 年，发展农工新党员 3 名。建成党员之家 2 个，全部通过市委统战部“五有三好”支部评定。

2022 年，农工荷塘区工委组织全体农工党党员通过各种方式学习中共二十大精神，工委班子组织党员集中收看大会开幕直播，认真聆听大会报告。2022 年，荷塘工委被荷塘区授予“统战工作先进单位”，党员凌翔、李佳、丁俊熙被荷塘区委统战部授予“2022 年度参政议政先进个人”。601 支部在农工党湖南省第九次代表大会上上被评为“先进基层组织”，支部主委刘宇同志被评为优秀党务工作者，刘平平同志被评为优秀党员。

【参政议政】 2022 年，农工荷塘支部高度重视专题调研工作，广泛动员党员参政议政的积极性，找准参政议政工作的着力点和发力点，围绕区域经济发展、医疗卫生事业发展等领域开展多项调研，并按照“选题力求精准，调研必须深入，资料务必真实，建议务求得当”的要求，认真履行参政党的职责，始终坚持打造“学习型、奉献型、责任型、有为型、团结型、规范型”支部。在市政协全会上提出的“关于推动我市医疗机构检查资料电子化共享的建议”备受好评，在区人大、政协六届二次会议上提交 6 件建议、提案，会议期间，农工党荷塘支部共提交集体提案1篇，提交个人提案4篇，内容涉及城市建设、文化卫生等，提案的数量和质量与往年相比都有明显提高，很好地展现农工政协委员们的参政议政能力与风采。

【交流合作】 2022年，农工荷塘支部充分发挥党派医卫界别资源优势，深入开展“医心党建健康联百企”活动，建立“医院—园区—企业”直联机制，为园区企业职工提供疾病预防、健康咨询、医疗资源对接等相关服务，努力提升园区企业职工健康服务保障水平，助力园区事业发展。

【社会服务】 2022年，农工党荷塘支部坚持将自身所长与社会发展所需相结合，聚焦群众关心的热点难点问题，积极组织开展送温暖、义诊、乡村振兴、疫情防控等一系列社会服务活动，在履行社会责任中树立良好形象、作出积极贡献。炎炎夏日送清凉，助力城市创文，彰显农工担当。2022年8月，农为创文一线工作人员捐赠近2000元防暑降温药品及物质，向一线基层工作人员表达农工党支部的爱心及关怀。疫情期间，农工党荷塘区支部向社区捐赠防疫物资近万元。同时，组织党员参与核酸检测、流调排查、配送物资、驻守隔离酒店、医院临床工作的第一线，为居民的正常就医保驾护航。

（凌　翔）

2022年11月12日，农工党荷塘支部向社区捐赠抗疫物资

致公党荷塘区工作委员会

【概况】 中国致公党株洲市荷塘区工作委员会（简称致公党荷塘区工作委员会）有党员77人，基层组织4个，本年发展新党员6人，各级人大代表2人，各级政协委员11人，通过市委统战部评审的“五有三好”支部2个。

2022年，荷塘区工委和各支部在“湖南致公”、“株洲致公”等各级各类微信公众号上宣传报道活动开展情况共计47篇。致公党湖南省委员会授予颜雯省“优秀党务工作者”称号，授予帅清民省“优秀社会服务工作者”称号，授予刘钊省“优秀侨海工作者”称号。《党员帅清民：“三农代表”的乡村振兴梦、读书梦》5月23日在《人民之友》刊登；党员艺术家黄宗平的“聚焦两会——2022全国两会重点推介艺术家黄宗平作品展”3月4日在今日头条上发布；党员唐伟2月26日受邀担任湖南省职业教育省级规划教材编写专家，并参加教材编写启动工作会议。荷塘区一支部青少年农业科普基地被湖南省委统战部评为“省级同心项目”。荷塘区一支部基地的“耕读学堂”荣获“湖南省终身学习品牌项目”。

【参政议政】 2022年，致公党荷塘区工作委员会提交代表建议13条，微建议4条。其中市政协委员、荷塘区人民政府副区长、致公党市委会副主委罗曼递交的《在荷塘区加速建设湖南先进硬质材料及工具产业园》、党员彭飞舟递交的《提升举办城市体育赛事能力和打造全国赛事名城》被评为市级优秀提案；党员颜雯递交的《关于荷塘区合泰片区老旧小区物业管理的建议》被荷塘区人大作为重点督办建议。

【社会服务】 2022年，致公党荷塘区工作委员会组织开展慰问困难学生、老党员、金秋助学、关爱孤儿、送核雕传统文化进社区等活动。在疫情期间，组织党员到社区协助核酸检测，组织党员志愿者筹集爱心善款2000元，为社区居民购买抗疫物资，为社区居民捐赠蔬菜3吨，价值2.4万元。

【交流合作】 2022年，致公党荷塘区工作委员会的老党员们利用自身的海外关系分别与印尼、美国、泰国、荷兰、日本、迪拜、中国香港等地的亲戚做好联络联谊工作，宣传伟大祖国欣欣向荣、翻天覆地的变化，人民生活幸福水平有很大提高，凝聚华人侨胞的爱国力量，为实现祖国的强国梦做贡献。

（颜　雯）

九三学社荷塘区工作委员会

【概况】 九三学社株洲市荷塘区工作委员会（以下简称九三学社荷塘工委）有3个基层组织，有社员78名，2022年，发展新社员2名。

2022年，九三学社荷塘工委组织学习习近平总书记在中央统战工作会议上的讲话精神，学习传达《九三学社中央关于加强新时代基层组织建设的若干规定》，组织社员收看二十大并线上交流体会。以支社为单位开展“喜迎二十大、奋进新征程”视频拍摄。在党派特色的科技领域，硕果累累。仅发明专利方面，曾凡辉3项、张鹏3项，伍实花3项、王玲兰2项、彭开锋1项，共计12项获国家知识产权局授权，曾凡辉2项、范国栋4项共6项获国家知识产权局受理；还有多篇实验性论文被国家级期刊采用发表；出版多部理论专著（见表5）。

【参政议政】 2022年，九三学社荷塘工委完成调研课题《关于我市中药材种植发展的调研报告》《智慧养老与智慧用老相结合的老龄人力资源开发研究》《关于打造湘赣边红色文创，打开Z世代潜在市场的调研报告》3篇，政协提案6条，政协云微建议8条，上报社情民意7条，其中一条关于如何完善复用餐饮具安全卫生状况监管的建议被湖南省九三学社采用，在2022年政协株洲市荷塘区第六届会议期间，欧阳春华还代表医卫界别作《政府引导，多方参与，积极推动幼儿托育服务管理》的大会发言，唐农家、高世逢参与湖南政协履职创新故事大赛《“云”聚炎陵，“码”通世界》荣获一等奖。

【服务社会】 2022年，九三学社荷塘工委积极支持疫情防控、助力乡村振兴。在疫情期间，为广大基层抗疫人员送去奥妙洗衣液40余箱，5名社员参与社区为期一个月的抗疫志愿服务，九三学社社员黄静在攸县大瑞村开展科学用电的科技讲座，廖国华在千金集团总部开展“以案释法：个人行为安全”法律知识讲座，高世逢开展走进茶陵东阳学校、炎陵戏剧传承中心公益讲学。还积极参与九三学社与市委组织的炎陵黄桃义卖，腾讯99公益捐赠等活动。

2022年5月19日，九三学社荷塘工委为荷塘区捐赠防疫物资

【交流合作】 2022年九三学社荷塘区工委组织全体支社成员赴醴陵李立三故居、左权故居参观学习。601支社在3月开展义务植树活动，10月，开展茶

话会慰问老社员，千金支社3月份赴仙庾岭开展爬山比赛，荷塘支社6月赴金山工业园株洲市锐利诚硬质合金有限公司调研。社员李艳、王希响应市委组织部开展的优秀年轻干部挂职大练兵行动，到千金药业、国投集团挂职锻炼，获得挂职所在单位的高度好评。由高世逢创作编写的花鼓戏表演唱《学习二十大，戏剧唱新声》在"在荷塘"《株洲日报》等平台发布。抗疫期间由高世逢创作的快板《丹心谱写新华章》《最美平凡志愿者》歌曲《奉献》在《株洲日报》、"红网"、"株洲文艺"等平台发布，创作的《株洲明天更美好》《彰显责任担当，筑牢基层战役防线》《向所有逆行英雄致敬》发布在"政协云""红网时刻"，文章《西子花园战"疫"记》发表在"新湖南"。（欧阳春华）

2022年九三学社荷塘工委社员发表文章、专著或者发明专利等情况

表5

姓名	报刊名称、出版社、机构	发表、出版、评定日期	文章、专著、专利等名称
张书乐	清华大学出版社	2022年11月	《自媒体写作从入门到精通》
曾凡辉	《现代涂料与涂装》期刊	2022年12月	铁路车辆抗侧滚扭杆用耐磨绝缘涂料的研究
张　鹏	《湖南中医药大学学报》	2022年	《金樱根质量控制方法提升研究及等级评价体系的建立》
张　鹏	《湖南中医药大学学报》	2022年	《中药大品种妇科千金片/胶囊的研究进展》
曾凡辉	国家知识产权局	2022年4月授权专利	一种芳纶树脂基防腐涂料及其制备方法
曾凡辉	国家知识产权局	2022年5月授权专利	超导变压器高压绕组导线及高压绕组
曾凡辉	国家知识产权局	2022年5月授权专利	大容量超导变压器牵引绕组导线
曾凡辉	国家知识产权局	2022年10月受理专利	一种耐磨绝缘涂料及其制备方法与应用
曾凡辉	国家知识产权局	2022年10月受理专利	一种超疏水绝缘涂料及其制备方法与应用
曾凡辉	中国国际科技促进会标准化工作委员会	2022年10月	全国团体标准《超导车载牵引变压器测试规范》
范国栋	国家知识产权局	2022年7月受理专利	一种反射面结构
范国栋	国家知识产权局	2022年7月受理专利	一种内含印制板的复合材料天线罩及其制作方法

续表 5

姓 名	报刊名称、出版社、机构	发表、出版、评定日期	文章、专著、专利等名称
范国栋	国家知识产权局	2022 年 7 月受理专利	一种基于硅碳纳米改性石墨烯防腐涂层技术的换热器管道
范国栋	国家知识产权局	2022 年 4 月受理专利	一种纳米浆料及其制备方法、一种纳米改性防腐涂料
彭开锋	国家知识产权局	2022 年 6 月 7 日授权专利	2019103948460 一种三萜类化合物和其药学上可接受的盐及制备方法和应用
伍实花	国家知识产权局	2022 年 11 月 4 日授权专利	2017109033790 通窍鼻炎片的含量测定方法
伍实花	国家知识产权局	2022 年 11 月 4 日授权专利	2019110566136 一种单面针高效液相色谱鉴别方法
伍实花	国家知识产权局	2022 年 7 月 19 日授权专利	2019103948530 一种金樱根指纹图谱的建立方法及金樱根的质量检测方法
张　鹏	国家知识产权局	2022 年 6 月 7 日授权专利	2019103948460 一种三萜类化合物和其药学上可接受的盐及制备方法和应用
张　鹏	国家知识产权局	2022 年 7 月 19 日授权专利	2019103948530 一种金樱根指纹图谱的建立方法及金樱根的质量检测方法
张　鹏	国家知识产权局	2022 年 4 月 8 日授权专利	2019106656638 一种妇科调经片中甘草的薄层色谱鉴别方法
王玲兰	国家知识产权局	2022 年 6 月 7 日授权专利	2019106563474 一种索非布韦组合物及其应用
王玲兰	国家知识产权局	2022 年 6 月 7 日授权专利	2021105790586 一种同时测定富马酸伏诺拉生中 3 种杂质的检测方法

（欧阳春华）

群众团体

荷塘区总工会

【概况】 株洲市荷塘区总工会（以下简称区总工会）为群团组织正科级单位，下设区困难职工帮扶中心，是区总工会所属股级公益一类事业单位。

2022年，区总工会充分发挥桥梁纽带作用，突出中心，助推全区经济社会发展；凝聚人心，努力当好“娘家人”；提振信心，推动工会组织改革创新；坚守初心，加强工会干部队伍建设，工会网络更加健全，制度更加完善，运作更为规范，工会工作实现创新和突破。2022年，荷塘区总工会获评“株洲市工会工作优秀单位”。

【工会组织建设】 2022年，荷塘区新增工会组织87个，其中新就业形态工会组织15个。新增录入会员5100人，其中新就业形态劳动者会员人数2737人，全年发展工会组织数和会员录入任务在7月底已超额完成市总工会指标。同时，按照市总工会“十百千”工程任务分解表，成立1个县级新就业形态行业工会联合会，15个新就业形态工会组织，建成30个新就业形态劳动者之家。8月，区人大常委会副主任、区总工会主席朱福兴在株洲市总工会十五届九次全会上作典型发言。

【思想引领】 2022年，区总工会通过工会主席会、访谈调研、座谈交流、工会干部培训等形式，持续加强干部职工、新就业形态劳动者、非公有制经济组织等重点领域和青年职工、农民工等重点群体思想政治教育，引导广大职工坚定不移听党话、跟党走，积极践行社会主义核心价值观。广泛动员职工群众参加“湘阅读·工力量”全省职工主题阅读活动，组织荷塘区工会系统职工线上读书，线下沙龙活动，以开展“干部能力提升年”活动为契机，采取“走出去”“引进来”的方式，与区委组织部、区委宣传部、区直机关工会、区教育局联合举办“喜迎二十大、永远跟党走”图片、微视频劳动技能竞赛、“我有故事讲给你听”演说能力大赛、“教坛新秀”评选等活动，积极参加省市工会组织的各类干部培训，同时邀请省总经审办、市总基层工作部有关领导到荷塘区授课，有效提高全区工会干部的业务水平。

【职工之家】 2022年，区总工会按照市总工会新就业形态劳动者“十百千”工程的统一部署，坚持“会、站、家”一体化发展，投资100余万元在荷塘区新就业形态行业工会联合会和天鹅社区各建设1个“新就业形态劳动者之家”，为辖区内新就业形态劳动者提供集避暑取暖、歇脚充电、饮水就餐于一体的场所。10月，湖南省总工会常委、基层工作部部长张敏率检查组到荷塘区实地考察新就业形态劳动者建会入会工作，给予高度评价。荷塘区新就业形态行业工会联合会、茨菇塘街道天鹅社区工会联合会获评“株洲市模范职工之家”；株洲金泰硬质合金有限公司生产小组分工会、株洲申通快递服务有限公司后勤部分工会获评“株洲市模范职工小家”。

【职工文体活动】 2022年，区总工会组织开展职工健步行、乒乓球赛、羽毛球比赛、拔河比赛、趣味运动会等活动。关心关爱女职工，举办“三八”节系列活动，开展公益讲座、义诊、职工课堂、乡间徒步、趣味运动等“女神节”系列活动，传递区总工会对女职工生活的关爱。

【工会经费管理】 2022年，区总工会进一步规范工会经费收缴管理，加强工会财务审计，聘请第三方专业机构建业会计事务所对全区工会的财务进行审计。在工会经费的收、管、用3个环节上设立3道关口，通过审查监督，促进提高收缴率，促进工会财务规范管理。在对下级工会组织审计的基础上，2022年，共对本级所属19家基层工会中的10家基层工会的财务进行审计。

【关爱职工】 2022年，区总工会筹集3万余元慰问物资对株洲东收费站、隔离酒店等地一线防疫人员进行慰问。发放慰问物资共计5万余元，对各镇（街道）300余名疫情防控执勤人员和森林防火值守人员进行慰问。成立“荷塘区职工劳动争议调解室”，不断扩大工会调解工作的公信力，积极打造工会调解服务品牌，不断提升工会职工矛盾纠纷预防调处化解工作法治化、专业化水平。区总工会深入开展“四季送”活动，春节期间发放慰问金和物资18.6万元，惠及职工600余人；上半年举办10场“春风行动”专场招聘会，帮助500多人实现就业；7月，开展送清凉活动，为2200余名一线职工送去14万余元的防暑降温物品。关怀单身职工，举办“爱在荷塘”相亲会。开展“现场救护—第一目击者”培训，帮助400余名职工增强救护意识和救护技能。

（谭　琦）

2022年7月29日，荷塘区总工会开展“情系职工·夏送清凉”活动

共青团荷塘区委员会

【概况】 共青团株洲市荷塘区委员会（以下简称团区委）成立于1997年4月。2022年，团区委聚焦于提升团的组织力、引领力、服务力和大局贡献度的目标，引领凝聚青年、组织动员青年、联系服务青年，团结带领全区广大青年奋勇担当，各项工作取得新进展、新成效。2022年，团区委在株洲市共青团考核中获评优秀。区青年志愿者协会入选团中央“七彩假期”志愿服务示范团队。“七彩假期”获评“株洲市2022年度最佳志愿服务项目”。“团团心灵驿站”青少年心理健康服务项目获评“2022年度株洲市基层治理好项目”。桂花街道阳光里社区获评“株洲市2022年度最美志愿服务社区”。

【基层团建】 2022年，团区委始终围绕强“三性”（政治性、先进性、群众性）、去“四化”（机关化、行政化、贵族化、娱乐化）的改革目标，聚焦主责主业思考问题、谋划思路、推动工作。扎实做好县域共青团基层组织改革工作。对标中央、省市要求，明确任务、突出重点，24项改革任务已全部完成，并顺利通过团省委验收。持续夯实基层基础。

常态化开展基础团务管理、团内信息统计、团的组织生活等基础工作，实现基层团建指标 8 个 100%。2022 年，新发展团员 376 名，团青比控制在 7.05%，团员先进性得到全面提升。持续推动“一站两联”工作，深化“青年之家”建设。大力推进对非公经济组织、社会组织和新兴青年群体的工作覆盖和组织覆盖。2022 年，全区新增社会领域团组织 91 个、其中非公企业团组织 79 个。持续推进新时代少先队改革创新。重点推进少先队社会化工作，建设少先队校外实践基地 5 家，开展少年儿童社会实践营区级活动 8 场。落实“双减”要求，推动少先队组织走出校门，新建社区少工委 23 个。启动县级青联建设，全面完成荷塘区青年联合会建立前期筹备工作。

【思想引领】 2022 年，团区委始终聚焦为党培养中国特色社会主义事业建设者和接班人这一根本任务，加强理想信念教育。采取组织化学习、实践体验活动等做法推动“喜迎二十大、永远跟党走、奋进新征程”主题教育实践活动走深走实。全区 223 个团支部、779 个少先队中队学习覆盖率达 100%。开展庆祝建团 100 周年系列活动。组织团员青年学习贯彻习近平总书记重要讲话精神。强化青年五四奖章、“两红两优”等评选表彰榜样示范带动，“五四”前夕，组织评选第一届荷塘青年“五四”奖章，并举办“青春心向党 建功新荷塘”青年 TALK 宣讲活动，6 名获奖代表讲述青春奋斗故事、传播青春正能量。常态化开展“青年大学习”“红领巾爱学习”，用习近平新时代中国特色社会主义思想铸魂育人。发动各领域团员青年集中学习，“青年大学习”网络主题团课全年参与达 12.45 万人次，平均学习率达 153.7%，始终位居全市前列。深化理论制度自信，坚持活动育人、实践育人。在“五四”“六一”等时间节点举办离队入团、入队等活动 40 余场次，覆盖青少年 4.3 万余人，不断强化党、团、队相衔接培养链条的思想政治教育功能。

【志愿服务】 2022 年，团区委常态化开展“青春益起来”志愿服务。在寒、暑假举办 2 期“七彩假期”公益课堂，提供美术、安全自护、课业辅导等全天候的课程服务，缓解青少年暑期“看护难”问题。区青年志愿者协会入选团中央“七彩假期”志愿服务示范团队。“七彩假期”获评“株洲市 2022 年度最佳志愿服务项目”；春运期间，组织 60 余名返乡大学生、青年志愿者开展“情满旅途·暖冬行动”，服务旅客 10 万余人次；全年开展“河小青”巡河护河活动 15 场；疫情防控期间，动员各级团组织、团员青年和青年突击队积极担当，青年志愿者参与疫情防控志愿服务人数达 5600 人次，服务时长达 22400 小时。

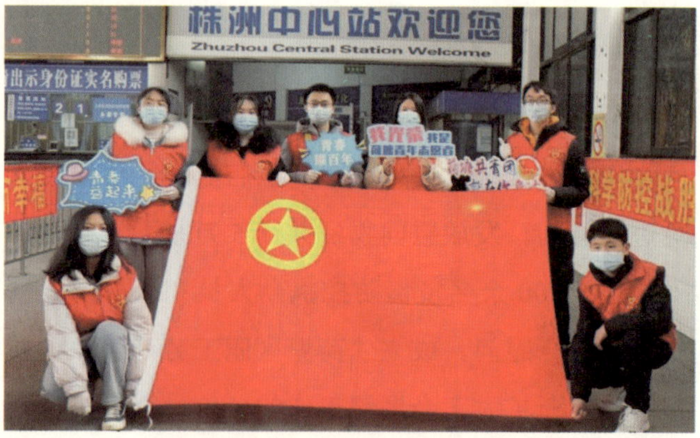

2022 年 1 月 18 日，荷塘区开展“情满旅途 · 暖冬行动”春运志愿服务

【打造基层治理好项目】 2022 年，团区委按照区委“争当基层治理先行区”目标，紧扣群众所需、青年所能，广泛组织、动员青年参与基层治理。重点实施社区青春行动。在 7 个镇（街道）全域推进社区青春行动，围绕打造青春阵地、汇聚青春力量、

推进青春项目三个维度，为基层治理汇聚青春力量。桂花街道阳光里社区获评“株洲市2022年度最美志愿服务社区”。实施“小而实”的基层治理微项目。推出“团团心灵驿站”青少年心理健康服务项目，针对当前亲子关系紧张、中考生考前压力、青春期心理困惑等重要心理问题，以团建活动、专题沙龙、“一对一”心理辅导等形式推动服务进学校、进社区，开展系列心理专题活动24场，线上、线下心理评估360余人次、心理咨询216人次，该项目获评“2022年度株洲市基层治理好项目”。

【关爱青少年】 2022年，团区委始终坚持以青年为中心的工作导向，努力把党的关怀更为直接、高效地传递给青年，不断巩固和扩大青年群众基础。全方位服务青年需求。持续实施青年就业见习计划，辖区内7家青年就业见习基地为62名大学生提供见习机会。组织辖区企业提供“扬帆潇湘”青年实习就业岗位105个。承办2022株洲市大学生暑假社会实践营开营仪式，组织48名大学生开展暑期实习实践。举办“梦想在荷塘”青年人才系列座谈、沙龙活动4场。统筹资源维护青少年权益。到校园和社区与青少年开展面对面的法治宣传、心理健康教育、科普教育、自护教育活动60余场，维护青少年合法权益。制作、拍摄交通安全宣传专项视频，发放防溺水宣传手册、手扇1万余份，扎实推进预防青少年违法犯罪工作，持续推进“情暖童心”共青团关爱困境青少年行动。从物质帮扶和精神关怀两个层面发力，通过社会化方式筹集资金和物资折合人民币36万余元，精准服务困境青少年身心健康成长。建成“团团希望小屋”12家，发放助学金近10万元。团区委主导实施“青葵乐园”“照亮明天”农村留守儿童服务项目2个，为56名困境青少年提供精准帮扶。“青葵乐园”关爱留守儿童项目荣获“第五届雷锋杯”青年志愿服务项目大赛银奖。

（胡　湘）

荷塘区妇女联合会

【概况】 2022年，株洲市荷塘区妇女联合会（以下简称区妇联）牢牢把住引领联系服务职能定位，将推动妇联组织、队伍建设融入区委中心工作，在建组织、强功能、增实效上持续发力，取得良好成效。2022年，区妇联在企业、居民小区成立妇联组织7个，开展妇联执委培训76场次。在全区妇女中广泛发现、培养、选树新时代女性先锋模范。疫情期间，全区广大妇联执委积极响应区妇联倡议，逆行抗疫，共1500余人主动参与联防联控、群防群治。

【困境妇女帮扶】 2022年，区妇联策划升级“媛动力”“康乃馨”“照亮明天”等困境妇女儿童帮扶项目11个，坚持“一人一策”“一户一策”，为帮扶对象量身定制帮扶措施，实现物资、身体、精神的全方位立体帮扶，帮扶重点个案300余人，惠及近1000人。开展“乘风破浪的妈妈·妇联执委带你找工作”女性专场招聘会，帮助400余名女性成功就业。联合区就业局组织开展养老护理员、育婴师等女性专场职业技能培训。落实省市妇联工作要求，扎实推进“出手吧姐姐 温暖2022”关爱困境母亲公益项目，发动各级妇联组织、爱心企业捐赠，募集爱心资金102386.33元，市妇联支持资金3613.67元，项目资金共计106000元，用于慰问辖区困境妇女儿童。向市妇联申请2022年度低收入妇女“两癌”救助专项基金（中央专项彩票公益金），使6名救助对象每人获得1万元救助金。开展农村适龄妇女和城镇低保适龄妇女“两癌”免费检查，共检查 2501 人，指标完成率 100.04%。

【家庭教育服务】 2022 年，区妇联充分发挥“联”优势，推进家庭教育指导服务体系建设，积极探索家庭教育工作新路径。制定荷塘区“爱进千万家”家庭教育实施方案，打造 700 平方米功能齐全的荷塘区家庭教育指导服务中心，并依托各小区“她空间”和社区家长学校形成“1+N”的服务阵地，围绕种子师资培训、家教专题讲座、重点家庭帮扶等五大服务板块开展常态化家庭教育服务，截至 2022 年，开展各类服务 200 余场。建强家教指导、心理咨询、普法宣传、后勤服务、课业辅导、爱心帮扶等六支专业队伍，面向优秀执委和居民开展 3 场家庭教育种子师资培训，培育一批亲子国学、科学育儿、正面引导的种子师资。对接群众需求，研究和开设亲子国学、美术手工、硬笔书法等一批互动性强、体验感好的服务课程和美食 DIY、户外露营、家庭展演等亲子体验活动。截至 2022 年，开展各类家庭教育服务 230 余次。开展寻找最美家庭、五好家庭、绿色家庭、清廉家庭的活动，组织文明家庭创建，评选一批家庭教育工作先进个人，在全区营造崇尚、弘扬优良家风氛围。

【打造“她空间”品牌】 2022 年，区妇联为服务广大家庭，助力基层治理荷塘区创新打造“她空间”公益服务平台。聚焦“服务她”“赋能她”“激活她”的理念，围绕亲子教育、女性成长、家庭关系三个维度，把优质、常态、便捷、免费的服务送到居民家门口，通过“她课堂”（亲子国学课堂、硬笔书法课堂、美术课堂、家庭教育课堂等）、“她咨询”（心理咨询、女性团辅、情感疏导等）、赋能她成长，促进她服务。截至 2022 年，打造 8 个高品质“她空间”。每个“她空间”周周有服务、月月有活动、阶段有展演，实现常态化和可持续，提升居民的幸福感获得感，凝聚居民力量，带动 300 余名群众参与自治，为基层治理培养一支骨干服务力量。荷塘区妇联“她空间”获评“2022 年株洲市基层治理好项目”，相关工作经验被新华社深入采访，获《半月谈》《中国妇运》《中国妇女报》刊发推广，三度被“学习强国”学习平台专题报道，并多次在省市级媒体宣传推介。

【“湘妹子能量家园”平台试点】 2022 年，区妇联在仙庾镇仙庾岭村开展“湘妹子能量家园”平台试点，以家庭为切入点、App 为载体、积分制为手段、大数据为支撑，引领妇女群众参与到基层社会治理中来，形成共建共治共享的乡村治理新格局。启动以来，仙庾岭村共有 3634 名村民注册参与“湘妹子能量家园”App，注册参与率达 90%，已组织开展活动 12 次，累计积分达 3 万多分。12 月底，荷塘区新增“湘妹子能量家园”平台试点 1 个。

【妇女维权工作】 2022 年，区妇联把对妇女儿童的走访关爱做在经常、抓在日常、落在基层，不断增强妇女儿童的安全感。常态化开展婚恋家庭矛盾纠纷排查和化解，重点妇女、重点儿童、重点家庭走访关爱，普法宣传和安全自护教育。联合公检法等部门，联动各级妇联，建立 70 个维权站点，不断织密全区妇女儿童维权网，形成风险联查、问题联治、工作联动、和谐联创的工作合力。建立“第一时间”答疑机制。区人民法院立案庭特设妇女维权专岗，为需要法律咨询的妇女儿童第一时间提供帮助。全年开展各类调解共计92次。在各个“她空间”设置“她咨询”特色化服务，由经验丰富的妇联执委、心理咨询师、妇联干部为有需求的家庭和女性开展矛盾调解和情感疏导等暖心服务。

【开展“巾帼心向党 喜迎二十大”主题系列活动】 2022年，区妇联开展“巾帼心向党·喜迎二十大”主题系列活动及三八系列评选表彰活动，对2021年度荷塘区三八红旗手（集体）、巾帼建功标兵、巾帼文明岗、巾帼建功先进集体、妇女儿童工作先进个人（集体）进行表彰；对辖区低收入妇女“两癌”患者进行现场慰问，举办“你好，荷塘姐姐！”幸福女人节活动，通过设置不同的展台，面向妇女宣传家庭教育、身体健康、垃圾分类等知识，并提供就业、义诊、妇幼保健等服务。（罗央拉姆）

荷塘区科学技术协会

【概况】 2022年，株洲市荷塘区科学技术协会（以下简称区科协）聚焦坚持“四个服务”职责定位，团结引领广大科技工作者，严格落实省、市科协的工作部署，凝聚科协力量，展现科协担当，在全市率先完成各项绩效考核指标任务。荷塘区“科普进校园”活动被省科协评为“2022年全国科普日优秀活动”；区科协被省科协评为“2022年湖南省全国科普日优秀组织单位”。宋家桥街道科协、桂花街道阳光里社区科协荣获“株洲市2022年基层科协示范创建先进组织”称号。

【主题科普活动】 2022年，区科协紧紧围绕“喜迎二十大 科普向未来”主题，探索在学校开展有趣的科普活动，提升青少年的科学素养和科学兴趣。9月22日，区科协联合区教育局、华升机器人培训学校在八达小学开展“科普进校园”全国科普日活动。八达小学2000余名师生走出课堂，体验机器人舞蹈表演、无人机表演、液氮蘑菇云、空气炮趣味科普实验等4个科普观摩项目以及智慧交通、大型游乐场、冰壶动感保龄球等6个科技体验项目，真正将书本知识融合到课外实践中。区科协联合月塘街道科协，开展以“关爱健康 你我同行”社区义诊活动，提高社区居民的保健意识和健康素养水平。联合宋家桥街道开展“关爱未成年人成长”科普知识进社区活动，提高青少年的科普知识普及率和动手实践能力。广泛动员各镇、街道、企业、学校等深入开展全国科普日活动100余场次，参与人次达12万人次。

【青少年科普】 2022年，区科协深化“社区科普课堂”“青年科学家进校园”“科普进校园”品牌创建，打造多维度、立体化的课后科普服务体系，有效推动科普助力“双减”活动走深走实。通过在辖区景炎、文化路、八达等中小学校举办科技节、筛选优秀作品参选上级比赛。开展“青年科学家进校园”活动。邀请株洲飞鹿高新材料技术股份有限公司黄立志博士、中国航空发动研所欧阳志高博士为学生们开展科普讲座。申报市级科普教育基地，建立科普地图。区科协把鸵鸟山庄、株洲亮仙荷菌业生态科技有限公司、柏春水果种植基地等青少年喜爱的地方纳入荷塘区科普地图。区科协到桂花街道阳光里社区，邀请科技志愿者为青少年开展科普公益课堂。到月塘街道石子头社区，邀请雅贝尔口腔医院志愿者开展“小小牙医”儿童口腔健康科普课堂。区科协定制科普课程表，供社区和学校挑选，开展课后特色服务活动60次，服务学校3所，服务学生5500人次；开展科普助力“双减”

活动5次，参与人数4500人；开展科学类教师培训1次，参加人数40人。

2022年9月22日，荷塘区在八达小学开展“掌上火焰”科普实验活动

【创建科普示范点】 2022年，区科协指导推荐株洲市荷塘区石子头社区入选国家“基层科普行动计划”项目，争取项目奖补资金10万元。区科协指导推荐株洲市气象学会、荷塘区四三〇社区入选株洲市“基层科普行动计划”项目，争取项目奖补资金10万元。

【推荐宣传先进典型】 2022年，区科协联合区科工信局、区教育局、区卫生健康局开展2022年荷塘区“最美科技工作者”“最美科技志愿者”评选活动。通过广泛发动、民主推荐和组织评审，评出“最美科技工作者”10名、“最美科技志愿者”13名，于5月30日进行集中表彰奖励。在“全国科技工作者日”期间，以“创新争先、自立自强”为主题，组织株洲硬质合金集团有限公司、中车株洲车辆有限公司、中国化工株洲橡胶研究设计院有限公司等6家企业的科技工作者团队拍摄致敬广大科技工作者的短视频，在“在荷塘”微信公众号宣传发布。

【建言献策及调查研究】 2022年9月，区科协出台《株洲市荷塘区全民科学素质行动规划纲要实施方案（2021—2025年）》，将文件下发到各成员单位以及镇、街道、村、社区科协组织，层层动员部署，落实工作责任和措施。组织宋家桥街道宋家桥村、明照街道金塘村，高质量完成2022年第十二次中国公民科学素质抽样调查工作。 （游 隽）

荷塘区归国华侨联合会

【概况】 荷塘区归国华侨联合会（以下简称区侨联）成立于2017年12月25日，列入群团机构序列。2022年，区侨联牢牢把握为侨服务的宗旨，紧密团结全区归侨侨眷，认真履行工作职能，在凝聚侨心、汇聚侨智、发挥侨力、维护侨益上做工作；在全区继续开展侨情调查工作，详细掌握侨情的第一手资料。邀请侨界代表参与区委、区政府征求党外人士意见建议座谈会；区侨联充分发挥区侨联作为党和政府联系广大归侨侨眷和海外侨胞的桥梁和纽带作用，为荷塘区经济社会发展凝心聚力。

【归侨侨眷联络联谊】 2022年，区侨联加强与荷塘区定居归侨侨眷的联系，倡议他们经常联系、问候海外亲人，做好宣传推介本乡本土工作。利用春节、端午等传统节日，走访慰问重点归侨、侨眷，并对区内5位困难归侨侨眷进行看望和慰问，给他们送上节日祝福，发放慰问金和物资共计2500元。重点走访在侨界有影响力、号召力、凝聚力的多名侨界代表人士，特别是其中的青年一代，建立良好联系互动。

【发挥侨力维护侨益】 2022年，区侨联在发挥侨力、助推经济发展方面，建立招商引资信息数据库，搭建海外侨商投资咨询平台。主动邀请市侨商会到荷塘区进行商务考察，为荷塘区经济社会建设发展助力。积极通过在区归侨侨眷向广大海外侨胞宣传荷塘、推荐荷塘，邀请他们回乡考察投资，为他们提供政策咨询等。2022年，摸排全区3所高中“三侨生”、侨眷人数，落实高考加分政策；受理侨界群众来信来访及政策咨询累计3件次，帮助归侨侨眷和海外侨胞解决实际问题2件。

【侨情调查】 2022年，区侨联为摸清侨情，继续在全区开展侨情调查，分类建立老归侨、侨眷、侨企侨商、海外留学归国人员、海外华侨华人侨情数据库，加强对侨工作的宣传力度，调动广大归侨侨眷、海外华侨华人的积极性，更好凝聚侨心、汇集侨智、发挥侨力。

【助力荷塘经济发展】 2022年，区侨联积极发展农村集体经济，帮助仙庾镇兴塘村耕种土地1公顷，销售农副产品1500余千克，制作浏览量近3万的推广小视频，获得区级平台推荐。邀请侨界代表建言献策参加区委全会、政府工作报告等征求党外人士意见建议座谈会。区侨联干部积极参与社会基层治理工作、小区疫情防控工作；积极联络与发动侨眷、侨企先后两次为荷塘区疫情防控一线捐赠价值5万余元的紧缺爱心物资，积极贡献侨界力量。

（焦薇薇）

荷塘区残疾人联合会

【概况】 株洲市荷塘区残疾人联合会（以下简称“区残联”）成立于2004年4月，是归口区政府管理的群众团体（参照公务员法管理），为正科级单位。主要负责残疾人组织建设、劳动就业、培训、康复、教育、托养、信访维权、宣传文体、社会保障、帮扶解困等工作；负责全区“中华人民共和国残疾人证”的管理和发放工作；负责残疾人就业保障金审核工作；负责宣传贯彻残疾人工作相关法律法规。2022年，区残联困难残疾人家庭无障碍改造工作获得省残联“优秀”等次；“组宣工作、教育培训工作、困难残疾人家庭无障碍工作、就业服务工作”四项业务工作分别被评为市残联各业务部门“优秀”等次；获评“荷塘区双文明建设先进单位”。

【残疾证办理】 2022年，区残联积极组织镇（街道）基层残联开展残疾人证到期换证动态核查工作。通过采取电话联系及上门送函等措施对到期人员的残疾人证及时予以更换，推进第三代（智能化）残疾人证换发工作。全年办理残疾人证1814本，累计办理4517本，完成总体进度91.5%，全市排名第二。全面调查了解荷塘区持证残疾人基本状况需求信息，完成荷塘区4947名持证残疾人入户走访工作，入户率达97.4%。

【教育助残】 2022年，区残联全面开展适龄残疾儿童入学情况核查，协调区教育局做好74名残疾儿童少年入学安置和“送教上门”工作，入学率达100%；对残疾学生和困难残疾人家庭子女进行教育资助，对45人次残疾学生和困难残疾人家庭子女发放就学救助金11万元。

【就业托养】 2022年，区残联做好70家单位残疾人就业保障金年审工作，安排残疾人就业383人；扶持10名城乡残疾人自主创业，组织开展免费创业培训工作；组织开展“点亮万家灯火”残疾人夏季就业招聘会活动；经过区、镇（街道）残联多次筛查与比对与入户调查，为36名农村残疾人及家庭开展为期7天的农村残疾人实用技术培训；完成困难残疾人生活补助及重度残疾人护理补贴审核工作，其中，审核困难残疾人生活补助84人，重度残疾人护理补贴136人；为630余名低保户重度残疾人免费购买意外伤害保险；完成184名精神、智力障碍及重度残疾人提供日间照料、寄宿制托养和居家托养服务。

【康复及维权】 2022年，区残联继续做好残疾儿童康复救助，全年投入资金97万元，为82名残疾儿童提供康复训练服务，服务总时长为596个小时，完成年度指标考核任务150%。做好残疾儿童康复救助信息平台线上申请、审核、救助、结算、监督等一网办服务。积极开展残疾人辅助器具适配服务，以上年度残疾人基本状况调查数据为依托，组织各街道（镇）残联开展辅助器具需求调查，对统计上报数据与上年度适配人员进行比对核实，确保辅助器具救助服务不重复，全年投入8.2万元，完成辅助器具适配280人。开展“我为群众办实事”关爱精障患者集中发药惠残便民活动，全年投入资金近16万元，为全区316名精障患者提供免费服药补贴。严格审核残疾人机动车补贴发放管理工作，按要求对155名残疾人机动轮椅车燃油补贴对象进行核查。处理群众来电来信来访15起，“市长热线”工单办理100%，答复满意率100%。积极办理荷塘区残疾人免费公交爱心卡代办申请业务99件，稳步推进信访维权工作。

【创业就业扶持】 2022年，区残联组织开展“联村联户、四帮四促”帮扶行动，为帮扶村东山村6户低保特困残疾人落实“农村残疾阳光增收计划”，2户重度低保残疾人落实“困难残疾人无障碍改造”项目计划，4户困难残疾人纳入重点帮扶慰问对象，有效做到基层走访工作“有需求有回应”；实施“农村残疾人阳光增收计划”，带动36户农村贫困残疾人家庭发展生产，助力实现产业增收脱贫；开展农村户籍返贫致贫风险排查工作，组织各涉农街道（镇）开展返贫致贫风险排查业务培训，加强工作指导和数据督查，有效保障信息采集数据的准确性、真实性。2022年，完成1872名农户残疾人的走访调研、信息采集与数据录入等工作。

【文体活动】 2022年，区残联开展“送温暖·迎新春”春节走访慰问残疾人活动，走访慰问辖区贫困、优秀残疾人代表、残疾人专职委员等160人，发放慰问资金9万余元；在第23次“全国爱耳日”开展“关爱听力健康，聆听精彩未来”爱耳日系列活动；在“世界读书日”组织荷塘区内特殊儿童家庭开展“读一本书·播一粒种”亲子阅读活动；“六一”期间联合爱心企业举办“遇见美好·邂逅‘六一’”暨“六一”儿童节帐篷嘉年华爱心助残活动；在喜迎二十大胜利召开之际，组织100名贫困残疾人参与文化进家庭“五个一”活动。为备战湖南省第十一届残疾人运动会，区残联会同区教育局在各中学积极开展青少年残疾人运动员选拔工作，为省、市残联挖掘和培养优秀残疾人体育人才；同时，积极组织荷塘区残疾人运动员参加比赛培训，在省第十一届残运会上获8枚金牌、1枚银牌。

2022年10月10日，荷塘区开展残疾人文化进家庭“五个一”活动

【区残联第四次代表大会】 2022年12月9日，荷塘区残联第四次代表大会召开，大会审议通过区残联第三届主席团工作报告；选举产生区残联第四届主席团委员、出席市残联第七次代表大会代表；推举产生区残联第四届主席团和执行理事会、市残联第七届主席团委员候选人；通过区残联各专门协会主席、副主席名单。 （朱荣、曾海燕）

荷塘区工商业联合会

【概况】 株洲市荷塘区工商业联合会（以下简称区工商联）是区委领导的以非公经济人士和非公企业为主体，具有统战性、经济性、民间性的人民团体和商会组织。2022年，区工商联围绕“两个健康”主题，落实“民营经济十条”，不断优化营商环境，促进民营经济高质量发展。强化非公经济党建和民营企业家思想政治引领。组织基层商协会、企业观看二十大开幕盛况，切实发挥党在商会组织中的政治核心作用，不断增强商会组织的凝聚力、战斗力和影响力。疫情期间，区工商联发动商协会、企业捐助物资约30种，折合人民币160余万元，组织近30名企业家主动参与核酸采样、秩序维护、疫情宣传、信息收集、小区管理等疫情防控志愿活动。2022年，中南建材市场党支部荣获“株洲市非公经济先进基层党组织”称号。

【政企早餐会】 2022年，区工商联定期召开政企早餐会，共开展“上规模企业、硬质合金产业链专场、三一智慧钢铁城专场、专精特新及高新企业专场”等4场政企早餐会，“面对面”讲问题、提意见。建立早餐会督办机制，共收集解决企业意见和建议40余条。

【服务商协会和企业】 2022年，区工商联以“万所联万会”行动为契机，建立健全矛盾调节机制，为商协会和企业提供法律服务；指导常德商会开展“人民调解委员会”，推荐其参加全国联系协作机制建设示范单位评选；指导汽车行业协会会员企业就汽车维修质量引起的纠纷投诉进行矛盾调解；指导电商协会推出“红人馆”项目，开展“短视频、直播带货”电商公益培训班，为企业赋能，为就业助力。

【湘商大会】 2022年，区工商联参与第十届全球湘商大会会务接待，组织8位民营企业家参加湘商大会，并邀请部分知名企业到荷塘区现场走访，开展“湘商回归”“以商招商”“招商推介”活动10场次，邀请市青商会、市餐饮协会、福建商会等10余家商协会到荷塘区实地走访、交流、座谈。

【上榜推荐】 2022年，区工商联加强推荐引领，实现民营经济人士价值。兰天集团等3家企业获评“三湘民营企业百强榜”；宏达电子股份有限公司等8家企业获评“株洲民营企业50强”；民营经济人士齐国华被评为“株洲市第七届道德模范”；推荐三一、合盾、锐利诚等5家企业参加株洲电视台《新闻联播》栏目采访。推荐兰亭食品等22家企业参加“万企兴万村”行动实验项目认定，激发汇聚民营经济人士践行“一区两城”战略的价值感和成就感。

【企业家活动】 2022年，区工商联组织开展以“围绕制造名城，聚焦‘一区两城’建设，助推民营经济高质量发展”为主题的企业座谈、文化惠企活动；组织开展“情系民企抓服务 凝心聚力谋发展”的企业家团建活动；搭建会员企业消费内循环平台，助推企业资源共享，互助发展。 （余　婷）

荷塘区红十字会

【概况】 株洲市荷塘区红十字会（以下简称区红十字会）前身为株洲市东区红十字会，成立于1988年8月，1997年8月随区划调整更名为株洲市荷塘区红十字会。为社会救助团体，主要宗旨是保护人的生命和健康，发扬人道主义精神，促进和平进步事业。2022年，区红十字会紧紧围绕红十字宣传、博爱救助、志愿服务、基层治理等重点工作，弘扬红十字人道、博爱、奉献精神，坚持以人为本、依法履职，积极开展人道救助和人道服务工作，助力基层治理，各项工作取得一定成效。

【宣传工作】 2022年，区红十字会结合八一建军节、中秋节、教师节等传统节日开展红十字活动，宣传报道多次登上国家、省、市级媒体，《市红十字会开展“爱心齐孝·情暖夕阳”双节慰问活动》登上人民号，《株洲市首个红十字志愿服务点在晏家湾社区成立》登上红网时刻新闻，《以爱育爱，致敬老兵》登上株洲日报纸媒，《仙庾镇 70多名村民获赠免费手术“见光明”》登上株洲日报网络版，《他们巧手绘画 给荷塘乡村换新装》登上株洲日报视频号。同时组织“5·8”世界红十字日、“5·12”全国防灾减灾日、世界急救日等宣传活动共计5次，共发放自救互救、无偿献血、传染病防治知识等宣传资料500余份，接受咨询80余人次。

【“三救三献”工作】 2022年，区红十字会积极做好“三救”（应急救援、应急救护、人道救助）工作，争取市红十字会1万元慰问物资，慰问50户困难群众。自筹价值1万余元的物资，春节前发放到93户困难群众手中，自筹资金向12个特困家庭发放慰问金共计6000元。疫情防控期间，链接市红十字会1500套防护服、9000斤蔬菜包、10000个KN95口罩；争取市红十字会10万元资金，用于月塘街道疫情防控；为仙庾镇、宋办、区卫健局共提供14顶帐篷，改善卡点、核酸检测工作环境。链接省直中医医院资源，深入仙庾镇各村、湘华社区、601社区、430社区等13个村（社区）开展义诊。涵盖眼科、针灸科、推拿科、风湿科、甲状腺、疝、血管外科、内分泌科，惠及千余居民，为荷塘区109位困难家庭的白内障、翼状胬肉眼疾患者争取免费手术。10月，为8位肿瘤等大病患者申请到4万元省红十字会人道公益金。区红十字会联合中心医院、省直中医医院走进学校、社区，普及基础心肺复苏的技巧和AED（自动体外除颤仪）的使用方法，普及防跌、创伤急救基本技术，共开展3次，共计培训300人次。“三献”方面，区红十字会通过广泛宣传发动，先后有1000人踊跃参加无偿献血，献血量达4万毫升。

【红十字示范社区建设】 2022年，区红十字会持续推动红十字示范社区建设。2022年，在金山街道晏家湾社区成立株洲市首个红十字志愿服务点，以服务点带面的形式开展各类便民活动，链接中心医院体检、健康知识讲座，链接理发店、口腔诊所服务，链接5000多元物资，减轻社区活动成本。湘华社区获评“2022年全国红十字模范社区”。

【关爱“一老一小”】 2022年，区红十字会在晏家湾社区湘运小区举办“欢乐闹元宵”活动，端午节主办“爱在端午，粽香传情”活动，通过包汤圆、包粽子、游戏互动、上门慰问等多种形式，为老旧小区广大老年朋友们带来关爱和欢乐，营造邻里和谐的“大家庭”。八一前夕，区红十字会联合市红十字会，开展“童心向党，以爱育爱—送您一朵小红花”活动，红十字志愿者、八达小学小志愿者们与20名老兵代表共同庆祝全市首个红十字志愿服务点成立，并上门慰问2名分别参加过解放战争、抗美援朝的老战士，用志愿爱心为“八一”建军节献礼。教师节前夕，为更好地关爱“五老”对象，区红十字联合市红十字会走进湘运小区开展“爱心齐孝情暖夕阳”圆梦中秋系列活动，为社区老人送去党和政府的关怀和慰问。中秋节期间，区红十字会联合市红十字会，开展“礼赞中秋月，情满教师节”慰问活动，为晏家湾社区老教师送去节日祝福。

2022年，区红十字会主动对接村、社区开展公益志愿服务活动，点亮辖区困难家庭儿童“微心愿”，为4名困难儿童送上书包、文具、棉大衣。调研走访农村贫困留守儿童家庭情况、居住环境，及时向相关部门反馈，链接爱心资源，帮助2名留守儿童改善居住环境。（魏　然）

2022年10月17日，荷塘区开展应急救护培训

荷塘区文学艺术界联合会

【概况】 2022年，株洲市荷塘区文学艺术界联合会（以下简称区文联）带领区9个专业协会，紧紧围绕迎接宣传贯彻中共二十大精神和区委、区政府中心工作这条主线，发挥文联纽带和桥梁作用，利用区域文艺人才资源优势，立足荷塘地方文化特色，找准定位，加强统筹，扎实开展文艺活动，唱响主旋律、弘扬正能量、展现新作为。2022年，荣获“株洲市文联系统先进单位”“株洲市文明单位”“荷塘区宣传思想工作先进单位”称号。

【政治引领】 2022年，区文联紧紧围绕贯彻落实中共二十大精神，全面落实宣传工作工作责任制。组织荷塘区文学艺术界代表收听收看中共二十大开幕会暨“畅谈二十大”学习交流活动。在区作家协会成立功能型党支部，区音乐家协会圆满完成换届工作，区作家协会、区戏剧家协会、区曲艺家协会发掘骨干人才担任协会重要职务，筹建区沙画艺术协会，区文联组织活力、向心力和吸引力不断增强。

2022年10月16日，荷塘区文学艺术界代表收听收看中共二十大开幕会暨“畅谈二十大”学习交流活动

【文艺创作】 2022年，区文联围绕本土原创歌曲《在荷塘》，组织创作《在荷塘》舞蹈MV、沙画MV，排练《在荷塘》古筝、葫芦丝、二胡等演奏版，把歌曲《领航》爱国、爱党、爱人民的正能量传播到广大群众中去。组织创编学习贯彻中共二十大精神快板作品《幸福荷塘我的家》、反映基层治理成效歌曲作品《我是楼栋长》、抗疫作品《丹心谱写新华章》《奉献》等原创作品，传唱于荷塘大街小

巷。举办“感悟全会精神 彰显奋斗之志”机关干部主题书法作品展、“童心绘文明 童画倡新风”小画家涂鸦绘文明主题活动、“一区两城”采风创作等活动，丰富文艺活动。

【人才培养】 2022年，荷塘区文学艺术界代表张雄文、窦强分别当选市作协、市新阶层文艺家协会新一届主席团主席，陈晓薇、杨小妹当选市级协会新一届主席团副主席。高世逢在花鼓戏《山灯》中饰演朱文章荣获第七届湖南艺术节“田汉表演奖”；张雄文为时代楷模黄诗燕立传的《燕啄红土地——时代楷模黄诗燕》《时代赤子——黄诗燕》两部新书，由湖南人民出版社正式出版，全国新华书店公开发行；陈晓薇入围全国五届草书展，曹宇聪、唐岐山入选2022“中国书法·年展”全国楷书作品展；湖南省第十四届运动会上，石思龙、冷依璠搭档参加排舞乙组男女双人舞项目获金牌，刘哲参演排舞规定和自选套路荣获两块银牌；胡子平摄影作品荣获株洲市文艺炎帝奖三等奖，何建辉摄影作品荣获株洲市“喜迎二十大 动力党建红”党员教育电视片评选和短视频摄影大赛活动作品征集一等奖。2022年，各协会在各类大赛、展览中入围和获奖92件次。

【文艺惠民及志愿服务】 2022年，区文联坚持以人民为中心的工作导向，组织开展“喜迎二十大 唱响新时代”“我们的中国梦·湖湘文化进万家”“文艺轻骑兵 创文进社区”、株洲首届乡村音乐节暨第七季“穿越荷塘”等文艺惠民活动，唐先华美术公益课堂、电力小区歌舞公益课堂、星期三大讲堂等公益课堂定期授课。从各协会会员中募集价值10多万元的作品、培训课程等捐赠给“荷塘志愿”共享超市。

（唐 杜、刘天文）

荷塘区计划生育协会

【概况】 株洲市荷塘区计划生育协会（以下简称区计生协会）是荷塘区列入参照《中华人民共和国公务员法》管理的9个全区性人民团体和群众团体之一。2022年，区计生协会为辖区593人购买计划生育特殊家庭综合保险，为584人购买护理津贴保险，共投入资金15.58万元。根据省计生协会出台的相关申报标准，荷塘区家庭健康促进项目成功申报2022年全省计划生育协会“三结合”项目。

【计生项目建设】 2022年，区计生协会大力推广计生系列保险项目，赔付计生系列保险案件110件（人），赔付金额31.85万元，极大地增强群众的抗险化灾能力，深得群众好评。狠抓生育关怀项目，筹资3万元，对全区计生特殊困难家庭、计生困难家庭等30名对象进行走访和慰问；为辖区小学10名学生赠送书包、学习文具、体育用品等物资。落实计生特殊家庭重病大病住院护理补贴项目。2022年，荷塘区享受计生特殊家庭重病大病住院护理津贴补助，共计50人次，补助资金达15.64万元，切实解决其生活实际困难。服务计生特殊家庭。采取政府购买服务的形式，聘请专业社工为辖区计生特殊家庭做好精神慰藉、哀伤辅导、临终关怀等服务。探访、跟进和帮扶服务300余人次，建立个案50个，组织计生特殊家庭开展活动9次，开展培训5次，开展宣传活动20余次，呼吁更多的爱心人士关怀关爱失独家庭，并对荷塘区“户在人在”愿意接收服务的失独对象建立帮扶服务手册，投入经费共计10万余元。

【家庭健康讲座】 2022年，区计生协会以基层治理为撬点，充分发挥党建引领作用，结合工作实际出台《倾心暖心家园，协力基层治理实施方案》，为计划生育特殊家庭持续做好关怀关爱。同时，整合优质资源、借助力量，邀请市人民医院、区疾控中心等7家医疗机构的技术骨干、业务专家组成50人的区医疗卫生专家资源库，根据学员需求，在荷塘区内有针对性、计划性地开展健康大讲堂系列主题活动，全年共开展线下讲课35场，受益群众达到2000余人。

2022年，荷塘区开展《中医急救及简单的三高管理》讲座

【会员活动】 2022年，区计生协会在宋家桥街道四三零社区计生协会员之家开展以“促进家庭健康·弘扬婚育新风”为主题的“5·29”会员活动月主题活动，在活动期间开展慰问三孩妈妈、耄耋老人集体生日会、关爱乡村困难学生等活动共5场；同时，举办《中医急救及简单的三高管理》和《宫颈癌的防治》健康知识讲座，并对困难计生特殊对象进行现场慰问。

【会员之家建设】 2022年，区计生协会采取“以点带面”的方式，结合组织部抓在职党员进社区，建设小区党支部的契机，开展党建+会员之家建设，共建“红色”会员之家。结合区卫健局抓基层卫生服务中心（卫生院）党建工作，打造基层卫生服务中心（卫生院）“会员之家”建设。全区有36个村社区、2个街道卫生服务中心和1个卫生院完成会员之家建设。（陈　敏）

法 治

政法委及综治

【概况】 2022年，中共株洲市荷塘区委政法委员会（以下简称区委政法委）是荷塘区委领导和管理政法工作的职能部门，正科级单位。2022年，区委政法委认真贯彻习近平新时代中国特色社会主义思想，坚持围绕中心、服务大局，忠诚履职，积极作为，全力做好防风险、保安全、护稳定、促发展各项工作，确保“七个不发生”，为中共二十大顺利召开创造安全稳定的社会环境，为荷塘经济社会高质量发展提供坚实的平安和法治保障。

【维护社会稳定】 2022年，区委政法委实施区级领导牵头包案、责任部门和责任乡镇（街道）具体负责的矛盾化解制度，有效化解52件信访问题。严防政治安全风险，始终把政治安全放在首位。推进重大事项社会稳定风险评估工作，组织第三方评估三一项目、新城铁路专用线工程等风险评估85件，确保将风险防范到位。加强稳控摸排工作，强化严重精神障碍患者服务管理，加强与市三医院协作救治，做到“应收尽收、应管尽管、应治尽治”，确保肇事肇祸案事件“零发生”。加强在册118名社区矫正对象的日常监管，全年未发生社区矫正对象脱管失控、重大刑事案件、重大群体性事件和重大负面舆情事件。制定安保维稳工作方案和特护期值班表，确保重要特护期平安稳定。

【平安建设】 2022年，区委政法委坚持综合施策，深入推进平安荷塘建设。常态化开展扫黑除恶斗争，扎实开展教育、金融放贷、市场流通三大行业整治，畅通线索举报渠道，开展涉非涉众机构、公司及重点人风险隐患集中排查等行动4批次，进一步净化辖区治安环境。开展铁路沿线巡查，组织安全隐患排查行动60余次，摸排铁路沿线特殊人员9人、机动车主52人、签订安全协议127份，确保辖区铁路运行平安。强化突出问题整治，全力开展“利剑护蕾”专项行动，对23所中小学校园周边进行全面摸排，依法打击侵害未成年人犯罪行为；严厉打击整治养老诈骗，组织联合多部门开展专项行动及宣传活动；加强电信网络诈骗综合治理，年度发案同比下降37.03%；深入开展婚恋矛盾纠纷排查化解，化解矛盾纠纷132起。大力开展社会稳定治安形势分析，创设数据中心，整合“马上就办”、“12345”市长热线、110接警、信访等数据情况，对涉及影响群众安全感、满意度的民生问题、矛盾纠纷和意见建议进行分析、研判，完成相关分析研判10次，提出意见建议共计30余条，有效防范化解各类风险。大力开展平安创建活动，组织政法干部、楼栋长、小区网格员深入小区、家庭开展“大走访、大培训、大宣传、大化解、大巡防”活动和“敲门行动”，走访群众15万余户，开展社区干部、楼栋长培训300余场次，发放各类平安创建宣传手册20万余份，排查安全隐患 100 余起，有效提升辖区人民群众安全感和满意度。

2022 年 4 月 28 日，荷塘区召开“利剑护蕾”未成年人保护综合治理调度会

【推进社会治理创新】　2022 年，区委政法委坚持将推进市域社会治理现代化试点创建工作作为加强和创新基层社会治理的重要切入点和突破口，切实履行牵头抓总、统筹协调、督办落实，把制度优势转化为市域社会治理效能。深入推进诉源治理，持续开展政法干警进小区亮身份办实事活动，区人民法院在美的城小区等地设立小区巡回法庭，派驻员额法官、特邀调解员，诉前化解纠纷 279 起。完善社会治安防控体系，完成“雪亮工程”中小学幼儿园智慧安防设施项目监控摄像机安装，协助公安机关破获汽车刮损等案件 10 余起，实现治安防控全覆盖、无死角，有力维护公共安全。创新构建“一站受理、多元联调”的“大调解”工作机制，建设综合调解室和咨询服务室，打造流动小区党支部矛盾纠纷调解室进驻 10 个小区，外聘 4 名专业调解员，综合运用人民调解、行政调解、司法调解三种调解手段闭环式开展矛盾纠纷化解，成功调解矛盾纠纷 60 余件，调解率达 97.14%，矛盾调解质效得到有效提高。

【公正司法】　2022 年，区委政法委坚持以人民为中心的发展思想，严格执法、公正司法，帮扶救助困难群体，切实做好司法救助工作，经办案机关书面提请，共救助 22 人、22.5 万元；加快推行一村（社区）一法律顾问制度，打造区级公共法律服务实体平台，办理法律援助案件 147 件，帮助受援人挽回各种经济损失 120 余万元，有效维护弱势群体的合法权益。区人民检察院立足公益诉讼“监督一案、治理一片”，办理行政、刑事附带民事及民事公益诉讼案件 91 件，妥善处理群众来信来访 68 件次，开展检察长接待日 43 次，做到件件有结果、事事有回复。区司法局通过了解、疏导、释法说理等方式，成功调解纠纷 611 件，成功调解率为 98%。区人民法院健全综合治理执行难大格局，开展“湘执利剑 2022”等专项执行行动，执结案件 3028 件，到位金额 1.77 亿余元，有力震慑逃避抗拒执行行为。公安荷塘分局始终保持对突出违法犯罪的高压态势，刑事打击 800 余人，被省厅评为“2021 年维护民警执法权威先进单位”，办理的首例袭警案“荷塘区茨菇塘派出所执法受阻”案被推荐参评省厅、公安部优秀案例。

【优化营商环境】　2022 年，区委政法委认真贯彻落实《株洲市政法机关服务“三个高地”法治护航十二条》，联合政法单位主动走访企业，建立“法治护航工作站”，明确 12 家“三官一律”精准服务企业，组建义务法律服务团队，深入辖区 40 余家大中企业开展“法治护航”和“法治体检”活动，提供经济合同、产权归属等法律参考意见 30 余条，帮助企业防范化解风险。扎实开展案件评查工作，抽选 35 件涉及营商环境的案件开展专项评查，经初评、复查和集中评议，评定合格案件 25 件，基本合格案件 10 件；针对评查中发现的问题，要求政法单位认真整改，提升办案质量和公信力。区人民法院整合诉讼资源，成立金融审判团队，审结金融案件 381 件，涉及金额 3224 万元。

【法律宣传】 2022年，区委政法委加大法律宣传力度，不断提高企业和人民群众的法律意识，有效防范风险隐患。联合律师事务所深入开展送法下乡和农村法治宣传教育月活动，走村入户进行法治宣传，共向群众解答咨询200人次，制作宣传栏10期，发放宣传资料13000余份。以案释法开展公开听证68场次，增强群众法治意识，达到“办理一案、治理一片”的效果。区委政法委撰写的《荷塘政法：以“绣花功夫”提升基层治理》在“湖南长安网”、《株洲日报》刊登，并同步在“平安株洲”微信公众号发布，形成良好的宣传效果。 （谭 奕）

公 安

【概况】 株洲市公安局荷塘分局（简称公安荷塘分局）辖7个派出所、8个业务大队、5个综合部门。2022年，公安荷塘分局紧扣“全省前茅、全国一流，争当公安火车头”目标，锚定目标抓落实，优化队伍建设，提能强警争先进，顺利完成既定目标任务。2022年，获评“全国公安机关执法示范单位”“平安湖南建设先进集体”、连续6年获评“湖南省执法质量考评优秀单位”，2022年，获评株洲市公安机关“绩效考核优秀单位”“平安建设优秀单位”“政治工作成绩突出单位”“督察工作成绩突出单位”四项荣誉，实现队伍建设和业务工作“双丰收”。

【维护社会稳定】 2022年，公安荷塘分局依托“N合一”（按照党委主导、政府主责、部门齐抓共管的原则，形成一体办公、一体指挥、一体运行的工作构架，整合维护稳定工作联席会议办公室、信访工作联席会议办公室、退役军人事务领导小组办公室、防范化解涉众型非法经营活动稳定风险联席会议办公室“四办”职能，实行专班负责制，根据工作需要抽调相关成员单位人员合署办公）机制，联合区委政法委、区信访局、区退役军人事务局等部门，发挥整体合力，进一步推动区级领导包案制度落实见效，抓实重点人员管控责任。全面强化信息搜集研判，及时处置扬言个人极端和重复警情，防范重大风险隐患，牢牢守住“五个不发生”工作底线。公安荷塘分局在全市“N合一”工作考核中排名第一，网安大队被省厅荣记集体二等功。

【打击违法犯罪】 2022年，公安荷塘分局保持八类严重暴力案件100%破案率。严打电信网络诈骗犯罪，电诈立案数634起，同比下降26.5%，止付资金达7.25亿元，参与侦办“8·18”等重大专案，有力守护人民群众的“钱袋子”。缉毒执法工作连续两年保持全市第一，污水验毒检测工作全省领先，毒调成绩获得大提升。在“虎啸01”、夏季治安打击整治“百日行动”等多专项行动始终名列全市前茅，刑事打击798人，同比上升14.66%。

【护航经济发展】 2022年，公安荷塘分局主动融入建设“一区两城”行动中，深入推进园区警务，加大涉企纠纷矛盾化解力度，开展送教上门、进企宣传等活动，着力提升企业安全防范意识和水平。常态化对辖区休闲娱乐场所开展清查，重点整治黄赌警情多发地区，不断净化社会风气。严格落实寄递物流业、旅馆业实名制登记，深入开展自建房安全隐患排查整治，集中对涉危爆物品、涉易制毒品等企业开展重点检查，防止出现重大安全生产事故。成立“一楼盘一专班”，严打恶意阻工、扰乱秩序等滋事闹事行为，为优化营商环境提供坚实的法治保障。

【巡警改革】 2022年3月18日，公安荷塘分局召开巡警改革动员大会。副区长、公安分局党委书记、局长言清出席会议并讲话。会议由分局党委副书记、政委、二级高级警长龙志奇主持。会上，分局党委委员、副局长方剑解读《株洲市公安局荷塘分局巡警大队及110处警工作机制改革工作方案》，分局党委委员、政工室主任温桃通报《巡警改革人员调整情况及调整后巡警大队班子、中队长设置情况》，分局党委副书记、副局长陈庚社宣读《巡警改革岗位调整工作纪律》。此次改革，把各基层派出所接处警警力集中起来，充实到巡警大队，按片区治安复杂程度、110警情数量，合理划分区域，优化警力配置，提高用警效益，切实提升群众的安全感和满意率。

【网络安全进校园宣传活动】 2022年，公安荷塘分局为进一步提高学生网络安全防范意识，营造良好的校园文化环境，着力构建少年儿童健康成长的校园防护网。公安荷塘分局网安大队在景炎中学开展“护苗2022·网络安全进校园”宣传活动。组织观看《护苗网络安全系列课堂》视频，通过“防范未成年人沉迷网络”演讲等形式开展网络安全教育，积极倡导全校师生文明上网、安全上网、绿色上网，共同捍卫网络安全，净化网络环境。

【“心和”警营系列活动】 2022年9月7日，由株洲市公安局主办、公安荷塘分局承办的“心和”警营系列活动之“荷”衷共济诵团圆中秋诵读会在株洲市公安局一楼大厅举行。株洲市人民政府副市长、市公安局党委书记、局长唐文发，荷塘区委书记方靖等领导出席活动。此次中秋诵读会，以视频、歌曲、朗诵、现场讲述等形式，着眼于中秋主题，通过深情诵读，展现广大公安民辅警忠诚、奉献、公正、为民的责任担当和舍小家、为大家无私奉献的情怀。

【销毁过期民爆物品】 2022年8月23日，公安分局治安大队联同纪委对湖南华地矿业有限公司、荷塘区东盛爆破有限公司民爆物品储存库的一批过期炸药、雷管进行集中销毁。本次销毁工作在中材株洲水泥有限公司马家桥矿区进行，共销毁钝化黑索今炸药24.05千克、电子毫秒电雷管2800发，及时消除民爆物品储存安全隐患。整个销毁过程组织严密、监督到位、安全有序。

2022年8月23日，荷塘区集中销毁过期炸药、雷管

【举行“百日行动”退赃大会】 2022年9月15日，公安荷塘分局举行夏季治安打击整治“百日行动”退赃大会，现场将侦破案件追回的50万元现金、20辆摩托车等被盗财物悉数返还给受害群众。

【获“全国公安机关执法示范单位”】 2022年，公安荷塘分局聚焦法治公安建设目标，以深化执法规范化建设为抓手，持续推进执法办案区智能化升级改造和执法监管平台建设应用等重点工作，抓好“高效”“规范”“阳光”执法建设，执法质量和执法形象实现新提升、新跨越。通过创新警务机制，发挥侦查与协作配合机制，有力强化侦查实效、办案质效、治理成效；通过优化法制保障，构建“专职法制员+案管室”管理模式，确保执法指导全面覆盖、执法监督全程跟进、执法场所全力提升；通过实行“两访两评”（即接处警回访和案件回访，案件评议和案件评查），坚持以人民满意为工作目标，切实维护人民群众的合法权益。2022 年，获评“全国公安机关执法示范单位”。（刘云庆）

交　警

【概况】 2022 年，株洲市公安局交警支队荷塘大队（以下简称荷塘交警大队）以完成党的二十大交通安保维稳为重心，以政治建警为引领，扎实推进公安交管工作，持续深化“放管服”改革，扎实开展队伍教育整顿，圆满完成“春运”交通安全保卫、新冠疫情防控值守勤务、恶劣天气交通保障、创建文明城市交通治理等任务，较好实现“降事故、保畅通、优服务、强基础、树形象”的工作目标。

【交通事故处置】 2022 年，荷塘交警大队共接待处理辖区警情 1.4 万余起，其中交通秩序类警情 5300 余起、交通事故类警情 8900 余起；交通事故死亡 9 人，较上一年（2021 年全区交通事故死亡 17 人）下降 47.1%。辖区内未发生较大交通事故。

【优化道路交通】 2022 年，荷塘交警大队以治堵保畅为中心，严格落实勤务制度，强化现场道路疏导措施，在荷塘区范围内设置 1 个一级值守岗、3 个二级值守岗、10 个四级值守岗，4 个巡逻组，8 个中小学护学岗，按照“高峰守点、平峰巡逻”模式，保证高峰期 60 余名警力值守，平峰期 4 个巡逻组、40 余名警力巡逻，中心城区畅通率基本稳定，主次干道未发生因管理不到位而造成的严重交通拥堵。

【整治交通安全】 2022 年，荷塘交警大队按照株洲市交警支队交管重点工作安排部署，先后开展“春运”交通安保、交通问题顽瘴痼疾集中整治、城市交通秩序整治行动、农村交通安全守护、交通事故“减量控大”、“一盔一带”治理、党的二十大交通安保维稳等工作和整治任务，全年查处交通违法近 26 万起，其中，查处重点违法行为酒驾 466 起、醉驾 90 起、超载 6789 起、违停 7.5 万起、不系安全带违法 3.2 万起、摩托车电动车驾乘人员不戴头盔违法 5.1 万起，有力震慑各类交通违法行为，提升城乡道路通行环境。

【交通隐患排查】 2022 年，荷塘交警大队坚持把隐患排查治理作为交管工作重点来统筹推进。强化重点企业源头管控，督促落实安全主体责任。全年走访、检查企业 70 余家，出具“一单四制”整改通知书 30 余份，推动企业落实主体责任。扎实开展农村安全守护行动，着力提升农村地区交通参与者安全意识。各镇街“两站两员”（两站指乡镇成立道路交通安全工作联席会议并设立交通管理站；重要路段、关口设立交通安全劝导站。两员指建立乡镇专职交通安全员；行政村聘用交通安全协管员）积极开展交通违法劝导、交通风险预警等工作，作用发挥较好。全年深入农村地区开展交通安全宣传 20 余场次，发放宣传册 5000 余份。大力开展顽瘴痼疾集中整治，区内隐患路段、高风险路段全部“清零销账”整改完毕，达到报废条件车辆的报废率 100%。

【提案办理】 2022 年，荷塘交警大队高度重视提案议案和热线办理工作，积极协调解决代表委员和市民反映的问题，及时跟进督促，保证每一条答疑均能得到及时回复，每一条合理建议均能得到采纳，每一条需整改的问题均能得到解决，用实际行动践行为人民服务的宗旨。全年办结代表提案16件、委员议案10件，办结满意率100%。办结市长热线640起、信访9起、“马上就办”10起、“12389”转办11起、舆情20起、微建议18起，办结满意率99%以上。（邹湘艳）

检　察

【概况】 荷塘区人民检察院（以下简称区检察院）位于株洲市荷塘区新华东路326号，2022年9月26日，株洲市荷塘区第六届人民代表大会常务委员会第八次会议决定任欧阳翔为荷塘区人民检察院党组书记、代检察长。

2022年，区人民检察院围绕区委“一区两城”建设履职尽责，各项检察工作稳步向前发展，积极护航“平安荷塘”建设，共批准逮捕205件355人，提起公诉350件588人。加强侦审及刑罚执行监督，提出纠正违法21件次，制发检察建议书21份，提出抗诉3件，纠正漏捕、漏诉4人，监督立案、撤案20件，监督脱管漏管40人，办理财产刑执行监督21件。强化民事行政监督，深入推进对生效裁判、执行活动、支持起诉等领域的监督，办理生效裁判结果监督10件、民事执行监督22件、民事审判活动违法监督10件。加强监检衔接，办理监察委移送职务犯罪案件4件5人。常态化开展扫黑除恶，办理涉黑涉恶案件2件7人，成功追诉恶势力团伙漏犯1人已获判决。2022年，荣获“湖南省检察机关信息工作表现突出集体”“株洲市政法工作先进集体”“株洲市文明单位”“株洲市五四红旗团支部”“株洲市级青年文明号”“株洲市巾帼文明岗”等荣誉称号。

【社会综合治理】 2022年，区检察院落实少捕慎诉慎押刑事司法政策。适用轻微刑事案件认罪认罚从宽制度办理案件508件773人，占比91.5%。强化羁押必要性审查，变更强制措施14人，诉前羁押率持续走低，居全省前列，相关工作经验被省检察院要情动态推介。落实检察建议案件化办理机制，强化检察建议执法后的跟踪、督导、落实。办理加强社会治理类检察建议17件，帮助加强相关领域堵漏建制5项。

【法治护航企业】 2022年，区检察院为保护企业合法权益。严厉打击非法经营、合同诈骗等破坏社会主义市场经济秩序犯罪9件18人，从严办理鲁某某等6人以虚假返利引诱他人投资的严重破坏社会主义市场经济秩序的犯罪案件。做实惠企服务举措。加大对民营经济平等保护，深入企业走访11次，帮助解决问题5个。结合“市场主体培育年”，积极推进涉案企业合规改革，对涉企刑事案件不捕、不诉4人。助力企业安全生产。聚焦“一区两城”建设，围绕三一智慧钢铁城、先进硬质材料产业园等重点产业加速度发展，强化与企业的常态化联系，送达并解读“八号检察建议”，促进紧绷安全生产之弦。

【诉讼案件办理】 2022年，区检察院更新理念，强化治理效能。做好社会公共利益的代表者和守护者，办理行政公益诉讼案件63件、刑事附带民事诉讼案件4件、民事公益诉讼案件2件。注重通过诉前程序促进行政机关依法履职，提出诉前检察建议61份，回复整改率100%。融智聚力，善于利用外脑。聘请区生态环境局、市场监督管理局的2名工作人员担任特邀检察官助理，积极为办案发展“外脑”，并出台工作机制，办理公益诉讼案件13件。多管齐下，实现全域覆盖。

除食品药品安全、生态环境和资源保护等传统领域案件线索全覆盖外，积极在未成年人保护、安全生产、英烈保护等领域开展探索。成功办理全市首例且获判决支持的适用十倍惩罚性赔偿的刑事附带民事公益诉讼案件。

【“反电信网络诈骗”系列行动】 2022年，区检察院守住群众“钱袋子”。深入推进“反电诈”专项行动，办理各类电信网络诈骗犯罪37件171人，提前介入了“8·18”特大跨境电信网络诈骗案，批准逮捕88人。打好群众“保胃战”。对辖区内诊所、药房非法销售抗（抑）菌制剂立案3件，向相关单位发出检察建议书3份。联合行政机关对7家养老机构食堂开展集中排查，查处食品安全问题10个，对相关单位立案15件。

【保护未成年人】 2022年，区检察院加强惩治，打击侵害未成年人犯罪。开展“利剑护蕾”行动，成立未成年人检察工作室，提前介入并依法打击侵害未成年人犯罪13件13人，对管教不严、监管缺位的监护人，制发督促监护令30余份。加强联动，合力强化校园安全治理。开展“护苗行动”，常态化对辖区中小学食堂进行安全检查，多次与区教育局召开加强未成年人工作座谈会，协同相关单位促进校园及培训机构安全治理。加强预防，践行校园普法主体责任。持续落实“一号检察建议”，16名员额检察官获聘辖区28所学校法治副校长。

（刘丽华）

法　院

【概况】 2022年，株洲市荷塘区人民法院（以下简称区法院）于1997年9月区划调整由原株洲市东区法院基础上组建而成，位于荷塘区红旗南路208号。区法院负责管辖荷塘区除行政诉讼外各类一审案件。受理各类案件8794件，审（执）结8193件，一线员额法官人均办案315件，结案率93.17%，2022年，获评“湖南省文明单位”“株洲市政法工作先进集体”。

【维护公共安全】 2022年，区法院审结各类刑事案件366件，判处罪犯581人。其中危害公共安全类犯罪84件，贪污贿赂类犯罪1件，侵犯公民人身权利、民主权利类犯罪23件，妨害社会管理秩序类犯罪136件，侵犯财产类犯罪106件，破坏社会主义市场经济秩序类犯罪14件，渎职类犯罪2件。其中，徐某等人犯销售不符合安全标准的食品罪案，入选湖南省法院“3·15”五大典型案例，获评“湖南省法院百篇优秀裁判文书”。

【民商审判】 2022年，区法院审结各类民、商事案件5033件。其中劳动争议、人事争议纠纷案件211件，公司、证券、保险、票据等民事纠纷案件138件，人格权纠纷案件55件，物权纠纷案件79件，婚姻家庭、继承纠纷案件290件，侵权责任纠纷案件250件，合同、准合同纠纷案件3964件，其他非讼程序案件46件。其中，谢某、杨某诉某医院医疗损害责任一案，入选“中国法院2022年度案例”。

【维护胜诉权益】 2022年，区法院执结各类案件3049件，到位金额3.02亿元。全年开展“湘执利剑”专项行动12次，召开执行兑现大会暨新闻发布会2场次，现场发放执行案款4000余万元。开展“集约化”执行模式改革，在立案大厅专设2个服务窗口，便利当事人恢复执行立案。深度运用查控系统，房产、车辆、股票证券等主要财产信息“一网通查”，线上冻结并扣划资金1.26亿元。加大财产变现力度，淘宝、京东等司法拍卖平台成交总额1121.47万元，溢价率15.29%。严厉打击规避、抗拒执行行为，限制高消费1349人，纳入失信被执行人名单842人，司法拘留25人，向公安机关移送拒执罪案件线索2件2人，生效裁判自动履行率显著提升。

【护航企业发展】 2022年，区法院坚持议大事顾大局，全力护航荷塘中心工作。纾困暖企优化营商环境，审（执）结涉企案件3118件，为民营企业回款6647万元。制定出台《服务保障“三·一”智慧钢铁城项目建设十条举措》，为重点产业项目建设提供全方位司法保障和服务。建立涉企案件判后回访机制，回访涉诉企业353次；健全法官联系企业制度，定期走访企业、了解司法需求，提供法律咨询47次，以司法服务“硬招法”营造企业发展“暖环境”。

【诉源治理】 2022年，区法院坚持“将非诉讼纠纷解决机制挺在前面”，审好小案件、传递大民生，为基层治理先行区建设贡献司法力量。以帮扶加结对助力解纷专业化，诉源治理工作站办理委派调解案件247件。在逸都花园、美的城及水岸华晨等小区设立“小区法庭”，诉前调解确认案件770件，基本实现矛盾纠纷当天申请、当天调解，将矛盾排查、纠纷化解、巡回审判、普法宣传等优质服务送到群众“家门口”，拉近司法服务群众“最后一公里”。加大《信访工作条例》宣传力度，院领导、员额法官轮流接访，集中化解涉诉信访案件47件，接待涉诉信访群众268人次，坚决把“送上门的群众工作”办好办实。

【司法为民】 2022年，区法院坚持以民为本公正解民忧、纾民困、暖民心。突出便民理念，拓宽诉讼服务渠道。线上电子立案2967件，跨域立案153件，诉讼服务立体化，云庭审893场次、电子送达3419次、网上阅卷260多件次，便民利民措施一体推进。突出惠民理念，依法保护弱势群体。对341件符合条件案件缓、减、免交诉讼费45.9万元，多方筹措资金41万元，对17名困难当事人予以司法救助。组织开展系列“为民办实事，关爱残疾人”主题党日活动，为2007年因交通事故高位截瘫的文某安装步行器，让瘫痪15年的文某再次站立起来，真切感受到司法的浓浓温情和拳拳关怀。突出利民理念，引领社会良好风尚。与湖南商业技师学院签约共建法治教育基地，赴荷塘小学、新文化路小学、云龙示范区职教大学城等开展“院长法治公开课、庭长普法公开庭”活动17场次，举行公众开放日活动4次，让法律法规真正走到群众身边，走进群众心里。

【诉讼制度改革】 2022年，区法院司法体制改革全面深化、审判机制改革全面推进、繁简分流改革全面落实。全年遴选员额法官2人，院庭长带头办案3081件，占比35.03%。提升“四类案件”监督管理层次，办理和监管“四类案件”627件，确保审判权和监督管理权依法独立公正行使。推行“以审判为中心”的诉讼制度改革，实质化庭审结案件98件，证人出庭案件41件，专业人员出庭案件9件。落实认罪认罚从宽制度，对221名被告人依法从宽处理。加强小额诉讼程序适用简化裁判文书内容，推进裁判文书模板化，适用简式裁判文书案件1483件，简文字不减释理；明确可适用普通程序独任制审理的案件范围，适用独任制审结案件272件。（张雅涛）

司法行政

【概况】 2022年，株洲市荷塘区司法局（以下简称区司法局）全面落实“三高四新”战略定位和使命任务，全面推进依法治区建设，以法治荷塘建设为主线，以法治惠民为落脚点，聚力服务全区中心工作，大力弘扬法治精神，不断提高全社会法治意识和法律素养，建设现代化新荷塘，营造良好的法治氛围，圆满完成各项工作任务，不断推进司法行政工作再上新台阶。2022年，荷塘区天鹅社区荣获“全国民主法治示范村”称号；荷塘区金山街道太阳村荣获“湖南省民主法治示范村”称号。

【依法治区】 2022年，区司法局充分发挥党对法治建设的领导作用，组织筹备召开区委全面依法治区委员会第四次会议，统筹推动法治政府创建，以打通普法依法治理工作“最后一公里”为目标，深入开展法治宣传教育，为法治政府建设工作有序推进奠定基础。健全政府常务会议集中学习常态化制度，坚持用习近平法治思想引领工作，在全区开展深入学习宣传贯彻习近平法治思想系列活动。深入学习贯彻习近平总书记法治思想及《民法典》《深入学习宣传习近平法治思想实施方案》《关于认真学习宣传贯彻习近平法治思想深入推进全面依法治区的实施意见》等法律及相关文件精神。

【依法行政】 2022年，区司法局坚持政府建设的重大事项集体讨论决策民主集中制和严格依法决策原则，坚持重大事项、疑难复杂事项法律顾问参与或事前征询意见，涉及重大决策事项的，均经集体讨论决定，进一步推进行政决策的科学化、民主化、法治化。坚持重大行政决策经政府常务会或全体会议讨论率达100%。紧紧围绕中心工作、重大项目、重大事项审查各类文件、合同15份，并出具法律意见20余条。认真执行《株洲市行政规范性文件管理办法》的规定，审查区政府及其工作部门制定的规范性文件是否符合法律法规规定。对1份部门规范性文件进行合法性审查，并按“三统一”要求进行编号、公示。对25份规范性文件进行清理，对其中到期8份文件进行废止并公示。组织全区42个执法单位（部门）开展全国行政执法证换发相关工作。经过摸排、核查、审批，全区145名执法人员全面完成换证。同时，组织开展行政执法业务培训工作，邀请法律专家对各镇办和行政执法部门的分管领导及业务人员进行集中授课，全面提升行政执法人员自身素质。持续推进“三项制度”落实，强化过程记录、信息公开和重大法制审核。开展执法案卷评查工作，对行政处罚类和行政许可类案卷进行评查，评出优秀案卷3本。

【公共法律服务】 2022年，区司法局大力推动公共法律服务体系建设。以创建“公共法律服务体系建设”为抓手，加快推行一村（社区）一法律顾问制度。打造区级公共法律服务实体平台，完成三级公共法律服务实体平台建设，区公共法律服务中心集法律援助、法律咨询、法治宣传等服务为一体，为群众提供便捷的法律服务。做到法律援助案件应援尽援，审判阶段刑事案件律师辩护全覆盖工作依法及时办理。2022年，共办理法律援助案件180件，其中刑事案件律师辩护全覆盖案件145件，民事案件35件，通过实施法律援助，保障司法公正，帮助受援人追索劳动报酬、抚养费、赡养费、人身损害赔偿以及挽回各种经济损失120余万元。聚焦荷塘区重点产业项目或产业链，着力推进法治营商环境工作，让营商环境过程均“依法而治，循法而行”。法治服务效能“大提速”，推动公共法律服务区域一体化合作，联合湖南莱茵律师事务所、湖南东盛律师事务所等单位组建义务法律服务团队，深入辖区40余家大中企业开展“法治护航”和“法治体检”活动，宣讲法律政策，指导企业合法经营，帮助企业防范化解风险，在经济合同、产权归属、个人信贷、经济往来等方面提供法律参考意见30余条，进一步优化营商环境，在防范化解重大风险等方面发挥积极作用。

【行政复议和应诉】 2022年，区司法局新收行政复议案件35件，受理28件，办结24件（其中纠错4件），行政复议纠错功能进一步发挥，申请人合法权益得到有效维护。在审理行政复议案件时，积极运用调解和解的方式，促使当事人自愿撤回行政复议申请，达到“四个一”（办理一个案件、调处一个矛盾、处理一批问题、教育一方群众）的效果。充分支持人民法院依法受理和审理行政案件，推动行政机关负责人按照规定出庭应诉，对法院受理的行政诉讼案件均能在法定期限内提交答辩状和相关证据材料，尊重并执行法院生效裁判，2022年，行政诉讼案件一审、二审共11件，胜诉率较高。

【社区矫正】 2022年，区司法局制定专门的排查实施方案及责任清单，组织精干力量，对每名社区矫正对象和重点刑释解矫人员进行全面深入的走访排查，着重排查对社区矫正对象的监管帮教措施是否落实到位，社区矫正对象是否有情绪波动或反常现象，家庭关系是否融洽，社会关系是否良好，是否有重新犯罪的迹象等。通过“人防+技防”科学、规范管理。结合信息化平台，做好日常监管，多措并举开展教育帮扶，推广运用“集中教育+分类教育+个案矫正”的套餐式矫正模式。严格落实防控责任和措施，严防脱管漏管，确保社区矫正安全稳定。年底，荷塘区“智慧矫正中心”建设正在顺利推进。

【人民调解】 2022年，区司法局建立健全矛盾纠纷排查调处平台，积极推行多元化大调解工作机制，在全市首先设立“治安纠纷调处中心”，进一步完善夯实从区级矛调中心延伸到小区矛调室四级矛盾纠纷排查调处机制，通过集成服务、集约管理、分散办公，为群众提供更多更高质量的社会治理公共产品。2022年，共调处各类矛盾纠纷1155件，调解成功1116件，调处成功率96%。依托党建、公共法律服务工作进小区契机，把小区党支部书记、党小组长、楼栋长、网格员、村（社区）法律顾问、贤达人士等充实到基层矛盾调处队伍，为群众提供“家门口解决问题”的便利，确保“小事不出社区，大事不出街道”。针对“两节”“两会”等重要节点，进一步完善重点领域、重点人群、重点单位社会矛盾源头排查，做到底子清、情况明，积极开展多元化解工作，确保矛盾纠纷不上交；每个季度开好调度会，每个月做好矛调排查化解的分析研判并及时予以通报；推动政法干警进小区开展矛盾调处工作，在钻石新村和郦城2个小区开展试点工作，切实解决邻里纠纷及幼师孤立幼儿纠纷。落实“以奖代补”制度，对各级人民调解组织年度成功调解的纠纷给予50元到500元不等的奖补，提高基层人民调解员的工作积极性；开展“阳光调解”技能比武工作，树立专业标杆、抓好典型示范引领；加大对辖区优秀调解员的先进事迹宣传和推广，激励广大人民调解员以先进人物为标杆，积极投身基层人民调解工作中。2022 年，司法局办公室主任刘国萍被评为市级十大调解能手。

2022 年 6 月 12 日，荷塘区司法局组织相关部门进行调解纠纷

【安置帮教】 2022 年，区司法局突出重点，抓好走访及教育环节。按照“从思想上进行教育，从生活上进行关心，从行动上进行感化”的原则，对安置帮教人员进行恰当的帮教，竭尽所能为其解决生活中的实际困难。同时，注意加强甄别分析，查找影响安全稳定的因素，并采取相应有效的防范整改和监管教育措施，将安全隐患消灭在萌芽状态，真正做到防患于未然。

【全国民主法治示范村创建】 2022 年，区司法局在全区开展“民主法治示范村（社区）”创建工作，天鹅社区创新“三队四化”（即：法治宣传志愿活动队、法治服务退休帮扶队、法治工作干部冲锋队的核心力量，推动法治宣传常态化、法治教育经常化、矛盾调解定期化、民事民决随时化）工作法，健全社区调解委员会和业主委员会等自治组织，发挥自治作用。社区党总支和“两委”成员依法开展工作，充分发挥社区党组织的领导作用和党员先锋模范作用。设立公共法律服务室、人民调解室，成立人民矛盾调解工作小组，定期每周一为“矛调”日。社区探索新就业群体党建工作新方法新路径。率先在全市推出党建引领、法治护航的新业态群体“暖心驿站”微项目，建立“一会五站”（“一会”指工会，“五站”指维权站、加油站、服务站、活动站、志愿站）工作机制，以党建促法建、法建促工建的形式着力破解新业态劳动保障难题，发挥社区在城市基层治理中的重要作用。2022 年，茨菇塘街道办事处天鹅社区获评“全国民主法治示范村”。

（刘国萍）

军 事

人民武装

【概况】 2022年，株洲市荷塘区人民武装部（以下简称区人武部）紧紧围绕学习、宣传和贯彻党的二十大精神，坚持举旗铸魂抓根本，聚焦主业抓备战，全面从严抓风气，重心下移抓基层，凝心聚力抓落实，较好完成各项工作任务，民兵、征兵、动员等多项工作排名全市前列，全面加强武装建设，保持稳中有进、向上向好态势。

【思想政治建设】 2022年，区人武部党委在党的二十大胜利召开后，第一时间组织干部领学、个人研学；为全体人员购买5种辅导学习书本，利用营区橱窗、横幅、展板、理论学习园地等展出党的二十大精神应知应会内容等，营造浓厚的学习氛围。开展“忠诚拥护核心、矢志奋斗强军”、深化“传承红色基因，担当强军重任”主题教育，严密制定落实各项教育计划。积极探索“三小”（即“小微课”“小辅导”“小阵地”）民兵思想政治教育新模式，采取分散授课、微课推送等方式，大力加强民兵听党指挥、战备形势、争先创优等内容的教育，增强练兵动力。着眼宣传党的二十大精神，联合区委宣传部下发民兵“四讲”活动实施方案，从全区遴选组建民兵宣讲小分队，深入村、社区和企业开展微宣讲百余次，推动大会精神在基层落地生根。区人武部党委坚持贯彻民主集中制不动摇，围绕“五个带头”召开党委班子民主生活会。军地齐力抓建民兵预建党组织，联合下发民兵“双争”工作计划，将民兵党建工作纳入全区基层党建工作要点，调整配强基干民兵干部，组织全区基干民兵分队成立预建党组织，民兵党建工作质量整体提升。扎实推进派驻纪检组反馈问题整改工作，严密组织开展深化基层风气整肃治理、纠治倾向性问题等活动，严格落实双重组织生活、党费交纳、个人事项报告等制度规定，突出抓经费开支、物资采购、廉洁征兵、军地交往等关键领域和环节的监督检查，单位风气氛围进一步向上向好。

【民兵建设】 2022年，区人武部瞄准支援保障打赢高科技条件下的现代战争，以省、市民兵建设“十四五”规划、民兵整组实施办法等为遵循，联合区政府召开专题任务部署会，协调将民兵整组纳入区政府和区纪委日常督查范围，军地合力推动各项工作落实。着眼专业和结构大规模调整实际，走访全区各类企业近100家，全面摸清辖区兵员潜力情况。军地先后多次召开业务培训、工作推进会议，区领导多次带队到基层了解督导民兵整组开展落实情况，现场解决问题。采取跟随上级训、本级自主训、以上带下训、军地联合训等方式，加强训练监察，高标准完成全年民兵训练任务，确保“时间、人员、内容、质量”四落实。对照上级检查考评标准，逐项完善硬件设施和软件资料，组织区民兵应急连开展强化训练，在军分区组织的年度民兵整组检查验收中位列全市第一。

【国防动员和兵员征集】 2022年，区人武部根据上级统一部署，积极支持、配合地方完成深化国防动员体制改革，相关组织领导机构调整及人员配备均已到位。坚持征兵工作早谋划、早启动、早发动，防止兵员流失；严把宣传发动、体检政考、役前教育、审批定兵和廉洁征兵等关口，进一步提升兵员征集质量；军地联合督导政治荣誉、复学升学、退役安置、经济优待、就业创业等重点工作和优抚优待工作落实，增强军人职业吸引力，圆满完成年度征兵任务。

【基层建设】 2022年，区人武部严格按照正规化建设要求，进一步规范各项日常工作，补充物资器材，提高硬件建设和正规化管理水平。基层武装方面，区人武部积极运用"株洲市基层人民武装部星级达标过程管控系统"，定期组织集中办公，开展基层人民武装部（以下简称基层人武部）星级达标工作，镇（街道）基层人武部都已达标。加强专武干部队伍建设，针对镇、街道党（工）委书记大面积调整，结合民兵工作"回头看"和星级达标检查，到相关镇、街道宣布基层武装部政治教导员任职命令，组织任前谈话，促进基层武装工作落实。

【党管武装】 2022年，区人武部严格落实党管武装制度规定，及时向区委区政府主要领导传达上级重要会议和文件精神，定期报告武装工作。将党管武装工作持续纳入对镇（街道）和区直机关部门年度绩效考核范围，组织各镇（街道）党（工）委书记进行党管武装工作述职，进一步推动党管武装各项工作落实。

【全民国防教育】 2022年，区人武部积极支持区委宣传部开展全民国防教育，组建优秀老兵红色故事宣讲团，结合清明节、国家安全日、征兵、全民国防教育日等重要时间节点，深入学校、社区和企业，开展形式多样的国防教育活动，全民国防氛围不断浓厚。

【双拥共建】 2022年，区人武部扎实推进军民融合发展，协调将国防动员和后备力量建设以及军事设施保护纳入全区经济社会"大盘子"，一并设计推进。积极培育军民融合产业，支持辖区格斯特、坤明机电、高精特电等企业投入军品生产。积极协调组织驻军部队和民兵预备役参与驻地经济社会发展，完成"神舟十三、十四号"返回备勤、支援醴陵明月镇山火扑灭和辖区疫情防控任务。为现役官兵和文职人员子女解决就近、就优入学问题，解决家庭维权问题。督导地方有关部门，做好退役士兵安置工作，按时发放各类优抚优待金。举办多期退役士兵及现役军人家属专场招聘会，协调全区优质企业资源，为现役军人、退役军人和基干民兵出台系列优惠措施。

【安全保障】 2022年，区人武部认真学习领会上级安全工作指示精神，结合政治教育、早交班等时机，开展经常性安全保密教育，严格落实风险评估、形势分析、隐患排查等各项制度要求，扎实开展微信泄密、手机清理、"翻墙"问题整治、保密工作专项整治、酒驾醉驾专项整治、净化涉军网络环境专项整治等活动。截至年末，未发生事故案件或明显的安全隐患，安全发展根基不断牢固。（杨　泽）

人民防空

【概况】 区住建局人防办主要承担全区人民防空指挥、通信和警报设施的建设、使用、维护和管理工作，保障全区人民防空通信警报畅通；协同组织并参与本市区范围内的应急救援工作；配合市人防办管理人民防空工程（含结合民用建筑修建的防空地下室）建设、拆除审批和城市地下空间开发利用中兼顾人民防空要求的工程审批工作；承担指导本区域内人民防空工程维护管理、平战功能转换计划、和平时期开发利用等工作；会同有关部门开展人民防空宣传教育工作。

【人防工程维护管理】 2022 年，区住建局人防办接受省人防办开展的“双随机、一公开”检查，推进行业整治，对辖区内人防设备定期检查，对有安全隐患的早期人防工程进行维护清理。检查辖区人防地下室维护管理单位签订责任书情况；检查维护管理单位建立工作制度、巡查维护台账情况；检查人防地下室设施设备维护管理落实情况。通过检查，对存在防护门锈蚀、下水井盖缺失、墙体露筋、消防应急灯不亮、巡查记录台账缺失等问题的单位，下发整改通知书共计 20 余份，要求责任单位限期整改，通过整改，确保人防工程达到良好使用状态。

【人防宣传教育】 2022 年，区住建局人防办结合“5 • 12”防灾减灾日、国防教育日、“11 • 1”防空警报试鸣日等重要宣传节点，开展人防知识进社区、进企（事）业、进学校、进机关、进媒体活动，通过专业人员培训授课、现场模拟逃生自救、参观宣传教育基地及为学校安装多功能人防知识宣传教育终端、发放宣传手册等形式广泛宣传人防知识。通过制作安装宣传人防标识标牌，让广大人民群众正确识别和有效使用防护资源。年内，发放人防宣传资料 2 万余份，制作宣传展板 40 余块、横幅 50 余条，开展防空防灾知识培训 5 场，订阅和发放《中国人民防空》杂志 12 期 240 本，在红网、新湖南、人防官网、新闻网、荷塘区政府门户网等新闻媒体平台投稿 25 篇，配合市人防办为荷塘区多个防空地下室安装标识标牌。

【人防指挥通信】 2022 年，荷塘区有 29 台警报器，布点在 26 家企业事业单位。区人防办进一步明确各警报台所在单位的管理责任，对警报器管理员进行培训，让警报器管理员熟知警报器的操作方法、故障原因，及时记录问题，报厂家进行维修。年内、共计维修 4 台警报器，更换 1 台警报器。11 月 1 日，组织开展荷塘区防空警报试鸣及人员疏散演练，警报试鸣率达 100%。区人防办投入 11.2 万元，建设省、市、县三级人防视频会议系统，已投入使用。配合市人防办完成国防动员“三级”指挥光缆网第二路由及人防指挥专网的建设。积极参加每月省人防办、市人防办组织的各项通信训练及业务培训，规范通信用语、熟练掌握通信知识技能。

（倪得利）

经济社会监督管理

发展和改革

【概况】 株洲市荷塘区发展和改革局（以下简称区发改局）是区政府工作部门，正科级单位。2022年8月，完成粮食与物资储备机构编制事项调整，加挂区粮食和物资储备局牌子，12月，组建国防动员办公室，完成机构改革转隶工作。2022年，荷塘区实现地区生产总值增长5.3%；固定资产投资下降13%；规模工业增加值增长10.8%；社会消费品零售总额增长2.3%；进出口总额同比增长3.81%；城乡居民可支配收入增长4.8%；地方一般公共预算收入下降4.1%；城镇新增就业人数9260人。2022年，实现市场主体净增8625户，其中企业净增3370户，个转企456户，新增“四上”企业55家。龙头企业孵化裂变1家。深入实施企业上市“金芙蓉”跃升行动，新增上市在审企业1家，在辅企业1家，启动新三板企业1家，新增四板挂牌企业3家，新增市拟上市资源库企业2家，新增省上市后备企业1家。2022年，区发改局在全省营商环境评价——县（市、区）信用监管考评中排名第29位、株洲市城区第一；在市本级绿心地区生态补偿考核工作中，荷塘区获评优秀。

【重点项目建设】 2022年，荷塘区重点项目完成投资113.25亿元，占年计划的96%。实现现代物流（2.1期）项目等30个项目开工，实现好媳妇株洲智能制造基地等20个项目竣工。集中推进三一智慧钢铁城、湖南先进硬质材料及工具产业园“两个百亿项目”建设，三一智慧钢铁城、先进硬质材料产业园分别引进35家规上企业、13家供应链企业入驻。三一钢铁产业链数字化生态平台线上贸易交易额破百亿。

【争资引项】 2022年，荷塘区争取中央、省、市预算内资金1829万元，其中，为高端精密齿轮智能化生产建设项目争取1520万元。成功发行3个专项债项目，总计6.38亿元，分别为仙庾镇农村产业融合发展示范园基础设施建设项目获得资金1亿元，长株潭先进硬质新材料产业园配套一期项目获得资金4.49亿元、株洲市荷塘区主城区社会停车场建设项目获得资金0.89亿元；同比增长8%。储备2023年专项债项目19个，总投资118.64亿元，预计总需求资金62.14亿元。

【项目审批】 2022年，荷塘区共计审批项目92个，其中招投标核准9个，总投资88.95亿元，投资亿元以上项目13个。办理企业投资备案项目94个，总投资25.64亿元。

【“双碳”电网建设】 2022年，荷塘区“双碳”（碳达峰、碳中和）电网建设项目5个，项目总投资额7315万元，其中，荷塘区红旗110千伏输变电工程投资额6325万元，9月30日，荷塘区负责修建的项目完成送电。成立荷塘区金山工业园园区电力服务中心，专门对接园区电力服务，帮助园区解决用电问题和保障园区安全用电。签订“村电共治工作推进协议”，村电共治工作在仙庾镇率先全面展开。

【保障粮食安全】 2022年，荷塘区完成早籼稻457.82吨轮换工作，确保区级储备粮1000吨任务按质按量储备到位；制定《2022年株洲市荷塘区临储粮收购和处置方案》，没有出现不符合食品安全标准粮食流入口粮市场情况；争取“2022年商品粮大省奖励资金”6.5万元，用于补助辖区粮食加工企业技术改造；制定《株洲市荷塘区区级储备粮巡查制度》《荷塘区粮食监督检查工作联动及信息共享机制工作方案》等，进一步强化粮食安全工作；下发《2022年度荷塘区落实粮食安全责任制考核工作实施方案》，明确各职能部门工作职责。

【长株潭一体化】 2022年，荷塘区积极开展长株潭都市圈建设，株洲市现代综合物流园（2.1期）正在积极开展招商工作，三一智慧钢铁城完成一标段10万平方米厂房交付使用，二标段8万平方米厂房开工建设，长株潭先进硬质材料产业园完成一期厂房主体施工及设施配套工程；严格审查绿心地区建设项目，G4京港澳高速长沙广福至株洲王拾万（朱亭）段扩容工程；策划及申报东山村游道建设项目及樟霞村湿地公园二期项目，为两个项目争取长株潭一体化发展绿心地区生态补偿资金89万元；完成樟霞村湿地公园建设。

【价格鉴定】 2022年，区发改局扶持荷塘区仙庾镇兴塘村经济合作社、荷塘区文利成种养殖专业合作社、株洲湘民实业有限公司3家公司为株洲市扶持“菜篮子”项目，补助资金20万元。完成价格认定118宗，认定金额82余万元。

【打造“三个高地”活动】 2022年，区发改局牵头开展打造“三个高地”（即国家重要先进制造业高地、具有核心竞争力的科技创新高地、内陆地区改革开放高地）活动，组建“三个高地”指挥部办公室，构建“周推进、月调度、季讲评”推进机制，明确8个专项组目标任务，紧密调度。引进湘钢梅塞尔等亿元以上项目26个，投资92.85亿元，完成率130%；园区引进先进制造亿元以上项目18个，完成率225%；新引进三类500强项目3个，完成率150%；湘商企业投资项目5个，完成率167%。实施“审计先行”，开展征拆清零行动，完成集体项目11个、国有项目1个，交地105.93公顷；盘活低效闲置用地，首批依法收回闲置用地2宗；盘活工程废渣、废石等资源，最大限度降低成本，三一智慧钢铁城土石方及配套设施工程项目降本增效经验在全市推广。科技牵引，集群先进制造，扶持企业强化知识产权，株洲飞鹿、橡胶院、科能新材3家企业获评国家知识产权优势示范企业；硬质合金产业链获省集群竞赛“第一名”。聚合优势，打造荷塘品牌，株硬集团荣获“省长质量奖”，荷塘区耕食书院获评“省五星级旅游民宿”，系株洲市唯一获此殊荣；仙庾岭村入选“湖南省乡村旅游重点村”。中共中央组织部《组工参阅》刊载工作信息，获部长陈希批示。市委基层办向全市推广荷塘区基层治理专题培训的经验做法。（范玉婷）

市场监督管理

【概况】 2022年，株洲市荷塘区市场监督管理局（以下简称区市场监管局）坚持以习近平新时代中国特色社会主义思想为指导，坚守安全底线、优化营商环境、规范竞争秩序、提升质量水平、促进创新发展，加快构建现代化市场监管体系，以实际行动迎接中共中央二十大胜利召开。疫情期间，区市场监管局立足职能，冲锋在前，持续对涉及市场监管职责范围内的主责主业开展全覆盖、零死角防控排查，督促进口冷链、药店、餐饮、外卖经营户严格落实主体责任，坚持查“两码”（健康码、行程码）、戴口罩、测体温，做到疫苗接种应接尽接；集中力量打赢疫情防控阻击战，重要防疫物资保供战、市场价格监管稳控战、防护用品质量安全保卫战。

【市场主体培育】 2022年，荷塘区市场主体总量大幅增长。截至年末，全区共有市场主体51177户，其中企业11905户，个体工商户39272户。年内新增企业3286户，同比增长38.12%；新增个体户5663户，同比增长16.85%，市场主体活跃度不断增强。产业结构不断优化。年内新增的8949户市场主体中，企业占比36.72%，个体占比63.28%。从产业构成来看，一、二、三产业占比分别为15%、30%、55%；从行业分布来看，新材料、信息传输、软件和信息技术服务业逐步摆脱新冠疫情负面影响，呈现平稳发展态势。产业质量逐步提高，以金山片区为主体，新材料、轨道交通装备配套、医学健康等传统产业不断转型升级，钢铁、智能建造、电商等新兴产业不断发展壮大，产业结构持续优化升级，形成先进制造业集群梯次推进的发展格局，产业竞争力得到有效提升。

【自建房安全整治】 2022年，区市场监管局对辖区内自建房经营性场所开展安全整治工作。对区自建房安全专项整治指挥部推送的3637栋经营性自建房，上栋上户进行复查核对，复查核对3575栋，复查率达98.3%，其中经营性用房2172栋，出租居住非经营性用房1403栋；复查核对到经营户4935户，其中无照经营户622户，无证经营户265户；复查核对电梯186台，其中不合规、不合法13台。完成安全隐患鉴定核实2172栋，判定存在经营性安全隐患1127栋，其中合泰东湖重点区域经营性自建房172栋，鉴定核实率达100%。对72栋鉴定为结构性安全隐患自建房内的347户经营主体，全部下达责令停止经营活动通知书；对存在重大消防安全隐患的59栋自建房和相关楼栋86户经营户下达停产停业通知书，并对相关自建房张贴停产停业告知书；引导无照经营户办证486户，并将248户无证经营户抄告相关部门；对不合法、不合规的13台电梯，全部整改完毕。

【政务服务改革】 2022年，区市场监管局持续开展优化营商环境工作，放宽市场准入门槛，按照“非禁即入”原则，放宽名称、经营场所等各项准入限制，药店申办经营许可事项实现三证合一。开设“一窗通办”“一网通办”窗口，帮助企业在开办同时，将公章刻制、税务开票、银行开户等环节一并办理。全面推行企业登记全程电子化，登记率分别达99.2%，居全市第一。“最多跑一次”全面升级。通过一次告知、一窗受理、一网通办、一次办好，实现企业和群众办事线上“一次登录、一网通办”，线下“只进一扇门”，实现营业执照、印章、发票“一窗领取”“一次发放”。

【知识产权保护】 2022年，区市场监管局根据省知识产权局统计，荷塘区专利授权568件，有效发明专利拥有量442件，每万人有效发明专利为12.68

件。2022 年，成功申报省级知识产权综合服务荷塘分中心，樟霞“古树茶油”获国家知识产权局地理证明商标受理申请。

【食品安全监管】 2022 年，区食品安全委员会办公室按照《关于建立健全分层分级精准防控末端发力终端见效工作机制推动食品安全属地管理责任落地落实的意见》等相关文件要求，对辖区内重点食品经营主体 114 家进行分级，其中 A 级食品生产经营主体 2 家，B 级食品生产经营主体 46 家，C 级食品生产经营主体 52 家，D 级食品生产经营主体 14 家，明确保包领导责任到人。积极开展新冠疫情肺炎防控专项行动、食品安全“春季”护苗行动、“三考重大保障”、餐饮质量提升专项行动等 13 项集中整治行动。实现重特大安全事故和区域性、系统性、源发性食品事故零发生。通过农贸市场快检室为市民免费提供农兽残快检，督导市场方和第三方开展食品安全快速检测，监督问题食品召回和处置。加强抽样检验和隐患排查，完成食品抽检 1200 批次，合格率为 95.75%，完成快检 3 万批次，合格率达 99.4%，针对不合格产品，依法依规处置。全区有 21 家食品生产企业、2364 家食品销售企业完成风险等级评定，完成率达 100%。积极推进餐饮示范一条街和“明厨亮灶”工程，社会大中型餐饮覆盖率达 95%，学校食堂达 100%；严格落实网络订餐平台责任，保证线上线下餐饮同标同质。

【食品安全保障整治】 2022 年，区市场监管局在春节、“两会”期间发布《荷塘区市场监管“年关守护（2022）”行动方案》，在全区范围内开展食品（含冷链食品）、药品、防疫物资、特种设备、重点工业产品等安全隐患排查整治和市场监管领域交通问题顽瘴痼疾专项整治；节日市场消费者权益保护、价格检查、网络交易监管、执法打假等专项检查，保护好人民群众利益，营造安定祥和、安全有序的市场环境。在“三考”（2022 年普通高等学校招生全国统一考试、高中学业水平考试、初中毕业学业考试）期间，开展重大食品安全保障专项行动，共派出执法队伍 76 人次驻点巡查，加大对考点学校食堂监管力度，全力保障广大考生饮食安全和考试顺利进行。

【药店、医疗器械行政许可】 2022 年，区市场监管局为辖区内零售药店、医疗器械经营户办理行政许可，为企业规范经营提供法律指导。年内，受理经营户《药品经营许可证》核发、变更、延续、注销 32 家次；受理经营户《第二类医疗器械经营备案凭证》申请和变更 26 家、网络备案 94 家；《医疗器械经营许可证》核发、延续、变更 26 家。

【特种设备安全监察】 2022 年，区市场监管局先后开展“年关守护”“燃气安全排查整治”“特种设备超期未检专项整治”“电梯安全专项整治”“市场监管领域安全生产大检查”等专项行动，对涉及全区的 6 类特种设备开展日常监督和专项检查，检查特种设备使用单位 906 家、4419 台（套），下达特种设备安全监察指令书 59 份，重点事故隐患整治任务交办单 44 份，推进电梯安全责任保险工作的落实，实现特种设备安全平稳运行。2022 年，共办理电梯、叉车使用登记、停用、变更、注销等行政服务事项 496 台次，新办、复审作业人员证 20 本。

【重点工业产品质量监督】 2022 年，区市场监管局对危险化学品、涂料、油漆、防水卷材等 12 个重点工业产品持续开展专项整治和火灾防控产品质量监督检查，共出动检查人员 64 人次，检查经营户 136 户。开展重点工业产业商品区级抽检工作，共计抽检 30 批次，对抽检不合格的依法依规进行查处。

【产品质量和计量监管】 2022 年，区市场监管局积极开展塑料污染治理情况调查工作，共出动执法人员 29 人次，监督检查销售单位 15 家、餐饮单位 35 户，检查经营户进货、销货台账是否健全，督促和引导经营者使用食品级塑料盒可降解替代品。对辖区内 2 家聚乙烯农用地膜销售门店进行监督检查。开展民生计量专项行动，加大宣传“5·20”世界计量日活动力度，对电子计价秤专项整治，监督检查电子计价经营户 5 户秤 16 台，严厉打击违法行为。

【交通市场整治】 2022 年，区市场监管局开展交通顽瘴痼疾集中整治行动，出动执法车辆 6 台次，出动执法人员 21 人次，检查电动自行车销售企业 21 户，对电动车营销开展督查，重点核实有无老年代步车、残疾人代步车、电动三轮车等低速电动车售卖情况。

【打击传销和非法集资行为】 2022 年 6 月，区市场监管局制定并下发《2022 规范直销打击传销专项行动实施方案》，掀起全区内打击传销风暴。联合市场监管所开展进农村进社区宣传活动，发放宣传资料 480 余册；全年共组织开展打击传销风险排查活动 4 次，出动人数 67 人次，暂未发现辖区内有传销人员活动。配合区金融办、街道、公安部门开展荷塘区非法集资风险专项排查整治行动，联合金融办、公安部门取缔 5 家涉危企业，2022 年，累计出动执法人数 30 余人次。

【电商平台监管】 2022 年，区市场监管局对辖区内电商平台企业开展线下检查。充分利用省市场监管局提供的指南针平台，利用大数据抓取方式，定期或不定期在线上搜索相关词汇，坚决落实发现一起，处理一起，杜绝违法行为的发生。2022 年，线下检查辖区内电商平台 1 家，线上搜索 400 余次，督促整改违规行为 6 次，尚未发现违法行为。

【价格监管】 2022 年，区市场监管局联合区发改局、教育局开展义务教育阶段学科类校外培训专项收费检查，检查义务教育阶段学科类校外培训机构 17 家，未发现价格方面违法行为。开展涉企违规收费专项整治行动，向行政机关、企事业单位宣讲涉企收费政策，促进涉企收费事项公示制度落实，进一步降低企业成本、优化营商环境。开展养老服务机构价格监管，组织监管所对辖区内工业园区、商业综合体等各类转供电主体开展全面检查。疫情期间处理民生物资、涉疫物资价格投诉 190 余起，立案查处 1 起。

【消费维权】 2022 年，区市场监管局接收消费者投诉、举报和咨询 4627 件，办结 4602 件，办结率 99.46%，满意度 100%，为消费者挽回经济损失 41.39 万元。

【药品、医疗器械及化妆品专项整治】 2022 年，区市场监管局坚持贯彻药械“四个最严”和“安全用妆”要求，持续抓好常态化疫情防控工作，督促辖区 198 家药店全部进入湖南省零售药店常态化疫情防控警示监测系统，排查登记“四类”药物（退烧、止咳、抗病毒、抗生素）人员信息 218709 条。坚决落实用药、用械、用妆安全监管责任，严格审批器械许可备案制度，开展中药饮片、药品网络销售、农村药品安全、化妆品“线上净网线下清源”等专项整治，检查药品、医疗器械和化妆品经营、使用相关单位1335家次，查办案件2起，罚没金额2.3万元。开展药品安全风险监测，对全区药品、医疗器械经营、使用单位开展ADR监测，共报告不良反应273例。成立荷塘区集中打击整治危害药品安全违法犯罪工作领导小组，落实药品管理责任。

（胡晓冬）

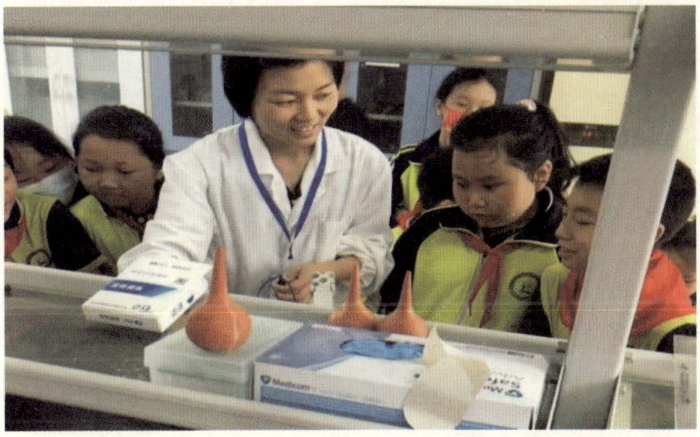

2022年5月30日，荷塘区组织星光小学师生在株洲市食品药品检验所参加实验室开放活动

自然资源管理

【概况】 株洲市荷塘区自然资源局（以下简称区自然资源局）成立于2019年4月，为区政府正科级工作部门，下属二级机构2个，下辖自然资源所2个，对外加挂区林业局牌子。负责协助编制和实施区级国土空间规划，耕地保护工业用地出让、地质灾害预防和治理以及国土空间生态修复等有关工作。2022年，区自然资源局持续巩固提升市局“节约型机关”创建成果，践行节约节能，倡导绿色低碳，营造崇尚生态文明、践行绿色发展的浓厚氛围，实现机关节约节能常态化、长效化。

【用地保障】 2022年，区自然资源局严格落实月清“三地两矿”（“三地”指批而未供土地、闲置土地、违法用地；“两矿”指非法采矿问题查处、废弃矿山生态修复）工作，实行月调度机制，每月召开会议研究部署，根据省厅下达的月清“湖南三地两矿”重点任务清单进行处置整改。完成三一智慧钢铁产业园5号增补地块的出让工作，该地块以“标准地”模式进行出让，出让面积约3.13公顷，土地出让资金1905万元。做好产业园区土地利用清理专项行动，完成园区“三类地”处置约31.13公顷。

【国土空间规划】 2022年，荷塘区划定城镇开发边界59.36平方千米，9月30日通过自然资源部审核并正式启用，重点保障三一智慧钢铁产业园、硬质合金产业园和上海韵达物流园项目用地需求。仙庾镇国土空间规划编制工作全面启动，印发《株洲市荷塘区仙庾镇国土空间规划编制工作实施方案》，完成项目采购招投标工作。仙庾镇徐家塘村、黄塘村村庄规划已完成初步方案编制。牵头组织召开韵达湖南智能物流产业园一期项目涉及《荷塘区土地利用总体规划（2016—2020年）》修改工作听证会，修改后的规划方案已通过省厅组织的专家评审。

【耕地保护】 2022年，区自然资源局全面建立耕地保护“田长制”，制定并下发《关于下达2022年度耕地底线目标任务的通知》《荷塘区耕地保护“田长制”实施方案》。完成2021年耕地净减少整改补足工作，通过工程施工完成整改21.07公顷，实现荷塘区耕地指标由负转正。开展荷塘区2022年度耕地恢复工作，编制实施方案并报区政府常务会审议通过，全程督促和指导各镇（街道）、村选址、施工和耕种。

【地质灾害防治】 2022年，区自然资源局制定下发《株洲市荷塘区2022年度地质灾害防治方案》《关于做好主汛期地质灾害防治值班工作的通知》，主汛期实行领导带班、双人双岗 24 小时值班制度。做好 8 个地质灾害隐患点排查工作，先后巡查辖区内地灾隐患点 20 余次。完成金塘村藕塘组滑坡地灾治理项目行政验收工作，资料整改和资金拨付均已到位。

【矿山生态修复】 2022 年，区自然资源局加大矿山企业的动态巡查力度，矿山巡查共计 10 余次，未发现超深越界行为。配合市自然资源局对辖区内中材水泥有限公司和天宝矿泉水有限公司两家省级发证矿山按时完成 2021 年度矿山采矿权公示工作。全面完成三八、霞山两家历史遗留矿山的生态修复工作，并顺利通过市、区两级验收。

【自然资源调查确权】 2022 年，区自然资源局高效完成三调公报发布工作。耕地后备资源调查和标注“恢复属性”地类分析评价数据已顺利通过省级核查。及时与乡镇、村组和国土所沟通协调，督促完成卫星监测图斑快递工作。

【自建房违法认定】 2022 年，区自然资源局完成东湖公园及周边居住区违法搭建摸底调查及上图工作，共计摸排违法搭建 87 处，调查面积约 13525 平方米。开展经营性自建房安全专项整治暨拆违保安工作，制定《荷塘区自然资源局自建房安全专项整治暨拆违保安行动工作方案》《关于自建房合法合规性认定及分类处置指导方案》，组建工作专班，对派驻镇（街道）的 8 人负责联点分片认定。截至 2022 年底，区自然资源局完成合法合规性认定并建立 3466 栋工作台账。其中认定违法自建房 2726 栋，违法占地面积 28.05 万平方米，违法建筑面积 121.06 万平方米。完成 7628 栋拆违保安“百日攻坚”合法合规性认定并建立工作台账，认定违法占地 95.64 万平方米，违法面积 172.23 万平方米。同时，对区城管局移交的 7623 处纸质版拆违保安违法建设台账完成合法合规性认定。

【森林防护】 2022 年，区自然资源局在“3·12”植树节期间接收社会义务植树 1600 余株，植树面积 1.33 公顷。落实 24 小时应急值班制度，全面做好仙庾岭风景名胜区和婆仙岭森林公园的森林防火工作。加强防火宣传，印制《株洲市人民政府森林防火禁火令》《关于坚决打赢春季及清明期间森林防灭火攻坚战的令》5000 余份、森林防火宣传手册 1 万余份，张贴到乡镇、街道、村群众集聚相对集中地段，开展林长令内涵宣讲。

【政务服务】 2022 年，区自然资源局国土所参与村民建房现场踏勘 62 户，办理不动产登记业务 115 宗。进一步完善信访接待制度，认真推行首问负责制、限时办结制等，做到回复率 100%，共调查、回复 3 起信访举报案件、8 起“12345”市长热线。继续推进农村宅基地确权发证工作，截至 2022 年底，发证约 5100 本。

【景区整合优化与发展】 2022 年 5 月，区自然资源局完成自然保护地湖南省荷塘区婆仙岭省级森林公园基本农田 4.46 公顷的调出，调出后面积为 578.63 公顷，优化预案成果上报市局。7 月，仙庾岭景区整合优化再次启动并完成仙庾岭整合优化数据成果上报。推动仙庾岭风景名胜区景区修规，12 月 30 日已完成《关于对〈仙庾岭风景名胜区总体规划（2013—2030）〉实施修编的情况汇报》的议题上会，修规工作进入实质阶段。

【推进“节约型机关”建设】 2022 年，区自然资源局大力推行绿色办公、无纸化办公，采取 OA 软件办公，减少纸张用量；大力推进节约用能节电措施，推广使用节能灯具，实现高效照明光源使用率100%；充分利用自然光照采光，办公室用电做到人走灯灭、人走关机，避免“长明灯”、办公设备长时间待机等现象；提倡干部职工践行“135”绿色低碳出行方式，实行公务用车油耗台账管理；加强采购环节把关，停止使用一次性塑料制品，限制使用一次性办公用品；实行生活垃圾分类，配备分类垃圾桶，倡导干部职工对垃圾实行分类投放。通过强化一系列细节落实，持续推进“节约型机关”建设走深、走实。（田曼媛）

交通运输

【概况】 株洲市荷塘区交通运输局（以下简称区交通局）主要职责是贯彻执行国家和省有关公路交通行业发展规划，制定并督促实施固定资产投资、运输等中、长期规划和年度计划，负责全区公路交通及交通工业的行业管理和组织实施重点交通工程建设；负责全区地方公路、站及其设施建设和交通建设项目的立项、审查及上报；负责道路的养护管理和交通运输行业的管理；承办区人民政府交办其他事项。2022年，区交通局全面落实“外防输入、内防反弹”的总体防控策略，督促指导交通行业领域各重点场所严格落实常态化疫情防控措施。制定《荷塘区关于进一步加强全区道路交通疫情防控检查站工作的紧急通知》《荷塘区汽车站、交通疫情检查点黄、红码人员、发烧人员处置流程》，并从各单位抽调精兵强将组成疫情攻坚小组，建立醴潭高速株洲东疫情检查点、省道207青草冲—荷塘区防疫检测点，实行24小时值班制。对过往车辆、行人进行测体温并查验场所码、行程码，对疑似病人及红码、黄码人员交由卫生防疫部门采取相关措施。12月7日，区交通运输局响应《关于进一步优化落实新冠肺炎疫情防控措施的通知》（联防联控机制综发〔2022〕113号）文件要求，不再对跨地区流动人员查验核酸检测阴性证明和健康码，不再开展落地检。截至12月7日，共登记检查车辆4093台，乘客6119名，劝返车辆561台，均无异常。2022年，区交通局获评“株洲市春运工作先进单位”。

【推进京港澳复线互通口落地】 2022年，区交通局全力争取京港澳东移线互通口落地，多次与省交通厅、省交通规划设计公司、市交通局及市资规局沟通，研究京港澳东移线互通口落地工作，基于荷塘区产业发展、成本相对节约及服务群众三个方面的考量，确定东环北路连接京港澳东移线设立落地互通口为最终方案，为未来荷塘大物流、大交通发展奠定基础。进一步提升三一智慧钢铁项目千万吨钢铁供应链枢纽地位。区交通局先后多次前往省厅，向领导推荐方案，并邀请湖南省交通运输厅规划与项目办相关领导到三一智慧钢铁城项目调研荷塘区拟新增东环北路落地互通相关情况。

【交通安全管理】 2022年，区交通局严格治理车辆超限超载。开展联合执法行动，出动治超执法人890余人次，检查车辆4700余台，查处非法超限超载运输车辆279台（其中百吨王7台），处罚款5.67万元，交警对驾驶扣分达626分。加强“两客一危”（指从事旅游的包车、三类以上班线客车和运输危险化学品、烟花爆竹、民用爆炸物品的道路专用车辆）企业及货运源头企业安全生产检查。区交通局定期对区域范围内的10

家“两客一危”以及4家货运源头企业开展安全生产检查，对企业进行普法宣传，确保交通运输行业安全，2022年未出现交通领域安全事故。按照市交通局铁路整治办要求，联合月塘、桂花、茨菇塘街道办事处对铁路沿线安全隐患进行排查，均无安全隐患。

【交通文明建设】 2022年，区交通局紧紧围绕文明创建工作要求，通过不断的督查、走访，促使中心汽车站、湘运汽车站和株洲南汽车站营运环境、宣传氛围、基础设施建设、行业管理水平和服务水平均明显提升，车站内外形象得到社会普遍认可。创文期间区交通局共计接到市、区创文督办问题11批次，共计38个问题，全部按要求整改到位。 （刘 羽）

应急管理

【概况】 株洲市荷塘区应急管理局（以下简称区应急管理局）于2019年3月正式挂牌成立，为区政府工作部门。2019年机构改革后同时承担（荷塘区安全生产委员会办公室、荷塘区防灾减灾委员会办公室、荷塘区防汛抗旱指挥部办公室、荷塘区森林防火指挥部办公室、荷塘区防震减震指挥中心办公室、荷塘区应急救援指挥部办公室）工作职能。2022年5月加挂荷塘区应急管理综合行政执法局牌子，成立区应急管理局综合行政执法大队，属区应急管理局下设二级机构，副科级单位。主要负责全区应急管理工作，指导全区各镇（街道）、各负有安全生产职责的单位（部门）应对安全生产类、自然灾害类等突发事件和综合防灾减灾救灾工作；负责组织协调灾害救助工作，组织指导灾情核查、损失评估、救灾捐赠工作，管理分配救灾物资并监督使用。

2022年，区应急管理局始终把“人民至上、生命至上”摆在首位，坚持“党政同责、一岗双责、齐抓共管、失职追责”，坚决落实“管行业必须管安全、管业务必须管安全、管生产经营必须管安全”要求，定期开展安全知识宣传教育培训，切实加强对重点行业重点领域各类风险隐患排查整治，坚决防范和遏制重大事故发生。2022年，区应急管理局获评“株洲市安全生产和消防工作优秀单位”。

【安全隐患排查治理】 2022年，区应急管理局印发《荷塘区深入排查重点行业领域潜在风险隐患坚决防范和遏制重特大事故行动工作方案》，聚焦合泰、富家垅地区居民自建房、危化企业、烟花爆竹、森林防火等重点行业领域，重点生产经营单位的“五个到位”（即：安全责任到位、安全投入到位、安全培训到位、安全管理到位、应急救援到位）落实情况，突出重大隐患“一单四制”（即：重大事故隐患清单、交办制、台账制、销号制、通报制）排查治理，建立风险分级管控和隐患排查治理双重预防机制。扎实开展冬春火灾消防安全隐患治理，按“五落实”（即：措施、责任、资金、时限、预案落实）要求，把握“立足防、超前治、科学救”工作方针，压实“四方责任”（即：指党政、部门、企业和个人责任），筑牢安全屏障、防范风险隐患、强化应急处置，构建“党政领导、部门协同、专群结合、社会共治”的大安全格局。截至12月底，荷塘区共组织执法行动8692次、检查生产经营单位69120家次、立案调查826起、经济处罚879.59万元、责令停产停业126家、取缔关闭115家、吊销安全生产经营许可证112本、行政拘留128

人、抓捕涉嫌犯罪人员 69 人，约谈警示生产经营 26 家。共排查一般事故隐患 3199 个、整治 3199 个、销号率达到 100%。

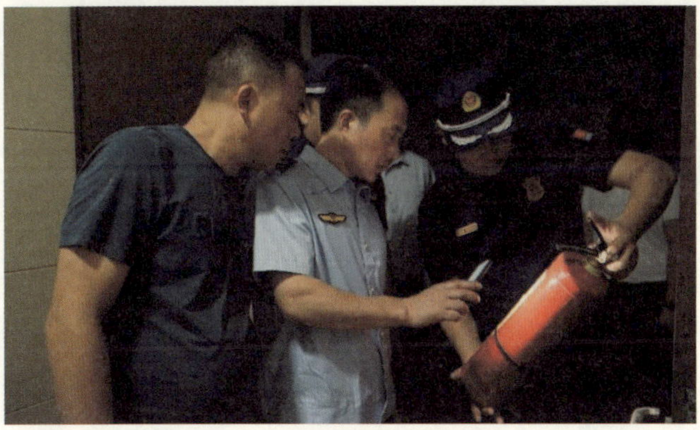

2022 年 6 月，荷塘区在开展安全隐患排查

【打击非法经营、储存危险易燃物品行为】 2022 年，区应急管理局共摸排各类门店（小卖部、南杂店、香烛店）1500 余家，出动应急公安执法人员 100 多人，查处非法经营烟花爆竹行为 180 余起，查处门店非法储存烟花爆竹行为 60 余起，捣毁非法储存烟花爆竹民房窝点 2 个。高度重视对“醇基燃料等”新业态新风险综合行政执法监管，查处非法储存、经营“醇基燃料”案件 8 起，行政处罚 8 起、移送司法机关 3 起，收缴醇基燃料 25.67 吨，行政罚款金额 9.38 万元，刑事拘留 4 人。

【森林防火】 2022 年，区应急管理局及时发布气象专报和森林火险等级预警，在村（居）民微信群将《禁火令》和“坚决防范遏制森林火灾十五条硬措施”内容高频次推送，整合村社区干部、楼栋长、党员志愿者、网格员等力量组建多支志愿巡逻队伍，利用腰鼓锣鼓、流动喇叭穿街走巷宣传违规野外用火危害，织密基层村组（社区）防火网络。对仙庾岭风景名胜、婆仙岭省级森林公园重点区域入山路口设卡设点检查，严格落实进山登记和火种收缴措施，禁止一切违法违规野外用火。全年辖区内未发生森林火情。

【防汛抗旱】 2022 年，区应急管理局在汛期及时下发度汛隐患排查通知，重点开展两港（白石港、建宁港）安全隐患排查，加强高位水塘、城市内涝、重要交通干线、高边坡、泡水房屋等重点领域的巡逻，建立责任层层包干的防汛工作责任机制，明确水库和重要堤防的防汛第一责任人、技术责任人和安全管理责任人。

【居民消防安全】 2022 年，区应急管理局采取印发《致荷塘区全体居民的冬季消防安全提示一封信》、在村（居）民微信群高频次推送安全提醒、开设消防安全知识小课堂、制作消防安全知识科普视频等多种形式，提醒村居民冬季取暖的安全和预防一氧化碳中毒注意事项，普及消防常识，扫除安全知识盲区。针对“独居空巢老人、留守儿童、残疾智障”特殊重点人群开展消防安全关爱走访“敲门行动”，按“就近原则”安排楼栋长、志愿者进行一对一帮扶，并制作“关爱老人帮扶紧急电话联系卡”，确保在紧急情况下能够第一时间得到有效及时帮助。2022 年，区应急管理局严格按照《株洲市合泰、富家垅、龙泉地区经营性自建房消防安全整治要求》，明确由县级领导包片，区直部门、市直驻区 57 个部门包栋、干部包户的“三包”机制，规范、转型一批。通过政策宣传、协商谈判、规范引导和联合执法，分片区实现加工、住宿和仓储功能分离，初步划定加工栋 52 栋，宿栋 90 栋。引导、转移一批。突出政策宣传和规范整治，引导合泰地区服饰加工户向白关、金城等工业园区分批转移。完成服饰产业转移 15 家，其中迁往白关服饰产业园 7

家 1.9 万平方米，芦淞工业园 7 家 3785 平方米，金城华亿电商产业园 1 家 2500 平方米，累计面积 25285 平方米。排查消防安全隐患 2550 处，已整改 2085 处，剩余 465 处将陆续进行整改销号；开展联合执法行动 20 余次，查封关停 264 家；拆除宿舍“格子房”334 处，合计面积 62475 平方米。

【安全生产培训】 2022 年，区应急管理局给企业“送安全、解难题”，送安全知识进车间，开展复工复产“开工第一课讲安全”活动，区应急管理局指导辖区内各生产经营单位通过专家授课、观看警示案例视频、灭火器材实操培训等多种形式，直观形象地把安全知识传授给企业员工，提高工人的安全防范意识和应急处置能力，全年共开展各类安全培训 100 余场，参加人数 2000 余人。

（张 彦）

消防救援

【概况】 株洲市荷塘区消防救援大队（以下简称荷塘消防救援大队）主要担负防火监督检查、灭火和抢险救援、社会消防宣传培训、火灾事故调查、消防产品监督管理、公共聚集场所营业前消防安全检查、指导培训派出所开展消防监督执法检查、指导乡镇、街道、行业部门做好本单位、本行业、本部门内的消防安全管理和消防安全培训教育等工作职能。2022 年，荷塘消防救援大队坚持以党的二十大精神为指导，全面提质强能，奋力攻坚克难，为保护人民群众生命财产保驾护航，彰显消防战士无私奉献精神，圆满完成急、难、险应急救援 500 余次，为全区经济发展和社会稳定创造良好的消防安全环境。

【消防监督执法】 2022 年，荷塘消防救援大队共检查单位 230 家，发现火灾隐患或者消防安全违法行为 401 处（起），下发《责令改正通知书》167 份，责令“三停”（停产停业、停止使用、停止施工）3 家单位，查封 4 家单位，10 处重大火灾隐患整改销案。全年共建设智慧消防服务平台 27 家并上线试运行。121 家消防安全重点单位落实“三自主两公开一承诺”（“三自主”指自主风险评估、自主安全检查、自主整改隐患；“两公开”指向社会公开消防安全责任人、管理人；“一承诺”指承诺本场所不存在突出风险或者已落实防范措施），指导 352 家各类场所落实消防安全标准化管理。对辖区镇（街道）、派出所定期开展指导和培训。2022 年，荷塘消防救援大队共开展生产经营租住村（居）民自建房、仓储物流场所、医养机构、高层建筑、消防车通道、大型城市综合体等联合检查 40 余次。持续推进三年行动消防安全专项整治，针对合泰、富家垅地区的“多合一”场所、“格子间”等突出问题进行重点整治，多次将该地区存在的突出隐患问题函告区自建房整治专班及镇（街道），整治工作取得初步成效。持续推进“独居老人消防关爱计划”，辖区内摸排独居老人共计 300 余人，全部实现与社区党员、志愿者的责任捆绑，有效遏制“小火亡人”事故发生。

【灭火救援】 2022 年，向阳消防救援站共接警出动 545 次，出动车辆 877 台次，出动消防员 5174 人次，抢救被困人员 45 人，疏散被困人员 36 人。3 月 9 日，群众将一面印有“神速出警，保驾护航”的锦旗送到荷塘大队指战员手中，感谢全体指战员在荷塘区映日路科能高新材料股份有限公司发生火灾的危难关头，迅速出动、英勇战斗，保卫人民群众的生命财产安全。7 月 12 日，荷塘区一小朋友上培训班期间掉入管道井中，急需救援。井口宽20多厘米，距离井底约4米，向阳站消防救援站到处后迅速开展紧急救援，利用动力绳和安全腰带制作一副套绳，在确认小朋友绑好套绳后，两名消防救援人员合力将小女孩从井底拉出，小女孩成功脱险。12月7日，家住荷塘区的七岁小男孩聂梓盛正在烤火看电视，忽然桌子下面取暖用的小太阳电线着火。发现着火后，他立马呼叫大人，并迅速起身关掉插板按钮，接着又拔掉接在墙上的电源，阻止了一场火灾的发生，整个过程不到20秒。为表彰聂梓盛的临危不乱，进行“教科书”式的自救的做法进行肯定和表扬，荷塘区消防救援大队为他颁发荣誉证书。

2022年7月12日，荷塘区消防救援站成功营救掉入管道的小女孩

【消防安全教育培训】 2022年，荷塘消防救援大队深入消防安全重点单位、“九小”场所、学校、社区等场所开展集中培训、实地操作灭火器、体验疏散逃生。积极开展寒暑假、“开学第一课”“我眼中的火焰蓝”“消防安全示范课”等消防安全宣传教育活动，发动学生广泛参与消防社会实践和志愿服务；利用“株洲消防”抖音、微博等新媒体对小区电动车违规充电整治进行直播，吸引1.2万网友在线观看；充分发挥快递员流动性强、受众面广的特点，将消防宣传贴纸贴在快递包裹上，把防火秘籍送入千家万户；通过“贴近生活、贴近群众”的方式，开展“消防安全进农村”宣传活动，发挥“村村响”广播，把符合农村实际的消防宣传音频传递到田间地头；深入推进“我为群众办实事”实践活动，慰问独居老人，排查家庭电气线路等火灾隐患，普及家庭防火和逃生自救常识；充分发挥全民消防学习云平台的优势，积极引导群众在云平台开展学习，全面提高广大民众的消防安全意识。同时，依托社会面电子显示屏、互联网等媒体，播放消防安全警示教育片和防火提示标语。发挥科普教育基地作用，不定期邀请社会群众、学校团体走进消防站，全年累计开放大队科普教育基地50余次，接待学习和参观人数8000人次，进一步扩大消防知识覆盖面。 （郭志芬）

市场服务

【概况】 株洲市荷塘区市场服务中心（以下简称区市场服务中心）属区政府直属全额拨款正科级公益一类事业单位。主要负责合泰地区服饰加工行业的消防安全服务工作，引导合泰地区服饰加工行业产业提质升级，协调相关职能部门，规范合泰地区服饰加工行业的经营秩序，优化市场经营环境，承办区委、区政府交办的其他工作。

2022年，区市场服务中心以党建为引领，以安全生产为主线，全面贯彻落实上级部门关于自建房安全专项整治的各项工作部署，抓好合泰地区自建房安全“四性”（指消防安全性、结构安全性、经营安全性、合法合规性）问题的整改销号，下达重大安全隐患整改通知书700余份，开展联合执法行动20余次，查封关停服饰加工厂264家。2022年，区市场服务中心区服饰加工行业的消防安全、自建房安全专项整治、疫情防控、产业升级等各项工作取得一定成效，为保障合泰地区平安做出应有的贡献。

【安全隐患排查】 2022 年，区市场服务中心对合泰地区服饰加工行业开展 2 轮全覆盖排查，共排查服饰加工厂 812 家，签订安全责任状 812 份，发现安全隐患 1424 处，整改 1424 处；对锅炉房未进行防火分隔的加工厂进行重点排查，完成整改 58 家；完成逃生窗口规范整改 768 家。

【产业转型和转移】 2022 年，区市场服务中心深入开展市场主体培育年工作，引导无证加工厂合法有序经营，共新增服饰产业市场主体 28 个，完成“个转企”31 家；加强对合泰地区服饰加工企业的引导和服务工作，做好市、区“四上”企业培育若干措施等相关政策解释宣传，全力做好服饰行业“四上”企业入库申报工作；联系标厂公司召开服饰企业产业转移招商推荐会 3 次，组织实地考察学习 2 次，参与加工厂负责人 110 余人，摸排有意向进行产业转移的服饰加工企业 28 家，涉及面积约 6 万平方米，完成服饰产业转移 17 家，累计面积 3.38 万平方米。

【“格子房”整治】 2022 年，区市场服务中心针对合泰地区服饰加工行业集体宿舍“格子房”（指将成套住宅通过违规装修增加隔断的方式，改造成群体性居住房屋）消防安全隐患问题，进行全面排查，实行“挂图作战”，采取“充分协商、一户一策”“把握节点、稳步推进”“动态监管、长效管理”的步骤，分步推进，分区域开展“格子房”整治拆除工作，拆除“格子房”宿舍 380 处，面积 71545 平方米。

【示范楼栋、小区创建】 2022 年，区市场服务中心为巩固合泰地区自建房整治效果，规范房屋内的经营业态，开展“示范楼栋”“示范小区”创建，旨在通过“示范楼栋”“示范小区”创建压实自建房房东、加工厂经营业主责任，发动各方力量，群策群力，创新合泰地区基层治理新模式，提升基层治理能力和治理体系现代化。12 月，出台《东湖、合泰片区“示范楼栋”“示范小区”创建活动实施方案》，确定东华大厦、金园小区、裕丰二区为试点小区，各项创建工作正在逐步推进。（刘 英）

统 计

【概况】 株洲市荷塘区统计局（以下简称区统计局）主要负责数据监测分析、大型普查、劳动力调查、住户调查、高质量发展监测等工作。2022年，荷塘区统计局践行“三高四新”打造“一区两城”的工作目标，做到月度报表盯紧盯牢，季度报表看重看好，数据监测到点到位，及时向行业部门预警预报，反馈信息。2022年，区统计局共撰写统计分析10余篇，发布《2021年荷塘区国民经济和社会发展统计公报》，印制12期《荷塘区主要经济指标专报》，编印《经济和社会发展手册》1册，为区委、区政府科学决策提供优质的统计服务。

【经济运行监测】 2022年，区统计局动态监测全区400余家“四上”单位运行情况，对趋势性、苗头性问题进行预警分析。对每月、每季统计报表严格把关，及时催报，保证统计数据的完整性数据真实准确；实时监测统计数据质量，有效指导企业纠错改错，主动对接行业主管局预报预警。落实统计联席会议制度，全年共组织召开4次经济形势分析会，及时将各行业数据增降、大企业盈亏、指标运行短板等情况预报预警给部门领导，向行业部门提供“专业服务、专业指导”，保障全区经济运行精准。2022年，实现地区生产总值284.4亿元，同比增长5.3%；

固定资产投资累计完成212.4亿元，同比下降13%；规模工业增加值累计完成76.2亿元，同比增长10.8%；社会消费品零售总额累计完成93.4亿元，同比增长2.3%；商品房屋销售面积累计完成33万平方米，同比下降33.9%；建筑业总产值累计完成86.6亿元，同比增长9.2%；城乡居民可支配收入累计完成57955元，同比增长4.8%。

【“四上”企业申报】 2022年，区统计局共完成55家“四上”企业申报工作，其中，工业新增13家，建筑业新增1家，批发零售业新增13家，住宿餐饮业新增11家，房地产开发经营业新增3家，服务业新增13家。与三一智慧钢铁城企业负责人建立工作对接机制，及时关注项目进展情况和企业的签约情况，当企业达到统计申报标准后第一时间主动上门收集资料，2022年，已完成三一智慧钢铁城批发企业入库入统工作。

【民意调查】 2022年10月，区统计局前往荷塘区10家重点企业开展“联企行动”实施情况民意调查，详细了解荷塘区“联企行动”实施情况、企业当前生产经营遇到的问题，以及企业对于政府部门优化涉企服务与营商环境的建议，为相关部门完善政策措施、优化发展环境、提高服务效能提供重要参考。

【依法治统】 2022年，区统计局持续完善执法监督制度，坚持以国家各专业统计制度为准则，认真负责地做好规模以上工业、能源、商贸等专业统计报表监督工作，确保源头数据真实性，有效提高统计数据质量。开展“双随机”统计执法检查。全年对工业、服务业、商贸业三个产业共33家企业进行实地检查，对检查出的问题及时纠正，确保统计工作更扎实，切实发挥依法治统对统计数据质量的保驾护航作用。强化统计法律法规培训，深入学习贯彻统计法律法规。组织区统计局全体干部职工、各镇办统计员集中学习文件精神，累计培训5场，树牢各专业、街道、村（居）统计工作人员依法统计、依法治统意识。 （廖　妍）

农业·农村

农 业

【概况】 株洲市荷塘区农业农村局（以下简称区农业农村局）是荷塘区政府正科级工作部门。主要承担农业生产、畜牧水产生产、水利建设、河长制、新农村建设、农村经营管理、农机管理、农产品质量监管、乡镇企业管理、农村能源、动物防疫等工作职能。2022 年，荷塘区实现农林牧渔业总产值 8.54 亿元，同比增长 2.6%。其中农业总产值 6.24 亿元，同比增长 1.6%。荷塘区境内主要有白石港干流、建宁港干流及其支流，均属湘江一级支流，境内全长 18 千米。有 1 座小（1）型水库，15 座小（2）型水库和 1 座排渍站。总装机 23 千瓦，有 1367 口山平塘，年平均蓄水 1300 万立方米。

2022 年，区农业农村局被株洲市重大动物疫病防治指挥部评为“株洲市动物疫病防控绩效考核先进单位”；被株洲市农业农村局表彰为“第二十三届中国国际农品会、中国中部（湖南）国际农博会组织工作先进集体”；被株洲市供销合作社联社授予株洲市供销合作社综合业绩考核二等奖。荷塘区“农校无缝对接，打造农业产业孵化器”典型做法获评 2022 年度全市巩固脱贫成果、推进乡村振兴“十佳”创新案例（典型做法）。

【农村土地制度改革】 2022 年，区农业农村局深入开展承包地管理和改革工作。出台《关于规范农村土地承包合同变更程序的通知》（株荷农发〔2022〕49 号），探索建立土地承包合同变更登记机制，适时开展农民群众查询办理相关业务，对于证簿不符、证实不符的依法依规及时整改。1 月 12 日，完成土地确权数据的互联互通工作。出台《株洲市荷塘区农村土地承包数据管理办法（试行）》（株荷农发〔2022〕41 号），增强数据安全保密意识，健全内部管理监督制度，落实工作责任制。荷塘区积极开展体系建设，依托镇、街道便民服务中心，组建镇、街道农村产权交易服务站，在村一级设立产权交易信息采集。通过市级产权交易平台在土流网上发布的产权交易信息达 32 宗，涉及耕地、建设用地、商服用地、林地、宅基地、工矿仓储用地等地块的产权信息，荷塘区配合市级平台，逐步推进农村集体产权全部入市交易。高度重视农村土地流转工作，积极建立土地流转服务工作机制，发展适度土地规模经营，取得一定成效。荷塘区全区集体所有的农用地总面积 10053.33 公顷。截至 12 月，全区土地承包经营权流转总面积已达 3520 公顷，土地流转涉及总农户数 0.83 万户。

【集体三资管理】 2022 年，区农业农村局多措并举推进集体三资管理及专项治理工作。召开区委农村工作领导小组办公室会议，出台《关于建立荷塘区“村社分账”管理改革暨农村集体“三资”

管理突出问题专项治理工作联席会议制度的通知》（株荷农办〔2022〕4号）文件和《荷塘区农村集体“三资”管理突出问题专项治理工作方案》（株荷农办〔2022〕5号）文件，建立多个部门共同议事的联席会议制度。区农业农村局要求各镇（街道）、村结合实际，认真开展自查自纠，逐村建立问题清单，各村累计发现问题数24个，已完成整改18个，正在整改6个，区农业农村局共开展督查4次，工作成效较为突出。引入专业的会计师事务所对各村村账进行进一步核查、审计，坚决做到问题清查全面、问题整改到位。

【村社分账改革】 2022年，区农业农村局稳步推进村社分账改革试点工作。召开区政府常务会议，明确实行“村社分账”管理改革，正式出台《关于开展村民委员会与村（股份）经济合作社分账管理和集中代理记账工作的通知》（株荷农办〔2022〕3号）文件。成立领导小组并建立联席会议制度，明确“村社分账”工作经费由区财政根据工作需要据实拨付。区农业农村局组织村级财务管理员开展3次“村社分账”业务培训。同时，引入专业会计师事务所，指导各镇办、村认真准备分账资料，进行初步划分，区级严格审核确认，现场督导，再由村级组织严格对分账结果进行核对、议决和公示、报备，并进行调账和建账运行，试点主体工作任务全面完成。扎实推进二轮延包试点改革工作，在仙庾镇樟霞村先行试点。成立工作领导小组，加强学习培训和政策宣传，做好调查摸底，对集体经济组织成员身份进行“回头看”，摸准土地承包现状，发动群众，民主协商，妥善解决好各类矛盾和纠纷，做好一系列前期准备，不断稳定和完善农村土地承包关系。

（文　慧）

养殖业

【概况】 2022年，荷塘区生猪出栏1.87万头，羊出栏2.60万只，家禽出笼29.86万羽，牧业总产值12845万元，同比增长1.8%。渔业总产值7790万元，同比增长5.5%。农林牧渔服务业总产值1607万元，同比增长9.2%。

【动物疫病防控】 2022年，区农业农村局全面完成重大动物疫病防控集中强制免疫工作。严格按照“政府保密度、部门保质量”和“村组干部带路、防疫人员免疫、养殖大户自免、整村推进”的方式，扎实开展政府、职能部门双重负责的“双责地毯式”春秋季集中免疫工作。坚持“分类指导管理”原则，规模养殖场实施程序化免疫、健全免疫记录、免疫后报告的方式；散养户按照春秋季集中免疫、平时免疫申报和定期补免相结合的制度，由季节性免疫向常年性免疫转变。做好“非洲猪瘟”防控工作。稳固加强分片包干、责任到人的网格化监管，定期对养殖场至少进行一次排查，对养殖场的生猪健康、存出栏、病死生猪无害化处理、免疫等情况全面监管。落实消毒制度，要求养殖户严格落实主体责任，做到消毒常态化，一日一清洗，一周一大洗，定期全面消毒灭源。强化生猪调运监管，切实做好生猪运输车辆备案，对违规运输生猪车辆及时纳入黑名单，严格落实不从外省调入生猪（种猪、仔猪除外），对违规调运的一经发现立即上报，就地处置。严格落实疫情处置工作，对排查到的疑似重大疫病按照“严、快、小”的原则果断处置及时上报，并做好相关善后补助工作。强化泔水管控，严厉打击餐厨剩余物饲喂生猪的违法行为，对情节严重的移交上级执法部门处置。（文　慧）

种植业

【概况】 2022 年，荷塘区粮食播种面积 2533.33 公顷，粮食产量 1.63 万吨。油菜种植面积 580.8 公顷，增长率 0.3%，产量 958.32 吨，增长率 2%。蔬菜种植面积 3426.67 公顷，同期增长 2.10%，收获产量 14.16 万吨，同比增长 1.6%。

【粮食生产】 2022 年，荷塘区坚持不懈抓好粮食生产，坚决扛稳粮食安全责任，完成早稻种植面积 533.33 公顷、中稻种植面积 883.33 公顷、晚稻种植面积 616.67 公顷、旱粮种植面积 500 公顷（含大豆 33.33 公顷），全面完成粮食生产面积任务。粮食全年总产量 1.63 万吨，其中早稻 0.3210 万吨，中稻 0.6345 万吨，晚稻 0.444 万吨，旱粮 0.2305 万吨。

【扶粮政策】 2022 年，荷塘区“以稳面积、稳产量、保安全”为目标，全面落实上级粮食生产要求，早谋划、早部署，确保全区粮食面积及产量指标的完成，2022 年，荷塘区粮食播种面积 2533.33 公顷，粮食产量 1.63 万吨。全面落实粮食惠农政策，安排区财政拨付区级粮食生产专项资金 283 万元。

（文　慧）

水　利

【概况】 2022 年，荷塘区水利工作在水利工程建设、水旱灾害防御、水资源管理、水利安全生产等工作进展顺利，各项任务成果显著，有力保障全区粮食生产。

【防汛抗旱】 2022 年，区农业农村局全力做好防汛抗旱工作。全面开展隐患排查，建立问题台账，逐项销号整改。完善防汛抗旱预案（方案）修订工作，确保各类工程安全度汛。严格落实水旱灾害防御值班制度。2022 年，争取中央水利抗旱资金 300 万元，市级“五小水利”项目、移民项目、水生态文明建设等其他水利资金 160 万元，启动近 50 个山塘、堤坝、水闸等的建设，大力提升农村地区防汛抗旱能力。

【水利建设】 2022 年，区农业农村局全面深化河湖水库管控。推进明照河、白石港河道管理范围与徐家塘水闸、16 座小型水库管理范围划界成果数据纳入“多规合一”协同审批平台与国土空间规划“一张图”，强化水域空间管控；建立水库长效管护机制，完成仙庾镇 7 座小型水库标准化创建，深入推进全区水库维修养护物业化、专业化管理；积极争取 2023 年度中央水利发展资金，排除病险水库隐患，将乌石水库、旱塘水库列入 2023 年度中央水利发展资金建设计划。

【涉河项目审查】 2022 年，区农业农村局服务发展大局，严格涉河项目审查，紧密围绕“一区两城”定位，全力以赴为“两城”建设和湖南先进硬质材料及工具产业园、三一智慧钢铁城 2 个百亿项目建设做好规划调整、水土保持论证、防洪影响评价等事项的行政审批服务；加强事中事后监管，督促落实批复方案和防洪补救补偿措施等，严禁未批先建、批建不符、越权审批。

【河长制】 2022 年，荷塘区积极推进河长制工作向纵深发展。完善体制机制，强化部门联动。按照中央、省委、市委全面推行河长制文件精神，实现三级河长管理水体全覆盖，印发《荷塘区河长制工作督察制度》等六项制度，制定清“四乱”（即：清理整治河道治理范围内乱占、乱采、乱堆、乱建等突出问题）专项行动方案，推进“河长+检察长”“河长+警长”协作机制落地见效，形成河道保洁工作长效机制。2022年，召开1次总河长会议、2次成员单位会议和2次工作推进会，联合主要成员单位、镇（街道）协调解决重大水环境治理问题。抓好阵地建设，规范河长巡河。推进河长制工作标准化建设，配齐“一办三长两员”（“一办”指河长办，“三长”指官方河长、民间河长和河道警长，“两员”指配备1~2名专职护河员和河湖保洁员），明确阵地建设“六有”（有机构、有人员、有场所、有制度、有经费、有设备），积极创建“株洲市河长制工作标准化建设单位”，全面完成5个镇（街道）河长制工作标准化建设。2022年以来各级河长累计巡河1776次，下发区级交办函21个，交办问题均已整改到位。积极发动宣传，提高公众参与。2022年，组织开展“世界水日”“中国水周”等3次宣传活动和7次河湖志愿活动，提升全民节水护水意识。推进河湖整治，打造荷塘样板。开展碍洪排查、每月排查河湖“四乱”情况，切实保障河道行洪通畅，2022年组织开展“清河净滩”行动22次，参与清河净滩人数100人，出动垃圾打捞机械10台，打捞漂浮物共计6.5吨，清理岸线长达10千米。对全区24个河湖（水库）制定“一河一策”治理及管理保护方案，突出重点，因河施策，不断提升水生态环境，建设造福人民的幸福河湖。

（文　慧）

乡村振兴

【概况】 2022年，荷塘区紧扣“产业兴旺、生态宜居、乡风文明、治理有效、生活富裕”的乡村振兴总目标要求，坚决守牢防止规模性返贫底线，扎实推进乡村治理工作，全力推进“幸福屋场”创建，抓好办实“村电共治”便民服务工程，高质量推进乡村振兴工作。

【脱贫攻坚】 2022年，区农业农村局建立健全防返贫监测帮扶机制，牢牢守住防止规模性防返贫底线。荷塘区共有监测对象99户233人。荷塘区聚焦突发严重困难户、边缘易致贫户等重点人群，用好乡村干部常态化排查、行业部门预警、防返贫监测系统“三支力量”，建立健全“农户主动申请、部门信息比对、干部定期回访”建立防返贫致贫动态监测帮扶机制，每月跟踪监测，对重点对象定期检查、动态管理，持续跟踪收支、“两不愁三保障”（即：不愁吃、不愁穿，义务教育有保障、基本医疗有保障、住房安全有保障）及饮水安全变动状况，有问题及时发现、快速响应、动态清零，切实筑牢防返贫“防火墙”。

【幸福屋场示范创建】 2022年，区农业农村局根据“产业兴旺、生态宜居、乡风文明、治理有效、生活富裕”的总要求，将幸福屋场创建作为推动产业振兴、生态振兴、组织振兴、文化振兴、人才振兴的重要抓手，按照“镇村主抓、群众主体”工作思路，坚持“自愿、自主、自治”原则,全面开展幸福屋场示范创建工作,实现良好开局。根据《关于印发<株洲市“幸福屋场”建设实施方案（试行）>的通知》（株振局发〔2022〕6号）工作要求，认真谋划、精心部署，在仙庾镇蝶屏村小乡组、栏木组，徐家塘村徐家塘组，樟霞村毛塘一组、二组迅速启动幸福屋场示范创建工作，发动群众积极参与，投工投劳，构建共建、共治、共享的基层治理新格局。

截至12月底，全面完成创建工作并通过株洲市乡村振兴局验收。

幸福屋场建设近景

【“村电”共治】 2022年，荷塘区农业农村局大力实施“村电共治、便民服务”工程，全力打造“乡镇主导、村组主责、供电支撑”乡村治理新模式，大力推进“五大行动”（即：办电便民、供电可靠、保电护网、管电除患、科学用电），将办电便民、供电可靠、保电护网、管电除患、科学用电等电力工作内容纳入村务常态管理，全面提升农村供电质量，提高城乡用电服务标准化、同质化、均等化水平，助力乡村振兴战略全面推进。坚持高位高频推动。印发《关于荷塘区开展“村电共治、便民服务”工程助力乡村振兴的实施意见》,明确各成员单位的职责分工，压紧压实区、镇、村三级工作责任，将“村电共治”工作纳入乡村振兴考核。建立工作联动机制。城东供电支公司与全区7个镇（街道）签订“村电共治，便民服务”协议，供电所与荷塘区各村（社区）签订“村电共治·便民服务”合作协议，建立公司与镇（街道）、供电所与村（社区）、台区经理与村电力联络员的三级联动机制。联合乡镇定期召开调度会，汇总并交办电力设施隐患、电网建设矛盾和居民用电需求等，村电双方协作共同解决。推进办电便民服务。在综合服务中心设置“村电共治”便民服务点和电力服务窗口，全力推进“保电护网和办电便民”服务功能逐步向村社转移。便民服务点负责收集各类用电隐患及村民办电需求，供电所快速响应，及时处理；建立电力隐患台账，巡视收集电力、外破、树竹、鱼塘隐患162条，完成治理156条。强化村电双方合作。积极组织供电所与村（社区）联合开展安全用电、科学用电宣传进集市、进小区、进学校活动，常态化开展反窃查违、防山火宣传；实施电力运维隐患联防联控，村电双方共同治理挂钩取电、电力设备附近燃放烟花爆竹等危险行为，严格管控架空电力线路保护区植物的栽种。供电所与村（社区）联动，开展高低压电力通道砍青扫障，累计清除树障276处，共计3125株，为供电可靠提供有力保障。做好园区供电服务。组织城东支公司积极对接荷塘产业开发区管委会，筹建园区供电服务中心。目前已完成部分场地建设，城东供电支公司安排3名企业服务专员专门对接服务园区企业及区重点企业，解决企业涉电诉求和问题，并明确能效服务分析团队、抢修支撑团队、“供电服务+绿色赋能”双体检团队等，进一步提升园区企业供电服务水平。

【乡村治理】 2022年，荷塘区农业农村局强化自治措施，夯实乡村治理基础。坚持公开、公平、公正原则，引导广大村民把拥护党的领导、工作能力强、奉公守法、热心公益、公道正派的人选进村民委员会，推动村党组织常态化开展村民议事，村理事会、监事会全面履职尽责；通过召开村民代表大会、股民代表大会，组织村民共同讨论并制定新《村规民约》《村集体经济折股量化方案》《议事会章程》等有关制度、章程；召开“屋场会”讨论决定村级公共事项，通过问题导向寻问题，分类处置，与群众一起解决群众最迫切、最愿望的事情，发动村民志愿者投身农村人居环境整治、“门前三小”

建设，以示范带动，引导全民参与村庄建设。通过系列措施全面实现三个转变：一是组织从“当家人”到“引路人”的转变，干部从“管理型”到“服务型”的转变，群众从“冷眼旁观”到“主动参与”的转变，使干群关系更加和谐、融洽，让村民成为村级事务的参与者、支持者、实施者，从而进一步提升村民的荣誉感和主人翁意识，共建共治共享氛围不断形成。推进法治建设，强化乡村治理保障。全面推进法治平台建设，加强调解组织和调解队伍力量，形成优势互补、信息共享、协调顺畅的“线上+线下”一体化法律服务体系；着力实施矛盾纠纷多元化解机制，坚持重心下移，力量下沉，搭建起完善的“镇一村一组”三级调解网络体系，全力将矛盾纠纷化解在村一线、消除在萌芽状态，确保“小事不出村”；着力加强村综治中心、村民小组长等的协调调处能力，在村党组织的引导下常态化开展议事，形成村、组自治良性互动局面；规范乡村小微权力运行，建立健全小微权力监督制度，对村级资金管理的实时、动态和精准监督。二是建立健全村务监督委员会，对村务决策、村级工程建设项目等涉及村民利益的事项进行全流程监督；充分利用现代化宣传阵地，通过微信群、抖音开展普法、禁毒知识、扫黑除恶、反邪、反恐、反电诈等宣传，普及相关知识，形成了“平安建设靠大家”的浓厚氛围。组建法律服务团队，深入乡村企业、村委会为他们开展法治体检和答疑释惑上级相关扶持政策以及法律问题，帮助解决基层治理难题5个，挽回经济损失近10万元。三是发挥德治作用，提升乡村治理水平。全面开展移风易俗工作，将红白理事会作为破除陋习、弘扬文明新风的载体，通过选举德高望重、熟悉民俗礼节的老党员、青年志愿者等担任理事会成员，引导开展移风易俗工作；大力开展文明村镇、农村文明家庭、星级文明户、五好家庭等创建活动，注重发挥道德典型示范引领作用，挖掘培育群众身边的先进典型，不断引导更多乡贤、退休工人、教师、本土热心人士投身到乡村治理的各项事业中来，为村民树立一批可学可敬的榜样。

（文　慧）

科技和工业信息化

综　述

【概况】 2022年，株洲市荷塘区科技和工业信息化局（以下简称区科工信局），在疫情防控、生态文明建设、企业项目申报、基层党建引领工作中取得明显成效。2022年，荷塘区规模以上工业企业123家，高新技术企业97家，科技型中小企业118家，科技创新平台43家。荷塘区规模工业增加值增速10.8%，连续9个月全市排名第一，全年累计完成产值265.65亿元，同比增长14.4%。工业投资上报157.5亿元，工业投资同比增速排名城区第一。小升规企业全年新增13家，其中新建投产2家，产值首次过亿元企业1家。新增7家省级以上“小巨人”企业，总量翻倍，1家国家重点“小巨人”企业。

2022年，区科工信局获“株洲市企业办事不求人第一名”“株洲市真抓实干科技创新奖”荣誉称号及“株洲市三季度打造三个高地先进制造业组铜牌”。

【生态文明建设】 2022年，荷塘区规模工业企业安全生产指导与服务的覆盖范围扩大到20家企业，区科工信局聘请专业第三方机构，会同区应急局对企业安全生产进行定期检查指导、安全隐患排查，每季度对发现的安全隐患实行“一单四制”（一个重大事故隐患清单、交办制、台账制、销号制、通报制）台账管理。4—7月，完成辖区城市开发边界范围内的2家已关停烧制砖瓦企业的省级督察销号，会同区市场监督管理局及街道办事处等相关部门对两家企业实行“两断三清”（断水、断电、清原料、清设备、清场地），严防反弹。根据文明城市创建工作要求，组织铁塔公司、电信公司、移动公司和联通公司对辖区331处合计3000多个空中线缆杂乱点位进行整治。

【企业项目申报】 2022年，区科工信局组织申报省工程技术研究中心1家，省专项资金重点产业项目3家，省专项资金关键产品“揭榜挂帅”项目1家，省移动互联网产业发展专项资金项目1家，省级企业技术中心复核评价项目3家，省级企业技术中心4家，制造业数字化转型“三化”重点项目7家。2022年，先进硬质材料产业集群竞赛的初赛和决赛荣获“湖南省第一名”。促进橡胶院与中南大学航空航天学院产学研合作签约，申报湖南省重点研发项目并获得立项。（王　丹）

科　技

【概况】 2022年，荷塘区高新技术企业总数达97家，科技型中小企业达118家。全年新增5家省级以上科技创新平台，全区各类技术创新平台达43家，其中国家级6家，省级23家。技术交易成交额完成26.8亿元，完成率达141.05%。区委、区政府重视科技工作，地方科技财政支出占比提高到8.0%，追加区级科技专项经费预算150万元、区域经济高质量发展投入535万元奖励企业创新发展。在“2022年湖南省长沙银行杯创新创业大赛”“省创新创业大赛轨道交通专业赛”评比中，荷塘区有3家单位获优秀奖。

【科技成果转化】 2022年，区科工信局主抓大企业、帮助中小企业、鼓励小微企业，实现各层次、全领域成果转化，向上级部门推荐项目32项。高新增加值增速达20%，排全市第三，每万人有效发明专利14.19件。科能公司获得省工程技术研究中心的认定；橡胶院、宏达电子、中天杭萧等6家企业分别申报省级工业设计中心和省级企业技术中心。荷塘区科能、同一、锐利诚等12家企业推荐申报市级科技型瞪羚企业，已认定3家。

【科技培训】 2022年，荷塘区组织开展高企培训、研发奖补等科技讲座、科技项目对接、科技咨询服务等系列线上和线下培训达18次，共计服务企业300余家。培训会上，专家们对相关专利指标及应对建议、企业研发费用归集及科技型创新型科技企业培育等相关要求进行详细的讲解，受到企业一致好评。

【科技服务】 2022年，荷塘区组织5名科技特派员到企业开展科技服务工作。带动项目投资1810万元，实现年利润1400万元，推广新技术新品种5个，开发新品种11个，帮助企业申请项目6个共120万元，完成研发费用投入792万元，形成技术标准1个，培训21场次177人次，安置劳动力就业125人。其中，湘潭大学自动化与电子信息工程学院的副教授陈洋卓为株洲长远制造股份有限公司业务指导18次；对科技计划项目、产学研合作项目提供业务指导，解决项目技术难题、指导改进意见各6次；带动项目投资500万元，实现年润180万元，推广新技术2项，开发新产品5项。

（王　丹）

工　业

【概况】 2022年，荷塘区共有规模工业企业123家。规模工业增加值增速10.8%，连续9个月全市排名第一，全年累计完成产值265.65亿元，同比增长14.4%。工业投资上报157.5亿元，工业投资同比增速排名城区第一。小升规企业全年新增13家，其中新建新投产2家，产值首次过亿元企业1家。新增7家省级以上“小巨人”企业，总量翻倍，1家国家重点“小巨人”企业。牵头的先进制造业在市三高办三季度考核中获铜奖。

【中小企业服务】 2022年，荷塘区依托产业服务中心构建的国家中小企业公共服务示范平台，举办惠企业政策培训15场次，累计培训1300余人次。服务专员帮助企业解读政策、跑项目、解难题，帮代（带）办企业行政审批事项300余项，共计服务企业196家，打造企业服务“云平台”，由服务专员将相关信息“一对一”推送给企业负责人实现重点企业、人员全覆盖。

【助企纾困】 2022年，区科工信局开展“万名干部联万企活动”，组织全区134名领导干部深入791家企业，协调解决问题171个，办结率100%。宣传贯彻《国家扎实稳住经济33条》和《全省落实国家稳住经济政策“1+8”等系列惠企、助企政策措施》，发放市级“惠企政策一本通”500 本，帮助中小微企业实现留抵退税 4 亿元。开展“减负”服务“清欠”行动，2021 年至 2022 年 9 月全区共计清偿民营企业中小企业账款 2000 余万元，实现应清尽清。

【产业园建设】 2022 年，荷塘区湖南先进硬质材料产业园道路建设实现映日路、丽舍路道路建设开工配套项目。12 月，刀具交易市场 12 栋完成主体封顶，预计 2023 年 5 月全面完成交付，运营中心已经通过一、二次验收，待功能分区调整后即将投入使用。湘钢梅塞尔气体项目签约；刀具产业园签约 13 个标厂项目共 4.5 万平方米，预计 2023 年 12 月交付。2022 年 8 月，株洲长沙先进硬质材料及工具产业集群以第一名的成绩通过省级先进制造业集群决赛。

【招商引资】 2022 年，区科工信局深化招商合作机制，引入专业战略投资对三一片区和硬质材料片区合作开发，依托三一集团和莞深集团资源，在大力降低招商人力、物力成本的同时，实现三一智慧钢铁城项目 35 家规模以上企业引入，先进硬质材料产业园引进 14 家企业，预计产值 35 亿元。立足“两城”建设，依托株硬集团等龙头企业，重点围绕区内丰富的硬质合金生产型企业资源，秉着“规划引领，设计先行”的理念，全力打造湖南先进硬质材料产业园，为加速项目招引，以“预招商+定制厂房”的模式促项目落地，已引进企业 11 家，签约面积 27011 平方米，去化率达 100%。（王　丹）

产业开发

【概况】 荷塘产业开发区管理委员会（以下简称荷塘产业开发区）根据相关法律法规和市委、市政府授权（委托）履行组织领导、发展规划、区域开发、产业发展、投资促进、协调服务等职能。认真落实国家关于促进开发区改革和创新发展的要求，切实优化营商环境，全面落实“三高四新”战略定位和使命任务，贯彻新发展理念、融入新发展格局，在深入开展园区项目“百日攻坚”行动，深化园区体制机制改革，推动“五好”园区创建等方面成效明显。

2022 年，荷塘产业开发区技工贸总收入为 2499576 万元，同比增长 20.91%；高新技术产业主营业务收入为 1849759 万元，同比增长 4.33%；上交税金总额为 83501 万元，同比增长 11.18%；固定资产投资总额 1069758 万元，同比增长 16.51%；规模工业增加值为 576194 万元，同比增长 8%。2022 年，荷塘产业开发区围绕“两城”建设，聚焦产业项目招商引资。2022 年，坚决落实区委、政府招商半年攻坚行动要求，开展“秋季攻势”，扎实开展招商攻坚“秋季行动”，组织各小分队外出招商近百次，举办各类招商活动 17 场次，签约引进江苏天合能源等项目 15 个，投资额约 8.8 亿元，策划融资项目 3 个、4.2 亿元，招商工作各季度排名在全市稳居前列。持续打造安全绿色园区，2022 年，获评省级绿色园区。

【服务企业】 2022 年，荷塘产业开发区协助企业申报科技、工信部门项目共计 30 余个，预计可获得奖补资金 1700 余万元，惠及 40 余家企业。帮助 7 家企业进入 2022 年新培育的湖南省专精特新“小巨人”企业认定名单，8 家企业成功入选湖南省产融合作制造业重点企业名单，15 家中小企业申报市级专精特新“小巨人”。开展知识产权分中心建设，收集 100 余家企业知识产权档案信息，指导 6 家企业开展技术合同登记。深入推进入园项目工程建设帮代办服务。帮助湖南先进硬质材料产业园、三一智慧钢铁城等项目办理行政审批相关手续190余次，取得行政审批证件64个，帮助新入驻企业办理工商注册26个。聚焦项目竣工验收环节，推进三一智慧钢铁城首期一批10万平标厂、飞山奇新材料项目和中良电气项目实现“竣工即交证”。

【基础设施建设】 2022年，荷塘产业开发区在用地保障方面，完成金泉路、金桥路、三一铁路专线等6个项目共48.67公顷，土地征收，完成三一2#、4#、5#地块27087公顷交地，春节前已全部交地；在工程建设方面，完成三一一期10万平方米标厂建设，莞深刀具展示交易中心一期（A1—2）有6栋已封顶，其余也在春节前已全部封顶；湖南硬质材料产业园1-1期标厂完成桩基施工，运营中心完成装修和设备安装，预计年前可投入运营。

【重大项目签约开工】 2022年7月21日，由株洲市先进硬质材料产业链主办，荷塘区委、区政府承办的株洲市先进硬质材料产业基金联盟暨银企对接会在荷塘区举行，组建促进先进硬质材料产业集群发展的基金联盟，为企业进一步加大投资、加强技术研发、推进产业集群高质量发展等方面创造优质条件。株洲市先进硬质材料产业链常务副链长、荷塘区委书记方靖出席活动并致辞，区委副书记、区长罗鹏程主持活动。区领导陈柏文、张璐、陈佳敏、王荣参加活动。签约仪式上，金石投资有限公司等6家基金公司与株洲市先进硬质材料产业链签约，成功组建“先进硬质材料产业基金联盟”。中国建设银行株洲市分行等11家银行机构与株洲市先进硬质材料产业链签署战略合作协议。4家先进硬质材料企业与银行机构或基金进行银行融资项目合作签约和基金投资项目合作签约。7月22日下午，湘钢梅塞尔株洲制氢项目签约仪式隆重举行。荷塘区委常委、常务副区长陈柏文主持并致辞，区人民政府副区长陈佳敏代表荷塘产业开发区与湘钢梅塞尔气体产品有限公司董事长张德富进行项目签约。湘钢梅塞尔株洲制氢项目拟选址荷塘产业开发区金达路以北、金岭路以西、悦舍路以南K1地块，用地面积约3.34公顷，总投资约1.5亿元，主要建设2000立方纳米/小时天然气制氢、氧、氮、氩、二氧化碳、混合气气瓶充装站、甲类仓库、办公大楼等，项目建成投产后，可生产氢气2000立方纳米/小时以及瓶装工业气体2000~4000瓶/天，产值达1.1亿元以上，税收1000万元以上。9月21日，株洲市“百日攻坚”行动——株洲市现代综合物流园（2.1期）项目开工仪式顺利举行，区委副书记、区长罗鹏程宣布开工，区委副书记、政法委书记余鹏讲话，荷塘产业开发区党工委书记肖昊昕、荷塘产业开发区管委会主任王荣、湖南首邦公路港物流有限公司董事长刘铁鹏参加活动。荷塘区参与本次全市集中开工活动的6个项目，年计划投资7.6亿元，总投资19.5亿元。其中，株洲市现代综合物流园项目位于荷塘产业开发区内，由湖南首邦公路港物流有限公司投资兴建，是湖南省交通运输厅“十三五”规划项目，已纳入省交通运输厅“十四五”通用集散型物流园区项目。项目规划用地约24.24公顷，总投资5.2亿元，总建筑面积268800平方米，建设工期72个月，预计2025年9月竣工。2.1期总投资约3亿元，总用地面积130217平方米，建筑面积154782平方米，主要建设仓储、分拣、配送、物流加工等配套服务基地为一体的综合性园区。项目建成后，计划引进物流企业80余家，形成快递企业、物流企业的产业聚集区，预计每年创造500个就业岗位，贡献税收2亿元，同时可解决城际干线货运车辆“停车难”“配货难”等问题。

【重大项目保障】 2022年4月20日，园区建设项目规范管理研讨会在金山新城一楼会议室召开，荷塘产业开发区管委会主任王荣、副主任蔡群英、金城集团副总经理曹云华、工程建设部全体成员，以及各在建项目监理单位、检测单位和第三方跟踪审计单位相关人员参加会议。会上，各单位就园区项目管理模式调整后如何更加科学、规范、高效地开展项目管理，加强各参建方之间的沟通配合，并结合金城集团工程建设部制定的项目管理操作指南，对各建设项目存在的质量、安全、造价控制等方面的问题进行现场讨论。会议达成共识，监理单位和检测单位是项目管理中质量控制的关键两环，要进一步加强沟通与协调、紧密配合，共同做好对建设单位委托项目的服务工作。同时第三方跟踪审计单位作为监督单位，必须加强对项目造价的全过程跟踪、分析与防控。各服务机构齐心协力，压实责任主体，共同推进园区项目建设合法合规。

【打造国内重要的硬质材料产业链】 2022年，荷塘产业开发区为持续推动产业做大做强，株洲成立市先进硬质材料产业链工作指挥部，组织链办、促进中心、协会、产业链联合党委等工作专班，密集调研、主动作为。2022年，解决19个困扰产业发展的“急难愁盼”问题，产业链规上企业研发投入强度达6.35%，业内排名全国第一。株洲按照“聚焦、裂变、创新、升级、品牌”思路，强化龙头带动，推动硬质合金产业集群发展。株硬集团5000吨高性能碳化钨智能生产线投产，弥补产业链原料短板。2022年总产值达385亿元。株洲成为全国最大的硬质合金生产基地，涌现“钻石”“顽石”“欧科亿”等知名品牌，硬质合金产量在全国行业占比41%，高端数控刀片占比75%以上，海外订单销售收入持续稳居全国首位。

【安全保障】 2022年 1月19日，荷塘大道四三〇铁路桥两侧竖起了一根根路灯杆，让大桥焕发了新的生机，荷塘大道四三〇铁路桥交通安全改造项目初现成效。该项目旨在解决铁路桥沿线长期夜间照明不足、安全防护隐患突出等问题，是市、区两级政府督办的重大民生工程。该项目立项后，荷塘产业开发区管委会统筹有力，专业化管理团队金城集团工程建设部迅速行动，自2021年12月18日开工以来，施工单位湖南省醴陵市第三建设工程有限公司克服雨雪天气对工程进度的影响，监理单位湖南省建设工程项目管理咨询有限公司株洲分公司严格把关，确保施工质量。在各单位紧密配合、通力合作下，已完成路灯安装及通电亮灯部分工作。4月28日上午，金城集团组织召开园区建设项目安全生产专题会议。金城集团副总经理曹云华主持会议，金城华亿、金城资源、金城燃气、国投金汇、国信伟大、金城集团工程建设部全体人员，以及在建项目施工单位、监理单位相关负责人参加会议，会议邀请荷塘产业开发区管委会负责安全生产领导出席。会议传达市安委会《关于开展全市安全生产大检查工作的通知》文件精神，并结合园区实际情况，对园区在建项目安全文明生产工作进行部署。会议强调，一要加强安全意识，每个人都要绷紧安全这根弦，严格按照“管行业必须管安全，管业务必须管安全，管生产经营必须管安全”和“谁主管谁负责”的原则，依法依规落实安全监管责任；二要健全和执行安全制度，坚决防范遏制重大事故；三要加强安全隐患排查，把排查做到日常、经常、平常，全面消除内、外不确定因素，对暴露的问题及时组织整改，务必要落到实处，全力以赴，确保安全零事故。6月29日，株洲金山工业园产业新城铁路专线项目专题审查专家组深入项目现场，株洲金城集团项目前期部负责人全程陪同。本次勘察针对的是地形、环境、地质、水源，对现场地质条件、钻孔岩芯进行仔细查勘，充分了解铁路专线的建设条件。专家组详细了解勘察范围内涉及周边居民征拆、青苗补偿等细节，减少后续工作中可能产生的相关风险。此次株洲金山工业园产业新城铁路专线项目施工详勘已完成75个，现场勘察结束后，项目评审专家组将对铁路专线项目的施工总布置规划以及枢纽布置格局进行专题审查。此次勘察活动有利于保障后续项目的推进，减少项目开展过程中的安全隐患，对安全施工起到重要的作用。抓实安全生产工作，在全市安全生产和消防工作专项考核中获得满分。

【生态环境管理】 2022年3月16日，省生态环境厅事务中心副主任李庄带领研究部部长曹建兵、技术服务部部长石竹到株洲市荷塘产业开发区现场调研座谈，指导“三线一单”落地应用，帮助地方破解制约经济高质量发展的生态环境难题。近年来，荷塘区真抓实干，积极构建大环保工作格局，通过推动执法“全覆盖”、监督守法“全过程”、严格查处“零容忍”、提升园区“多举措”，全面压实园区和企业主体责任。生态环境保护成效明显，生态环境质量大幅改善。李庄一行对此表示充分肯定。李庄一行着重针对园区发展、项目落地面临的生态环境保护瓶颈，和重点企业在转型升级过程中面临的环境困境，仔细听取园区和企业反映的一些疑惑和实际困难。李庄认真做好记录，对提出问题一一作详细解答，并在园区规划环评、跟踪评价、扩区调规、用地性质、分类管理、第三方治理、企业降碳减污增长综合协同等诸多方面现场进行耐心细致的指导。同时要求当地园区务必做到“三个做好”，一是要做好园区产业规划和整体布局；二是要做好重点项目服务和准入把关；三是做好企业生产环境管理。2022年3月25日，株洲荷塘产业开发区在荷塘区门户网上公示环境影响跟踪评价信息。荷塘产业开发区核准范围内共有企业72家，以有色金属精深加工及新材料、轨道交通及装备制造和汽车及零部件制造为主导生产、生活功能齐全的民营高科技企业生产生态园区，园区内现有环保合法企业均采取相应的废水、废气、固废处理处置措施，基本符合原评价报告及评价批复中所提的入区企业污染治理要求。园区加强基础设施建设及运行，荷塘产业开发区南片区污水进入龙泉污水处理厂，北片区进入金山污水处理厂。根据各污水处理厂竣工验收报告可知污水处理厂出水水质可做到达标排放。目前园区已淘汰燃煤锅炉，采用燃气锅炉，主要能源以电力、天然气为主，已建成完善的供电、供气设施。园区内企业产生的一般工业固废进行综合处理，危险废物委托资质单位进行处置。荷塘产业开发区实施以来，对规划评价及其审批意见落实情况总体较好，引进企业基本符合园区产业定位，配套基础设施建设基本到位。规划的实施可充分带动区域经济增长和社会发展，但不可避免地对区域大气环境、水环境、声环境、生态环境等产生了一定的影响，并存在一些环境问题。本次跟踪评价针对出现的环境问题，提出优化调整建议和不利环境影响减措施，以及项目准入条件和环境管理建议。在后续规划开发过程中，通过落实评价提出的优化调整建议、环境保护措施，严格项目准入，加强环境管理，可有效缓解规划实施带来的负面影响，区域环境能够满足功能区要求，可实现区域的可持续发展。

【获评“湖南省绿色园区”】 2022年，荷塘产业开发区大力倡导文明有序、安全出行新风尚，加强辖区电动车规范管理，优化文明荷塘形象，提升城市交通环境，6月13日、14日，荷塘区产业服务中心联合荷塘交警大队在工业园区开展2场电动车登记上牌专项服务活动，让企业员工在企业门口就能轻松给电动车上牌。中心专员深入企业摸底调查，掌握未办理上牌车辆台数，积极向企业员工宣传电动车上牌的相关手续、交通法规等。同时在园区张贴文明出行倡议书，利用企业电子显示屏播放交通安全宣传标语，引导企业员工摒弃交通陋习，倡导文明交通行为。此项活动规范了园区内电动车的停放等行为，有利于减少园区内不合规使用电动车的行为，营造良好的公共环境。省级高新区创建工作已通过专家答辩，正待省政府批复，持续打造安全绿色园区，2022 年，获评省级绿色园区。

【政企交流】 2022 年 6 月 10 日，区委常委、常务副区长陈柏文召开三一智慧钢铁城入驻企业交流座谈会，邀请部分入驻企业参加座谈。副区长张璐、陈佳敏参加会议。会上，三一集团株洲城市公司副总经理黄婷介绍三一智慧钢铁城项目情况。强调三一智慧钢铁城项目，旨在打通钢铁供应价值链，形成 3 大产业汇聚，即智能制造、金融服务、现代物流，实现 2000 亿元综合产值。并详细介绍 2022—2023 年三一智慧钢铁城的建设计划。会议听取入驻企业的相关需求问题和对荷塘区优化营商环境好的建议。陈柏文认真倾听，不时回应，要求相关部门详细记录，及时解决、及时反馈。发言过程中，针对企业提出的具体问题，区直有关部门一一作出回应，并就相关政策进行了详细解读。9 月 3 日，荷塘区 2022 年第三次政企早餐会在三一智慧钢铁城产业服务中心举行，区委书记方靖，区委副书记、区长罗鹏程与三一智慧钢铁城项目及项目的合作方、产业上下游企业、入驻企业部分代表共 8 名企业家共进早餐，在轻松的氛围中听意见、解难题、谋发展。区领导刘国梁、陈柏文、单丹、肖昊昕参加。应邀出席“早餐会”的企业家有三一集团产业发展事业部株洲城市公司总经理邓波、中车株洲车辆有限公司总经理王卫平、湖南中天杭萧钢构科技股份有限公司董事长谭学文等，方靖认真听取发言，一一进行回应。对企业发展中遇到的一些具体问题，方靖要求相关部门迅速梳理研究、及时交办、督促落实，确保逐一解决到位。方靖表示，荷塘区聚焦“一区两城”建设，三一项目在荷塘区产业发展中处于非常重要的位置，区委区政府高度重视，将加快营造一流营商环境，更大力度落实入驻企业配套政策，更大力度培育产业集群，更大力度制定有效管用政策措施，更大力度畅通政企沟通渠道，全力支持三一产业在荷塘区发展壮大，同时带动更多企业落户。

【领导关怀园区】 2022 年 5 月 20—30 日按照市委副书记、市长陈恢清对“加强重点工作、重点项目实施督办”的批示要求，市人大常委会副主任、市“三高”指挥部办公室副主任刘剑飞赴荷塘区调研督查重大项目建设情况。刘剑飞实地查看了三一智慧钢铁城、湖南先进硬质材料产业园项目现场，听取项目存在的难点堵点问题。他指出，要有攻克当前困难的信心，提振精神、加压奋进、积极有为。针对区一级难以协调解决的问题，市“三高”指挥部将充分履行牵头服务职能，迅速研究、统筹考虑，探索新方法、出台新政策。7 月 29 日上午，市委书记曹慧泉率队在城区观摩产业项目建设情况。荷塘区雪宝智能制造总部基地二期项目，代表智能化数字化生产未来发展方向，观摩组成员详细了解企业研发生产、科技创新情况。10 月 20 日，区人大常委会党组书记、主任刘国梁率队到荷塘产业开发区调研园区管理体制机制改革工作。区领导田业强、肖昊昕、王荣等参加调研。座谈会上，刘国梁一行听取荷塘产业开发区关于“五好”园区体制机制改革整体情况，与会领导就推进园区管理体制机制改革进行沟通交流。刘国梁强调，要加强对亮点工作的梳理，对照上级考核重点内容，总结工作经验，挖掘出各自亮点工作，充分展示荷塘区工作成效。要全力以赴加强人、财、物等各类要素保障，不断创新改革举措，坚持系统化推进，建立责权清晰的组织架构、人尽其才的干部人事制度、科学精准的综合考评等机制。要明确各自职责，确定改革任务分工，强化部门联动，形成工作合力，按照时间节点狠抓落实，助推荷塘产业开发区取得更大发展，为全区经济社会高质量发展提供强力支撑。

（言　彪）

产业服务

【概况】 株洲市荷塘区产业服务中心前身为荷塘区企业服务中心，成立于2016年，2019年3月升级为株洲市荷塘区产业服务中心（以下简称产业服务中心），现隶属于荷塘区政府，为全额拨款正科级公益类事业单位，业务归口金山科技工业园。2022年，产业服务中心以“为企业着想、替企业解忧、帮企业成长”为宗旨，紧扣“一区两城”战略目标，依托国家中小企业公共服务示范平台建设，按照“聚焦、裂变、创新、升级、品牌”的工作思路，聚焦产业优服务，创新管理促升级，在实干中创新发展出“一中心、三领域、六平台”的服务体系，梳理企业从建设到生产及发展的全过程事项，把企业需要的基础服务、咨询服务、专业服务3大领域服务事项，分类归并到投资服务、政策服务、生产性服务等6个平台中，真正把企业服务做到实处、做到关键点。2022年，荷塘区中小企业公共服务平台获评“2022年湖南省中小企业公共服务平台网络工作先进窗口平台”及“2022年度湖南中小企业公共服务平台网络最受欢迎窗口服务平台”。

【企业培训】 2022年3月9日，荷塘区在金山新城举办2022年高企、科小企业专题培训，辖区内32家企业、40余人参加培训。培训就高企研发费用归集、研发费用备案和奖补、研发费用加计扣除等内容展开详细地讲解，结合实际案例向企业财务人员介绍研发费用核算流程，避免出现一些易犯的财务问题。还从高新技术企业认定、科技型中小企业管理文件及优惠政策入手，为企业梳理科技项目申报流程，点明申报技术要点及注意事项。给企业人员树立科技创新发展理念，增进企业人员对高新技术企业申报和科技型中小企业认证的相关专业知识把握。帮助企业培养科研财务和项目申报人才，切实提高企业科技创新能力，推动区内中小企业技术创新“破零倍增”取得新突破。4月27—28日，荷塘区举办“湖湘精品”中小企业品牌能力提升专项系列活动，聚焦企业数据化发展，开展数据处理与分析培训。区内20家企业，80余人参加活动。

【企业沙龙活动】 2022年5月12日，荷塘区开展“一起益企”精准培育专精特新“小巨人”企业沙龙活动。活动中，企业负责人依次介绍企业的生产经营情况和科技创新情况，就未来发展规划进行现场交流，就园区基础设施条件、配套服务等事项与部门负责人交换意见和建议。座谈后，企业服务专员与7家省级“小巨人”企业签订“企业服务责任状”，以“一对一”的形式帮助企业解决问题。

【新材料产品交流会】 2022年6月9日，荷塘区“大手牵小手”之橡胶院“合耘”新材料产品交流会举行，邀请中天控股、五建、国信建设等6家建筑企业负责人走进中国化工株洲橡胶研究设计院有限公司参观交流，见证新产品发布，对接企业需求。该次交流会，发布“合耘”系列建筑防水产品，为到场的企业和橡胶院搭建良好的沟通平台，起到开拓橡胶院“合耘”新材料产品的市场，同时帮助施工单位节约成本。

【“长株潭”一体化校园招聘会】 2022 年 5 月 24 日，荷塘区产业服务中心联合岳麓高新区、雨湖高新区开展“一起益企”育才、引才校园招聘活动，三地园区共 30 家优质企业走进湖南工业大学进行专场校招。活动中，中车株洲车辆厂、飞鹿高新材料、锐利诚等企业，为高校毕业生提供营销类、检测技术类、化工类、管理类等行业的需求岗位共 375 个。招聘会吸引近 600 名毕业生参加，企业共收到简历 125 份，达成初步意向 52 人。

2022 年 5 月 24 日，荷塘区在湖南工业大学开展“一起益企”育才引才校园招聘活动

【入选湖南省知识产权综合服务（荷塘）分中心】 2022 年 7 月 5 日，湖南省市场监督管理局公布 2022 年湖南省知识产权战略专项经费计划安排，湖南省知识产权综合服务（荷塘）分中心建设项目成功入选。湖南省知识产权综合服务（荷塘）分中心建设项目获批专项扶持资金 20 万元，是产业服务中心搭建的集“代办、信息、维权”三位一体的知识产权综合服务平台，集中办理专利受理、商标受理、版权咨询、标准服务等多类业务，有效满足企业创新创业不同需求，为企业产业创新发展提供强力支撑。

【举办产业基金联盟暨银企对接会】 2022 年 7 月 21 日，株洲市先进硬质材料产业基金联盟暨银企对接会在荷塘区举办，株洲市先进硬质材料产业链常务副链长、荷塘区委书记方靖，荷塘区委副书记、区长罗鹏程出席活动。签约仪式上，银行机构、基金公司与株洲市先进硬质材料产业链签署战略合作协议，成功组建“先进硬质材料产业基金联盟”。共同见证株洲肯特硬质合金有限公司、金石投资有限公司、株洲锐利诚切削工具公司、湖南希言私募股权基金管理有限公司签订基金投资协议；株洲硬质合金集团有限公司、中国工商银行株洲市分行、株洲明日硬质合金有限公司、中信银行株洲市分行签订银行融资协议。株洲市金融办现场进行政策宣讲，相关金融机构介绍金融产品及相关办理流程。该次活动围绕“聚焦、裂变、创新、升级、品牌”发力，全力构建“3+3+2”的现代产业体系，同时，紧扣株洲市先进硬质材料产业链“十二个一”的工作要求，由政府方携手企业、基金公司、银行机构，共同构建一个优质的金融服务平台，为企业进一步加大投资、加强技术研发、推进产业集群高质量发展等创造优质条件，凝聚发展合力，携手将株洲打造成国际舞台上的“硬质合金之都”。

【三一智慧钢铁城（一期）项目“竣工即交证”】 2022 年 8 月 29 日，市委常委、市委秘书长杨英杰为荷塘区三一智慧钢铁城（一期）项目送上湖南省株洲市建设工程联合验收合格证明、工程竣工验收备案表和不动产权证书，见证并指导“一企一群”微信群项目服务全过程。三一智慧钢铁城（一期）项目在 5 个工作日推动 10 万平方米，实现“竣工即交证”，做到企业“围墙外”的事情“政府办、群里办、协同办”，为株洲市建立和完善“企业办事不求人”机制提供实践参考。

【首批入驻企业联席会】 2022年9月26日，荷塘区组织三一智慧钢铁城首批入驻企业召开“投产即培育”提前服务联席会，20家企业负责人与区政府经济工作部门人员面对面畅谈，就入园优惠、税务咨询和主体培育等事项展开交流。区市场监督管理局、财政局、税务局等6个单位相关负责人参加会议。会上，荷塘区税务局相关负责人逐一详细回答企业提出的涉税问题咨询，区政府金融工作办公室相关负责人将普惠性金融、供应链金融以及政银担风险补偿机制等进行讲解，区科工信局相关负责人就新增规模工业企业、高新技术企业申报和“小巨人”企业政策支持等做简要介绍，产业服务中心负责人安排专员“一对一”服务入驻企业，就后续帮代办服务和惠企政策申报服务做详细解说。

【企业考察“灯塔工厂”】 2022年9月29日，荷塘区产业服务中心组织企业到长沙三一重工“灯塔工厂”学习考察，近距离感受智能制造的魅力。区内25家企业的50余名相关负责人参加活动。考察团一行先后参观三一展览馆、18号厂房、魔豆仓、树根互联长沙公司，详细了解三一在工程装备、工业互联网和双创等领域的发展情况。相关企业就物料储备流转方面如何实现数字化转型等问题进行现场交流。

（巫　湘）

工业企业选介

株洲硬质合金集团有限公司

【概况】 株洲硬质合金集团有限公司（以下简称株硬集团）是国家“一五”计划期间建设的156项重点工程之一，被誉为“我国硬质合金工业的摇篮”。现为中国五矿旗下中钨高新材料股份有限公司的骨干子企业，是国内大型的硬质合金生产、科研、经营和出口基地。公司主要生产矿山及油田钻探采掘工具、硬质材料、稀有金属粉末制品等六大系列产品，广泛应用于航空、冶金、机械、地质、煤炭、石油、化工、电子等领域。2010年12月，硬质合金国家重点实验室挂牌株硬集团。株硬集团拥有国家认定企业技术中心、工业产品质量控制和技术评价实验室、中国有色金属工业硬质合金质检站，被认定为国家技术创新示范企业、国家知识产权优势企业，是湖南省第一家博士后科研工作站挂牌单位。株硬集团通过质量、职业健康安全和环境管理、知识产权体系认证，是工信部认定的“制造业单项冠军示范企业”、国务院国资委认定的“创建世界一流专精特新示范企业”、国家级绿色工厂。株硬集团是中国钨业协会主席团单位，中国钨协硬质合金分会、株洲市硬质合金产业协会会长单位。

2022年，株硬集团面对国际形势复杂严峻，公司坚持以高质量发展统揽全局，统筹疫情防控和改革发展，聚焦效率效益，稳规模，调结构，防风险，练内功，生产经营总体平稳，呈现出稳中向好、进中提质的发展态势。全年硬质合金销量同比增长2%，营业收入同比增长10.87%，在行业整体下滑的情况下跑赢了市场、跑赢了大势，公司呈现出潜力大、韧劲足的良好态势。2022年，荣获第五届“中国造隐形冠军”，以硬质合金产量世界第一的优势位列19家上榜企业之一。

【企业改革】 2022年，株硬集团积极推进任职资格体系建设的实施，任职资格三大关键序列标准建设、制度制定工作基本完成，形成员工能力评价的完备标准，完成序列人员认证。持续推进IPD增量绩效考核体系建设。对子公司、IPD单位、非IPD单位、生产辅助单位实施差异化考核，各二级单位工资总额的增幅与效益增长和效率改善匹配程度明显提高。落实市场化用工行动方案，员工队伍进一步精简高效。2022年，全员劳动效率达145.16万元/人。

【产品结构调整】 2022年，株硬集团加快重点项目建设，2000吨棒型材项目超额完成建设目标，中粗碳化钨粉智能生产线技术改造项目实现达产达标，公司产业布局进一步优化。坚持增量战略，坚持“数一数”战略，找准产品发展方向和发展重点，持续优化产品结构；维护好公司级、事业部级价值客户和重点客户，加强与大客户的战略合作，不断提高经销商的质量；做好产品布局、客户布局、市场布局，加大国内外两个市场开拓力度；加强业务协同和电子商务工作，大力拓宽营销渠道。株硬集团全年重点产品销量同比增长15%，重点产品毛利贡献率同比增加9%；全年合金出口销量同比增长6.9%，首次实现2000吨的历史性突破。

2022年3月，株硬集团中粗碳化钨粉智能技术改造项目

【科技创新】 2022年，株硬集团坚持创新驱动，科技自主能力不断加强。一是积极推进硬质合金国家重点实验室的建设。实验室多项成果达到国际先进水平，“WC-Co-Ni-Al硬质合金制备关键技术及产业化”项目荣获“新技术、新湖南”首届湖南省先进制造业科技创新大赛“十大科技创新技术”称号，“高性能钻掘硬质合金制备关键技术研究与系列产品开发”荣获中国五矿科技进步一等奖。二是加强科研管理。制定项目过程考核细则，做好项目奖励和后续产出跟进，落实科研工作绩效评价。三是加快突破重点科技项目。全年新产品贡献率33.2%，提成类奖励占到科技奖励的70%，科研成果对公司的贡献持续提升。四是加强知识产权管理。以专利牵引项目立项、研发过程、成果申报全流程，对公司知识产权强链护链工作进行规划，获得2022年度湖南省产权专项立项。公司全年申请专利46项，获得授权44项，其中发明专利17项(美国、澳大利亚各一项），“一种硬质合金及其制备方法”荣获五矿专利二等奖。

【内部管理】 2022年，株硬集团一是加强风险管控，建立健全《全面风险管理制度》和《风险事项库》，明晰防范举措，保证生产经营的平稳健康运行。二是坚持降本增效，踩准原料采购节点，保持产品市场竞争价格优势。三是坚持精益生产，强化生产组织，发挥柔性生产管理作用，促进生产资源高效利用，快速满足客户、市场需要。四是加强财务管理，严格控制“两金”（应收账款和存货），完善公司票据池管理体系，盘活内部存量票据，提高资产周转效率；加强对子公司财务监管，加强对海外子公司资金监管。五是强化设备和能源管理，开展设备的初级清扫创建工作和设备综合效率（OEE）统计试点工作。六是对劳动强度大的工序大力开展设备自动化研制，推进生产过程的自动化、信息化，积极探索精益数字化转型，大幅降低劳动强度。七是统筹推进安全环保、疫情防控和生产经营工作，打赢疫情防控阻击战和生产经营攻坚战。公司万元产值综合能耗同比下降14.4%；公司入选2022年度湖南省绿色制造体系示范单位。

【党的建设】 2022年，株硬集团始终坚持党建引领,认真落实新时代党的建设总要求，以高质量党建引领高质量发展，全面统筹、引领、护航企业改革发展稳定的各项工作。一是全面加强党的领导。严格落实“第一议题”制度和党委理论中心组学习制度，健全“五步闭环”机制，推动习近平总书记重要指示批示精神、以及考察调研国家雪车雪橇中心时的重要讲话精神落地见效。成功召开公司第四次党代会，选举产生新一届党委、纪委领导班子，明确迈向“世界一流”的指导思想、总体目标、关键策略、重点工作和党建保障，形成团结奋斗的强大合力。二是坚持党建和生产经营互融互促。聚焦主责主业，推动党建与生产经营深度整合，组织“稳规模，调结构”喜迎党的二十大等立功竞赛，有效发挥党组织的战斗堡垒作用和党员骨干的先锋模范作用。三是抓好“三基”建设。制定实施《党支部标准化建设方案》《基层党建工作考核办法》，进一步强化各级党组织书记的第一责任人责任、支部委员职责作用发挥，推动落实领导干部联系基层点等工作机制，不断推动完善党建工作日常运行机制。四是纵深推进全面从严治党。扎实落实全面从严治党党委主体责任，推动党风廉政建设责任分级分层落实。坚持问题导向，全面推进中国五矿提级交叉巡察反馈问题整改。聚焦主责主业，健全“大监督”工作机制，不断加强政治监督、日常监督和专项监督，一体推进“三不腐”（“三不腐”指不敢腐、不能腐、不想腐）体系能力建设，牢牢守住政治、廉洁、从业三条底线。

（孔　娟）

中车株洲车辆有限公司

【概况】 2022年，中车株洲车辆有限公司（以下简称株辆公司）固定资产原值6.61亿元，净值2.39亿元。全年实现营业收入22亿元，归属于母公司所有者的净利润1.2亿元。拥有全谱系铁路货车研发制造能力，主导产品包括敞车、平车、罐车、棚车、漏斗车等全系列通用货车，生产能力为新造铁路货车7000辆/年。株辆公司先后获评“优秀国家级智能制造场景”“中车健康先锋单位”“湖南省职业健康示范企业”，通过“湖南省智能制造标杆车间”认定。

（谭　达）

【规划发展】 2022年，株辆公司以“十四五”发展规划为主线，编制下发13个“十四五”职能规划，确定“113322”（“1”是以公司“十四五”发展规划为主线，践行“双主”发展战略；“13”是以13个职能规划作为公司“十四五”发展规划的支撑；“3”是规划目标、年度经营目标与方针目标三大要素有效融合；“2”是抓实年度重点工作和各专项工作两项工作；另一个“2”是绩效管理和专项检查两项保障措施）规划实施思路。编制公司三年滚动规划，制定年度重点发展举措任务计划共107项重点任务和105项任务目标，公司年度规划兑现率100%。公司充分发挥投资驱动作用，2022年，投资预算3785万元，完成率99.9%，其中涂布机设备制造项目实现公司新产业重点投资项目零突破。以深化精益管理为主线，制定公司2022年“强基工程”工作方案，形成年度十大重点突破项目和36项工作清单，完成率100%。在管理创新工作上再次取得突破，2022年，荣获湖南省企业创新成果二等奖，中国中车第七届管理创新成果三等奖。

（欧阳勇）

【经营管理】 2022年，株辆公司坚持稳中求进工作总基调，聚焦“攻坚、拓新、精进、引领”四大主题，围绕“11347”经营工作思路，运营管控和生产经营实现优质创效，改革发展和党的建设取得长足进步。全年累计销售货车4422辆，新产业实现市场销售收入4.2亿元。全年无重大质量事故，顺利通过CNAS认证。安全“五零”目标圆满实现，疫情防控平稳有序。稳步推进改革工作，整合内部机构，制造单元和管理单元压缩比例分别达到33.3%和21.4%；通过定岗定编、全员竞聘等工作的开展，公司管理定员压缩10.5%，辅助定员压缩15.4%，在岗员工退出比例达到1.97%。深化人才、薪酬等制度改革，加强劳务用工管控，全年劳务用工同比下降19.09%，全员增加值劳产率同比提升20%以上，人工成本利润率同比提升75%。“以机代人”三期顺利完成，有效实现敞平共线生产，C70EH敞车、X70平车、C80铝合金敞车单车用工同比下降11.38%、5.01%、25.7%。聚焦科技强企，全年主持中车重点项目2项，承担中车“十四五”重大专项项目子课题1项，协同参与中车重点项目1项，长江集团级项目2项。申报专利21件，其中发明专利11件。

（谭　达）

【生产运营】　2022年，株辆公司围绕年度经营目标，充分利用有限资源高效协同作战，累计完成新造整车14个项目4488辆；部件生产9个项目92辆；配件生产35个项目154803件；厂段修生产3个项目4辆，实现疫情防控和生产经营“两手抓，两手硬”。同时，在产能提升、生产组织方面创造多项新纪录。6月，C70EH通用型敞车日产提升到34辆，生产效率创历史新高。8月，X70型集装箱专用平车日产从30辆提升到34辆，日产能提升较上一标提升6.25%，以集团第一名的成绩高效优质兑现订单。11月，C80型铝合金运煤敞车实现3天内从班产12辆提升到班产14辆，班产提升16.6%。在疫情封闭生产期间，克服物料运输、用工短缺等重重困难，创新生产组织模式，用单班用工完成双班产能的64.3%，整体产能较上一标提升50%，实现产能新突破。

（何雪丹、王　昊）

【科技创新】　2022年，株辆公司持续优化“一主四辅”技术创新体系，构建“3+2+2”技术管理体系，拓展“1+3+X”产品平台，开展“三化”（精益化、自动化、信息化）转型，用科技创新不断助推企业高质量发展。全年，围绕公司“十四五”规划，加大长江集团以上科研项目立项，实现主持中车重点项目2项，承担中车“十四五”重大专项项目子课题1项，协同参与中车重点项目1项，子集团级项目2项。加强公司科研项目立项管理，围绕公司科技发展规划，首次制定立项指南，围绕指南层层讨论立项70项。其中，《FM型标准货物智能装卸产品研制》等2项成果评定为一等奖；《新型耐磨蚀高强钢在70t级铁路车辆上的应用研究》等5项成果评定为二等奖；《DF1H型机翼运输车与NF1H型机身运输车装载加固装置结构优化及研制》等8项成果评定为三等奖。

（刘艺、肖丹）

2022年9月6日，中车株洲车辆有限公司“三化”项目获评金砖国家工业创新大赛优秀奖

【质量管理】　2022年，株辆公司围绕“攻坚、拓新、精进、引领”四大主题，立足打造“品质株辆”，深度融合质量意识、市场意识和客户意识，实施“两

化”管理（体系化、专业化），加强体系化流程建设，通过ISO/TS22163、CNAS认证审核，获得ISO9001、ISO/TS22163复评证书和CNAS实验室认可证书。加强专业化能力建设，开展质量策划、实施标准化作业、强化质量管理方法应用，落实“三检制”（自检、互检、专检），保障制造过程稳定可控，产品质量持续提升，其中，2022年生产C70EH敞车和X70平车辆均漏焊从8%降至4.3%，降幅达46%。以客户关注为焦点，紧贴客户需求，加强客户沟通，落实客户要求，提升客户满意度，典故（运用货车典型故障发现率、反馈率情况通报）排名2022年一季度获得第二名，创历史新高。

（贺　伟）

【技术管理】　2022年，株辆公司科技成效亮点纷呈，全年申请专利30项，其中发明专利15项，PCT4项。完成省级科技成果评价1项，申报中国中车科技成果评价4项，其中，《长大货物车框架式承载结构制造技术研究与应用》产业工人成果在“货车组”获得第二名。在第六届“中国中车通用技术发展论坛”征文活动中，公司技术论文《铁路货车端墙生产线自动化升级应用研究》获二等奖，《铁路货车碳钢端墙机器人自动化焊接技术》《铁路货车用水性预涂底漆应用技术研究》获三等奖。印发《株辆科技》杂志2期，《铁路科技信息简报》8期。新增C70E敞车、NF1H平车、DF1H长大货物车等3种车型制造许可，D15B长大车厂修许可；顺利延续C70EH敞车制造许可，DK29、DK36、D15B等3种车型的厂修许可续证，DK36等6种车型段修许可有效期。全年累计获得政府资金支持近300万元，成功申报国家、省、市、区各级项目9项，“Fast Mover智能装卸系统”获工信部2022中国优秀工业设计大赛优秀设计成果奖，“铁路货车车体钢结构精益数字化产线”再获工信部2022年金砖国家工业大赛优秀奖，“铁路货车协同制造工业互联网平台”获湖南省第三批省级工业互联网平台。

（刘　艺）

株洲飞鹿高新材料技术股份有限公司

【概况】　株洲飞鹿高新材料技术股份有限公司（简称飞鹿股份）是国内轨道交通防腐防水材料第一股，2017年在创业板挂牌上市，是民建、市政工程防腐防水材料及工程主要供应商，是风电、光伏、储能材料及系统解决方案供应商。飞鹿股份拥有各类专利70多项，主导或参与起草和修订12项行业标准。被授予“国家高新技术企业”“首批国家专精特新小巨人企业”“省认定企业技术中心”“湖南省工程研究中心”“湖南省企业技术中心”等多项荣誉，承担工信部绿色制造系统集成等多个省部级项目。2022年，飞鹿股份实现销售收入6.64亿元，同比增长6.6%，是国家知识产权优势企业。

【望城智能工厂竣工】　2022年1月7日，飞鹿股份望城智能工厂竣工。望城智能工厂位于长沙市望城经济开发区铜官工业园，望城智能工厂占地6.33公顷，建筑面积3.8万平方米，总投资约4.3亿元，工厂采用先进的自动化生产控制系统和智能化仓储管理系统，实现从原材料进料、生产、成品出货的全数字化管理，投产后能实现年产水性树脂20000吨/年、水性涂料30000吨/年、油性涂料5000吨/年、聚氨酯防水涂料10000吨/年的生产产能。12月5日，飞鹿股份望城智能工厂获评“湖南省绿色工厂”。

【简易程序定增竞价】 2022年8月25日，飞鹿股份披露简易程序定增竞价结果：本次发行价格定为7.53元/股，该价格与发行期首日前20个交易日股票交易均价的比率为90.61%，远超相关规定的底价（均价80%）；依据“价高者得”等原则，在多位投资者中仅有6位投资者确定为发行对象。本次6位发行对象中有诺德基金、财通基金、广东臻远私募、上海珠池资管4位机构投资者，机构投资者合计认购金额占此次募集资金总额的64.84%。超9折抢购充分彰显投资者对公司募投项目市场前景及公司未来成长价值的高度认可。

【防水材料新突破】 2022年6月14日，飞鹿股份参与锦屏大设施项目防水工程材料供应及施工工程。锦屏大设施项目是国家“十三五”规划中提出要建设的重大科技基础设施，是国内第一个地下2400米极深地下实验室基础设施建设项目，也是国际上第一次大规模建设具有极低辐射本底极端条件的综合实验设施。因项目岩石覆盖深度最大2400米、宇宙线通量（辐射）最小60/年、平方米、实验空间最大30万立方米，地下水发育非常厉害。除此之外，锦屏地下实验室常年温度低于15℃，湿度大于90%，所以一般的防水材料更是难以适用，在喷锚结构、凹凸不平且渗水严重的地下空间进行防水施工当前国内外均没有先例。年底前，锦屏大设施项目防水工程正在有序推进中。

2022年10月，飞鹿股份防水抑氡极低辐射本底材料成功应用中国锦屏地下实验室

【获评“国家知识产权优势企业”】 2022年10月8日，国家知识产权局发布《关于2022年度国家知识产权优势企业和示范企业评定结果的公示》，飞鹿股份在公示之列。获得国家知识产权优势企业，这样公司能承接国家和本市重大、重点产业发展项目。近年来，公司深入推动实施知识产权战略，承接省、市级知识产权项目，不断推动知识产权高质量创造效益。（李珍香）

湖南千金湘江药业股份有限公司

【概况】 湖南千金湘江药业股份有限公司（以下简称千金湘药）于1998年由原株洲市湘江制药厂改制设立，系上市公司“千金药业”控股子公司。注册资本4800万元人民币。经营范围包括化学合成原料药与固体制剂的生产和销售，主要剂型有片剂、硬胶囊剂、颗粒剂、散剂、溶液剂（外用）。主要产品有拉米夫定片、缬沙坦胶囊、马来酸依那普利片等20余个品种，目前拥有发明专利41件、实用新型专利17件、外观设计专利22件、注册商标62件，49个药品生产批文。千金湘药为湖南省高新技术企业、湖南省文明单位、湖南省绿色工厂。2022年，实现净利润8078万元，较上年增长37.19%；员工人均年收入9.87万元，较上年增长9.2%；上缴税收6092万元，较上年增长8%；完成销售规模6.53亿元，较上年增长11%。2022年，获评“湖南省医药行业协会理事单位”“株洲市职业卫生工作目标管理先进单位”。

【职工技能提升】 2022年，千金湘药为进一步提升公司生产质量系统班组长的综合能力，增强团队活力、凝聚力和创造力，实现安全与效益“双提升”。7月22日，千金湘药举办首届生产质量系统班组长

联训，参加员工近70名。培训围绕“新时期班组管理价值与管理转型”“金牌班组长基础素质修炼”“高效沟通技能”等主题，通过生动有趣的现场讲授、案例研讨、角色扮演、情景模拟等方式，引导学员思考和掌握课堂知识。9月5日，千金湘药举行《以案释法——个人行为安全知识》的法务专题培训。培训由千金药业审计法务部副总经理廖国华主讲，公司生产系统100多名员工参加。9月24日，千金湘江药业举办第四届QC技能比武，参加员工共45名，同时邀请市食药所、千金集团、兄弟公司的相关专家作评委。比武分为理论知识考试和实操技能比武两个部分。比赛现场紧张有序，充分展现公司QC人严谨、细致、认真的专业风采。（杨馥宁）

中国化工株洲橡胶研究设计院有限公司

【概况】 中国化工株洲橡胶研究设计院有限公司（以下简称株洲橡胶）前身为化学工业部乳胶工业研究所。1964年成立，1999年转制为科技型企业，2018年整体注入天科股份，现为上市公司昊华科技的组成企业。占地面积3.85万平方米，注册资本3198万元，资产总额1.85亿元。株洲橡胶立足高分子材料和特种乳胶（橡胶）制品两大业务领域，主要从事以气象气球为主的乳胶制品、特种防护制品、特种橡胶制品、高分子复合新材料的研制、生产与检测。共完成科研课题300多项，获国家级和省部级奖励的项目有60多项。共主持起草1项国际标准，23项国家标准和30多项化工行业标准。公司主导产品气象气球获得工信部“制造业单项冠军产品”称号。

2022年，株洲橡胶紧紧围绕“十四五”发展规划，奋力奔跑、合力攻坚，全面落实“3316”（到“十四五”末，实现收入3亿元以上；利润3000万元以上；人均工资年收入大于10万元；实施6大工程：“做强做优一个产业，发展两大核心业务，打造三个拳头产品，解决四项关键技术，实现五大成果转化，推进六项重点工作”）工作思路，在确保HSE“四个零”（亡人事故为零，一般及以上环境事件为零，新增职业病为零，一般HSE负面舆情为零）的基础上实现生产经营平稳运行。2022年，公司总收入同比增长11.8%，资产总额同比增长2.7%。

【平台建设】 2022年1月，株洲橡胶临近空间探空气球材料与技术湖南省重点实验室通过湖南省科技厅的验收；株洲市橡胶工程技术中心顺利通过株洲市科技局组织的绩效评价并获评优秀；11月，株橡公司申报并筹建的中国化工株洲橡胶研究设计院有限公司特种乳胶制品工业设计中心获评“第八批湖南省工业设计中心”；12月，获评株洲市2022年度经济信息产业发展专项技术创新“破零倍增”标杆企业。

【科技项目认定】 2022年，株洲橡胶牵头承担的2020年度湖南省自然科学基金项目“基于乳胶气球的低成本轻量化快响应浮空平台浮空关键技术研究”和2019年度湖南省自然科学基金项目“耐撕裂、低永久变形、柔性水性聚氨酯材料的合成及应用研究”顺利通过湖南省科技厅组织的项目验收；与某大学联合开展的国家国防科工局项目已获批复立项，与高等院校联合申报的某项目已获批进入国防科技工业局“十四五”规划项目；全年获得专利授权11项，其中“一种高耐寒性气象气球及其生产方法”专利荣获2022年度中国中化专利奖优秀奖，“低成本零压探空气球平漂机理及其控制研究”荣获

2022年度中国中化科技进步奖三等奖。同时，完成1项国家标准和1项化工行业标准的制修订工作；代表中国对5项国际标准进行投票表态；国际标准《织物浸渍胶乳手套规范》已进入DIS稿阶段即ISO/DIS 5462。4月8日，株洲橡胶被认定为“湖南省科技型中小企业”。

【认定为“国家知识产权优势企业”】 2022年，株洲橡胶聚焦核心技术攻关，强化关键领域专利技术保护，提升核心技术创新力，着力擦亮国家知识产权优势企业名片。与国内知名院校、研发机构开展“产、学、研”一体化合作，致力于引领和推动全国乃至世界气象探测领域的技术发展。同时强化知识产权保护力度，知识产权运用能力不断取得新突破、知识产权数量和质量年年上台阶。截至2022年，共获得授权专利84项，其中发明专利44项，实用新型专利37项，外观设计3项。10月，被国家知识产权局认定为“2022年度国家知识产权示范企业和优势企业”。11月，获评“株洲市知识产权保护诚信单位”。

【获“中国造隐形冠军”】 2022年，株洲橡胶坚持聚焦世界气象科技前沿，以“打造原创技术策源地、现代产业链链长”为中心，持续创新创效，推动市场份额、营收规模、技术实力、管理水平等持续提升，进一步增强企业管理水平及全球竞争力。2022年，株洲橡胶凭借优异的行业表现，荣获中外管理传媒发起的第五届“中国造隐形冠军”企业称号。（罗碧霞）

湖南中天杭萧钢构科技股份有限公司

【概况】 湖南中天杭萧钢构科技股份有限公司（以下简称中天杭萧）成立于2017年9月，由杭萧钢构股份有限公司（股票代码：600477）、中天建设（湖南）集团有限公司（股票代码：02433.HK）、株洲金科建设投资经营集团有限公司共同发起成立，注册资本1.4亿元。主要从事装配式钢结构设计、研发，新材料、新技术、环保产品的研发设计及加工，钢管束构件、梁柱构件、楼承板、墙体等钢结构住宅体系的核心部件系列产品的制造，是国家高新技术企业、湖南省重合同守信用企业、湖南省企业技术中心、湖南省新材料企业，具有中国钢结构制造企业一级资质。

中天杭萧生产基地设在株洲市荷塘区金山科技工业园内，是湖南省装配式建筑产业基地，于2019年4月建成投产。基地总投资6.2亿元，占地面积13.34公顷，总建筑面积10.2万平方米。基地分两期建设，一期占地面积6.67公顷，新建主厂房一栋，配套科研楼一栋，总建筑面积4.7万平方米，具备年产钢管束构件6万吨、钢梁柱5万吨、楼承板100万平方米的生产能力，年产构件可满足100万平方米装配式钢结构建筑需求。基地拥有整套国际先进水平的生产设备和自动化生产线，主要从事钢管束构件、梁柱构件、楼承板、墙体等钢结构住宅体系的核心部件系列产品的制造。中天杭萧响应绿色建筑发展要求，成功实施中天·麓台钢结构住宅等湖南省绿色建造试点项目，业务范围已经覆盖武汉、深圳、杭州、昆明、珠海、拉萨等20多个主要城市，并远销海外。

【产业技术研发】 2022年，中天杭萧获授权两项发明专利，实现破零。其中，发明专利“一种可拆式钢筋桁架楼承板件支撑系统”成功应用到中天·麓台和荷花家园廉租房小区项目进行科技成果转化。中天杭萧积极与产业链企业、高校等开展科研合作，“钢结构装配式绿色建筑集成技术研究”项目获

“2022年湖南省工程管理科学技术二等奖”，“钢管混凝土波纹板剪力墙钢结构住宅成套技术研究”项目入选湖南省住房成城乡建设厅2022年建设科技项目计划项目。

【获批“湖南省企业技术中心”】 2022年，中天杭萧围绕装配式钢结构发展的结构体系、围护体系等组织技术研究，建立质量技术标准体系、凝聚培养创新人才、构建协同创新网络、统筹推进企业技术创新全过程实施，建设以企业为主体、市场为导向、政产学研用深度融合的技术创新平台体系。2022年，获批“湖南省企业技术中心”。

【示范项目建设】 2022年，中天杭萧作为湖南省内率先推进装配式建筑行业发展的先行者，严格按照推动高水平绿色建筑、绿色建造发展的使命任务，积极推进示范项目的建设。2022年，中天杭萧科研楼项目获评“湖南省装配式建筑行业示范项目”；中天·麓台项目获评“湖南省装配式建筑行业高品质绿色建造培育项目”；荷花家园廉租房小区项目作为株洲首个钢结构装配式公共租赁住房项目，于10月9日主体顺利验收通过。

2022年，中天杭萧科研楼——湖南省装配式建筑行业示范项目

【援藏工程建设】 2022年，中天杭萧受邀助力“新建川藏铁路雅安至林芝段拉月隧道7号横洞洞外皮带机运渣系统项目”的建设，这是中天杭萧首次进军西藏市场。为快速建设好这一实现第二个百年奋斗目标进程中的标志性工程，中天杭萧全体员工，克服疫情封控、现场施工条件恶劣等影响，于2023年2月成功完成该项目的建设交付，获业主高度评价。（周　娜）

中材株洲水泥有限责任公司

【概况】 中材株洲水泥有限责任公司（以下简称中材株洲）是国务院国资委直接领导下的中国建材集团所属的成员企业，企业职工人数270余人，地处株洲市荷塘区仙庾镇。有5000吨/天水泥熟料新型干法生产线1条，年产高标号水泥200万吨，配套建设9兆瓦纯低温余热电站，拥有自备石灰石矿山。企业主要经营水泥及辅料、水泥制品生产、销售；露天水泥石灰岩开采；石灰石销售；招投标服务；污水处理及其再生利用；收集、储存、处理、处置污泥。是长株潭地区少数具备核心竞争力的水泥企业之一。企业是国家首批14个“环境标志低碳水泥产品认证”企业之一，通过了国家级绿色工厂认定，企业的马家桥矿山列入国家级绿色矿山名录，先后荣获“全国学习型企业”“突出贡献奖”“实践功勋奖”“中国科技创新先进单位”“全国产品质量稳定合格企业”“全国质量检验稳定合格企业”“全国质量信用优秀企业”“全国质量诚信标杆企业”“全国百家质量检验诚信标杆企业”“全国水泥行业质量领先企业”“全国质量信誉保障产品”，成为第一批“湖南省质量信用等级A级企业”，荣获评“湖南省名牌产品”“湖南省重合同守信用企业”、湖南省“高新技术企业”，2021—2022年连续获得“中国最具成长性建材企业100强”“中国和谐建材企业”称号；2022年，

在全国水泥化学分析大对比中荣获“全优奖”，被认定为湖南省重点工业行业“能效头雁”企业，荣获“湖南省第二批工业固体废物资源综合利用示范企业”、株洲市“2022 年度职业卫生工作目标管理先进单位”、株洲市荷塘区“文明单位”等荣誉称号。

2022 年，中材株洲面对疫情、限电、原燃材料价格上涨、市场需求下滑等多重不利因素影响，扎实推进经营管理、技术革新、创新转型、绿色环保、党建文化等各项工作，对标一流提升和三精管理成效显著，创新转型成绩斐然，全年生产熟料 141.84 万吨，生产水泥 147.05 万吨，销售熟料 28.61 万吨，销售水泥 145.83 万吨，实现营业收入 52002.4 万元，净利润 563.42 万元，缴纳税费约 3646 万元。

【经营管理】 2022 年，中材株洲积极融入水泥板块业务整合，完成 NC 核算系统转换、互联网+客户自助下单—企业物流一卡通—财务业务一体化融合；深挖“第三利润源”潜力，全年采购物资集中招标采购率达 99.66%，持续打好降本增效攻坚战；通过技术改造，强化技术创新，生产技术指标不断优化，熟料标准煤耗降至 98.87 千克标准煤每吨，被湖南省认定为“重点工业行业能效头雁”企业；国际首套尘硝一箱化 SCR 脱硝项目正式竣工投入运行，氮氧化物排放浓度稳定控制在 50 毫克每标立方米以内，实现超净排放。

【“水泥+”创新转型】 2022 年，中材株洲“水泥+”创新升级绿色发展成绩斐然。株洲市市政污泥资源化集中处置（水泥窑协同）项目运转良好，全年处置污泥约 4.8 万吨，为株洲市市政污泥“资源化、无害化、减量化”处置做出积极贡献；“1200 吨/天污染土壤异位热脱附及一般工业固废处理项目”已进入调试阶段。绿色建材循环经济产业园项目有序推进，企业的创新升级、绿色发展为株洲市持续改善城市环境做出应有贡献，得到省级媒体的关注。

【国际首套尘硝一箱化 SCR 脱硝项目正式竣工】 2022 年 7 月 15 日，中材株洲研发的国际首套尘硝一箱化 SCR 脱硝系统竣工仪式在厂区顺利举行，该技术可以将氮氧化物排放浓度稳定控制在 50 毫克每标立方米以内，达到超低排放要求，同时可大幅减少脱硝氨水用量，间接实现节煤降碳，为企业和地方落实节能降耗和双碳目标做出积极贡献。

【氨气泄漏应急演练】 2022 年 10 月 13 日，中材株洲联合株洲市职防中心、荷塘区应急管理局开展氨水泄漏应急演练活动，株洲市职防中心及企业相关人员共 46 人参与本次演练。株洲市电视台对此次演练进行现场跟踪采访。（喻 娇）

产业平台

株洲金城投资控股集团

【概况】 株洲金城投资控股集团有限公司（以下简称金城集团）于 2011 年 3 月 9 日成立，是负责投资和开发金山新城的国有公司。公司注册资本 10 亿元人民币，截至 2022 年 12 月，金城集团资产总额 188.95 亿元。公司的股权结构为株洲市国资委持股 51%、荷塘区国资委持股 49%。

2022 年，金城集团严守不发生系统性风险的底线，通过多元融资全力以赴保运营促发展，重点聚焦“材料科技城”“现代物流城”建设，积极拓展经营，加强管理持续深化企业改革，不断提高自身能力，力争做优做强，向一流的产业发展商和城市运营商奋进，在建设实力更强、环境更优、人民更幸福的现代化新荷塘中担当作为。

【融资化债】 2022年，金城集团严守不发生系统性风险的底线，从债券续期、贷款缓释、续贷、债务置换、新增等多种角度寻求突破点，确保公司平稳度过还款高峰期。截至12月，公司实现融资总额47.26亿元，超额完成全年40亿元融资任务。新增融资票面成本同比上年下降0.85%，全口径债务综合成本较上年同比下降0.36%。金城集团首次成功申报非公开公司债(5亿元)和中期票据(5亿元)，并取得PPN（10.95亿元）的注册通知书，共计获得20.95亿元直融批复，为2023—2024年债券兑付高峰年进行提早部署，为集团高质量发展提供金融保障。

【国企改革】 2022年8月19日，金城集团召开机构改革动员会，不到2个月，完成此次国企改革。管理人员能上能下，员工能进能出，收入能增能减，通过竞聘实战练兵，达到“精简职数、激发活力”的目的。

【三一智慧钢铁城项目】 2022年，三一智慧钢铁城项目完成2#、4#地块27.2公顷和5#地块4.87公顷的土地平整；8月29日，金泉路（金桥路—金城路）开工建设，三一铁路专线项目完成初步设计和概算工作。三一智慧产业园2#、4#、5#地块土石方工程通过优化设计、坚持市场化运营、强化现场监管等举措，“降本增效”新模式由市委、市政府主要领导亲自批示和全市通报，在全市范围内得到赞扬、推广和学习。

【先进硬质材料产业园项目】 2022年7月，先进硬质材料产业园项目开工建设，丽舍路箱涵施工仅3个月完工，悦舍路箱涵施工有序推进，完成A2地块平整及交地，K1、K2、K13地块组织进场施工，为抢占“先进制造业高地”提供有力支撑；该项目签约面积27011.82平方米，去化率达61%，合同金额8988万元，回款420万元，完成全年目标122%。

【13个项目完工】 2022年，金城集团实现金宋路竣工通车、三江水玻璃地块完工交地、G6绿化、汉德车桥和远大停车场、G5污水、E12污水、黄泥塘路污水干管、日月湖污水改造、安德利路污水改造、430跨线桥、自行车环道、雪宝边坡、I14边坡等13个项目的完工，标志着发展活力全面释放，为“生态优渥、产业兴旺、生活宜居”的东部新城树立好营商招牌。

【金城·华亿电商服饰产业园项目】 2022年，金城·华亿电商服饰产业园项目拟建成集服饰智能制造、原创设计、线下展示体验、云仓储集散仓库、总部办公、电子商务、质量检测、云计算于一体的现代化综合电子商务产业园。该项目位于株洲市荷塘区黄泥塘路以北，金达路以西。总投资超3亿元，分为两期开发建设，总占地面积约7.2公顷，规划建设标准厂房约10万平方米，包含高层厂房2.13万平方米，多层标准厂房7.28万平方米，6900平方米生活配套用房，项目容积率2.0，建筑密度40%，绿地率15%，项目含车位312个。其中，项目一期用地面积3.35公顷，建筑面积6万平方米，容积率2.39，建筑密度34.95%，绿地率15%，车位231个。

2022年，电商服饰产业园（一期）项目完成竣工验收并交付使用，入驻企业10家；电商服饰产业园（一期）签约面积22971.6平方米，去化率达44.45%，完成全年目标111%，其中销售合同金额3546万元，回款2248万元，本年度回款1592万元，租赁年租金金额215万元。电商服饰产业园（二期）项目完成主体建设；电商服饰产业园（二期）签约面积13250平方米，去化率达61%，合同金额4299万元，回款786万元，完成全年目标154%。

【成立株洲金雅城市服务有限公司】 2022年，金城集团为加快华亿公司市场化转型，推动高质量发展，拓展城市服务业务板块，做实公司实体业务，增加经营性资产和收入，华亿公司与湖南株洲市雅居乐水木物业服务有限公司、雅生活明日环境发展有限公司三方共同成立株洲金雅城市服务有限公司。

【运营转型】 2022年，金城集团成功引进中铁五局与株洲金谷实业投资有限公司进行股权合作，实现首批股权认购款出资到位；完成三一片区项目测算，对接三一集团、省建三公司、中铁、中交、中铁等多家社会资本方，对三一片区项目合作模式进行多轮市场测试。推进全资子公司的实体化运作。株洲金城集团资源开发建设有限公司完成合同签订金额2462万元，经营性收入约2700万元，工程建设方面已完工项目8个；完成青塘社区综合配套项目备案；基本完成鑫润建材厂区拆除、搬迁及评估审计等工作；分布式光伏发电项目完成三处屋顶租赁协议签订。资产经营公司完成安置房剩余房源成本测算、地下车位办证前测量及成果进件；完成公司闲置资产清查；办理月塘大厦及向阳社区8间门面两处资产土地出让手续，并缴纳土地出让金；引进株洲市农业银行荷叶塘支行落户金山新城，租赁面积298平方米。积极响应国家乡村振兴战略，注册成立株洲金城乡村投资发展有限公司，并完成仙庾悠谷片区策划文本；重点对接山谷花间项目，完成初步合作协议。

（袁永花）

株洲金科建设投资经营集团

【概况】 2022年，株洲金科建设投资经营集团有限公司（以下简称金科集团）实行机构改革，改革后内设机构不超过4个，中层管理岗位不超过总部人数20%，裁员19人，总人数为39人，核减率为32%，管理运行成本降低15%。金科集团成立于2009年8月，经营市政基础设施建设、房地产开发与销售租赁、土地开发整理、城市绿化管理、棚户区改造、国有资产经营等项目。注册资本1.96亿元，株洲市地产集团有限公司持股69.42%，中国农发重点建设基金有限公司持股30.58%。下设4个部门，17家全资子公司，3家参股公司，资产总额127.62亿元。

【融资化债】 2022年，金科集团成功发行非公开发行公司债券10亿元，融资24.79亿元，化债19.85亿元，债务降息规模达13.85亿元，节约融资成本约1729.75万元，实现经营性收入4.05亿元，切实防范和有效解决公司债务融资风险，守住不发生系统性风险的底线。

【土地开发】 2022年，已出让新桂城中村一片区地块三项目12.5公顷、富家垅城中村储备地块3.18公顷、富家垅城中村储备地块二项目0.94公顷；按照省、市相关考核指标要求基本上完成批而未供及闲置土地的任务，处置批而未供面积约 23.3 公顷；完成新华医院约 0.38 公顷划拨供地手续的办理。

【芙蓉路—规划九路项目竣工验收】 2022 年，芙蓉路—规划九路（32 号路—升龙路）新建工程项目位于株洲市荷塘区水竹湖片区，南起 32 号路，北至升龙路，道路规划用地总面积 17767.81 平方米，全长 534 公里；建设内容包括道路工程、桥梁工程、排水工程、绿化景观工程、照明工程、电力管沟工程、交通工程等。总投资估算总额为 5782.45 万元，其中工程费用 4740.91 万元，工程建设其他费用 515.86 万元，预备费 525.68 万元。于 2019 年 3 月开工建设，2022 年 1 月 5 日竣工验收。项目建成通车对荷塘区水竹湖片区发展起到重要推动作用，将极大方便周边居民出行，进一步提高城区道路通行能力，改善民生，优化出行环境。

【长株潭先进硬质新材料产业园二期项目】 2022 年，长株潭先进硬质新材料产业园二期项目位于株洲市荷塘产业开发区，总用地面积 38.58 公顷，其中产业及配套设施用地面积 26.6 公顷，配套基础设施用地面积 11.98 公顷。主要建设内容包括产业及配套设施、配套基础设施以及相应的供配电、给排水、通信等附属工程。已完成项目内大星塘项目（K7）、乌鸦冲项目（K12）、天台项目（K13）地块的征拆签约工作，计划于 2023 年启动金溪路、金岭路、金达路项目建设。

【招商引资】 2022 年，金科集团开展“三资”招商专项攻坚行动，对闲置资产进行盘活处置招商，销售幸福 365 剩余房源 3 套、伴山溪谷剩余房源 1 套，销售回款 129.55 万元。完成和泰花园 202 号门面 3 年租赁权拍卖处置工作，签约金额 36.06 万元，实现年度租金收入 35.79 万元；与湖南朗道商业管理公司就美的·公园里商业资产整体运营方案敲定最终协议，老园区社会停车场、片石洞生态修复项目、“我的荷塘”App 商务运营项目均有条不紊开展。

【专项债项目】 2022 年，金科集团策划、包装荷塘区城乡公共停车场配套新能源充电桩基础设施建设项目、长株潭先进硬质新材料产业园配套项目二期、株洲市荷塘区城镇生活垃圾收转运设施建设项目、荷塘区农产品冷链仓储物流园及配套设施建设项目等 6 个专项债项目，均取得立项批复，项目总投资 33.13 亿元，专项债资金需求 16.33 亿元。2022 年，专项债成功发行项目 2 个，获得专项债券资金 1.89 亿元，对保障项目建设资金、化解债务风险起到重要作用。通过省两部审核、取得国家 2023 年专项债提前批申报资格项目 3 个，申请资金 4.5 亿元。

（张梦欣）

商贸·金融

商务

【概况】 株洲市荷塘区商务局（以下简称区商务局），2022 年 8 月根据《关于株洲市荷塘区粮食和物资储备机构编制事项调整的通知》（株荷编发〔2022〕18 号）文件精神，区商务和粮食局承担的粮食和物资储备管理职责划入区发展和改革局，更名为区商务局。区商务局主要承担商贸流通、市场建设管理等职能。2022 年，荷塘区有传统大型专业市场 8 个、大型城市综合体 5 个、农贸市场 12 家。全区形成以汽车销售、家居建材、五金机电、布料服装、蔬菜水产等为主要构成的市场体系。2022 年，疫情期间，全年共征用隔离酒店（场所）20 处，确保做到“四应四尽”（应检尽检、应收尽收、应隔尽隔、应治尽治）。面对疫情期间生活物资采购困难、供应不足，精心甄选 40 家生活物资供应商，在全区建立起“五级配送链”（即居民—楼栋长—小区—社区—街道），有效保障全区居民基本生活供应。严格执行保供“白名单”制度，共制发保供人员通行证 1102 张，“白名单”492 张，车辆通行证 34 张，有力保证疫情期间社会稳定。2022 年，荷塘区社会消费品零售总额 93.41 亿元，增速 2.3%，排名城区第三，同比增长 3.81%，增幅全市排名第六。

【扶持外贸企业】 2022 年，区商务局积极应对新冠疫情，着力从政策服务、招商引资、技术指导等方面鼓励和支持企业“走出去”和“引进来”，努力提升全区外向型经济水平。积极组织消费活动。承办“2022‘制造名城，幸福株洲’消费节之新能源汽车下乡活动”，大力支持国美电器开展“以旧换新、节能补贴、惠民消费月”活动，月营业额达 155.68 万元，同比增长 37%；支持华润万家购物中心依托“异业联盟”走进小区，将超市前移到群众家门口，日均销售额达 4 万元。建立县级领导联系商贸企业制度，及时了解商贸企业发展中融资等困难和问题，制定帮扶措施。定期举办商贸企业“早餐会”，区委书记、区长和商贸企业负责人面对面沟通对接，搭建政企面对面沟通桥。做好疫情期间重点企业保供稳价资金申请和拨付工作，为中南蔬菜农副产品批发大市场、东大门农副产品市场、株洲华润万家生活超市有限公司、大润发超市等 10 家商贸企业争取保供资金 76 万元，为企业发展纾困解难。全年新增备案进出口企业 14 家，完成事项变更 6 家，完成新增加工贸易登记 1 家。

【促进消费升级】 2022 年，区商务局开展系列促消活动，激发消费潜力，促进消费持续恢复和升级，更好服务构建新发展格局，满足消费者需要。扶持中南建材市场专业化发展，引导银泰财富广场等商贸综合体业转变经营理念，向“商品＋服务”转型。创建新塘路美食文化街，与大润发超市、中南蔬菜农副产品批发大市场等业态相互融合，提升消费档次消费品质。高位推动耕食书院项目等项目建设，着力打造仙庾岭村、樟霞村、徐家塘村美丽乡村示范点，推动特色果蔬花卉园艺与休闲度假相结合。重点支持杨家寨、鸵鸟农场田园综合体等项目提质发展。依托国投金汇电商产业园，发挥“大数据研究中心、电子商务公共服务中心”作用，吸引本地的创业者、企业共同打造创新创业新高地，推动网络消费。举办电商培训，培养农村电商人员，鼓励优质农产品网上销售。针对各大综合体内入驻商户零散收银现象，在中南建材市场实施集中收银试点工作，努力优化辖区商贸企业发展环境。

【商贸流通领域安全生产】 2022年，区商务局明确班子成员安全生产工作责任，不断加强组织领导，加大监管力度，强化安全生产底线思维和红线意识，筑牢安全防线。全年商贸流通领域安全稳定无事故，安全生产态势持续向好。组织相关职能部门对全区16家加油站、12家农贸市场、5家大型商超开展联合执法，对经检查发现的证照不全、灭火器具配备不全或部分失效、防护栏杆未连接等违规经营或安全隐患情况，下达整改通知书并填写专项整治检查表，建立工作台账。各职能部门各司其职，形成良好监管氛围。2022年，区商务局牵头组织联合执法5次，取缔非法储油点2个、收缴改装车辆2台、加油机2台、储存罐2个，有效打击和震慑辖区成品油市场违法经营行为。对集中医学观察隔离酒店等单位开展安全生产工作培训，播放安全警示教育片，提高成品油市场秩序的规范意识，进一步规范荷塘区商贸流通领域市场秩序。对辖区再生资源回收风险点进行地毯式走访检查，建立辖区再生资源回收站点清单和风险隐患清单；组织行业协会进行座谈，要求协会加强履职尽责，监督好本行业企业落实安全生产法律要求；开展问题回头看，跟踪网点整改进展，对进展缓慢的下发整改通知书，责令限期整改。制定《荷塘区餐饮行业醇基燃料安全专项整治实施方案》，联合各镇办对辖区使用醇基燃料的餐饮门店进行拉网式摸排，累计下发整改通知书11份，消除消防隐患问题25个。

【保障粮食安全】 2022年，区商务局全面完成市委涉粮问题专项巡察，针对巡察组反馈的问题，区商务局整章建制，印发《荷塘区区级储备粮管理办法》《荷塘区粮食监督检查工作联动及信息共享机制工作方案》《区级储备粮轮换验收工作规程》等文件，建立起粮食安全常态化监管机制；顺利完成2022年度0P1仓457.82吨区级储备粮轮换出库监督工作；启动荷塘区临储粮收购工作；8月5日，粮食工作划转至区发展和改革局，顺利完成所有粮食工作交接。 （邹　姣）

金　融

【概况】 2022年，株洲市荷塘区政府金融工作办公室（以下简称“区政府金融办”）按照“联动配合、明确职责、综合处置、重在治本”的工作思路，防化风险，着力治标。印发《荷塘区养老机构及养老领域非法集资风险排查工作方案》和《荷塘区养老领域及涉老其他领域非法集资风险监测预警工作制度》等文件，将防范化解养老领域非法集资排查整治与扫黑除恶常态化、市域社会治理创建工作融合推进，牢牢守住不发生系统性、区域性金融风险和大规模群体事件的底线。

【防范化解重大风险】 2022年，区政府金融办紧盯非法集资等涉众型非法经营活动乱象，压实防控处置责任，狠抓机制建设、宣传教育、风险排查、案件处置和信访维稳等工作。组织开展防非处非宣教活动6批次，大力开展非法集资养老领域风险集中排查行动6批次，通过联席会议交办反馈机制，果断处置盛大金禧、鹿康旅游、秦汉桃源、正发集团4家风险主体非法吸收公众存款苗头，挽回群众损失。因案施策，加快陈案积案消化。引导投资受损对象依法维权，保障社会和谐稳定。协助政府性债务风险防化。平衡好防风险与稳增长的关系，2022年，完成隐性债务化解任务的129%。配合做好专项债券申请，指导平台公司加强与金融机构对接，全年新增融资49.2亿元，综合融资成本较去年略有下降。加大存量资产、存量贷款受限资金清理盘活，逐笔落实偿债安排，通过实施“六个一批”（即:自接自盘延展一批、替接他盘置换一批、延期回售续持一批、发新还旧平滑一批、债务重组盘活一批、债转股转换一批）、续贷等方式存续本金21.17亿元，平滑偿债高峰。围绕“高变低”“短变长”“刚变柔”调整债务结构，压降高息债务，牢牢守住不发生系统性、区域性金融风险的底线。

【服务实体经济】 2022年，突出“减压增扶”，聚焦民营、小微、“三农”等领域融资难题，建立“线上+线下”多层次、“会前+会后”立体化、“日交流+月反馈”常态化的政银企对接机制，线上依托综合金融服务平台+“我的荷塘”App实现金融服务对接，线下贯通政府、企业与金融机构“绿色通道”。2022年，荷塘区联合13家金融机构为317家辖内企业授信13.66亿元，放款8.9亿元，放款金额同比增长39.5%，获得首次贷款支持的小微企业持续增加。为99家辖区内中小微企业办理贷款展期或续贷1.67亿元。建立金融支持先进材料、物流、制造业企业名录及项目清单，定期对湖南先进硬质材料及工具产业园等银企意向合作项目进行跟踪、协调和督导，为长株潭先进硬质新材料产业园配套一期等3个项目争取专项债资金6.38亿元，为株洲硬质合金集团碳化钨粉智能生产线项目对接工行、农行成功授信共5.5亿元。组织金融机构对未满足融资条件的市、区级重点项目量身定制解决方案，为长株潭先进硬质新材料产业园项目争取中铁五局股权合作，三一片区产业园项目争取中铁、中建、五矿等支持。

【企业上市培育】 2022年，区政府金融办坚持政策驱动，把培育企业上市作为推动金融创新、促进转型升级的一项重要举措来抓，大力推进企业上市“金芙蓉”跃升行动，专班多措并举促保障。坚持高位推动，区主要领导通过走访、座谈、早餐会等形式调度企业上市工作，做优做深服务。坚持梯度培育，全区多部门联合开展“荷塘区金融助企纾困增效走访调研活动”。组建荷塘区先进硬质材料产业基金联盟，与湖南高善未来私募股权投资基金共同设立新材料产业基金和招商基金，促进辖内企业与风投创投、金融机构的合作。2022年，全区新增上市在审企业1家，在辅企业1家，启动新三板企业1家，新增四板股改板挂牌企业3家，科技创新专板1家，新增省上市后备企业1家。鼓励上市公司再融资，飞鹿股份定增1.1亿元。

【深化金融改革】 2022年，区政府金融办与建行株洲市分行开展战略合作，通过“乡村振兴共享贷”为23家农村集体经济组织成功授信1.11亿元，为村集体经济发展提供资金保障。发挥财政资金杠杆效益，通过与省农担合作，累计发放

3户涉农“特色贷”420万元。2022年，政策性农业保险保障水稻、公益林保费规模达31.29万元，增强2大品种抗风险能力，涉农金融服务持续增效。（汪 芳）

2022年10月13日，湖南省地方金融监管局二级巡视员胡军（左二）一行走访调研株洲科能新材料公司

中国工商银行新华路支行

【概况】 中国工商银行股份有限公司株洲新华路支行（以下简称工行新华路支行）成立于1985年1月。位于株洲市荷塘区新华东路1507号。2022年，新华路支行各项存款余额55亿元，其中储蓄存款余额46亿元、公司存款余额8亿元、机构存款1亿元。各项贷款余额36亿元，其中公司贷款余额29.8亿元、个人贷款余额6.2亿元。实现中间业务收入1249万元，净利润7234万元。

【支持区域经济发展】 2022年，工行新华路支行努力践行大行担当，为株洲硬质合金集团、株洲高科集团投放贷款4.5亿元，同时为科能新材料公司办理2.29亿元福费廷业务。2022年，办理票据贴现累计超过4亿元，大力支持区域企业发展。

【服务民生】 2022年，工行新华路支行为退役军人发放优待证，在荷塘区范围内位列同业第一。针对老年客户和有特殊困难的客户，多次上门采集信息帮助其办理办卡、激活等业务。月塘街道石塘冲社区五交化小区党支部更是送来“鼎力支持，大爱无疆”的锦旗。（谭智安）

中国建设银行株洲市城东支行

【概况】 中国建设银行股份有限公司株洲城东支行（以下简称建行城东支行）是建行株洲分行辖内支行，位于株洲市荷塘区新华西路399号。2022年，实现中间业务收入2533万元，实现拨备前利润11135万元，净利润7636万元。城东支行储蓄存款时点余额213952.40万元，比年初增长31302.77万元；对公存款时点余额86708.28万元，比年初增长15265.51万元，居辖区前列。公司贷款余额126214.58万元；个人贷款余额67944.92万元，比年初增长3623.09万元；普惠类贷款余额25784.02万元，比年初增长10052.21万元。该行所辖网点每天办理业务量占荷塘区辖内所有银行网点总和的半数以上。2022年，城东支行荣获“湖南省分行个人业务先进集体”称号。

【助力企业发展】 2022年，建行城东支行践行大行担当，以支持区域经济发展为己任，主动为辖内大中型企业输血。为株洲齿轮、汉德车桥、株洲千金药业、唐人神集团等大中型企业投放资金44000万元，为辖区内小微企业发放金额10052.21万元，大力支持企业发展。

【乡村办卡服务】 2022年，建行城东支行乡村金融办卡1500余张；为退休居民办理社保卡600余张，为退休人员及时拿到退休工资提供有力保障。2022年，上街摆摊设点12次，发放宣传资料近 100 份，积极向市民讲解防诈骗、防风险集资等防范措施。

【扶持项目及乡金发展】 2022 年，建行城东支行为荷塘区平台公司等投放资金超过 1 亿元。确保优质项目落地区域并开工做出应有贡献。在乡村金融方面，建行城东支行为荷塘区辖内文明村村民发放 30 余笔乡村文明贷款，累计贷款金额为 550 万元，为村民提供经营资金需求，助力乡村经济发展；大力支持涉农企业发展，为 23 个村经济合作社授信，授信金额共计 1.11 亿元。（张园媛）

中国农业银行株洲荷塘支行

【概况】 中国农业银行是国有控股商业银行，也是中国主要综合性金融服务提供商之一。中国农业银行株洲荷塘支行（以下简称农行荷塘支行）成立于 2010 年 3 月，是农行湖南株洲分行辖内一级支行，下辖支行营业部、红旗广场、公园路、向阳村、茨中、荷叶塘 6 个经营网点，网点辐射和服务的范围较广。

截至 2022 年 12 月，各项存款余额 384962 万元，较年初净增 67956 万元，各项贷款余额 220428 万元，较年初净增 62197 万元，实现营业收入 8462 万元，净利润 1954 万元，中间业务收入 2134 万元。

【助力乡村振兴】 2022 年，农行荷塘支行践行服务深耕乡村，始终将该使命放在业务发展的首要位置，由行领导带队对接农村局、街道乡镇书记，部门、网点对接村委、农户，各司其职、分工明确，在方案中设置专项奖励，充分调动网点营销的积极性，支行 6 个网点中有 3 个网点惠农 e 贷年增量超 1000 万元，乡镇和村级账户新开立 16 户，深耕乡村考核连续两年获城区第一，惠农 e 贷余额过亿元。在非三农个贷业务发展上，立足服务当地实体经济，利用农行荷塘支行国有银行利率低、产品好、审批快的优势，借助房抵 e 贷、集团 e 贷两大拳头产品，深入各大商圈、政府单位以及大型集团企业进行宣传营销。

【普惠小微贷款】 2022 年，农行荷塘支行一直秉承为服务当地实体经济的决心，实现优质项目贷款的落地和再营销。6 月，农行荷塘支行两个项目贷款顺利落地。12 月，成功申报两个项目贷款，流程在省分行审查中心审查。线上线下贷款两手抓，服务普惠小微进展显著。截至 12 月 31 日，新增多个线下信贷客户，同时在流程中等重点客户贷款达 1.5 亿，打破荷塘支行线下贷款客户规模小的局面。对公实体贷款较年初净增 2.69 亿元，完成全年任务的 180%，普惠小微客户数较年初净增 11 户，普惠小微贷款较年初净增 3326 万元。（叶　茜）

湖南银行株洲东一支行

【概况】 湖南银行株洲东一支行（以下简称东一支行）成立于 2010 年 10 月，为湖南银行株洲分行下辖 A 类支行，位于桂花街道新华东路 1468 号。2022 年，湖南银行株洲东一支行坚持“立足荷塘、依托荷塘、服务荷塘”的发展思路，紧紧围绕“一区两城”目标，大力支持荷塘区“产业升级”“园区提质”“营商环境优化”“城市更新”等六大工程，为区域内基础设施、重点项目、实体企业提供优质全面的综合金融服务，实现自身与地方经济发展的同频共振。截至 2022 年，东一支行一般性存款 21.93 亿元，信用总量 28.96 亿元。2022 年，获得“株洲市巾帼文明岗”“2022 年度 A 类支行综合业绩奖二等奖”“2022 年度惠普贷款贡献奖”等多项荣誉。

【服务实体经济】 2022 年，东一支行积极响应区政府重大战略部署和重要发展决策，以支持区域经济发展为己任，为荷塘区 2 家政府融资平台公司授信总额达 24.8 亿元，为三一智慧钢铁城项目提供工业厂房按揭贷款 3194.5 万元。同时，东一支行深入园区，向上市企业“株洲飞鹿高新材料技术股份有限公司”及其子公司，株洲同一硬质合金股份有限公司、湖南货友汇科技有限公司等中小微企业提供授信 1.8 亿元，有力地支持地方经济发展。

（吕尚鸿）

中国光大银行株洲文化路支行

【概况】 中国光大银行株洲文化路支行（以下简称文化路支行）属于中国光大银行株洲分行下属支行之一，为国有控股的股份制商业银行，地处荷塘区新华西路 465 号，营业面积 530 平方米，有 2 台在行式自助 ATM 机、2 台智能柜员机。文化路支行金融服务主要群体为荷塘区重点党政机关和企事业单位及周边居民。2022 年，文化路支行一般性存款时点余额为 10.80 亿元，各项贷款余额 8.66 亿元。

【支持项目建设】 2022 年，文化路支行全力支持荷塘区“三高四新”项目推动，为区内“三高四新”建设企业“湘江电焊条”提供信用综合授信 0.8 亿元。大力支持重点产业发展，积极发展普惠金融。支持上市企业“株洲飞鹿高新材料”、小微企业“株洲金卓机车配件有限公司”“湖南中天杭萧钢构科技股份有限公司”等 19 家荷塘区域内的中小微企业及民营企业，授信金额累计 3.6 亿元，授信总余额累计 1.65 亿元，有效推进荷塘区新经济发展、新动能培育。

（刘伦玮）

财税·审计

财　政

【概况】　2022年，株洲市荷塘区财政局（以下简称区财政局）完成一般公共预算总收入70891万元，同比下降4.1%，其中：税收收入完成64181万元，同比下降2.48%，税收占比为90.53%。完成地方收入39735万元，同比下降2.04%，其中，税收收入33025万元，同比增长1.75%，税收占比为83.11%。荷塘区一般公共预算支出228583万元，同比增长24.16%，其中，民生支出202578万元，占全年支出的比重为52.37%，同比增长12.5%。

2022年，政府性基金上级补助收入73583万元，新增专项转贷债券收入63800万元，上年结转22043万元；政府性基金本年支出完成157215万元，同比下降19.89%。国有资本经营本年收入完成2581万元，上年结转395万元；国有资本经营本年支出完成1054万元，同比下降92.41%，全年实现收支平衡。社会保险基金收入完成9194万元，社会保险基金支出完成14851万元，社会保险基金本年结余-2021万元，累计结余15460万元。

【民生保障】　2022年，区财政局认真贯彻落实政府过“紧日子”的要求，克服多种不利因素，围绕扎实做好“六稳”（稳就业、稳金融、稳外贸、稳外资、稳投资、稳预期）工作、全面落实“六保”（保居民就业、保基本民生、保市场主体、保产业链供应链稳定、保基层运转）任务的工作思路，紧抓政策机遇，主动对接、加大力度争取中央、省、市资金支持，争取直达资金24117.57万元、参照直达资金15万元，争取专项债券资金63800万元，一般债券资金2100万元，主要用于园区产业项目、农业产业发展和公共基础设施建设，为荷塘区公共基础设施和产业发展提质增效。在一般公共预算支出同比下降的情形下，全年教育、农林水支出分别较上年增长0.37%、0.89%，有力支持全区经济社会持续健康发展。

【预算管理】　2022年，区财政局强化预算刚性约束，坚持先有预算后有支出，有效控制预算调整、追加行为；预算管理一体化工作顺利推进，加快推进“业务+技术”双轮驱动的预算管理一体化系统建设，促进财政监督、绩效管理与预算编制、执行全面深度融合，提高预算管理规范化、标准化、自动化水平；以直达资金监控系统为依托，加强对直达资金预算分解下达、资金支付、惠企利民补贴补助发放情况的监控，确保每一笔资金有标识、可追溯、全穿透；持续推进预决算公开，切实保障群众知情权、监督权。

【评审监督】　2022年，区财政局审定预算项目74个，送审金额28732.06万元，审定金额27048.35万元，审减金额1683.71万元，核减率6.22%；审定结算初审项目44个，送审金额29152.66万元，审定金额

25172.76万元，审减金额3979.90万元，核减率13.65%；审定结算复审项目8个，送审金额639.07万元，审定金额605.33万元，审减金额33.74万元，核减率5.28%。

【金融与债务】 2022年，区财政局积极稳妥化解债务存量，全力以赴遏制隐性债务增量，通过“六个一批”（指针对低收入农户、低收入村制定的精准帮扶措施，包括扶持产业帮扶一批、山区搬迁帮扶一批、生态建设帮扶一批、社会保障兜底一批、社会力量帮扶一批）推进债务续贷、展期、置换，平滑偿债高峰，牢牢守住隐性债务不新增、“三保”(保工资、保运转、保民生）资金不断链、重大风险事件不发生的底线，实现贷款类高息债务清零；通过争取上级资金、新增债券，全面清理盘活平台公司经营资产、定期存单、股权收益，加快土地出让，做大政府性基金收入，不断壮大财政实力化存量，债务风险水平总体可控。

（廖红霞）

税务

【概况】 2022年，国家税务总局株洲市荷塘区税务局（以下简称区税务局）统筹疫情防控和税收重点工作，持续深化党建、管理和服务“三大品牌”建设，推动工作迈向新台阶。坚持依法治税，勤征细管、挖潜堵漏，组织税费收入32.31亿元，地方级税收占比位居全市前列。及时落实税费优惠政策，深入推进税收征管改革，大力优化税收营商环境，持续加强队伍建设，税收治理迈向新台阶，成功创建省文明标兵单位，获评“株洲市税务系统绩效管理先进单位”，获得集体荣誉11项、个人荣誉23项。

【税收收入】 2022年，区税务局全面落实“三高四新”战略定位和使命任务，深度参与财源建设工程，完成税收收入186658万元，同比减少17605万元，减少8.62%。办理出口退税10793万元，增加1536万元，增长16.59%。房地产税收占比持续降低。2022年，荷塘区房地产业税收占比为9.17%，较2019年下降16.13个百分点。工业经济韧性足。还原增值税增量留抵退税和中小微企业制造业缓税后，2022年制造业税收占比35.61%，较2021年提高1.81个百分点，主要是电子设备制造业增长22.89%、有色金属冶炼增长39.42%和医药制造业增长10.96%。

【社会保险费】 2022年，区税务局实现社会保险费全险种全人群划转，建立“税费同征同管”的社保费征收体系，社保申报缴费率位居全市前列。推行社保费建账管理服务，分类施策化解矛盾的“枫桥经验”做法，获得市局表扬。2022年，社保费入库125211万元。其中，基本养老保险费入库80732万元；基本医疗保险费入库38145万元，增长7.56%；失业保险费入库2894万元，减少6.19%；工伤保险费入库3440万元，增长1.09%。

【非税收入】 2022年，区税务局构建“政府主导、部门配合、齐抓共管”的非税划转统筹机制，实现矿产资源专场收入等2个非税收入征收职能平稳划转、顺利征收，城镇垃圾处理费顺利开征，做到“接收一个逐步规范一个”。非税收入入库7923万元。其中，教育附加费入库2474万元，减少18.38%；地方教育附加入库1705万元，减少16.01%；工会经费入库1302万元，增长9.23%；残疾人就业保障金入库944万元，增长17.12%；水利建设基金入库1053万元，减少14.74%；其他新划转非税收入45万元。

【税收征管】 2022年，区税务局围绕精确执法、精细服务、精准监管、精诚共治要求抓好《关于进一步深化税收征管改革的意见》落实，扎实推进智慧税务建设，“五化”（即：管理扁平化、责任团队化、流程周期化、服务信息化、改革共赢化）推动《意见》落实，有效破解征管资源短缺等难题，获得省局、市局和市委改革办高度肯定，征管质量5C监控评价位居全市前列。稳妥推进税源管理方式改革，打破划片统管的固有模式，推行“团队管事”，将税源管理划分为日常管理、调查核实、风险应对等102项，成立对应职能团队15个，初步实现“分户到人统管”向“分类专业管事”转变。开展全电发票受票扩围试点工作，辅导企业顺利接受全省首张全电发票。坚持“抓大不放小”管税思路，深化增值税、所得税等主税种管理同时，车船税、印花税、环保税等小税种管理，取得良好成效，堵塞了征管漏洞。全年印花税入库2584万元，同比增收763万元，增幅41.90%；车船税入库3046万元，同比增收999万元，增幅48.8%。

【留抵退税】 2022年，区税务局统筹做好留抵退税办理和风险防控，把好“三道关口”（即:事前预审、事中审核、事后抽检）阻断留抵退税风险，涉及税款9800余万元，该做法获得全市经验推广。深入开展“9+3”特色行业清理，开展税费征管风险排查“百日行动”，全年应对风险任务508户次，入库税款及滞纳金4330万元。“两高群体”风险管理案例被湖南省税务局采用上报国家税务总局。突出抓好成品油专项整治，完成16户成品油经销企业两证排查，4户民营加油站身份界定，入库税收487万元。“管理+服务”双轮驱动所得税研发费用加计扣除政策落实，帮助115户企业享受加计扣除政策3.45亿元，58户企业调减应纳税所得额4024万元。

【减税降费】 2022年，区税务局切实打好“退、缓、减、抵”“组合拳”，“快、准、稳”落实增值税增量留抵、制造业中小微企业缓税、企业所得税研发费用加计扣除等税费优惠政策，充分释放政策红利，支持经济社会发展。2022年，缓退减免各项税费43253万元。其中，制造业缓税8071万元，办理增值税留抵退税24389万元，办理出口退税10793万元，同比增长16.59%。

【依法治税】 2022年，区税务局全面推行税务执法“三项制度”，完善税务法治审核机制，建立健全重大税务执法决定法治审核委员会，审核重大税务执法决定6项。规范税务行政处罚裁量权，处罚与教育相结合，保障纳税人合法权益，促进公平、公正执法。2022年，办理税务行政处罚案件共247件（其中适用简易程序案件247件）、办理行政许可764件（条）、未发生行政复议和行政诉讼案件。优化税务执法，落实“首位不罚”清单，大力开展学法普法，干部普法考试通过率100%，在全市税务系统执法资格考试中取得平均分第一名的优异成绩。

【纳税服务】 2022年，区税务局推进精细服务改革试点，构建“5S”（即：specialty专业、smart智能、speed快速、system系统、satisfied满意）服务新体系，基本实现税费事项全程网上办，推行“即时办”“承诺办”“提速办”，做好“不满意请找我”专窗，全力打造“身在荷塘 办税不难”服务品牌，畅通线上办、网上办，全力推行“非接触式”办税缴费，让纳税人少跑腿，线上办税率高达96%，214个事项实现“非接触式”办理，覆盖纳税人办税事项90%以上。加强“湘税通”平台推广，企业纳税人注册比例达到80%以上。成立“亲荷”工作室，用好专家团队及时响应解决涉税疑难问题。积极开展“千名干部联千企”和“市场主体培育年”活动，为2000多户次企业送政策、解难题，培育市场主体7600多户次。深化“银税互动”，向239户次纳税人提供税收信用贷款1.96亿元。（吴　鹏）

2022年荷塘区税费收入统计表

表6　　　　单位：万元

项目	本年累计	上年同期	同比增长	同比增幅（%）
一、税费收入	323123	333708	-10585	-3.17
（一）税收收入	186658	204263	-17605	-8.62
1.增值税	71645	99754	-28109	-28.18
2.消费税	7	93	-86	-92.47
3.企业所得税	31242	35836	-4594	-12.82
4.个人所得税	8469	7176	1293	18.02
5.资源税	224	313	-89	-28.43
6.城市维护建设税	5851	7178	-1327	-18.49
7.房产税	5444	7115	-1671	-23.49
8.印花税	2564	1821	743	40.80
9.城镇土地使用税	5432	6465	-1033	-15.98
10.土地增值税	26562	17529	9033	51.53
11.车船税	3045	2047	998	48.75
12.耕地占用税	97	754	-657	-87.14
13.契税	25907	17484	8423	48.18
14.环境保护税	166	376	-210	-55.85
15.其他税收（原营业税）	3	322	-319	-99.07
另：留抵退税	-24389	-4706	-19683	418.25
（二）非税收入	7923	8081	-158	-1.96
1.教育费附加	2474	3031	-557	-18.38
2.地方教育附加	1705	2030	-325	-16.01
3.残疾人就业保障金	944	806	138	17.12
4.水利建设基金	1053	1235	-182	-14.74
5.文化事业建设费	2	0	2	—
6.税务机关罚没收入	3	12	-9	-75.00
7.水土保持补偿费收入	85	20	65	325.00

续表 6

单位：万元

项目	本年累计	上年同期	同比增长	同比增幅（%）
8. 排污权出让收入	55	73	-18	-24.66
9. 人防办行政事业性收费收入（防空地下室易地建设费）	658	312	346	110.90
10. 城镇垃圾处理费	899	562	337	59.96
11. 其他国有资源（资产）有偿使用收入	0	0	0	—
12. 矿产资源专项收入	45	0	45	—
（三）社会保险费	125211	117880	7331	6.22
（四）其他收入	3331	3484	-153	-4.39
其中：工会经费	1302	1192	110	9.23
职业年金	2029	2292	-263	-11.47
二、出口退税	-10793	-9257	-1536	16.59
1. 退增值税	-10353	-8532	-1821	21.34
2. 免抵调减增值税	-440	-725	285	-39.31

（吴　鹏）

审　计

【概况】 株洲市荷塘区审计局（以下简称区审计局）负责荷塘区范围内政府各部门及所有企事业单位的审计监督工作。2022 年，区审计局坚持依法审计、独立审计原则，客观公正、求真务实，充分发挥审计监督职能，为荷塘区经济高质量发展提供坚实保障。2022 年，经区委审计委员会第四次会议批准，计划审计项目 11 个，完成审计项目 11 个，其中，财政预算执行审计项目 1 个，领导干部经济责任审计项目 6 个（均为离任审计），自然资源资产离任审计 1 个，专项资金审计项目 1 个（就业资金），园区财务财政收支审计 1 个，政府投资审计 1 个。全年，出具审计报告和专项审计调查报告 18 篇，提出审计建议 43 条，增收节支 437 万元，促进资金拨付 4200 万元，减少财政拨款 31 万元。向区政府提交审计要情 3 篇，区政府主要领导对审计要情做重要批示，有效促进审计整改落实。区审计局投资审计中心全年完成结算审计项目 74 个，核减投资额 413 万元。

【区委审计委员会第四次会议】 2022 年 10 月 11 日，荷塘区委书记、区委审计委员会主任方靖主持召开区委审计委员会第四次会议。会议听取全区审计工作情况汇报，会议审议并通过《株洲市荷塘区审计局 2022 年度统一组织审计项目计划》。

【财政资金审计】 2022 年，区审计局按照省审计厅提出的“三级联动、统筹安排”工作要求，紧紧围绕全区经济社会发展大局，履职尽责，突出审计重点，开展 2021 年度区本级财政预算执行及决算草案审计，运用大数据分析等信息技术手段，对 77 个区直一级预算单位预算执行及财政财务收支电子数据开展全覆盖审计，通过审计促进资金拨付

12498.19 万元，有效盘活存量资金，促进公共资源配置效率。提出审计建议 3 条全部被采纳，审计报告区政府主要领导作出批示，审计结果及整改情况向区人大及常委会报告。

【民生审计】 2022 年，区审计局对全区灵活就业人员社会保险补贴、公益性岗位补贴、就业见习补贴、创业培训补贴等支出情况实施全覆盖审计，进一步规范就业专项资金的管理和使用，推动就业服务工作均衡高质量发展，为荷塘区就业民生问题贡献审计力量。同时，区审计局围绕打好污染防治攻坚战，积极推进自然资源资产审计，对区桂花街道办事处原主要领导干部自然资源资产职责履行情况开展离任审计。

【政府投资项目审计】 2022 年，区审计局投资审计中心进一步完善政府投资项目结算管理，由“以审代结”改成出具审计报告，充分调动业主单位加强项目管理的主观能动性，提高结算效率；遇到项目上的“疑难杂症”，聘请造价专家开会研讨，保证结算公平公正；采取赴实地、见实物、促实效，深入市场主体，了解产品特性，挖掘推广“物美价廉”与政府投资项目适配度高的产品，既当好“裁判员”又做好“推销员”，通过创新工作方法，为降本增效贡献审计力量。

【园区审计】 2022 年，区审计局对荷塘产业开发区管理委员会开展园区财政收支情况审计，通过审计整改，有效促进园区规范财政财务收支、投资招引活动、风险管理，提高资金使用效率。

【离任审计】 2022 年，区审计局按照区委审计委员会的统一部署，继续围绕规范权力运行，深入开展经济责任审计，对区发改局、区政府办、区人社局等主要领导干部开展离任经济责任审计，共计出具审计报告 14 篇，查处各类问题金额 2321.09 万元。针对突出问题突出 22 条审计意见和建议，向纪检监察机关和主管部门移送案件线索 2 条。有效地促使相关单位完善制度、堵塞漏洞，促进领导干部守法守纪守规，推动依法行政、勤勉尽责，助力营造良好政治生态。

【审计整改】 2022 年，区审计局认真落实开展“审计整改推进年”活动，组织开展审计查出问题整改落实情况“回头看”，对过去 3 年荷塘区审计查出问题的整改督促，针对 12 家区直部门、单位审计发现的 32 个未整改的问题列清单按期销号，督促各单位、部门进行整改，推动建章立制，及时向区委审计委员会、区人大财经委员会等部门报告整改工作情况，截至 12 月底，整改到位 16 个，情况说明 10 个，正在整改 6 个，促进拨付资金 39761.29 万元。同时，以市审计局对荷塘区开展的重大政策落实审计中发现的普遍性问题为基础，指导全区 13 个部门单位深入开展内审自查，推动举一反三、以点带面，攻克审计整改工作中顽瘴痼疾。 （胡　桑）

城乡建设与环境保护

住房和城乡建设

【概况】 株洲市荷塘区城乡建设局和株洲市荷塘区人民防空办公室于2019年4月合署办公，更名为株洲市荷塘区住房和城乡建设局（株洲市荷塘区人民防空办公室）（以下简称区住建局）。区住建局主要负责全区城市道路建设和基础设施建设；对区内建筑业市场和房地产企业进行监督和管理，协助市相关部门对全区建安工程现场质量和安全生产管理；负责辖区内燃气企业（瓶装、管道）安全生产监管工作、城市棚户区改造工作、“三供一业”（供水、供电、供气、物业管理移交改造）工作；负责老旧小区改造以及配合市房产局开展对辖区低收入家庭享受廉租房政策的初审。配合市人防办办理人民防空工程（含结合民用建筑修建的防空地下室）的建设、拆除审批及监督检查城区和重要经济目标的人民防空建设。

2022年，区住建局多方谋划筹措资金来源，争取国家预算内资金、专项债资金、海绵城市奖补资金1.99亿元，助推基础设施建设项目的实施。新塘路四期、新文化路、黄泥塘路等10条道路顺利推进，拓展城市发展空间，完善交通路网，使居民出行更加便捷。

【基础设施建设】 2022年，区住建局继续实施“北联”（即：通过建成金龙路、金桥路、北环路、向阳路连接云龙大道，促进与云龙示范区的融城发展）、“东拓”（即：通过建成荷塘大道延伸段跨沪昆、新塘路、金塘路、金瑞路、升龙路推进荷塘区向东发展）、“南进”（即：通过建成东环北路、铁东路、金塘路、新文化路、建宁港路，发展荷塘商贸城和太阳片区，与芦淞区对接），从而形成“五纵七横”道路路网（五纵即：升龙路、新塘路、新华路、金环大道、金塘路。七横即：金瑞路、金龙路、金桥路、北环路、向阳路、红旗路、铁东路）。2022年，基础设施项目有在建和前期推进项目共计18项，涵盖市政道路、水环境整治和双碳电力建设三方面，项目总投资13.34亿元。市政道路建设项目类12个（道路项目10个，人行天桥和地下通道项目2个），总建设里程8.5千米，总投资10.63亿元。水环境整治项目4个，总投资2.7亿元，赵家冲社区改造项目、前进社区改造项目开工建设，建宁港老湖南工业大学、建宁港金钩山及法院水系雨污分流稳步推进前期工作，上述项目作为中央环保督察整改任务，争取2025年全面实现建宁港雨污分流。双碳电建项目(电力埋管)2个，文化路、新四路电缆埋管工程作为高考双电源项目在全市率先开工，如期完工。

【民生工程】 2022年，“民生100”工程方面，投资约4000万元改造老旧小区53个，改造户数3075户，各项目于7月中旬开工建设，年底前正在进行屋面防水、雨污分流改造工作。完成农村危房改造10户，符合六类改造对象，争取中央资金14.5万元。

做好公共租赁住房保障工作，新增住房保障51户，完成2022年株洲市城区公共租赁住房实物配租33人，完成2022年株洲市城区公共租赁住房实物配租申请家庭公开摇号130户，完成2022年公共租赁住房资格年审495户。2022年，市政府下达既有住宅加装电梯任务数25台，受理24台（其中竣工2台，开工12台，待开工1台，前期流程9台）。

【自建房安全专项整治】 2022年，区住建局开展自建房安全专项整治。组织召开房屋安全专项整治工作排查业务知识培训会，召集镇办以及村社区有关人员参加培训，培训约100人，定期组织培训交流会、工作推进会，及时释疑解惑，明确举措。督促指导各镇办开展自建房排查，全区完成自建房摸排17939栋，完成镇街道排查16645栋，排查率100%，全区用作经营性的自建房为2140栋，经营性自建房资料复核率100%。采取“一天一排名、一周一调度”模式，组织镇办开展鉴定工作，完成结构性安全隐患自建房鉴定3483栋，鉴定率100%。严格按照“人不进危房、危房不进人”原则对存在隐患自建房逐栋研究，分类施策，采取“5包1”（即：县级领导、街道领导、街道负责人、社区负责人、区住建局负责人五方共同对一栋隐患房屋进行整治负责）模式压实各级责任，对鉴定为C、D级的56栋经营性自建房挂红、黄牌警示，并采取停止使用、停止经营、封控警示等方式进行管控，管控率100%，在全市率先组织专家团队对需维修加固的自建房进行图审，安排技术人员对施工进行全程监督管理，严格按照时间节点倒排整治计划，确保结构安全性隐患自建房整治销号。

【安全生产检查】 2022年，区住建局对12个在建房地产项目，4家管道燃气企业、3家瓶装燃气企业开展安全生产、文明施工检查7次，发现安全隐患10处，下达“重大事故隐患整治任务交办单”10份，整改回复10份，均按整改要求进行整改。疫情期间，对在建房地产项目实行“日巡查、日通报”，紧盯水竹湖学校等符合闭环管理且作业人数众多的市级重点项目，在开展疫情防控督导的同时，积极发挥桥梁作用，对接街道及疾控中心，督促其作业人员开展核酸检测，每日检测约1280人，确保水竹湖学校等重点项目“疫情不停工、人员无感染、进度有保障”。

【海绵城市建设】 2022年，区住建局在申请中央资金、申报专项债之外寻求项目建设资金保障新路径，在株洲市获批海绵城市大背景下，积极争取海绵城市建设奖补资金，荷塘区有31个项目入选2022年海绵城市建设计划，包含海绵型道路广场（规划01路等17个项目）、海绵型建筑与社区（月塘二轻小区老旧小区改造等12个项目）、海绵型公园绿地（迎风北路与升龙大道交叉口微公园项目）和雨水管网及泵站（建宁港荷塘铺支流一期箱涵工程（东环北路—悦舍路）四个方面，争取海绵城市建设奖补资金3200万元。

（倪得利）

城市综合执法

【概况】 株洲市荷塘区城市管理和综合执法局（以下简称区城管局）主要负责制订管辖范围内城市管理和综合执法中长期发展规划和各项专项规划，并组织实施；制订管辖范围内市政公用设施大中修和专项维修、园林绿化建设和维护、环卫设施建设和维护、执法装备保障的城市管理项目年度计划，并组织实施；区直有关部门、镇（街道）、社区城市管理和综合执法工作的组织指导、监督检查、考核考评工作；辖区城市管理综合执法的指挥调度，并组织实施辖区联合执法行动；辖区市容市貌的监督管理和综合整治。负责辖区户外招（店）牌、指示牌设置及沿街门店商业文化活动占道的审批和监督管理。负责城市规划范围内车辆清洗行业管理；对辖区内未依法取得规划许可或者未按照规划许可内容建设的建（构）筑物治理；辖区环境卫生的监督管理。另设城管考评办、治违考评办和株洲市垃圾填埋场3个临时管理机构，分别负责组织全区城市管理、治违考评工作和接收处置全市垃圾应急和填埋工作。2022年，获评“全国巩固深化‘强基础、转作风、树形象’专项行动表现突出单位”“株洲市城市管理先进城区”“株洲市垃圾分类工作先进城区”。

【城市管理】 2022年，区城管局坚持执法为民，深化为民服务举措，努力塑造队伍良好形象。创新“721工作法”（即70%的问题用服务手段解决、20%的问题用管理手段解决、10%的问题用执法手段解决）。针对轻微违法行为，制定容缺处理和减免处罚清单，实施人性化管理；着眼治理小区“牛皮癣”乱象，在城区设置便民信息张贴栏40余块；注重疏堵结合，规范设置便民摊点5处、夜宵点3个、季节性瓜果销售点3个，较好地平衡城市管理与民生需求之间的矛盾。探索“微信群值班模式”。组织辖区内不同路段的商户建立14个微信群，每天安排一名城管队员担任群值班员，分享城管法规知识，受理商户诉求。全年通过微信群值班模式有效解决城市管理问题1210余起，“微信群值班”成为荷塘城管践行“721”工作法的成功典范。推行“服务门店八项举措”。通过在门店信息系统中设置“我申请挂牌匾”“我要申请占道”等快捷键（API接口），充分发动责任路段队员为门店业主办实事、解难题，涌现“代店主临时看店”“为商场解决前坪停车难问题”等城管“微服务”典型，赢得市民的纷纷点赞。创新推动沿街门店诚信等级评价工作，评选城市管理“最佳门店”24家，精细化管理示范街6条。

【城管执法】 2022年，区城管局坚持依法行政，定期举办城管法律法规等专题培训，提升城管干部职工守法用法意识。持续开展新时代法治宣传教育，全方位切实做好“八五”普法工作，大力营造城管系统尊法学法守法用法的良好氛围。在执法过程中严格按照修正完善的《中华人民共和国行政处罚法》《株洲市城市综合管理条例》《城市户外广告和招牌设置管理细则》等法律法规依法执法，有效做到保护公民、法人和其他组织的合法权益。2022年，立案查处一般程序案件共计158件，办理简易程序案件共计157件。不断探索“非接触式”执法模式，运用人行道违停处罚系统实施“贴单执法”，执法效率提升40%。推进智慧执法工程，积极推行城管执法网上办案，运用系统办案率达90%。

【拆违保安】 2022年，区城管局根据株洲市委、市政府的统一工作部署，在全区范围内集中开展拆违保安“百日攻坚”行动。5月，大队40余名党员积极投身自建房安全专项整治暨拆违保安“百日攻坚”行动，张贴拆违保安通告15000余份，在2个月时间内组织人员排查违建8100余处计176万平方米。荷塘区在拆违保安工作第一阶段“百日攻坚”期间，共拆除各类违法建设373处，87135平方米；荷塘区在株洲市第一批、第二批次拆违保安任务清单完成情况评比中获全市第一名，月塘街道在全市5个重点区域中获得第二名。重点对合泰、富家垅两个重点地区实施强力攻坚，先后组织14次联合拆违行动，已拆除各类违法建设120余处，共计1.6

万余平方米，消防通道堵塞问题基本打通。针对高层违规搭建的违法建设，拆除全市海拔最高违章建筑——富华商业广场高空加层，在高空违章建筑拆除方面实现零的突破。

【市容整治】 2022年，区城管局以“创文整改”工作为主抓手，全员发动开展创文整改“百日攻坚”行动，成立整改工作专班，深入开展户外广告、招牌大排查大整治工作。按照市城管局“大排查大管控大整治”要求，对全区存在安全隐患户外广告和招牌进行排查和整治。共计排查户外广告和招牌173处，拆除30处，消除部分户外广告和招牌安全隐患。开展联合综合整治执法行动。区城管局联合区委宣传部、区治安大队、人和律师事务所、各相关街道办事处等多个职能部门开展“雷霆行动”联合执法。对中南菜市场、天鹅湖一号周边、麻园周边等10余个重点区域开展集中整治，累计劝导出店经营500余家，收缴非机动车加装遮阳伞300余把，劝导违停车辆2700余台。开展主次干道、背街小巷综合整治行动。全年对人行道违停共抄牌13200余台，摩托车违停拖车480余台，共劝导出店经营、占道经营1.7万余次，清除“牛皮癣”8000余处，督促施工单位工地清洗路面1万余平方米。区环卫中心共投入资金100余万元，对建成区的垃圾分类标识缺失及破损的容器进行全面完善，更换破损的果皮箱、欧盟桶，并针对所有果皮箱、欧盟桶进行全面清洗。开展城区环境卫生整治行动共有500余次，及时处理道路突发事件200余处，清运杂物2200余处，清理基建垃圾715处，清洗垃圾容器油脂污染4000余个，清除合泰路、东湖路“牛皮癣”顽固问题3500余处，对主次干道杂草进行消杀，清洗中、边槽泥沙污染、散落垃圾4600余处。

【示范街创建】 2022年，荷塘区对湘运路、车城路开展示范街创建工作，首先针对路面坑洼破损、积水严重等问题，投入资金约40万元对湘运南路（金钩山路—东环线）两侧破损路面、行道进行全面提质改造，共铺设混凝土基层1800余平方米，铺设沥青面层4000余平方米，新增侧石700余平方米，增设排水管道80余米，更换井盖30个，新增热熔盲道500余米，增设公共停车位23个；其次开展市容秩序整治，共清除“牛皮癣”150余处、拆除破旧招牌30余处、门店录信息张贴二维码160余处、增设垃圾桶100余个、拆除垂直招牌10余个、增补门前三包10余处、增划摩托和电动车停车位45处、张贴垃圾分类180余处。

【污染防治】 2022年，区城管局为落实大气污染防治巡查监管职责，区城管局对城区露天烧烤油烟污染、露天垃圾焚烧、城区工地扬尘污染、路面污染等问题进行全面排查与整改。露天烧烤方面。重点对东湖广场、向阳广场、华南路、工大后门等18个区域进行巡查监管，共开展整治行动300余次，出动车辆300余台次，下达整改通知书150多份，立案37起，罚款2.8万元。扬尘治理方面。建立“一日三巡查、一日一记录”工作机制，严格执行“八个百分百”扬尘治理标准，全区新增裸土覆盖3.8万平方米、播撒草籽复绿5万平方米，新增14台降尘雾炮机、29处围挡、15处洗车平台、8处硬化路面、7处喷淋系统。设置视频监测、扬尘在线监测仪工地4个，针对道路渣土污染、工地扬尘等违规行为立案查处9起，罚款4.97万元，辖区空气质量显著提升。

【园林绿化】 2022年，区城管局大力实施绿化管养精细化，推进新华路、红旗路等重点路段中、小修提质，完成180余棵行道树、60万余株苗木、草皮6万余平方米补栽补植工作，及时消除黄土露天现象。完成园区12条道路和明照湖公园及运动公园的绿化管养移交，绿化覆盖率达41.6%。大力开展“三认”活动，城管系统累计认种182棵，并成功发动区人大等9个机关企事业单位进行认种认养“一片林”。完成新华路、红旗路、新塘路、向阳路等主干道的1600余株行道树进行下垂枝修剪，并对所辖区域近25万多平方米苗木进行全面修剪。完成迎风北路街头公园项目建设，项目总投资1116万元，共24843平方米，位于荷塘区水竹湖片区，紧邻迎风路与南车北路，为沿迎风路的带状公园绿地，为周边居民享有“可骑行、可游憩、可阅读、有主题”诗意栖居的高品质社区公园。在治理病虫害工作上，对601社区、西子社区、天鹅湖社区等32个社区进行白蚁灭治工作，治理面积约10万余平方米。绿化专项执法工作，全年共处理各类毁绿占绿、群众举报和12345投诉200余件，处理“一门式”申请砍伐死树或危树218株，尚有40余棵危树待社区协调后再处理，处理置信平台投诉案件850余条，处置率达100%。

【市政维护】 2022年，区城管局开展市政设施大修养，对玫瑰路、新塘路、戴家岭路工学院通道等11条道路进行重点养护，完成沥青路面及行道修复，清理泄水井8760座，安设限行桩550个。完成老卫生防疫站小区、晏家湾散户等5个无物业管理小区的提质改造工作；全年对玫瑰路、新塘路、桂花路、戴家岭路、宋龙路等多条道路沥青路面进行修复更换共计2200平方米；清理检查井3次、泄水井6次，清理检查井7500余座，清理泄水井14760座，清理沟渠2782米；更换维护检查井、泄水井80座；维修、更换检查井盖28套；维修、更换泄水井盖50套。在创文整改工作中，市政中心周密部署，共出动专业维护人员30余人，工程车辆4台，摊铺机1台，修复红旗广场周边、农贸市场周边、重要干道及背街小巷行道1600平方米、更换侧石300米、铺筑沥青面积3000平方米、更换各类破损井盖60套、更换沟盖板400块、清理污水井8600个、设置行道桩380个、拆除破损空调格栅20个。应对低温冰雪行动中，组织1600多名党员干部职工“以雪为令”全力开展除冰、扫雪、清树等行动，成立60人的应急队伍，共出动车辆170多台次，对17座桥梁撒融雪剂30吨，完成重点路段除雪约80千米，除雪面积100万平方米，完成居民小区抢险救灾120余次，处理倒伏树木110余棵，处理积雪压断的树枝、垂枝320余处，清理绿化垃圾330余车，确保居民群众出行安全。全年，共处理回复市长热线交办216件。在城市综合管理服务平台（智慧城管终端系统）共处置涉及市政部门的道路破损、井盖破损、污水横流等案卷251件，处置率100%，满意率100%。

【获评“全国巩固深化‘强基础、转作风、树形象’专项行动表现突出单位”】 2022年，区城管局持续巩固深化城市管理执法队伍“强转树”（强基础、转作风、树形象）专项行动。坚持以党建引领城市管理执法队伍建设，夯实城市管理工作的基石。开设“党建课堂”“党史分享会”等，严格落实“三会一课”制度，组织政治理论学习和专题辅导15场次培训2610余人次，不断铸牢城管执法队伍一心向党、对党忠诚的政治品格，城管队员“三感”（政治使命感、工作成就感、职业归属感）明显增强。强化执法监督。率先在全市城管执法单位组建城管纠察中队，对城管队伍队容风纪、文明执法情况进行日常巡查和明察暗访，全年发现和纠正城管队员不文明行为40余人次，相比上年下降40%，城管队伍日常管理走在全市城管执法单位前列。开展作风整顿。坚决落实全市城管系统作风建设年活动统一部署，出台《城管执法人员行为规范实施细则》，完善《城管协管员管理规定》，制定“六个一”

（每周开展一次军训，每月组织一次座谈，每季度组织一次整治，每年组织一次职业体验、健全一套制度、树立一种导向）活动方案，并围绕作风建设年活动主题开展“六查六看”，梳理问题清单 26 项，制定整改措施 30 项，切实把作风建设年活动各项任务落到实处。严格执纪问责。在加强城管队伍作风建设过程中，对违反作风建设规定的人和事严格追责问责，先后通报典型案例 21 起，处理城管协管员 3 人，对 1 名正式队员予以开除、1 名骨干予以撤职处分，努力建设一支让党放心，让人民满意的城管执法队伍，获评“全国巩固深化‘强基础、转作风、树形象’专项行动表现突出单位”。（谭　荣）

国有土地上房屋征收

【概况】 株洲市国有土地上房屋征收处荷塘中心（以下简称房屋征收中心）成立于 2011 年 9 月。2018 年 10 月，加挂株洲市荷塘区国有土地上房屋征收管理办公室牌子。主要负责辖区内国有土地上房屋征收与补偿工作、初审建设业主单位提交的房屋征收申请文件及资料、调处荷塘区国有土地上房屋征收与补偿纠纷等。2022 年，荷塘区纳入市绩效考核的国有土地上房屋征收项目 1 个，征收单位 1 家，征收房屋面积 5939.29 平方米、土地面积 49458.91 平方米；该项目涉征单位为广铁集团，协商难度大，签约流程繁杂，房屋征收中心集中力量、攻坚克难，确保征收任务按时完成。

【征收工作模式改革】 2022 年，市区两级政府重点关注的铁东路（规划 26 路—新华路）新建工程项目征收任务时间紧，被征收单位签订协议审批流程繁杂。房屋征收中心采取先依法依规、有条不紊的方式与被征收单位协商，确定被征收房屋补偿安置方式、补偿标准、总金额，向其提出签订协议前预付部分征收补偿款，以便腾房交给项目指挥部先行拆除的征收工作模式。房屋征收中心联合项目指挥部在报经市区、两级政府以及业主单位同意后，集中一切力量，最终按期完成征收任务，确保铁东路道路的如期施工。（刘　卫）

征地工作

【概况】 株洲市荷塘区征地工作协调服务中心（以下简称区征地协调中心）主要职责是代表区政府管理、调度和考核全区征地拆迁、房屋征收工作；负责征地拆迁、房屋征收资金申请、拨付和管理；负责收集整理各项目中特殊情况和疑难问题，及时提请区重点工程征地拆迁工作领导小组集体研究解决；牵头负责安置人员资格终审；协调组织各镇（街道）分配安置房源等工作。

2022 年，区征地协调中心完成集体土地征拆项目 11 个，交地 105.93 公顷；完成国有房屋征收项目 1 个，征收国有房屋 5939 平方米；完成市级清零扫尾项目 6 个，百日攻坚项目 8 个。2022 年，区征地协调中心在株洲市征地拆迁和房屋征收工作年度考核中获评第一名；2022 年，区征地协调中心获评“株洲市征地拆迁和房屋征收工作先进单位”“荷塘区先进基层党组织”“荷塘区工会工作先进单位”。

【“百日攻坚”行动】 2022 年，荷塘区自“百日攻坚”行动开展以来，区委书记方靖、区长罗鹏程多次赴项目征拆现场进行调度指导，定期组织召开产业项目调度会，重点调度征拆项目进展情况、现场解决项目疑难问题，为征拆工作提供强力保障。

分管副区长每周召集街道、相关职能部门召开一次工作调度会，研究资金、个案等具体问题，加速推进征拆进度。同时，坚持每两天去一次征拆项目指挥部，实地踏勘掌握一手信息，现场督导街道、相关职能部门开展工作，推进征拆征收工作顺利开展。

【落实新征地拆迁政策】 2022 年 3 月 27 日，株洲市人民政府出台《株洲市集体土地征收及房屋拆迁补偿安置办法》（株政发〔2022〕6 号）文件，荷塘区迅速组织征拆工作人员开展学习，于 4 月 28 日召开全区征地拆迁政策培训会议，邀请市征用安置中心专家对全区相关部门、街道、村（社区）负责人进行业务培训，确保新政策及时贯彻落实。同时，为确保新老政策顺利交替，针对新政策在实际操作中遇到的问题，多次召集业务骨干专题研究，制定操作指南。围绕新政策中“先拆违后拆迁”的要求，在项目开征前，开展系列“拆违行动”，拆除违章建筑 12 处，拆除违章建筑面积 6155 平方米。

【湖南先进硬质合金材料产业园项目签约】 2022 年，区征地协调中心为确保按时完成湖南先进硬质合金材料产业园这一重点项目的征拆任务，借鉴先进经验，从仙庾镇调配人员力量，会同宋家桥街道、金山街道分别组成 3 个征拆小组，分头上门入户开展征拆工作。同时，从区自然资源局、区征地协调中心等职能部门抽调骨干业务人员加入 3 个征拆小组，配齐配强攻坚力量，全程参与项目，与指挥部人员一起采取“五加二”“白加黑”模式合力攻坚，确保征拆项目顺利推进。通过全体征拆人员的共同努力，仅用 2 个月的时间完成湖南先进硬质合金材料产业园项目全部签约工作，也是株洲市执行征拆新政策的开篇之作。

【规范征拆程序】 2022 年，区征地协调中心为确保新政策规范操作，在新开征项目中实施“审计先行”。在完成项目初步签约后付款前，对项目的每一户房屋、设施、补偿金额等进行全面自查，发现问题及时进行纠正，确保新政策执行的统一性和准确性；主动将项目征地手续、征收程序、补偿结果等内容在指挥部进行张贴公示，保障被拆迁户的知情权、参与权、申诉权和监督权等。严令禁止“开口子”情况发生，对各征拆小组提出统一政策执行的“政治”要求，始终坚持“一把尺子量到底，一个标准算到底”，严格落实“只做减法不做加法”，绝不让“先签字的拆迁户吃亏、后签字的拆迁户得利”，切实维护被征拆人的合法权益，保障公开、公平、公正的征拆工作环境。（凌　姣）

物业服务

【概况】 株洲市荷塘区物业服务指导中心（以下简称区物业指导中心）为荷塘区政府直属正科级公益一类事业单位。主要职责是参与物业服务质量具体事务、物业矛盾调解，承担业主大会和业主委员会政策业务指导和培训具体事务，参与社区综合治理、文明创建工作，协助街道办事处（乡镇）召开物业管理联席会议，开展“幸福荷塘”无物业管理小区业主自治等工作。

【落实物业主体责任】 2022 年，区物业指导中心组织各相关部门、单位以及物业服务企业，征求意见及建议，全年累计召开会议 10 余次，制定《关于进一步提升物管小区治理水平的指导意见》等文件，明确工作职责、工作思路、工作方法，各项工作均在稳步推进中。9 月，区物业指导中心联合基层治理办、城管、交警、消防等部门开展“综合执法进小区”工作，对违规养犬、私搭乱建、占用消防通道等7大类违法违规行为进行专项整治，累计依法处置飞线充电48处、机动车占用消防通道停车17台、占用人行道停车36台、占道经营52处、占地种菜18处、餐饮油烟污染4处、楼道堆放杂物26处、违章搭建6处，有效维护小区内公共秩序。

【创文整改】 2022年，区物业指导中心为推动小区文明创建整改工作任务落实落地，开展物业行业创文整改八大专项行动，针对辖区内物管小区，按照创文8大类34条规范要求，开展“零死角、全覆盖、高质量”的创文整改督查，有效推进创文各项工作开展。中心积极组建志愿者队伍。队伍征集活动开展以来，取得良好的社会效益，吸引40家物业服务企业报名，共征集53名志愿者。

【矛盾调解】 2022年，区物业指导中心根据属地管理原则对街道、社区和小区业委会、居民小区等矛盾调处工作予以业务指导、政策支持并参与协调，对市长热线、信访投诉进行及时处理回复，全年共处理“12345”市长热线投诉294起、“马上就办”13起、网络投诉13起，投诉办结率100%，召开现场调解会30余次；联合政法委、法院等部门，在东部美的城、逸都花园、水岸花城等小区开展“诉源治理工作站”活动，把法庭搬到小区，由专业法官对小区物业矛盾进行现场调解，将矛盾化解在基层，确保小区物业及居民和谐共处。

【小区安全排查】 2022年，区物业指导中心在物业小区进行安全隐患及不稳定因素摸排工作，做到心中有数、心中有底；按照株洲市住建局要求，扎实推进住宅物业服务区域安全台账信息化管理工作，全年完成113个住宅项目的安全信息台账报送工作，累计报送安全隐患1360条，完成安全隐患整治489条。在全区范围内分物业项目开展安全教育培训以及应急演练活动，有565名物业行业从业人员参加培训，118个物业项目开展应急演练活动。根据株洲市物业事务中心《关于切实做好“两节两会”期间物业服务项目安全生产和信访维稳等工作的通知》文件精神，开展辖区物管小区全覆盖的督查行动，共排查149个小区，发现问题268个，下达整改通知书51份。

【引导小区专业管理】 2022年，区物业指导中心树立小区管理市场化的导向，加强引导有基础条件的小区引入物业公司管理，为茨菇塘街道新月塘社区、上月塘社区、前进社区所辖4000余户居民引进专业化物业管理服务。

【停车环境整治】 2022年，区物业指导中心联合多部门对满身灰尘、轮胎干瘪、长期占用公共空间的“僵尸车辆”开展专项整治，打造整洁有序的市容环境和静态停车环境，经过排查，按照发现一辆、登记一辆、整治一辆的原则有效摸清辖区“僵尸车辆”底数。对超出告知挪移期限后、拒不整改的车主，送达《全面发放规范僵尸车停放的提示提醒告知书》达1000余份。

【业主自治管理】 2022年，区物业指导中心按照区委、区政府“幸福荷塘”系列民生行动要求，2022年，中心在原有98个小区实现“保洁、保安、保运转”的业主自治管理的基础上，继续推进月塘大厦、铁四院小区、新苑小区等8个小区开展业主自治管理，年底8个小区已基本实现自治管理目标，已顺利验收。

【组建业主委会】 2022年，区物业指导中心大力指导各相关街道、社区居委会不断加大工作力度，积极推动符合条件的小区依法成立业主委员会及已到达服务年限的业委会进行换届，全年累计指导三一歌雅郡、西子花园、601小区等4个小区完成业委会的换届工作；指导海德堡、金鑫花园、嘉盛华府3个小区成立物业管理委员会，推动小区业主协商共治，有效增强人民群众的获得感、幸福感、安全感。

（赵 涛）

生态环境保护

【概况】 株洲市生态环境局荷塘分局（以下简称生态环境荷塘分局）为市生态环境局驻区分支机构。主要负责荷塘区环境保护工作的统一监督管理，承担环评审批、排污许可、现场监管、行政处罚、污染纠纷调处、应急处置、环保督察、生态环境宣传等工作，开展各类专项整治行动。

2022年，荷塘区空气优良天数为292天，优良率80.0%，居城区第三。空气质量综合指数3.62，城区排名第三，较2021年下降4.7%，空气环境质量持续向好。湘江白石断面继续保持Ⅱ类，城市水质综合指数（CWQI）3.2002，CWQI较2021年改善7.70%，改善率居全市第一，饮用水源水质达标率100%，辖区内17座水库达到水质功能区划的要求，水环境质量大幅改善。工业固体废物综合利用率98%，累计安全转移危险废物1466吨。污染地块安全利用率和污水处理厂产生污泥无害化处置率分别达到90%以上和100%，污染耕地安全利用率达到91%，88家危险废物产废单位和16家核技术利用单位检查合格，土壤环境质量安全稳定。

【空气污染防治】 2022年，生态环境荷塘分局完成“夏季攻势”大气污染治理项目4个。开展餐饮油烟污染环境整治行动250余次，下达整改通知书324份，立案43起。落实扬尘管控，督促60余家建筑工地严格落实“8个100%”扬尘治理措施，新增防尘网覆盖面积77.2万平方米，新增降尘雾炮机30台，新建洗车平台16座，立案查处渣土运输扬尘污染21起。在特护时期，多措并举，共出动800余人次对辖区建筑工地、拆迁工地、道路扬尘、餐饮油烟、垃圾焚烧、秸秆焚烧等大气污染采取专项行动，对重点涉气企业要求进行错峰生产和限产，持续深入开展严禁露天焚烧和鞭炮禁燃的宣传劝导，各镇、街道办事处组织社区、村委会协同巡查，进行群防群控，取得良好成效。

【水污染防治】 2022年，生态环境荷塘分局在水污染防治方面持续发力，对辖区内23个排污口进行排查、监测、溯源、建档，制定整治工作方案，按照“一口一策”分类型分步骤有重点地开展排污口清理整治工作，2个入河排污口整治顺利通过上级验收销号，城市水质综合指数改善排全市第一。积极开展黑臭水体整治工作，压实排渍站管理主体责任和行业监管责任，加强巡查，初步形成“长治久清”的长效机制。统筹推进医疗废水治理，有8家医院的医疗废水治理列入“夏季攻势”任务，通过建设事故应急池、生化处理池，安装在线监测等手段，防范化解环境风险，加大对医疗废水日常监管的能力建设。

【土壤污染防治】 2022年，生态环境荷塘分局开展仙庾镇黄塘村农田重金属治理试验（中试）项目，年底已完成第二个年度工作任务。完成5家重点监管单位的土壤污染隐患排查工作，同时开展新奥固废土壤污染地块的管控。完成辖区内涉危企业的危险废物管理申报备案工作，监督危险废物规范转运1466余吨。与农业农村部门联动，强化化肥、农药等污染控制，秸秆资源化利用率达到85%以上，全面消除土壤污染风险隐患。

【医废垃圾清运】 2022年，疫情期间，生态环境荷塘分局积极做好医废垃圾收运工作，完成20个隔离点、近400个核酸临时监测点、7个卫生服务中心的医疗垃圾清运共69吨，以及17个高风险区的生活垃圾清运共487吨，荷塘区医废垃圾收运机制和工作成效受到省、市督查组的肯定。

【生态环境整治】 2022年，生态环境荷塘分局大力推进污染防治攻坚战“春雷行动”“夏季攻势”“利剑行动”等生态环境专项行动，对全区范围内的生态环境问题进行摸排整治，压实主体责任，高质量完成“春雷行动”41个问题、“夏季攻势”13项任务、“利剑行动”21个问题以及警示片所揭露3个问题的整改，完成率均为100%。办理各类投诉447件，其中“12345”市长热线投诉件432件，“马上就办”交办件4件，微信及网络投诉11件，办理率100%。加大执法力度。在执法大练兵活动中获评“湖南省先进集体”，并被推荐参评全国先进集体。全年共查处环境违法案件14起，移送行政拘留案件1起，下达处罚决定金额55.4万元，移送法院强制执行1起。启动生态赔偿案件2起，共16万元。多举措提升园区企业监管水平，加大环保投入，完善园区基础设施建设，基本做到园区废水等污染物“全收集、全处理、全监控”。建成园区环境管理指挥中心，推行园区环保管家三方服务。

（喻龚超）

社会事务

教 育

【概况】 2022年，荷塘区义务教育阶段学校29所（其中民办学校3所，九年一贯制学校2所），在编教师1972人，在校中小学生44799人（小学30217人，中学14582人），其中外来务工人员子女学生29415人，占全区在校中小学生总量的65.66%，义务教育入学率、巩固率均为100%，“三残”儿童入学率100%，初中毕业生升学率99.8%。全区幼儿园78所，其中公办幼儿园29所，在园幼儿15019人，接受学前一年教育率100%。

2022年，株洲市荷塘区教育局（以下简称区教育局）紧紧围绕办人民满意教育的目标，聚焦城乡教育优质均衡发展，着力改善办学条件，提质培优教师队伍，巩固“双减”工作成效，把优质教育办到群众家门口，把教育民生实事办到群众心坎上， 全面统筹指挥调度全区教育系统疫情防控工作。有序推进复学复课，严格落实校园管控举措，全力做好常态化疫情防控工作，确保校园安全稳定。2022年，荷塘区先后荣获国家空军招飞局颁发的“空军青少年航空学校招生工作先进单位”、湖南省教育厅颁发的“湖南省基础教育精品课活动优秀组织单位”等荣誉14余项。

【教育系统基层组织建设】 2022年，区教育局党委坚持第一议题，开展专题学习18次；精心设计红色思政课堂，在全区开展宣讲2场，受众5000余人；开展“绿书签”为主题的2次宣传工作专项督查；推进党建引领下的清廉学校建设，首批推进5所学校进行清廉学校建设试点，为全区各中小学校建设廉洁学校奠基；在全区师生中开展学习党的二十大报告精神，覆盖率达到100%。2022年，荷塘区黄九龄、何姣龙两名党员教师成功入选湖南省文明办一季度“湖南好人榜”。区教育局有50个基层党组织，“五化”支部覆盖率达100%。在株洲市“两新”领域标杆党组织授牌大会上，景弘中学党委获评“湖南省两新领域标杆党组织”；扎实推进党建+班主任“春风化雨”行动计划，50余名教师获评荷塘区中小学“最美班主任”；教师节对100位优秀教师进行表彰，营造尊师重教的良好氛围；抓好党员带领全体教师的“大走访”工作，各校累计家访人次11000多次；组织开展“家校共建：百校联百（小）区、万名党员进万家”活动，与51个乡村、社区沟通对接，走访6000余户家庭，联系群众近2万人。

【召开春季教育教学工作会议】 2022年3月3日，区教育局召开2022年区教育教学工作会议，部署2022年教学、教研工作。各中小学学校副校长、教务主任、教研主任，教育局基教股和教育教学研究指导中心成员参加会议。会议由副局长过斌主持。会议回顾了上年度荷塘区中小学校的发展成绩，并从坚持五育并举、规范教育过程管理、提高教育发展水平3个方面并将2022年荷塘区教育局教育教学的重点工作进行部署。

【教师研培】 2022年，区教育局建立以课例研修为主研训一体化的培训体系，开展导师课堂观摩、课例和教材解读、微讲座与课堂实践等课堂实践与观摩，举办“教坛新秀”课堂竞赛、学科带头人和骨干教师培训与考核，为教师的专业成长提供样式和范例。2022年，荷塘区教师教育教学研究论文、成果多篇发表在《中国教育报》《中国教师报》等刊物上，参与省、市级各类赛事获得400余项教学荣誉。2022年4月，荷塘区成功创建湖南省语、数、英、科学网络名师工作室教育品牌，入选率在株洲各区县排名第一。荷塘区2所学校入选湖南省第一批中小学教育教学资源建设基地校（湖南省仅16所）。推进“三通两平台”（宽带网络校校通；优质资源班班通；网络学习空间人人通；教育资源公共服务平台，教育管理公共服务平台），融合教育创新。拓展教育信息化融合创新应用，深入推进“三通两平台”，实现优质资源共建共享、人人通空间建设全覆盖。

【教育督导】 2022年，区教育局每月定期组织召开教育督导工作例会和督学培训会，着力打造业务精湛、流程规范、督导高效的督学队伍。2022年，启用教育督导小程序开展全区教育督导工作，用数字赋能教育督导。印发5期《督导通报》，加大促改力度，让教育督导长牙齿。

【招生工作】 2022年，全区小学招生人数4675人，小学在校学生30217人，同比增长0.72%；普通初中招生人数4372人，普通初中在校学生14582人，同比下降1.34%。适龄儿童小学入学率100%，小学升学率100%，普通初中生升学率99.82%。一年级外来务工人员子女入学人数达到3071人，占一年级新生人数的65.69%。

【教师招聘】 2022年，荷塘区新招聘166名教师，为荷塘教育未来发展奠定良好基础；全区在编教师解决副高职称53个，中级职称122个，有效缓解教师评职称难的问题。同时，为三所民转公学校解决符合中级职称评审条件的所有教师中级职称问题，促使民转公工作的顺利完成。

【素质教育】 2022年，区教育局加强体育和艺术教育，树立健康第一的教育理念，开齐开足艺体课程。在全国U16田径锦标赛中，五中郭彦妤获U16女子组100米栏、400米栏双料冠军；在2022年“市长杯”足球赛中，六零一小学、戴家岭小学、十九中学分别获小学男子组、小学女子组、初中女子组冠军；在株洲市2022年中学生“三独”比赛中，荷塘区选送参赛选手中有7人荣获一等奖，占全市初中组一等奖的40%。

【校园安全】 2022年，区教育局开展百日攻坚、利剑护蕾等行动，联合相关部门开展校园及周边环境治理100余次，排查出的安全隐患均及时整改到位，切实营造安全稳定的办学环境。常态化开展交通、防溺水、消防、禁毒、心理健康等宣传教育活动，开展安全知识讲座共计78场、开展应急演练活动共计116次，全面增强学生安防意识和应急处置能力，有效保障教育系统的安全。

【“喜迎二十大奋进新征程”暨“七一”表彰会】 2022年6月28日，荷塘区“喜迎二十大奋进新征程”庆祝中国共产党成立101周年暨“七一”表彰会在美的学校举行。会上，区纪委监委派驻教育局纪检监察组组长曾云艺宣读《中共株洲市荷塘区教育委员会关于表彰2022年度“优秀共产党员、优秀党务工作者、先进基层党组织”的决定》，与会领导为受表彰对象颁发荣誉证书，并为“光荣在党50年”老党员颁发并佩戴纪念章。“光荣在党50年”党员代表贺富伦带领预备党员宣誓，老党员重温入党誓词。3位优秀共产党员代表先后作先进典型发言。

【“民转公”学校揭牌】 2022年8月29日，株洲景炎初级中学、荷塘区文化路中学两校揭牌仪式举行。株洲景炎初级中学、荷塘区文化路中学前身分别为株洲景炎学校、荷塘外国语学校（初中部），都是株洲市的优质学校，学校注重学生综合素质培养和全面发展的同时，打造出独具特色的育人品牌，深受社会和广大家长好评。两所民转公学校的挂牌是荷塘区推进义务教育均衡发展的有效举措，应答百姓心声的壮举。10月27日，株洲八达中学（四中初中部）举行签约揭牌仪式。在荷塘区“民转公”工作落地后，又一优质教育配套资源落户荷塘区，市四中与荷塘区教育局合作办学是荷塘区推进建设高水准教育强区的有力举措。

【第七届“园丁奖”颁奖典礼】 2022年9月9日，区教育局举行庆祝教师节暨第七届“园丁奖”颁奖典礼，区委书记方靖，区委副书记、区长罗鹏程带队分别到景炎初级中学和八达小学，文化路中学和龙洲小学开展走访慰问活动，向广大教师送去节日的关心和问候。副区长罗曼宣读《荷塘区2022年教师节第七届“园丁奖”表彰决定》，与会领导现场为获得管理贡献奖、班级管理奖、学科管理奖、尊师重教奖共计100余名获奖人员颁奖。区委书记方靖代表区委、区政府，向辛勤耕耘、呕心沥血奋战在教育一线岗位上的全体教师和教育工作者致以节日的问候，向情系教育、桃李天下的离退休老教师致以崇高的敬意，向所有关心、支持荷塘教育事业发展的单位和社会各界人士表示诚挚的感谢。

【抗击冰雪】 2022年2月21日，株洲市启动低温雨雪冰冻灾害Ⅲ级应急响应。区教育系统以雪情为号令，积极响应号召，通过发布网上通知，第一时间提醒师生员工关于应对冰雨雪天气的工作及安全注意事项。局领导高度重视，迅速行动，部署落实机关干部和各中小学教师志愿者投入清除积雪、抗冻除冰工作之中。23日凌晨5点，为确保交通要道安全通畅，区教育局党委书记、局长周波带领教育系统的志愿者们冒着严寒，在新华路钻石路口至文化路口扫雪铲雪，为人民群众安全出行保驾护航。

【民生工程】 2022年，区教育局顺利完成株洲景炎学校、荷塘外国语初中部、八达小学向公办义务教育的平稳过渡，新增公办中小学学位6232个、幼儿园学位500个。加快建设水竹湖学校、美的学校综合楼，改造太阳小学围墙、实验小学厕所、晨荷小学护坡等工程。全年资助家庭经济困难学生3332人次，资助金额合计140.1万元；资助家庭经济困难幼儿1171人次，资助金额合计58.55万元。全区有25所随班就读试点学校，对11名残疾儿童开展随班就读以及特殊教育送教上门服务，实现三类残疾儿童义务教育全覆盖。

【对口交流】 2022年，区教育局制定出台“走教”政策，尝试走教和支教相结合的帮扶工作，让优秀教师通过走教形式帮扶农村学校。选派21名城区优秀教师通过走教形式支教荷塘区农村学校，促进区域内城乡学校教学水平和教师发展共同提升。

【获全国空军青少年航空学校招生工作先进单位】 2022年，区教育局始终秉承为党育人、为国育才的初心和使命，把立德树人作为教育的根本任务，培养有家国情怀、德才兼备的时代新人。荷塘区10余名学生被空军航空大学录取，其中景炎初级中学吴宇博获清华大学、空军航空大学双学籍录取。获评“全国空军青少年航空学校招生工作先进单位”。

（汤 璐）

民政工作

【概况】 株洲市荷塘区民政局（以下简称区民政局）主要工作职责是社会救助（城乡低保、临时救助、特困供养）、社会福利（养老、慈善、孤儿管理、福利企业）、社会事务管理（社团和民办非企业、婚姻登记、地名区划、殡葬改革、流浪乞讨管理）、基层社区治理（社区建设、基层政权建设）。

2022年，区民政局坚持以人民为中心，践行“民政为民、民政爱民”工作理念，以党的政治建设为统领，聚焦特殊群体、聚焦群众关切，围绕荷塘区“一区两城”的建设目标，履行基本民生保障、基层社会治理、基本社会服务等职责，不断推进全区民政事业高质量发展。荷塘区农村养老“友邻帮”模式获评“全国居家和社区养老服务改革试点工作优秀案例”、茨菇塘街道“以楼栋长来当家”撬动“一引三管”居民自治模式获评“湖南省基层治理创新实验区项目”。

【社会救助】 2022年，荷塘区低保标准从520元/月·人提高到现在的不低于650元/月·人，城乡人均救助水平从430元/月·人和220元/月·人提高到现在的520元/月·人和350元/月·人。制定《荷塘区社会救助家庭经济核算评估具体细则办法》（试行），推进救助对象精准认定，实现救助资金精准发放。累计清退不符合条件低保户443户548人；新增低保对象120户165人；新增特困对象25户，清退17人。截至年底，享受低保人数1654人1321户。农村627户1058人。每月平均发放城乡低保金127.99万元。特困供养基本生活标准由676元/月提高到现在的845元/月，享受特困供养的有208人，每月平均发放特困供养金17.58万元，发放护理补贴5.5万元。全年救助人数129人，发放救助资金15.06万元。按规定建立临时救助备用金制度，制定临时救助资金管理使用具体措施办法。价格临时补贴累计发放9390人，累计发放金额25.04万元。增发一次性生活补贴累计发放3052人，累计发放金额79.45万元。全年支出困难群众救助资金约2116万元。

【流浪救助】 2022年，区民政局为流浪乞讨人员提供救助累计62人次，救助金额共计1.82万万元。并开展“寒冬送温暖”活动，在冰雪寒冷天气，为流浪乞讨人员发放防寒衣、被子、鞋子、袜子睡袋共计60件，食物158次。通过共同努力，流浪人员救助工作都按照中央统一的规定执行到位，无一流浪人员死亡。

【残疾人补贴】 2022年，荷塘区困难残疾人生活补贴标准从60元/月·人提高到现在的100元/月·人，重度残疾人护理补贴标准由50元/月·人提高到现在的100元/月·人。困难残疾人生活补贴累计发放13105人次，累计发放金额131.05万元；重度残疾人护理补贴累计发放23856人次，累计发放金额238.56万元。两项补贴共计发放金额369.61万元。

【儿童福利工作】 2022年，荷塘区加强未成年人服务阵地建设，建立区未成年人保护中心、镇（街道）儿童服务站、村（社区）儿童之家的“三级关爱平台”，全区62个村（社区）实现“儿童之家”100%覆盖。开展农村留守儿童和困境儿童关爱保护“政策宣讲进村（居）”活动，出台《荷塘区农村留守儿童和困境儿童关爱保护“政策宣讲进村(社区)”活动实施方案》。全年，累计发放孤儿生活费补贴5人，共发放资金6.08万元；事实无人抚养儿童基本生活补贴17人，共发放资金11.98万元；困境儿童生活费补贴2人，共发放资金6.24万元；孤儿助学1人，共发放资金1万元；孤儿价格临时补贴5人，事实无人抚养儿童价格临时补贴6人，共发放资金880元。

【慈善工作】 2022年，荷塘区慈善会收到爱心人士、爱心企业的捐赠款共计596750元，其中疫情防控捐赠款41万元。以市区共建慈善超市项目为桥梁，通过与爱心企业、大学生团队、中小学社会实践团队等对接，累计帮扶低保户、残疾人、事实孤儿、城乡帮困服务对象等750余人，油、米、学习用品等物资6万余元，筹措慈善物资20余万元，实现60余个微心愿。联合荷塘区青年志愿者协会开展特色主题活动“清凉一夏”，为城市夏日户外工作的环卫工人、城管、交警等群体，设立红旗广场建宁驿站、流芳园建宁驿站两个取水点，为期两个月时间免费发放320箱矿泉水。发挥幸福商店的就业平台功能，为4名残疾人提供超市就业机会，为桂花街道、茨菇塘街道、金山街道8个城乡帮困项目46名服务对象提供加工手工物品等辅助性就业岗位，实现创收12万余元。

【养老服务】 2022年，区民政局通过整合社区闲置资源、“三供一业”移交等多种途径为社区养老选址，已建成14个示范性社区日间照料中心，23个小区养老驿站，基本实现社区养老服务设施全覆盖。同时，利用社会组织和社工力量，实施“银铃伴”关爱空巢独居老人等14个“三社联动·城乡帮困”项目，精准服务410余名游离在五保、低保等兜底政策之外、生活处于困顿之中的老人。对辖区内120户困难老年人家庭完成居家适老化改造，围绕如厕洗澡安全、室内行走便利、居家环境改善、智能监测跟进、辅助器具适配五个方面功能，对地面、墙体、居室、厨房间、卫生间等实施改造服务，老年人满意度达100%。全区建成14家养老机构，其中公办养老机构3家（含1家公建民营），民办养老机构11家，建成养老床位2104张，护理型床位占比达到86.5%。养老机构与医疗机构签约率达到100%，基本实现医疗服务全覆盖，充分满足辖区老年人养老需求。

【基层政权和社区治理】 2022年，区民政局全面推进全区村（居）民委员会下设公共卫生委员会工作，全区共组建公共卫生委员会62个，推选配齐公共卫生委员会成员320人，将公共卫生服务管理纳入基层治理体系，充分发挥基层公共卫生网底作用。推进全国市域社会治理现代化试点工作，加强村（居）民委员会规范化建设，指导村（居）民委员会补选成员22人，投入36万元对7个社区的“一站式”便民服务中心进行提质改造，通过移交一批、改造一批、共建一批的原则，新增社区、小区基层治理活动阵地152处。制定荷塘区《关于加强基层治理体系和治理能力现代化建设争当基层治理先行区的实施意见》。根据《株洲市城市社区专职工作者管理办法（试行）》《荷塘区城市社区专职工作者管理实施细则（试行）》文件精神，完成城市社区专职工作者招聘工作，并制定完善城市社区专职工作者劳动合同。

【婚姻登记】 2022年，荷塘区成功创建AAA婚姻登记机关，已实现婚姻登记跨区域通办。年内，累计办理结婚登记938对，离婚登记503对。补发结婚登记387对，补办离婚登记151对。建档补录历史婚姻登记记录26568条。

【殡葬管理】 2022年，区民政局严格按照市民政局出台的《株洲市惠民礼葬实施办法（试行）》（株民发〔2020〕10号）文件落实惠民礼葬和节地生态安葬补贴。全年惠民礼葬共办理128例，共计发放补贴20.6万元。

【社会组织管理】 2022年，荷塘区现已注册登记的社会组织共有138家，其中依法登记的民办非企业单位108家，依法登记的社会团体单位30家。依法完成网上年检的有119家，年检率达到94%。通过扎实推进年检和等级评定等工作，社会组织管理不断规范。搭建社会工作体系，重构区、街、社区三级社工站工作体系，以社工服务网络建设推进社区、社会组织、社工、社会资源及社区自治组织“五社联动”，并通过政府购买服务，实现社区治理的专业化、精细化。组建107个社区社会组织，引进社会组织14家、孵化16家，吸附40余名专业社工专职参与公益事业，社会组织不断壮大。 （彭　玲）

人力资源和社会保障

【概况】 株洲市荷塘区人力资源和社会保障局（以下简称区人社局），主要负责贯彻执行国家、省、市有关人力资源和社会保障工作的法律法规和方针政策；结合全区实际，制定相应政策，并组织实施；对全区人力资源和社会保障工作进行宏观规划、综合管理、监督指导、协调服务；拟定全区人力资源规划、开发工作、劳动行政管理与监察、劳动人事争议调解仲裁、就业创业；统筹建立覆盖全区城乡的社会保障体系；牵头区政府落实省市“为民办实事”考核等工作。 2022年，区人社局全面贯彻党的二十大精神，坚持以习近平新时代中国特色社会主义思想为指引，坚持稳中求进工作总基调，牢固树立新发展理念，各项工作有序推进。

【精准就业服务】 2022年，区人社局打造“精准就业·职为幸福”公共就业服务品牌，实施“六大工程”（党建引领就业工程、基础工作争先工程、充分就业社区建设工程、系统升级工程、服务提质工程和管理提效工程），城镇新增就业9260人，完成全年目标任务的105.23%；新增农村劳动力转移就业652人，完成全年目标任务的100.3%；职业技能培训3325人，完成全年目标任务的103.91%。“荷塘区打造家门口就业服务平台工作”6月5日被《株洲新闻联播》报道、6月9日被《湖南卫视》报道、10月24日被《株洲新闻联播》作为“扩就业增量”，在“三量提升”稳就业，株洲获得省政府通报表扬中报道。全年举办线上线下招聘会20场，参加招聘会人数7795人，达成求职意向1300人。2022年，荷塘区桂花街道就业服务驿站经省、市两级人社部门推荐，“就业真抓实干激励表彰”“民生实事稳就业”两项工作作为典型代表，被选定为国务院督查组考察点。

【人才服务】 2022年，区人社局按“凡进必考”原则，依法依规完成三所“民转公”学校教师招考

167名，事业单位公开招聘15人，区环卫中心、绿化中心工勤人员转岗16人。完成2021年高层次人才申报21人，通过认定12人，其中，高层次人才10人，新引进高层次人才安家补贴1人，企业自培博士补贴1人，兑现安家补贴19万元。兑现优秀青年人才奖补49.95万元。完成全区181本事业单位一般干部档案专项审查工作。

【社会保障】 2022年，区人社局企业职工养老保险参保人数50824人，退休人数15456人；机关养老保险参保人数3494人，退休人数1953人；城乡居民基本养老保险参保人数17865人，领取待遇人数3299人；失业保险参保人数21592人，月平均领取失业待遇人员247人。完成999名城乡特困、重度残疾人城乡居民基本养老保险代缴工作。

【社保基金监督】 2022年，区人社局印发《关于建立社会保险基金监督检查制度的通知》（株荷人社发〔2022〕15号）文件，建立区人力资源社会保障局社会保险基金监督检查制度。成立局社会保险基金监督工作领导小组，聘请人大代表、政协委员和党代表担任荷塘区社会保险基金社会监督员，形成立体的基金监管网络，确保社会保险基金安全运行。完成上级部门下发疑点数据8303条，局基金监管股按20%比例对疑点数据进行抽查，对排查阶段核实并处理的问题数据进行100%复查。核查死亡疑点数据344条，核实死亡人员28人，停发待遇129人。

【落实惠企政策】 2022年，区人社局积极推进失业保险稳岗返还，为500家符合申领条件的参保企业发放上年度失业保险稳岗返还补贴475万元。落实青年见习政策，为6家见习单位拨付资金77.37万元；落实小额创业担保政策，创业担保贷款完成1520万元。检查217家企业，帮助其规范劳动合同、用工情况，指导制定规章制度、购买企业社会保险等事项。帮助17家建设单位向施工单位预先支付工程款2700万元用于发放农民工工资，缓解施工企业的资金压力。

【劳动监察】 2022年，区人社局加大劳动维权执法力度。受理拖欠农民工工资投诉20件，涉及农民工507人，拖欠工资1352万元。通过协调处理26件，涉及29人，工资32.19万元，切实保障农民工合法权益，有力维护社会和谐稳定。

【劳动争议仲裁】 2022年，区人社局稳步推进劳动人事争议仲裁工作，劳动争议仲裁立案84件，结案84件，审理期内结案率100%。案件涉及劳动关系确认、工资、经济补偿金及社保争议等各个方面。经过仲裁员调解员的及时公平公正处理，有效化解劳动者和用人单位的矛盾，维护劳动者合法权益，为荷塘区经济发展和社会稳定做出积极贡献。

【民生实事】 2022年，荷塘区省、市重点民生实事项目共10大类21项指标（其中省重点民生实事项目7个），涉及11个责任单位，已全部完成任务（11项指标超额完成任务）。其中，资助家庭经济困难学生4501人，完成年度目标任务的900.2%；至少1家定点医疗机构实现普通门诊医疗费用跨省直接结算，完成年度目标任务的2200%。

（汤　敏）

荷塘区2022年省、市重点民生实事考核指标表

表7

序号		指标项目	工作目标	完成年度目标（%）	主要责任单位
一、▲增加公办义务教育学位	1	提高公办义务教育学位占比至95%以上	3600个	173.11	区教育局
二、资助家庭经济困难学生	2	资助家庭经济困难学生	500人	900.2	
三、▲特殊群体健康保障	3	完成孕产妇免费产前筛查	1400人	100.14	区卫生健康局
	4	完成新生儿先天性心脏病免费筛查	1400人	101.93	
	5	完成农村适龄妇女及城镇低保适龄妇女"两癌"免费检查	2500人	100.04	区卫生健康局 区妇联
	6	至少1家定点医疗机构实现普通门诊医疗费用跨省直接结算	≥1个	2200	区医保局
	7	康复救助残疾儿童	50人	164	区残联
	8	完成困难残疾人家庭无障碍改造	40户	160	
四、▲城乡低保和残疾人“两项补贴”提标	9	城市低保标准	600元/月·人	108	区民政局
	10	农村低保标准	7200元/年·人	108	
	11	困难残疾人生活补贴标准	100元/月·人	100	
	12	重度残疾人护理补贴标准	100元/月·人	100	
五、▲老年人服务保障	13	完成困难老年人居家适老化改造	120户	100	
六、▲城镇老旧小区改造	14	开工改造城镇老旧小区	25个(开工并完成工程量的50%）	100	区住房城乡建设局
七、▲中小学安防设施建设	15	建设联网中小学幼儿园周边等重点部位安防设备	700个	100	公安荷塘分局

续表 7

序号		指标项目	工作目标	完成年度目标（%）	主要责任单位
八、▲农村“三路”建设	16	完成农村旅游路、资源路、产业路提质改造	4 千米	100	区交通运输局
	17	建设农村公路安防设施	1 千米	100	
九、新增城镇就业和农村劳动力转移就业	18	新增城镇就业	8800 人	102.95	区人力资源社会保障局
	19	农村劳动力转移就业	240 人	272	
十、城乡居民“两病”门诊用药保障	20	实现城乡居民“两病”门诊用药保障	10000 人次以上	255.71	区医保局
	21	建设“幸福屋场”	3 个	100	区农业农村局

说明：带▲为省重点民生实事项目。

（汤　敏）

卫生和健康

【概况】 株洲市荷塘区卫生健康局（以下简称区卫健局）有 3 个事业单位：区卫生健康事务中心、区卫生健康会计核算中心、区流动人口管理站。下辖 3 个二级机构（区妇幼保健计划生育服务中心、荷塘区疾病预防控制局）及 7 个基层医疗机构。主要工作职责为：贯彻执行卫生健康工作的方针、政策和法律法规；负责协调推进全区医药卫生体制改革；统筹规划全区卫生健康服务资源配置；组织和指导辖区卫生健康规划的编制和实施；组织拟订并实施基层卫生、计划生育服务管理、妇幼卫生发展规划和政策措施；贯彻落实医疗机构和医疗服务全行业管理办法并监督实施；监督医疗机构执行医疗卫生有关法律、法规、政策和技术规范。贯彻执行计划生育服务和管理工作，开展人口监测预警；贯彻执行优生优育和提高出生人口素质的政策措施，推进中医药的传承与创新，促进中医药事业的发展。协调落实应对人口老龄化政策措施，推进老年健康服务体系建设和医养结合工作等工作任务。2022 年，荣获株洲市职业卫生工作目标管理先进单位称号。

【常态化新冠疫情防控】 2022 年，荷塘区根据实际情况优化调整区疫情防控指挥部人员体系，确保顺畅、及时、迅速实现常态和应急机制转换，成立疫情防控工作领导小组并制定联防联控工作机制；组建防控救治和专家指导、农村地区疫情防控等多个工作小组。同时，区疾控中心明确职责分工，制定完善应急机制，调整 4 支由流调人员、采样检测人员、消杀人员组成的应急机动处置队伍，24 小时严阵以待；多渠道积极采购储备消毒液、N95 口罩、防护服等应急防控物资，对应急仓库各项物资及时进行补充和整理，为应对突发公共卫生事件提供物资保障，筑牢新冠疫情防控的第一道防线。截至 2022 年 12 月，荷塘区共报告 223 例新冠感染确诊病例。区疾控中心外出采集冷链冷库食品、环境样本，结果均为阴性。为加强学校、幼托机构等集体单位卫生工作培训，区疾控中心对其开展多次传染病防控规范培训。荷塘区新冠疫情常态化防控取得明显成效，未发生社会面病例的散发。

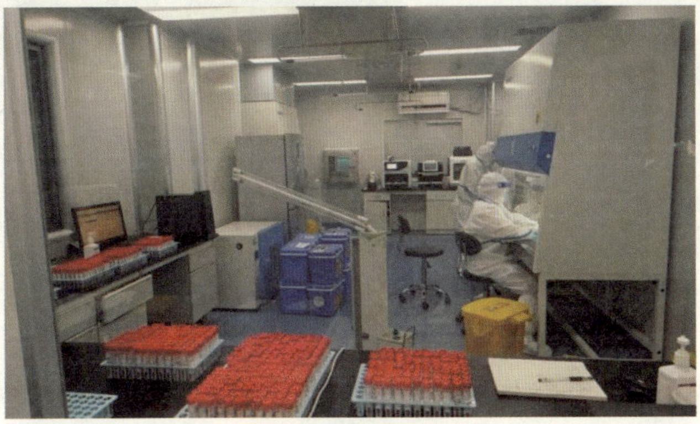

2022 年 11 月 5 日，区疾控中心检验室工作人员进行核酸检测

【疾控执法体系改革】 2022 年 10 月，区卫健局挂牌成立荷塘区疾病预防控制局，原区疾控中心和区卫健综合执法大队合并，组建新的区疾控中心（卫生综合监督执法局），进一步加强疾控和卫生执法工作力量。投入资金对区疾控中心 PCR 实验室进行改造，扩大 PCR 实验室的核心操作面积，补充核酸检测相关仪器设备，对实验室进行负压改造，成为株洲市县区级疾控系统第一家负压 PCR 实验室。

【公共卫生服务】 2022 年，区卫健局建立健康档案 32.14 万份，建档率 92.1%，65 岁以上老年人免费体检 17451 人次。持续推进家庭医签约服务，签订基础包 33511 个、个性包 3126 个，签约居民享受基层医疗机构减免费用（免挂号费、诊查费、输液费）共计 46.9 万元。2022 年，荷塘区各基层医疗机构门诊达 15.54 万人次，机构总收入 3656.3 万元。

【健康株洲（荷塘）推进行动】 2022 年，健康株洲（荷塘）行动推进委员会办公室制订健康株洲行动（含创卫）考核办法等相关文件，将健康荷塘行动工作进行部署。9 月，召开推进会，15 个专项组汇报各自工作情况，针对 2022 年健康株洲行动（含创卫）考核办法进行责任分解，要求各专项行动组参照考核评分细则逐项对标对表、查漏补缺完善台账资料，迎接年度考核。加强资料的收集、整理、归档，积极总结经验，将好经验好做法形成案例材料，特别注重影像资料留存。各专项行动组加强与市级各专项行动组工作的对接和沟通，及时掌握工作动态和要求。

【爱国卫生运动】 2022 年，区卫健局在爱国卫生月开展“关爱健康，绿色环保”为主题的爱国卫生月活动。区爱卫办牵头，组织镇（街道）、区直部门（单位）通过海报、电子屏、宣传板报、横幅等等形式进行宣传。此次活动共计张贴海报 1000 余张，电子屏播放宣传标语 2000 余条，制作宣传展版 1 块，悬挂宣传横幅 1 条，参与人数 800 余人，发放病媒生物防制手册约 500 册，同时，发放除“四害”药、贴、板等。积极开展春秋两季病媒生物集中消杀活动组织镇（村）、街道（社区）、单位及专业灭杀公司对鼠、蚊、蝇、蟑螂活动场所进行集中投药灭杀，并进行孳生地清理和环境卫生清扫，确保达到有效灭杀效果。

【无烟党政机关、无烟管理示范单位、无烟医疗卫生机构、无烟学校（托幼机构）创建】 2022 年，区卫健局按照上级主管部门的创建要求出台相关文件并安排专人负责此项工作。全区无烟党政机关、无烟医疗卫生机构、无烟学校（托幼机构）创建覆盖率达 100%。2022 年 5 月 31 日是第 35 个世界无烟日。围绕“烟草威胁环境”的主题开展世界无烟日宣传活动。此次活动悬挂横幅 2 条，安排 7 块电子屏滚动播放宣传主题，有 8 台电视机每天滚动播放控烟视频，发放控烟宣传资料 500 余份，接受健康咨询 200 余人，制作宣传栏 20 余块，参与观看现场宣传直播活动 100 余人，通过此次控烟宣传，加强群众对烟草危害深刻认识，提高群众的健康意识，调动医务人员争做控烟的传播者和践行者，发动身边人远离烟草，推进无烟党政机关建设，巩固无烟医疗机构建设成果。

【推进婴幼儿照护服务】 2022 年，区卫健局扎实推进婴幼儿照护服务，强化政策支持，发展普惠服务，加强综合监管。制定出台《荷塘区促进 3 岁以下婴幼儿照护服务发展的实施方案》，鼓励引导社会力量积极参与，规范发展多种形式的托育机构，优先发展普惠性婴幼儿照护服务机构。荷塘区建立托育项目储备库，有 23 家机构入库，完成 9 家机构的系统备案，9 家机构收托 0~3 岁婴幼儿 290 余人。建成 1 个具有本区示范性的托育机构——郦城幼儿园托育中心。

【妇幼保健服务】 2022 年，区卫健局完成荷塘区农村和城镇低保适龄妇女“两癌”免费检查，检查 2501 人，目标人群覆盖率 100.04%；完成孕产妇免费产前筛查 1402 人，目标人群覆盖率 100.14%；完成新生儿先天性心脏病免费共筛查 1427 人，目标人群覆盖率 101.93%。 （何柏瑜）

2022 年 3 月 7 日，荷塘区在明照街道开展“两癌”免费检查宣传

疾病预防控制

【概况】 荷塘区疾病预防控制中心（荷塘区卫生综合监督执法局）[以下简称区疾控中心（区卫监执法局）]。2022 年 10 月，原区疾控中心和区卫健综合执法大队合并，组建新的区疾控中心，进一步加强疾控和卫生执法工作力量。区疾控中心是区政府举办的实施疾病预防控制与公共卫生技术管理和服务、卫生综合监督执法的事业单位。主要负责组织实施辖区内疾病预防控制指导；组织突发公共卫生事件的调查和处置；负责辖区内健康教育与健康促进；组织对重大疫情、传染病暴发流行的调查，制订控制对策和措施；组织对慢性非传染性疾病的干预和防控；实施计划免疫接种规划；负责公共场所、生活饮用水卫生监测检验和食品安全风险监测；组织开展针对公共场所、饮用水安全、传染病防治、医疗卫生机构和采供血机构的监督检查；整顿和规范医疗服务市场，组织查处违法行为；负责打击非法鉴定胎儿性别和非法终止妊娠工作；负责社会抚养费征收等。

2022 年，区疾控中心在食品安全风险监测实验室质控考核（食品中金黄色葡萄球菌定量检验）与新冠病毒核酸检测实验室质控考核中评为优秀，完成 PCR 实验室全面负压改造。

【健康教育】 2022 年，区疾控中心共计完成 480 户健康素养和中医药文化健康素养监测调查，健康素养文化知识知晓率 29.17%，中医药文化健康素养知识知晓率 26.37%。播放健康教育音像资料 3000 多小时，健康教育宣传栏更新至 6 期；在学校、街道社区举办健康巡讲 74 次，参加人数 6000 余人；通过学生厨艺技能大赛、趣味运动技能活动、讲座、健康巡诊等方式组织开展“全国疟疾日”“中国学生营养日”“世界无烟日”等主题宣传活动，接受咨询人数600余人，张贴海报70张、发放宣传资料9200余份和防蚴霜800余支。

【法定传染病防控】 2022年，荷塘区共有14个传染病和网络直报点，包含6家二级以上医疗机构，7家社区卫生中心及本单位，传染病网络报告质量较好，未出现不及时报告卡及不合格报告卡，有效证件率100%。通过《中国疾病预防控制信息系统》统计，荷塘区无甲类传染病和疑似病例报告，报告乙、丙类传染病22种3464例，发病率989.71/10万（3464/350000）。乙类传染病报告11种共计636例，发病率为181.71/10万（636/350000）。丙类传染病报告11种共计2828例，发病率为808/10万（2828/350000）。截至12月底，累计报告手足口病262例，无重症病例与死亡病例。霍乱监测肠道门诊5—12月腹泻病人登记216人，内环境（粪培）检索130份，病原检索率60.16%。完成外环境监测采集甲鱼样30份，外环境各种水样30余份，经检测均未发现霍乱弧菌阳性报告。2022年，区疾控中心共计处理2起食源性聚集性事件和1起诺如病毒引起的感染性腹泻聚集性疫情，均得到有效处置，未发生进一步传播，所有患者均康复，未造成不良社会影响。

【基本公共卫生与慢性病管理】 2022年，荷塘区累计建立居民健康档案321261份，新建48994份，建档率为91.86%，本年度活动档案197404份，更新率72.66%，除明照卫生院外其余6个单位均高于50%；健康档案居民查阅数169283份，查阅率52.69%，7个单位均低于60%。健康管理老年人17451人，健康管理率41.24%。高血压累计管理20936人，年度管理任务完成率82.37%，规范管理率56.91%；糖尿病累计管理7693人，年度管理任务完成率84.70%，规范管理率为58.49%；登记在册的确诊严重精神障碍患者人数为1366人，报告患病率3.92‰，在管1341人，在管率98.17%，规范管理1328人，规范管理率为97.22%，规律服药患者1259人，规律服药率92.17%。肿瘤报告160例，完成省肿瘤办交办的病例整理工作4.5万条；报告心脑血管事件806例，报告发病率为231.01/10万；辖区内医疗卫生机构报告死亡病例1979例，现住址为荷塘区内的死亡病例2098例，报告死亡率6.01‰。

【结核病防治】 2022年，大疫情网报告荷塘区结核病病例147例，追踪到位142例，收治121例，其中发现新发初治涂阳患者79例，复治16例，初治涂阴24例，结核性胸膜炎2例。各社区卫生服务中心按要求对患者进行随访，各项资料全部整理到位；耐多药筛查94例，收治9例；规范管理率达到100%。2022年，完成疗程病例114例，规律服药率96%。截至12月31日，对65岁以上老年人问询筛查38089人，对糖尿病患者问询筛查28519人次，对65岁以上老年人糖尿病患者筛查175人，均确诊0人。对全区22所小学结核病可疑症状问询筛查4675人，高中及职校问询筛查2946人，大专院校筛查2070人。全年涉及学校的肺结核病例报告11例，排除1例，其余10例均纳入规范化管理和治疗，对其密切接触者均按要求进行筛查。

【性病、艾滋病防治】 2022年，荷塘区存活HIV/AIDS患者254人，累计死亡23人；2022年，新发病例14人，其中AIDS 5人，HIV感染者9人，死亡0例。新报告和既往报告配偶应检测18人，实际检测18人，配偶检测率100%；接受结核病检查HIV/AIDS患者241人，检测率为97.57%；接受抗病毒治疗232人，其中新增12人，抗病毒治疗比例为92.80%；接受

CD4 检测 HIV/AIDS 患者 244 人，检测比例为 96.44%。全区 HIV 初筛检测 40339 人次；接受艾滋病自愿咨询检测（VCT）7413 人；对全区高危行为进行干预，流动人员 442 人次，吸毒人员 162 人次，性病就诊者 532 人次，检测 1423 人次，发放宣传册 1423 份、安全套 14230 只，HIV 抗体检测知晓结果比例 100%。

【免疫规划】 2022 年，区疾控中心稳步推进新冠疫苗接种工作，完成新冠疫苗的分发、配送、调剂等系列工作，开展全区疫苗接种的技术指导、答疑解惑等工作。2022 年，区疾控中心按要求开展水痘、腮腺炎、四价流脑的查漏补种工作，对 7 家社区卫生服务中心（卫生院）进行季度考核，对发现的问题提出整改和通报，定期组织开展免疫规划工作培训会议，对相关工作进行部署。2022 年，共监测 AFP 病例 1 例、麻疹 5 例、风疹 1 例、百日咳 13 例，均按要求进行个案调查、标本采集和检测；暂无乙脑、流脑、新生儿乙肝、甲肝等疾病报告。共报告 AEFI 病例 32 例，其中 29 例为一般反应，3 例为异常反应，所有 AEFI 病例均做调查和处置，无重大接种事故发生。

【寄生虫病、地方病及血吸虫病防治】 2022 年，荷塘区共查螺 412 万平方米；灭螺 35 万平方米，灭蚴 5 万平方米；查病 3492 人次，其中询检 3160 人次，血检 322 人次，粪检 10 人次。完成扩大化疗 40 人次。同时，区疾控中心按要求开展碘缺乏病的监测，对 8~10 岁儿童 200 人、孕妇 100 人进行食盐和尿样的采样，其中采集食盐样本 300 份，对应的尿液样本 300 份进行碘检测。开展麻风病宣传，张贴宣传海报 20 余张，发放宣传资料 1000 余份，解答群众咨询 100 余人次，开展麻风疑似病例排查，排查病例 31 例。组织开展“4·26”全国疟疾日宣传活动，悬挂宣传条幅 7 条，设宣传板报 7 块，发放宣传资料 1000 余份、接待咨询人员 1000 余人次，按要求完成市疾控中心下达的疟疾监测任务。

【公共卫生监测】 2022 年，区疾控中心积极配合区卫生综合监督执法局的工作，对辖区水质进行监测，包括二次供水、现制现售水、直饮水及学校、幼儿园饮用水监测，共采样 66 份；对乡镇 7 个农村进行饮用水枯水期的监测，采集样品 15 份进行微生物及各项理化进行监测；对辖区 20 份包子、馒头、面包、油条的样品进行化学污染物监测；对 14 份现制的奶茶和甜品的菌落总数、大肠菌群、金黄色葡萄球菌（定量）等进行检测。完成鼠、蚊、蟑螂的生态学监测工作。2022 年，区疾控中心（区卫监执法局）对辖区内公共场所、学校卫生进行监测，检测公共场所类样品 57 份 285 项目次，学校饮用水及二次供水 57 份 399 项目次，游泳池水 6 份 42 项目次，农村饮用水 15 份水样 510 项目。HIV、丙肝及梅毒抗体 1407 份，从业人员体检 1311 份，外环境水样及涉水产品霍乱监测 75 份，盐碘和尿碘标本 600 份，食品安全风险监测全部样品 130 份，其他类样品 97 份（疟原虫标本，手足口病，诺如病毒，甲乙流）。2022 年，区疾控中心共检测新冠样品 26611 管，较 2021 年增长高达 8 倍多。

（唐叶媚）

妇幼保健和计划生育服务

【概况】 株洲市荷塘区妇幼保健计划生育服务中心（以下简称区妇幼）为区卫生健康局所属全额拨款正科级公益一类事业单位。主要职责为辖区内妇女、儿童提供保健服务，负责基层医疗机构妇女、儿童保健工作的管理、业务培训及指导；承担辖区内计划生育宣传教育、技术服务、优生指导、药具发放、信息咨询、随访服务、生殖保健、人员培训；承担辖区助产医疗机构的产科质量管理；开展婚前检查、孕前优生健康检查和出生缺陷综合防治等工作；做好适龄妇女“两癌”免费检查、孕产妇免费产前筛查和新生儿先天性心脏病免费筛查等民生实事项目。承担国家妇幼卫生监测及儿童营养监测项目；辖区托幼机构管理和卫生评价、出生医学证明管理、辖区妇幼健康信息数据上报、质量控制等。

【民生实事】 2022年，农村和城镇低保适龄妇女“两癌”（宫颈癌、乳腺癌）免费检查工作、孕产妇免费产前筛查和新生儿先天性心脏病免费筛查三项工作被纳入省、市重点民生实事项目。荷塘区农村和城镇低保适龄妇女“两癌”免费检查年度目标任务为2500人，共检查2501人，累计完成率达100.04%，该次检查发现宫颈初筛阳性复诊人数139人，乳腺彩超阳性复诊人数233人，其中宫颈癌前病变8例，乳腺癌1例，均通过电话及上门督促进一步检查，实现早发现、早诊断、早治疗的目标。荷塘区孕产妇免费产前筛查项目任务为1400人，共完成筛查1402人，完成率100.14%。筛查出高风险阳性人数327人，高危干预人数319人，高危人群干预诊断率97.6%，有效降低出生缺陷儿的发生。荷塘区新生儿先天性心脏病免费筛查项目任务数为1400人，共完成筛查1427人，完成率101.93%。

【出生缺陷综合防治】 2022年，区妇幼不断健全区、乡、村三级出生缺陷防治网络，以一级预防为抓手，全力做好婚前医学检查、孕前优生健康检查、叶酸发放工作。全区结婚登记1812人，接受婚前医学检查1686人，婚前医学检查率93.05%，疾病检出70人，疾病检出率达4.15%。全年发放叶酸2066盒，叶酸服用人数1796人，叶酸服用率95.9%，服用依从率88.64%。依托株洲市人民医院，高质量完成孕前优生健康检查任务。该项目目标任务460人，全年完成460人，完成目标人群覆盖率100%，早孕随访率100%，妊娠结局随访率100%。以孕产妇免费产前筛查为二级抓手，以新生儿疾病筛查、听力筛查等项目作为三级抓手，做到早发现、早诊断、早干预、早康复。全年辖区机构活产数1310人，接受新生儿疾病筛查1299人，新生儿疾病筛查率99.16%；接受新生儿听力筛查1299人，新生儿听力筛查率99.16%。全年出生缺陷发生率53.44/万，严重致愚致残活产发生率38.17/万。

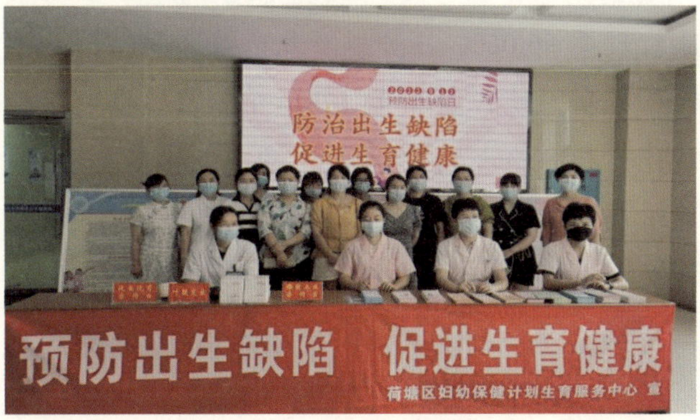

2022年9月7日，荷塘区开展“防治出生缺陷，促进生育健康”宣传活动

【母婴安全】 2022年，区妇幼全面落实孕产妇妊娠风险筛查与评估、高危专案管理、危急重症救治、死亡个案报告和约谈通报5项核心制度，严格执行妊娠风险预警及分级管理，开展孕产妇家庭医生签约，动态掌握辖区所有孕产妇风险情况，对分级为“黄色”30分及以上的孕产妇进行专人专案管理，并追踪随访到产后42天。2022年，荷塘区孕产妇数1547人，妊娠风险筛查出高危孕产妇851人，无孕产妇死亡。指导区级危重孕产妇和新生儿救治中心建设并制订危重孕产妇和新生儿救治工作应急预案，开展急救演练，提高救治能力。辖区活产数1570人，5岁以下儿童死亡

数 5 人，5 岁以下儿童死亡率为 3.18‰；婴儿死亡数为 3 人，婴儿死亡率均为 1.91‰，新生儿死亡 2 人，新生儿死亡率 1.27‰。

【妇幼健康管理】 2022 年，区妇幼对孕产妇及儿童健康全面执行日常监管的质量控制模式，每月随机电话抽查 50 名产妇和 0~6 岁儿童，核查档案规范情况。全年辖区产妇数 1547 人，早孕建册人数 1542 人，早孕建册率 99.68%；产后访视人数 1537 人，产后访视率 97.9%；孕产妇系统管理人数 1533 人，孕产妇系统管理率 97.64%。全区 7 岁以下儿童数 21302 人，7 岁以下儿童健康管理率 96.06%，3 岁以下儿童数 8450 人，3 岁以下儿童系统管理率 94.17%。全年辖区助产医疗机构住院分娩产妇 1264 人，孕产期接受艾滋病、梅毒和乙肝检测人数 1264 人，检测率为 100%。在“三病”检测中，发现艾滋病感染孕产妇 0 人，梅毒感染孕产妇 9 人，治疗率为 100%，梅毒感染孕产妇所生儿童用药率为 100%，梅毒感染孕产妇所生儿童随访率 100%；乙肝表面抗原阳性孕产妇 67 人，出生后 12 小时内注射乙肝感染孕产妇所生新生儿乙肝免疫球蛋白 70 人，注射率 116.7%。2022 年，荷塘区使用药具人数 12105 人，随访率 100%、药具使用有效率 100%，报损率为 0。开展“湖南药具”志愿服务活动 6 次，服务 5000 余人次，发放避孕套 2 万余盒、健康药具服务包 300 个。全年发放出生医学证明 1456 份，其中首次签发 1299 份，首次签发率 97.02%，换发 33 份，补发 124 份。废证 1 份，废证率 0.077%。加强健康知识宣教，促进健康行为形成。妇幼健康教育活动覆盖率 84%，孕妇学校培训覆盖率 66.3%，母婴保健核心知识知晓率 93.1%，母婴健康行为形成率 96.5%。（唐 瑶）

卫生健康综合监督执法

【概况】 株洲市荷塘区卫生健康综合监督执法大队（以下简称区卫健执法大队）2019 年 7 月由原株洲市荷塘区卫生计生综合监督执法局改设成立。为全额拨款副科级事业单位。主要负责全区公共场所卫生、医疗卫生、计划生育、职业卫生综合监督。管理辖区医疗机构 265 家、公共场所 340 家、学校 27 家、职业病危害项目用人单位 83 家。2022 年，区卫健执法大队出动卫生监督员 5352 人次，监督相对单位 2105 户次，立案查处 21 起，累计罚款 1.8 万元。

【医疗卫生监督】 2022 年，区卫健执法大队制定长效监督机制，将疫情防控工作融入到日常监督中来，将卫生监督员分为三个疫情防控专项监督小组，划片包干，要求所有工作人员责任上肩。对辖区 249 家医疗机构开展日常监督 1132 家次，出动执法人员 2489 人次，下达整改意见书 257 份。对存在问题的医疗机构开展“回头看”，进一步落实整改情况，警告处罚 5 家，停业整顿 3 家。开展护“美”专项监督行动，联合市局对辖区 3 家医疗美容机构进行监督检查，出动执法人员 19 人次，下达卫生监督意见书 3 份。检查辖区各类生活美容场所 20 家，出动执法人员 140 人次，下达整改意见书 20 份。开展医疗废物专项整治行动，共检查 240 家医疗机构，出动执法人次数 340 人次，下达卫生监督意见书 240 份，处罚 1 家，罚款 0.2 万元；组织辖区一级医疗机构和门诊部共计 60 家，召开“医废 e 管”平台建设工作会议，年底，纳入系统管理机构共计 56 家；开展打击整治养老诈骗专项行动，检查医养机构 8 家，出动执法人员 26 人次，下达整改意见书 3 份。

开展消毒产品抽查行动，由区检察院牵头，联合区市场监督局监督抽查医疗机构16家，药店105家，其中对消毒产品说明书存在问题的诊所3家下达监督意见书，并立即下架停止销售存在问题的消毒产品。

【学校卫生及放射卫生监督】 2022年，根据上级文件《护苗行动》《学校卫生工作条例》的要求，区卫健执法大队开展护“苗”专项监督行动，对辖区内27所中小学校和10家托幼机构进行学校卫生监督检查及饮用水水质采样检测工作，其中中小学校2家菌落总数超标，区卫健执法大队对其进行警告处罚，并对整改完成后的该两所学校水质再次检测，检测结果均达标；开展放射卫生专项督查工作，对 30家放射诊疗机构进行全覆盖监督检查，对申请办理“放射诊疗许可证”机构进行核验5家，新发放射工作人员证8份，下达监督意见书20余份，办理放射卫生案件1起，办结1起，处罚1000元。

【职业病卫生防治监督】 2022年，区卫健执法大队在湖南省卫生健康综合监督系统职业病危害项目用人单位建档83家，荷塘区职业病危害因素项目申报系统申报的用人单位有77家。开展护“工”专项监督行动，日常监督180余户次，出动人500余次，下达监督意见书100余份，行政处罚案件4起，办结4起，处罚13000元。对辖区内职业病危害重点行业开展摸底调查工作，共检查用人单位130余家，出动摸底工作人员390余人次，检查存在职业病危害因素的用人单位107家，完成《用人单位职业卫生基本情况调查表》100余份，下达意见书90余份。2022年，放射卫生行政处罚案件1起，处罚1000元；联合区疾控中心、基层医疗机构启动荷塘区用人单位职业健康基本情况摸底调查工作，共计调查摸底企业105家；4月28日，区卫健执法大队在中材株洲水泥有限责任公司现场开展以“一切为了劳动者健康”为主题的宣传周活动，发放宣传资料200多份，现场咨询解答问题80多人次。

【公共场所及生活饮用水卫生监督】 2022年，区卫健执法大队新发放公共场所卫生许可证118户，信息系统公共场所及生活饮用水卫生监督覆盖率100%。全年办结公共场所及生活饮用水、学校卫生行政处罚案件共10起，其中一般程序案件2起，办结2起，简易程序案件办结8起，处罚金额共计2000元，处理上级交办的公共场所投诉事件7起。对辖区11家二次供水单位组织一次专项督查和一次学习，并对辖区内各居民生活小区现制现售饮用水的卫生管理情况开展专项监督检查。同时，开展以“保障饮用水安全，共建和谐社会”为主题的饮用水卫生宣传周系列活动，共发放宣传折页200余张。

【“双随机”抽检工作】 2022年，区卫健执法大队根据国家双随机公共场所监督抽检计划要求，组织开展对辖区29家被抽检公共场所的双随机监督监测工作。除经现场检查发现已关闭的2家单位外，共完成监督监测27家。根据检查发现的违规情况以及违规情节，对各双随机监督单位依法进行立案查处3家，其中，一般程序案件0家，简易程序案件3家。

【出生医学证明发放及计生监督】 2022年，区卫健执法大队开展出生医学证明发放督查工作，监督检查出生医学证明发放单位3家，下达监督意见书2份。开展计划生育监督工作，监督检查有超声诊断仪和染色体检测设备机构3家，下达监督意见书2份。

（熊艳辉）

退役军人事务

【概况】 株洲市荷塘区退役军人事务局（以下简称区退役军人事务局）主要负责拟订全区退役军人事务发展规划和政策，并组织实施；负责全区军队转业干部、复员干部、退役士兵、无军籍退休职工、伤病残军人的移交安置和服务管理工作；组织实施全区退役军人教育培训工作，协调扶持退役军人和随军随调家属就业创业；贯彻落实国家关于退役军人的政策保障；组织指导全区拥军优属工作；负责全区烈士及退役军人荣誉奖励、纪念活动等工作；开展全区退役军人权益维护和有关人员的帮扶援助等工作。

2022年，区退役军人事务局紧紧围绕《中华人民共和国退役军人保障法》一条主线，着力构建“三个体系”（组织管理体系、工作运行体系、政策制度体系），以“四个聚焦”（聚焦机构职能融合抓改革、聚焦维护退役军人合法权益抓服务、聚焦促进社会和谐稳定抓管理、聚焦忠诚干净担当抓队伍）为重点，以“五化”（走访慰问常态化、帮扶援助规范化、关爱服务社会化、宣传引导体系化、风险防控制度化）为路径，突出抓好法律政策落实、矛盾攻坚化解、服务保障拓展和能力素质提升等四项重点工作，着力推动全区退役军人服务保障体系建设，全面提升退役军人事务领域治理现代化水平，让军人成为社会尊崇的职业，让全区退役军人有获得感、归属感和尊崇感。

【安置就业】 2022年，区退役军人事务局全力推进接收安置工作，接收本年度自主就业退役士兵，并发放一次性就业经济补助金49.5万元；完成转业士官的安置任务。做好退役军人就业帮扶工作，从讲政治的高度落实刚性安置政策，做到程序规范、阳光透明、平稳有序。积极探索职业技能“定单式、定向式、定岗式”培训新模式，结合企业用工需求、退役士兵所需所求，定期组织退役士兵进企业实操锻炼，上岗稳岗率超过九成。建立就业岗位信息资源库，与第三方公司合作，每周定期线上推送就业岗位，累计发送信息2000余条次，引导退役军人就业。积极开展线下就业推荐活动，联合区人社部门举办11场招聘会、1场专场招聘会，组织用工企业500余家，提供岗位3000余个。全部落实荷塘区无军籍职工的“两个待遇”（政治待遇、生活待遇），推动军休服务与管理上水平。

【思想建设】 2022年，区退役军人事务局继续通过荷塘区退役军人“红色基因”宣讲团12名各类老兵典型开展“五进活动”（进机关、进学校、进部队、进社区、进企业），对红色故事、战斗故事、创业故事、消防安全知识等内容进行宣讲。9月，组织开展“喜迎二十大，国防教育进校园”活动，在全区11所中小学开展红色故事、安全知识讲座，进一步激发广大师生的爱国、爱党、爱社会的热情。全年累计开展宣讲活动30余场，接受人数近万人。

【优抚褒扬】 2022年，区退役军人事务局把退役军人工作作为“一把手”工程来抓，区委书记每年定期听取2次退役军人事务工作情况汇报，区长亲自部署“八一”、春节慰问工作，发放慰问金和慰问品。开展“八一”表彰评选，举办“最美退役军人”“抗疫先锋志愿者”等系列评选活动，发掘各类老兵典型。通过各种办法，解决退役军人存在的就业难、生活难、子女上学难、住房难、医疗难、养老难等问题。结合优抚医疗“五位一体”保障工作，为全区优抚对象购买商业护理险，减轻优抚对象医疗负担。持续开展对烈士纪念设施保护管理的资料收集、整顿和信息录入工作，截至2022年12月，荷塘区共有烈士29名，2处零散烈士墓均已纳入维护管理。广泛开展“立功送喜报”活动，奖励年度现役官兵立功受奖人员，并发放奖励金。

（凌　皓）

医疗保障

【概况】 株洲市荷塘区医疗保障局（以下简称区医保局）成立于2019年4月2日，是荷塘区政府正科级工作部门。主要负责落实市级医疗保险、生育保险、医疗救助相关制度措施，组织实施全区定点医药机构协议和支付管理办法。2022年，区医保局贯彻落实上级医疗保障重点工作，健全保障制度。对省级、市级日常业务调度工作及时响应，确保报送质量好，信息和数据真实准确。按时完成上级交办的信访件，多渠道开展医保政策宣传培训，对群众信访均能做到热情接待和及时办理，全区医保管理服务水平得到明显提升。

【参保征缴】 区医保局加强与财政、税务、民政等部门协作对接，强化宣传发动，牵头召开了动员部署会、工作推进会、情况通报会、集中攻坚会等会议，多措并举推动全民参保工作。2022年，全区城乡居民基本医疗保险参保人数为146789人，参保率稳定在95%左右。

【医保经办服务】 2022年，区医保局秉承以人民为中心的发展理念，对经办服务事项进行新一轮梳理，协调区政务服务中心，进一步减资料、减流程、减时限、提服务，打造15分钟便民服务圈，将更多经办服务下沉，35个公共服务类事项全部进驻政务服务中心办理，7个事项实现全程网办。2022年，医保系统没有发生一起不良信访事件，“市长热线”、上级交办的信访办结率、满意率均为100%。荷塘区各部门业务量为93655件，区医保局业务量为12004件，占全区业务量的12.82%，群众好评率100%。2022年一、二、四季度全区政务服务考核中，区医保局分别获得第一名、第二名、第三名。

【医疗救助】 区医保局对特困人员、重度残疾人、孤儿、事实无人抚养儿童参加居民医保的个人缴费部分按全额标准予以全额资助，对低保对象、低保边缘户、纳入监测范围内的防止返贫监测对象按50%的标准予以资助。2022年，区医保局资助困难对象3142人，其中资助特困对象150人，低保对象1838人，重度残疾1154人，资助金额为71.14万元。

【“两病”门诊用药保障】 2022年，区医保局通过召开专题会议、广泛宣传发动、开展集中培训、简化申请程序等措施，推动“两病”（高血压、糖尿病）用药保障工作。2022年，辖区内22家定点医疗机构实现普通门诊医疗费用跨省直接结算，完成城乡居民“两病”门诊用药保障25571人次，占全年目标的255.71%，超额完成上级下达的全年目标任务。

【基金监管】 2022年,区医保局召开两次工作部署会，定期向区委、区政府汇报基金监管工作情况，迎接市、区人大对荷塘区基金监管工作的调研，获得市局关于打击欺诈骗保集中整治工作突出表现地区的通报表扬。2022年，自查自纠定点医疗机构77家，定点药店188家，自查整改问题数58个，退回基金3.45万元；开展辖区内交叉检查，在定点医疗机构检查中发现违规问题25个，涉及违规金额0.9万元；核查国家审计局、市审计局、市公安局下发的异常数据，共涉及22家定点医院，追回医保基金0.7万元；落实市级打击欺诈骗保套保挪用贪占医保基金集中整治“回头看”交叉检查交办问题，存在违规问题12个，涉嫌违规金额2.7万元；开展血液净化医保专项调研异常数据工作，指导医疗机构规范管理。按照异常数据对3家医疗机构进行核查，追回193.6元，违约金全部退回基金账户，监管覆盖率达到100%。发现问题医疗机构1家，暂停服务协议1年；发现欺诈骗保未遂案例1例，避免医保基金损失9720元。印发《荷塘区2022年基金监管工作实施方案》《荷塘区打击欺诈骗保套保挪用贪占医保基金集中整治“回头看”实施方案》等一系列文件，联合卫健部门对辖区诊所进行日常监管。

【药品耗材集中带量采购】 2022年，区医保局遵循“国家组织、联盟采购、平台操作”的总体思路，坚持“带量采购、招采合一、确保使用”原则，形成医保部门主抓主推、相关部门积极配合、医疗机构踊跃参与的局面。2022年，辖区内21家定点医院、15家诊所及其他单位参与集采，共完成药品集中带量采购16个批次537个品种、耗材集中带量采购8个批次56个品种。各批次集中带量采购计划量全部完成，有效减轻群众的用药负担。

【“清廉医保”建设】 2022年，区医保局通过清廉医保窗口、清廉医保执法、清廉医疗救助资金管理、清廉医保机关等各项工作创建，将“清廉医保”建设融入日常工作中，引领机关干部忠诚、干净、勇于担当，精准提升医保管理服务能力。

（*颜懿萍*）

文 化

【概况】 株洲市荷塘区文化旅游体育局（以下简称区文旅体局）为区人民政府正科级工作部门，对外使用株洲市荷塘区文物局名称。2022年，区文旅体局认真贯彻落实党的二十大精神，以不断满足人民群众日益增长的精神文化需求为目标，积极开展文化体育旅游各项工作，促进荷塘区文体事业和文化产业高效发展。

【文化志愿服务活动】 2022年，区文旅体局组织开展“我们的中国梦·湖湘文化进万家”文化志愿服务活动，在全区开展9场送春联、“非遗”剪纸教学活动。开展“荷你一起闹元宵”系列活动，线上组织云游园，其中，抖音集赞活动吸引120个作品参赛，“荷”你一起闹元宵抖音话题总播放量达300.8万。开展3场“公共文化服务进校园”“送戏曲进校园”活动和6场“文艺轻骑兵 创文进社区”文艺展演活动。免费开放公益培训21场次，不断丰富群众精神文化生活。

【文化惠民活动】 2022年，区文旅体局各项文化惠民活动陆续开展。为7个综合文化站各配备一台一体机，对25个基层治理试点小区体育健身器材进行维护修缮和更新，提质基层基础设施。

【文艺创作】 2022年，区文旅体局创作推出《在荷塘》，邀请著名歌手王丽达演绎，在全区广为传唱，荣获8月份“喜迎二十大 动力党建红”优秀作品。调动全区“非遗”传承人和文旅企业积极性，推荐11个作品参加株洲市首届文创商品大赛，其中，“非遗”剪纸作品获得三等奖。

【“两馆”建设】 2022年，区文旅体局推进荷塘区文化馆、图书馆（以下简称荷塘区“两馆”）建设，荷塘区“两馆”选址荷塘区向阳广场以东约1.5千米，向阳南路与春华路交会处的金城·国投新材料示范园内，共3层，总面积约为3967平方米。荷塘区“两馆”项目建设被纳入2022年全区票决民生实事“一号工程”，于2022年12月开馆。

【公共文化进校园】 2022年，区文旅体局为进一步弘扬中华优秀传统文化，增强文化自信，促进戏曲传承发展，6月6日，由荷塘区文化旅游体育局、荷塘区公共文化服务中心主办的2022年“戏曲进校园”活动在株洲市景弘中学举行。活动现场反响热烈，戏曲工作者为同学们带来一场精彩的视听盛宴。

2022年6月6日，荷塘区开展“戏曲进校园”活动

【保护文化遗产】 2022年，区文旅体局坚持“保护为主、抢救第一、合理利用、加强管理”十六字方针，依法扎实推进全区文物保护各项工作，各级目标任务均能按时间节点完成，全区文物事业呈现出良好的发展态势,依据最新全国文物普查结果，荷塘辖区内目前登录区级以上文物保护单位共14处，其中省级文物保护单位1处、市级文物保护单位9处、区级文物保护单位4处。

（宋建交）

体　育

【概况】 2022年，区文旅体局举办荷塘区第八届“区长杯”青少年校园足球联赛、“全国县域足球典型”系列活动——荷塘区首届五人制足球赛、“喜迎二十大，一起向未来”青少年足球交流赛，组织青少年足球队参加YFL青少年足球联赛获得一冠、一亚，荷塘区青少年足球U9代表队参加在苏州举办的中国足球小将冠军挑战赛获得全国第五名。荷塘区足球协会获评“湖南省县域足球优秀单位”。2022年10月31日，由中国田径协会和中国中学生体育协会举办的“菲普莱杯”全国U16田径锦标赛中，株洲市第五中学初三学生郭彦妤参加女子100米栏和400米栏，获得全国双项冠军。

【完善公共体育设施】 2022年，区文旅体局对恒大林溪郡小区等25个基层治理试点小区体育健身器材损坏情况进行摸底统计，做好维护修缮和更新，提质基层基础设施。

【校园足球改革】 2022年，区文旅体局积极探索校园足球改革路径，从机制体制发力探索出校园足球教育“三全”模式，有效提高学生身体素质和足球竞技水平，全方位推进校园足球“一盘棋”，将校园足球创建工作列为荷塘教育的十大工程，并科学制定“一方案两规划”，明确区域校园足球发展路径。全覆盖锻造校园足球“指挥官”，通过培训现有专、兼职足球教师和招录等多种方式，特别是着力引进海外高水平足球教练，不断提高教学教练水平。建立足球教练员后备人才库，挖掘培养教练员新生力量，通过业务培训、跟队实习、定岗试用、考核转正等流程，吸收校园足球教练新生力量。全链条选拔校园足球“运动员”，推动成立各级校园足球队，抓紧完善常态化、纵横贯通的足球竞赛体系，促进青少年足球人才规模化成长。结合实际情况，实施“校园足球进课堂”活动，根据学生年龄大小划分为足球游戏、五人制足球、八人制足球三个内容，为不同年龄阶段学生制定适合内容，为校园足球的发展夯实人才基础。《荷塘区探索校园足球“三全”模式》改革经验被省委改革简报2022年第21期刊登。

【获评“湖南省县域足球优秀单位”】 2022年，荷塘区充分发挥区足球协会的作用，以足球项目为抓手，打造区域名片，促进经济发展，推动文化、旅游、体育等行业发展，致力于实现足球改革发展的荷塘模式，分阶段分性别进行高效率训练，培养足球后备人才。通过扎实开展校园足球工作，结合“体教融合”的工作思路，全方位打造雄厚师资，足球专兼职教练59人，亚足联A级教练员1人、亚足联B级教练员4人、中国足协C级教练员9人、中国足协D级教练员25人、湖南省足协E级教练员14人。完善优秀足球后备人才培养体系，形成“以赛促训”的校园足球竞赛体制。2022年2月，荷塘区足球协会获评“湖南省县域足球优秀单位”。

【举办“全国县域足球典型”系列活动】 2022年1月，荷塘区举办县域足球典型荷塘区交流赛，8—9月份举行县域足球典型系列活动足球公益培训，在“国庆节”期间举办湖南省青少年交流赛。

（宋建文）

【举行第八届“区长杯”青少年校园足球联赛开幕式】 2022年5月16日，荷塘区第八届“区长杯”青少年校园足球联赛暨“满天星”训练营选拔赛暨株洲市第一届全国青少年校园足球特色学校联赛预选赛开幕式在六零一中英文小学举行。参加此次比赛的队伍共36支，其中初中组参赛队伍6支，小学男子甲组参赛队伍11支，男子乙组参赛队伍7支，男子丙组参赛队伍7支，小学女子组参赛队伍5支。5所学校成为赛点同时进行比赛，整个赛程为期15天，共101场比赛。

2022年5月16日，荷塘区举行第八届“区长杯”青少年校园足球联赛

【校园足球】 2022年，在株洲市第一届全国青少年校园足球特色学校联赛中，株洲六零一中英文小学派出男、女两支队伍参赛，获得小学男子组亚军、小学女子组冠军。戴家岭小学获得小学男子组第五名、小学女子组季军。第十九中学获得初中女子组冠军；在株洲市“三好杯”中小学生运动会足球比赛暨第八届“市长杯”足球联赛中，株洲六零一中英文小学获得小学男子组冠军小学女子组亚军、戴家岭小学获得小学女子组冠军、第十九中学获得初中女子组冠军；在湖南省青少年校园足球夏令营中，株洲六零一中英文小学代表株洲市男子足球队参赛，荣获小学男子组一等奖、戴家岭小学代表株洲市女子足球队参赛，荣获小学女子组一等奖、六零一中英文小学代表荷塘区混合足球队参赛，荣获混合组三等奖；第十九中女子足球队参加湖南省青少年校园足球联赛获初中女子组总决赛第二名，湖南省第十四届运动会（青少年组）足球赛（女子U15）第四名。

（汤　璐）

旅游

【概况】 2022年，区文旅体局开展“株洲文旅推荐官”荷塘区海选赛，发动网红达人全面推介荷塘美景美食美宿，拍摄抖音作品60余个。创作推出文旅宣传片《生态大东城，宜居新荷塘》，荷塘文旅融合赋能乡村振兴的工作经验在全省乃至全国引起强烈反响，在中央、省、市媒体共发稿70余篇，荷塘区逐渐成为长株潭独具特色的乡村休闲旅游区。成功举办株洲市首届乡村音乐节暨第七季“穿越荷塘”系列活动，策划文创集市、“云梦国潮”游园季、“荷你在一起”亲子季等文旅活动，活动吸引近万名观众游客现场观看和687万人次（活动三天直播数据）观众线上“围观”，成功将仙庾风景名胜区打造为“网红打卡地”，推进乡村旅游持续升温。鸵鸟休闲餐厅获评株洲市“十大网红餐饮”；紫轩小舍、耕食书院获评株洲市“十大网红民宿”；耕食书院获评湖南省“五星级旅游民宿”，是株洲市目前唯一获此殊荣的民宿；指导仙庾岭村成功申报“湖南省乡村旅游重点村”；鸵鸟休闲农场、新田湾生态庄园、君乐庄园成功申报湖南省“四星级乡村旅游区（点）”；金山街道综合文化站成功申报“最美潇湘文化阵地”。抽派4人加入荷塘区招商组，参与招商攻坚行动。策划文旅体项目3个，引进项目3个，其中，活力荷塘文化艺体中心在全市首届旅游发展大会上签约。

【旅游品牌推广】 2022年，区委宣传部、区文旅体局统筹荷塘区品牌推广各成员单位围绕文旅品牌、城市建设、产业企业、典型人物等品牌深入做好宣传推广工作，对外集中、全面、生动展现荷塘区，积极打造“一区两城”、奋勇争先的整体形象，在三季度竞赛评比中取得季军。2022年，在市级以上媒体宣传报道2000余篇，举办品牌推广活动342场，形成品牌推广特色亮点成功案例144个，城市品牌、产业企业、典型人物等品牌不断“出圈”。

（宋建交）

【乡村旅游项目建设】 2022年，荷塘月色事务服务中心大力推进乡村振兴，完成市场主体培育10家，向市财政局农业农村科争取乡村高端民宿基础设施项目资金20万元，提前完成全区的争资引项任务。

休闲文旅产业。荷塘区结合乡村休闲文旅产业新业态的需求，指导耕食小镇公司打造耕食越野赛车基地、耕食研学等新项目。年底前越野赛车基地、耕食研学、彩虹滑道和休闲帐篷已经对外营业，星空帐篷也即将进入建设完工，投入运营，人气很旺。通过2022年在“荷野公社”举办全市的乡村音乐节等系列活动，极大地提升仙庾岭在全市的影响力，同时也吸引很多周边客人到仙庾岭休闲游玩，提升仙庾的人气指数和品牌效应。

农禅文化园建设。农禅文化园项目位于黄陂田村内。该项目占地面积3.2公顷，建筑面积约为1.2万平方米，预计总投资约7200万元。建设内容主要有禅堂、酒店、新建民宿。并与仙泉谷公司联手，为黄坡田项目的前期展示打造以能量中心、禅修中心、禅意宾馆、养身餐厅、资料室、百草园等专为都市人群服务和体验的场所“禅漫家园”“禅境馆”。建成后将成为全市具有影响力的品牌民宿和农禅文化园。

仙庾片区规划。荷塘区成立仙庾核心片区开发工作专班，从最开始的183.02公顷核心片区到现在的1063.06公顷片区规划（其中一期为184.63片区规划），对核心片区的面积范围、产业布局、交通线路布局等方面进行多次修改调整，最终形成荷塘月色一、二、三产业融合示范区，第一产业以农产品种植，第二产业以“农产品加工+包装+销售+物流”为主，第三产业以生态康养、农耕研学、休闲体验三个板块为主，集民宿、餐饮、观光、体验、科普、研学、文创多功能于一体的示范区。年底前，对一期的7个节点的土地情况、类别、流转情况、产业规划进行详细的分析，将重点对7个节点的土地资源进行招商引资，实现农业产业落地。

仙庾产业振兴。2022年，荷塘区与株洲市资源集团、土流集团合作，对仙庾岭村的闲置土地、闲置房屋进行盘活，实现仙庾岭村的整村运营。加快推进徐家塘农业产业园的建设，确保农业产业项目能落地发展，也有利于进一步壮大村集体经济和解决当地劳动力就业，提升村集体经济的“造血”功能，让当地老百姓真正富起来。（颜仲夏）

镇（街道）

月塘街道

【概况】 株洲市荷塘区月塘街道办事处（以下简称月塘街道）地处荷塘区西南部，辖区东、东北与金山街道交界，南与芦淞区龙泉街道为邻，西南与芦淞区建宁、建设街道相望，西北、北分别与茨菇塘街道、桂花街道接壤。面积 8.38 平方千米。常住人口 12 万人。下辖袁家湾、南岳岭、野鸭冲、水竹、东环、石子头、石塘冲、东湖、合泰、文化路 10 个社区和荷塘铺 1 个行政村。

2022 年，月塘街道认真贯彻落实习近平总书记重要精神，紧紧围绕年初工作目标在基层治理、疫情防控、安全生产、文明城市创建等工作中取得一定成效。2022 年，月塘街道获“株洲市基层人民武装部全面建设五星达标荣誉称号 ”“株洲市学雷锋先进集体”等多项称号。

【组织建设】 2022 年，月塘街道有 75 个基层党组织，其中社区、村党组织 64 个，机关支部 1 个，退休支部 1 个，非公支部 9 个，党员 2115 人。完成 33 个小区支部创建，进一步完善小区支部组织架构，挖掘小区热心人与可链接资源，开展“幸福邻里节”、应急演练等活动，夯实小区党建阵地；结合基层治理工作，创建 5 个示范小区，完成 25 个小区的楼栋长推选工作，分社区、分小区推进“大创意”评选工作。结合建党百年活动，开展“在党 50 年”活动，发放奖章 62 个，走访慰问 152 名老党员、困难党员，开展教育活动 15 场。加强党员发展全过程管理制度，发展 7 名预备党员，吸收入党积极分子、发展对象 9 名。发动 800 余名党员志愿者参与 3 轮全民核酸检测，守护居民安全“底线”，切实发挥党员先锋模范作用。

【纪检工作】 2022 年，月塘街道党工委建立健全“党工委负主体责任，纪工委负监督责任，班子成员履行各自分管领域廉政职责”的工作机制，强化党委主体责任，利用每月主题党日活动开展党风廉政专题教育，组织机关党员收看《初心与蜕变》《镜鉴》等警示教育专题片。开展作风纪律、重点工作和中心工作督查，2022 年下发督查通报 3 期，发现 29 人次干部的违纪违规行为，约谈干部 7 人，口头提醒干部 21 人次，12 月，印发《关于进一步加强机关作风建设的通知》，加强对机关和社区干部的作风建设。组织对街道违规收送红包礼金、违规使用公款吃喝及相互宴请、违规发放津补贴等问题进行全面监督检查，结合专项整治行动，开展明察暗访，全面落实中央八项规定精神、坚决反“四风”、防止党员领导干部违规违纪，敲响警钟。2022 年，完成结案 1 件，收到上级交办信访件 5 件，自收件 2 件，全部办结。加强微信群的巡群工作，对服务监督微信群的运转、回复等工作开展督察 10 余次，发布相关政策信息12500余次，解决群众反映的诉求和大小问题100余个。

【医疗卫生】 2022年，月塘街道成立月塘地区新冠疫情防控工作战时指挥部，分格分级将整个月塘街道划分为59个工作网格，全区抽调807名干部进驻网格，逐项落实防疫措施。年内，月塘街道出生人口122人，新增特别扶助3人，农村奖励扶助16人，计生特扶人员家庭医生签约率100%。孕前优生检查60人，完成比率100%；“两癌”筛查300人，完成比率100%；献血完成210人，完成率100%。

【安全生产】 2022年，月塘街道安全形势总体平稳，全年安全生产零事故。结合全省“多合一”场所消防安全整治和自建房消防安全整治行动，2022年3月起，由月塘街道和市场服务中心牵头，区直相关职能部门协助，针对合泰、富家垅片区1800余家经营场所持续开展消防安全专项整治行动，排查服饰加工厂916家，门店960家，整改隐患833处，查封加工厂65家，打通楼道消防通道233处、“生命通道”80余处，对辖区内各大餐饮门店进行燃气安全排查，排查门店376家，整改安全隐患48处。组织安全知识培训12次、应急演练2次。

【基层治理】 2022年，月塘街道以基层治理体系和治理能力建设为重点，以小区为单位，建设小区党支部33个，获评全市“五星小区”党支部1个，“四星小区”党支部3个，“三星小区”党支部11个。建成小区党群服务站12个，选派26名街道干部入驻小区工作队，持续为小区党支部赋能；选出楼栋长179位，5个示范点小区实现楼栋长全覆盖，确定“邻里互助、综合治理、环境卫生、文体娱乐”四大服务主题，精心策划的“红色原动力”项目成功入选全区第一批微项目；制定矛盾调解制度、协商议事制度，全面实行首日议事制，累计商议问题56个，解决问题21个。策划城乡帮困项目3个，分别是“情暖家园”关爱失独家庭项目、“花季护航”关爱青少年成长项目、“星火相传”助残项目，帮扶困难群众89户，共计106人。

【自建房安全排查】 2022年，月塘街道成立合泰、富家垅地区自建房安全专项整治领导小组，整合资源，成立专班，全面开展房屋安全隐患排查和整治工作。采取“线上+线下”广泛宣传引导，张贴公告1000余份，悬挂横幅300余条，组织各区域业主、房东等召开专场政策宣讲会13场，累计参会人数达900余人，形成强大的舆论氛围。联合城管、公安、市场监管等部门，集中力量针对重点区域、重点问题、重点人群进行集中攻坚，排查2289栋自建房，其中，经营性自建房1007栋，非经营性自建房1282栋。出具785份鉴定报告，其中，快速鉴定报告595份，正式报告190份，正式报告C、D级12份。并对C级报告房屋挂黄牌，D级报告房屋挂红牌来进行管控措施。清空搬离135栋加层经营性自建房屋，拆除170处违法建设和安全隐患，其中，拆除高空违建5处、拆除阻碍消防通道144处、拆除格子房21处。

【文明创建】 2022年，月塘街道成功完成街道省级文明单位重新申报工作。利用辖区300余处户外宣传栏、墙体广告、电子显示屏等多种形式宣传社会主义核心价值观，结合疫情防控做好政策宣讲工作，把疫情防控与推进文明创建紧密结合。充分利用街道辖区内新时代文明实践站（所）等活动场所积极开展中共十九大、二十大和十九届五中、六中全会精神进基层宣讲等主题活动，结合传统节日积极开展教育实践活动，开展活动50余次。深入推进

“学习强国”学习平台的推广使用。组织开展志愿服务活动，推行“社工+志愿者”服务模式，依托城乡帮困项目，通过上户探访、帮办代办、社会融入等模式，针对辖区留守儿童、失独家庭、残疾人等群体，定期组织开展各种形式的志愿服务活动，为辖区困难家庭提供不同程度的帮扶。

【劳动保障】 2022年，月塘街道新增就业1070人，失业再就业484人，就业困难人员再就业163人，新增农村劳动力转移就业19人，均完成或超额完成全年计划，失业率控制在2.6%以下。对辖区高校实名登记毕业生开展回访，离校未就业高校毕业生实名登记率、跟踪回访率、就业服务率均达到100%，零就业家庭动态援助100%。3月11日，月塘街道举办“关爱女性”专场招聘会，有50家企业参加，提供岗位约200个；求职者多达800余人，招聘当天初步达成求职意向人数280人，建立实训基地开展各项技能培训班，推荐68人参加培训。

【社会救助】 2022年，月塘街道有城镇低保户263户（其中特困23户、23人），共318人，农村低保7户，共14人。累计发放城镇低保金222.16万元，农村低保金8.39万元；发放特困人员护理费9.03万元，发放临时救助金额0.75万元，救助4人。

【政务服务】 2022年，月塘街道及各社区总计受理政务服务事项7119件，承诺件2153件、即办件4966件。办理事项数量前六名分别为企业退休人员领取养老金资格认证（普通人群）2709件、居住证办理710件、城镇居民基本医疗保险集中参保426件、就业困难人员社会保险补贴申领406件、个体工商户的设立登记审批366件、高龄津贴发放（80~89岁）268件。

【城市管理】 2022年，加强农贸市场周边整治，对辖区7个农贸市场开展15次专项整治行动，劝导出店门店2100余家，整治游商摊贩近8000个。针对富家垅、合泰地区服装加工厂生产旺季产生的大量废弃尾料，月塘街道办事处与荷塘区环卫中心联合处置，联系第三方公司对服装加工厂废弃尾料进行专业回收。处置城管问题线索5万余条。保持违章建筑零增长，拆除违章建筑面积约32678.8平方米。

【综治维稳】 2022年，月塘街道深入推进平安荷塘、法治荷塘建设，调处民间纠纷141余宗，组织综治维稳执法活动2次。（颜钰霞）

茨菇塘街道

【概况】 株洲市荷塘区茨菇塘街道办事处（以下简称茨菇塘街道）成立于1969年9月，辖区东起红旗中路，西至京广线，南至新华西路，北临白石港，地处荷塘区西南部，东与金山街道相邻，东南、东北分别与月塘街道、桂花街道接壤，西南临铁路京广线，与芦淞区贺家土街道为邻，西北濒白石港，与石峰区响石岭街道隔水相望，面积约6.8平方公里。地处株洲市区中心城区，经济繁荣，内有株洲硬质合金集团有限公司（601）、长江硬质合金有限公司、正拓标氢等大型企业，有中南地区最大的国家级汽车专业市场株洲（国家）汽车城；另有小学4所、初中 2所、高中1所。所辖13个社区居委会，居民78150人，32829户。

2022年，茨菇塘街道“楼栋长来当家”项目被省里评为全省15个“基层治理先进实验项目”，被市里评为三高四新 “十大改革创新项目”等多项荣誉；精心打磨全省党建观摩点钻石新村党群服务中心，得到省司法厅、市委组织部等领导高度评价；

打造“姗姗姐红管家”等6个基层治理大创意项目；获评株洲市“平安街道”荣誉。

【党的建设】 2022年，茨菇塘街道有80个党组织，其中党工委1个，党委6个，党总支5个，党支部68个（含两新党支部12个），社区“两委”成员共计87人，共有党员3642人。街道认真做好党员教育工作，坚持把学习贯彻习近平新时代中国特色社会主义思想作为首要政治任务，抓好党员日常教育和经常性教育，以中共二十大为契机，年内开展党员教育培训3642人次，做到党员教育全覆盖。坚持质量优先，注重从疫情防控一线、重点项目建设、街道中心工作中选择表现优秀的入党积极分子发展为党员。全年吸收14名预备党员，有12名发展对象待发展。召开“七一”表彰大会，表彰先进基层党组织6个、优秀党务工作者18名和优秀中共党员50名；颁发“光荣在党50年”纪念章共计58人。规范国企社会化移交党员管理，办理组织关系转接188人次。

2022年7月1日，茨菇塘街道召开“七一”表彰会议

【经济工作】 2022年，茨菇塘街道辖区有2001家法人企业，规上企业71家，其中工业企业7家、房地产建筑业企业18家、商贸业企业28家、服务业企业20家，门店2600余家。大力推进“市场主体培育年”工作，完成辖区新增企业358家；个体工商户992家。面对新冠疫情，街道将防疫物资送上门，助力企业复工复产。对辖区企业进行“大走访”，更新招商资源信息库，实现招商资源动态管理。支持辖区企业做大做强，已实现5家企业从小微企业规范升级为规模以上企业。

【项目建设】 2022年，茨菇塘街道突出项目建设，加快经济发展。稳步推进新塘西路集体项目和铁东路集体项目第一批征拆后续扫尾工作，完成铁东路集体项目第二批5户居民和国有项目非涉铁部分3家单位的签约、腾房，推动上月塘社区爱民单身公寓等征拆工作。积极服务企业发展，完成麻园社区鹅颈洲变电站道路整修项目3户的签约和拆除工作。大力推进荷叶塘社区公交小区等10个老旧小区改造，加快推进城市更新；围绕改善和提升汽车城市场形象、营造良好的生产经营环境，积极对接相关职能部门，实施汽车城片区环境综合整治。

【基层治理】 2022年，茨菇塘街道围绕区委“争当基层治理先行区”的发展战略，创新基层治理，增进民生福祉。把走群众路线作为街道基本工作方法论，落实“五个到户”（党员联系到户、民情走访到户、政策落实到户、产业对接到户、精准服务到户），践行“四方议事”（由小区党支部牵头，组织居民代表或楼栋长、业委会、物业公司四方集体商议小区里的操心事、烦心事、揪心事以及无人管的事），解决各类民生实事300多件，引导居民群众开展志愿服务、幸福邻里等系列主题行动，逐步实现居民自己的事情自己办、自己的幸福自己管。基层治理大创意项目首批通过6个，为全区最多。“海选”660名楼栋长，深入实施“楼栋长来当家”，通过楼栋长服务楼栋，充分激发红色“栋”能、汇聚各方动能，画出小区治理“同心圆”，工作成效显著，经验做法在《株洲工作》上发表，被株洲市深改委评选为“2022年度十大改革创新案例”，被新湖南等媒体多次宣传推介，被省民政厅评为全省基层治理创新案例。

【综治维稳】 2022年，茨菇塘街道创新“周一矛调日”多元矛盾化解工作机制，全年办理网上来信、投诉、来访共72件，办结率100%，满意度95.8%。接待来访居民100多余次。成功调处3件重大事件，召开各类矛盾纠纷协调会30余次。开展2022年政法委的四项专项行动（反诈、“三非”外国人、养老防诈骗、未成年人保护）。积极引导居民安装反诈App，共引导13000居民安装反诈App，大大降低电信诈骗事件及金额。街道认真做好未成年人保护工作，在辖区醒目位置张贴未成年人保护法海报50份；联合区城管局、市场管理监督局对辖区中小学开展6次专项行动；联合区法院在启明小学开展未成年人保护法讲座。摸排排查婚恋矛盾16起，化解15起。发动楼栋长、志愿者、网格员、区级联点干部等700多人，上户走访24446户居民。同时，做好扫黑除恶常态化管理，日常宣传与排查，发现可疑苗头立即上报，全年辖区未发现涉黑涉恶事件。强化禁毒基础工作，辖区社区戒毒（康复）人员帮扶率达到100%。加强法治宣传，提高辖区居民的法治意识，全年开展综治大型宣传活动共计10余次。

【环境保护】 2022年，茨菇塘街道重点打击非法排污乱象，开展联合执法4次，关停取缔1家废品回收站，整治油烟污染严重类餐饮单位3家,扣押2家违规作业油漆作坊设备2台，对天鹅别墅区、天鹅佳苑停车场前坪省“回头看”重点地段进行再清理、再整治。同时加大日常巡查监管力度，协同社区网格员对重点线路、重点污染企业、重点拆迁区域落实常态化巡查工作，累计整治焚烧现象18处。

【城市管理】 2022年，茨菇塘街道建立城管工作网格化管理制度，大力净化城市环境，对辖区重点部位和重点领域进行拉网式卫生清查，消灭卫生死角，净化城市环境。大力整治占道停车等各类乱象，优化城市秩序。共组织500余人次对辖区范围内的卫生死角和上级交办进行处理。制作违法建设法律知识宣传板报4幅，横幅30余条，张贴“株洲市人民政府关于开展全市自建房拆违保安行动的通告”400余张。运用各种宣传方式，给人民群众宣讲政策。街道城市管理工作成绩显著，在全区城管工作获得2个第一名、3个第二名、1个第三名。

【安全生产】 2022年，茨菇塘街道主要领导带头落实安全生产工作职责，深入一线开展各类安全隐患排查，共排查出各类安全隐患问题644起。对检查中发现安全生产违法违规行为下发“安全生产重大隐患交办单”267份，整改率为100%；完成“多合一”场所自查自纠整治391家。在辖区张贴和悬挂安全生产宣传标语200余条，发放各类安全生产常识宣传单8000余份，制作安全生产宣传展板600余块，安全生产宣传条幅74余条。增强居民群众的安全法制观念及安全意识。

【医疗卫生】 2022年，茨菇塘街道办理一孩证90本、二孩证62本、三孩证2本；免费孕前优生健康检查已完成20对；独生子女保健费享受人数104人，落实率为100%；计划生育特别扶助家庭新增14人，共计193人，扶助准确率达100%；城镇独生子女父母奖励办理513人，准确率100%；“两癌”筛查工作完成107人；义务献血完成139人，完成率66.19%；公共卫生管理，家庭医生签约完成193人。完善药具管理制度，严格实行专人负责，按批号管理，确保药具发放渠道畅通，并定期培训社区计生服务员的药具知识，做到账、表、册相符。截至12月，使用药具人数 2517人，累计发放避孕套6万余只，壬苯醇醚凝胶25余盒，壬苯醇醚膜34余本，药具发放率达100%，群众对药具的知情率、服务满意度达99%，未发生药具不良反应。开展春秋两季除“四害”活动，发放除“四害”药物350千克。2022年，茨菇塘街道共计发放防疫宣传资料5000余份。完成电话摸排13000余名，共录入系统管控7057人，其中集中隔离342人，居家隔离243人，居家健康监测3767人，一般漫入三天两检2705人。街道疫情防控工作取得阶段性胜利，辖区群众及外来人员未出现一例疑似或确诊病例，成功实现“零感染、零确诊”目标。年度累计完成全员核酸检测892749人次，对16名确诊病例做到应收尽收，5个高风险地区、2个中风险地区全部降为低风险地区，连续21天社会面无新增病例，做法被“新湖南”、红网、《株洲日报》刊登。接种60岁以上人员11067人，已接种第一针人员10475人，接种完成率为94.65%。

【劳动保障】 2022年，茨菇塘街道开展城镇就业技能培训200人次,扶持100人成功创业，创业带动就业168人。新增注册求职人员1716人，帮助111家企业招聘350人。充分利用荷塘区信息化服务平台，对供需双方进行系统化摸排分析后，对求职人员和用工单位进行精准化的高效匹配，共计匹配成功212人。

【城乡帮困】 2022年，茨菇塘街道精准实施城乡帮困，坚持以人民为中心的发展思想，聚焦解决群众“急难愁盼”问题，积极落实“党委政府引导、社会各界参与、项目化运作、小团队实施”的城乡长效帮困体系，在2021年帮困项目的基础上，对现有项目进行优化融合，服务提质升级。区级项目2个，街道项目3个。其中，社工机构承接项目4个，志愿者团队承接项目1个，总投入46.73万元资金，帮扶个案达253人。按照“五有”标准建成新时代文明实践所1个，新时代文明实践站13个。

【民生保障】 2022年，茨菇塘街道为288名残疾人发放困难残疾人生活补贴，共计231600元，为407 名残疾人发放重度残疾人护理补贴，共计409700元。配合蒲公英助残社会工作服务中心做好31户上门摸底工作，开展辖区内1074名残疾人进行残疾人专项调查，解决残疾人就业、服务、康复等需求，再次通知所有到期目测人员到指定医院进行评残，到期人员换发新证工作，并积极配合区残联要求、对持证残疾人换发第三代残疾证。落实残疾人大学生、高中生及贫困残疾人家庭子女就学资助政策20余名，困难残疾人家庭无障碍改造项目24户。持续落实孤儿、事实无人抚养等困境儿童的保障政策。年底共有5名事实无人抚养儿童，1名孤儿，每月按时按规定公示，并将补贴发放到位。破除丧葬陋习，引导文明丧葬。持续加强引导居民文明治丧、节俭治丧，减轻群众治丧负担，共办理惠民礼葬补贴项目49人。

【便民服务】 2022年，茨菇塘街道稳步推进政务服务“一件事一次办”工作，街道及各社区便民服务中心总办件量9656件，没有发生一起超时办结情况，群众满意率100%。 （刘志刚）

宋家桥街道

【概况】 株洲市荷塘区宋家桥街道办事处（以下简称宋家桥街道）成立于2005年，为荷塘区人民政府派出机关。地处荷塘区中西部，辖区东邻仙庾镇，南毗金山街道，西南接桂花街道，西北界石峰区龙头铺街道，北与明照街道相连。面积12.1平方千米，总户数14722户，总人口31143人，其中城镇人口23164人，农村人口7979人。下辖四三零、月桂、芙蓉3个社区和宋家桥、天台、龙洲3个行政村，属典型城郊型街道。经济产业结构以第二产业为主，以中车株洲车辆有限公司为主的铁路装备工业产业优势明显。

2022年，获评湖南省“百佳乡镇（街道）”、湖南省“统计基层联系点建设工作省级优秀单位”、株洲市“信访工作示范乡镇（街道）”、株洲市“文明建设先进单位”、株洲市“乡村治理示范村镇推荐认定单位”、株洲市“科普中国信息传播优秀组织单位”、株洲市“林长制工作先进单位”、荷塘区“统战工作先进单位”、荷塘区“污染防治攻坚战考核优秀单位”、荷塘区“宣传思想工作先进单位”、荷塘区“文化工作先进单位”。

【党的建设】 2022年，宋家桥街道党工委创新推动党建高质量发展。注重党员队伍建设，新吸收5名预备党员，新发展4名入党积极分子，充实党员队伍后备力量；开展整建提质专项行动，采取“一全面四实行”（即：全面开展摸排、实行挂图作战、挂点指导、挂牌督办、常整顿）的方式梳理组织运行存在的问题，抓实整改推进基层党组织全面提升；抓好党务工作有关问题清查整治，对照党务工作清单逐一排查并立行整改；开展“两新”党组织组建攻坚行动，新建8个“两新”党组织，覆盖辖区22家企业单位，圆满完成“两新”党组织覆盖组建工作；定期组织开展主题党日学习、研讨交流20余次。进一步打造示范党支部，以小区党建推进小区治理为抓手，芙蓉社区岭秀天下小区党支部、月桂社区月桂小区党支部被评定为“荷塘区三星级小区党支部”。进一步激励榜样力量，召开庆“七一”暨基层治理表彰大会，对42名优秀共产党员、18名优秀党务工作者以及8个先进基层党组织予以表彰。

【党风廉政建设】 2022年，宋家桥街道党工委和纪工委落实党风廉政建设主体责任，全面落实“一岗双责”（“一岗”指一个领导干部的职务所对应的岗位；“双责”指一个领导干部既要对所在岗位应当承担的具体业务工作负责，又要对所在岗位应当承担的党风廉政建设责任制负责）要求，出台《中共株洲市荷塘区宋家桥街道工作委员会关于印发〈2022年党风廉政建设主体责任分工的通知〉》，切实提高履行主体责任的主动性。着力解决领导干部违规收送红包礼金的不正之风，召开“深化整治领导干部违规收送红包礼金问题”专题党组织会议，做到专题学习、公开承诺、自查自纠三个“人员全覆盖”。开展纠治“四风”常态化监督检查工作和自建房安全专项整治及“百日攻坚”行动专项监督等专项整治活动，压紧压实属地管理责任和监管责任，完善长效管控机制和措施，从源头消除隐患，切实保障人民群众生命财产安全。2022年，开展作风督查共45次，灵活运用“四种形态”，对各类问题做出恰当处理，把红脸出汗作为加强干部监督管理的经常性手段，共立案2起，已结案2起，开除党籍1人，党内严重警告1人。

【基层治理】 2022年，宋家桥街道坚持党建引领，持续以1+N模式开展党员干部服务群众“五个到户”

行动，发挥党员在基层治理中的“领头雁”作用，同时抓住国有企业社会化移交的契机，新建15个小区党支部，接收1098名退休党员，有效实现“应建尽建”和“两个覆盖”。一是巩固红色阵地，提升基层群众组织力。街道以抓党建促基层治理能力提升专项行动为依托，广泛寻找阵地、盘活资源，创新建造“红色长廊”、打造“红色驿站”、建立“党员之家”，打造全市“五星级小区党支部”铁四院小区、“四星级小区党支部”东风村小区。二是打造红色网格，创新治理工作模式。整合物业、业委会、楼栋长、党员各方力量，打造“党支部—网格—楼栋—志愿者团队”红色网格机制，充分发挥党员、志愿者的先锋模范作用，下沉到每个楼栋、单元，协助调处邻里纠纷。通过优化治理单元、下沉服务重心、汇聚多元力量等形式，引导小区党员、小区骨干力量以及400余名志愿者带领小区居民参与小区建设，推进形成共建共治共享的基层社会治理格局。街道深入开展小区“大走访”，开展3轮“敲门”行动，完成走访9000余户居民，基本实现全覆盖，收集解决小区物业管理、垃圾清理、乱停乱放等问题52条，已解决39个，持续夯实基层治理根基。三是培育红色基因，健全长效管理机制。将预备党员、入党积极分子、矛盾调解员、普法宣传员、楼栋长、骨干志愿者、自治组织成员、热心群众发展为主体组建志愿服务队伍，充实红色力量。500余名骨干志愿者通过“在荷塘”App线上平台完成注册，通过志愿服务平台进行统一管理。街道下派29名机关干部参与驻小区工作，有效推进基层治理，助力推动“老书记工作室”“童心朝阳”“月圆驿站”等微项目落地，加紧完善各项制度，小区议事机制、矛盾纠纷调解机制为小区矛盾纠纷解决提供制度支持；弘扬文明新风机制、居民公约，推进小区文明新风尚的形成；“传帮带”机制增强小区党支部后备干部的培养力量。

【宣传工作】 2022年，宋家桥街道党工委认真学习贯彻《意识形态工作责任制实施细则》，落实“一岗双责”的要求，召开党工委会议研究宣传工作4次，并把宣传工作同党建、征拆、纪检等工作同安排同部署，纳入干部年终绩效考核内容。年内，街道组织学习20余次，观看教育片5次，上党课30余堂，充分发挥“学习强国”学习平台、“在荷塘”“三会一课”（定期召开支部党员大会、支部委员会、党小组会；按时上好党课）等载体作用，用党的最新理论成果武装头脑。严格落实“三会一课”“民主生活会”“主题党日”等制度，每月定期开展主题党日学习活动，组织领导干部上党课3次。结合网上群众路线、就业招聘会、节日文体活动等，通过微信群、宣传横幅、易拉宝等多形式多渠道引导居民关注“在荷塘”公众号、“荷塘青春志”抖音号，全年报送宣传信息共60余篇；在红网时刻、“新湖南”、《湖南日报》、《株洲日报》、株洲新闻网等省市主流媒体上稿97篇；向“在荷塘”供稿5篇，其中3篇被采用，视频素材上稿10余篇。

【经济工作】 2022年，宋家桥街道全力开展市场主体培育年活动，走访企业96家，解决企业急难愁盼问题11个，街道全年新增完成法人企业注册365家，完成个体户注册1271家，完成8家“四上”企业的申报。在征地拆迁方面，有力助推天台集体土地31.6公顷、68户70栋房屋总面积33578平方米的拆迁工作迅速攻坚。

【民生工作】 2022年，宋家桥街道始终把民生事业作为工作落脚点。在养老服务方面，切实从老年人最期盼、最迫切的需求入手，以“社区和居家养老、医养结合型养老、嵌入式养老”等多种养老模式形成互补，构建养老新格局。已建成社区日间照料居家养老服务中心 2 个（月桂社区日间照料中心、四三〇社区日间照料中心），医养结合养护院 3 个（海福祥养老护理院、瑞康养老护理院、阳光康养养老护理院），共有养老床位 1900 多张。四三〇社区建立社区“幸福老年餐厅”，采取“集中供餐为主，上门送餐为辅、睦邻互助为补充”的运作模式，让更多老年人不出小区就能解决吃饭难题。完成高龄老人生活补贴 984 人。在就业服务方面，全面贯彻落实就业稳岗政策，持续开展“线上+线下”全方位精准就业服务活动，以“311”系统为载体，为求职者和用人单位搭建良好供需平台。全年为 55 名下岗失业人员办理就业失业登记证，为 50 人进行就业困难人员认定；新增城镇就业 1227 人，失业人员再就业 121 人，就业困难对象再就业 81 人，农村劳动力转移就业 3974 人（含省外就业），零就业家庭动态援助达到 100%；着力排查拖欠民工工资隐患，协助区劳动监察大队成功调处阳光康养劳资纠纷，并督促开发商将 58 位民工工资 76.6 万元支付到位。在社会保障方面，累计为 43 人办理灵活就业人员职工医疗保险优惠，为 119 人办理灵活就业人员职工养老保险优惠；积极开展最低生活保障和医疗救助工作，向辖区内 242 位低保对象发放低保金 1460005 元、18 位特困户发放特困供养金 149500 元、特困人员护理费 57468 元，为 15 位困难人员申请临时救助资金 21200 元；帮助 18 名困难人员办理公共租赁住房实物配租及补贴申请。成立帮办团，为行动不便的困难群众提供上门服务，开展养老金认证、临时救助等帮代办服务 322 次；针对移交的企业退休人员实施分类管理、定期关怀，共计接收 26 家企业退休人员 3300 余人。在志愿服务方面，成功培育本土志愿者 318 人，其中核心志愿者 80 余名，培育发展 7 支志愿者队伍和 2 个村志愿服务队，服务以学业辅导、增强自信、互助支持、情绪管理、节庆假日、隔代教育、志愿团队精神等为主题，开展关爱困境儿童、科普教育、中秋节为主题的活动共 3 场，组织 4 场志愿者培训。街道“康乃馨”“美乐爱觉”等项目在市、区获得一致好评，先后有 30 人被荷塘区评为公益服务之星，宋家桥微义工志愿服务中心荣获“株洲市最佳志愿服务组织”称号。

【征地拆迁】 2022 年，宋家桥街道积极推进“湖南先进硬质材料及工具产业园”和三一铁路专线等项目建设，每周召开 1~2 次工作调度会，研究解决征拆推进过程中的重点、难点问题，确保工作力度和实效。31.6 公顷、68 户征收任务在宋家桥街道范围，面临新老征收政策交替期，征收对象难以接受新政策补偿标准的情况下，街道班子团结一致、攻坚克难、逆势而上，3 个谈判工作组每周至少 2 次到户反复宣传，答疑解惑，并收集群众反映的困难、意见和建议，第一时间组织相关业务部门，对出现的问题进行分析研判。针对历史遗留问题，加强部门沟通联动和法律咨询，稳妥抓好矛盾化解。取得拆迁户的理解和支持，仅用 3 个月时间完成该项目 68 户民房的签约、倒房任务。

【安全生产】 2022 年，宋家桥街道面对极其严峻的安全生产形势及时分析研判，针对薄弱环节，研究制定完善 2022 年安全生产隐患排查治理工作方案，进一步夯实责任，把隐患排查治理贯穿始终。每季度就辖区内企业安全生产隐患、交通安全、老旧小区消防安全、建筑工地和燃气安全、学校幼儿园安全问题进行对接和开展联合执法。积极开展应急预案编制工作，聘请专家编制综合应急预案和森林防火、防汛抗旱专项应急预案。面对7月以来的极端高温干旱天气，街道主要领导带队到辖区重点行业、重点领域、重点区域开展安全生产和森林防火隐患排查，检查单位138家，督导问题59个，停业整顿企业2家，关闭取缔企业1家，有效确保街道安全生产形势持续稳定向好。稳定开展森林防火工作，积极推行林长制。制定森林防火预案，要求各村成立防火突击队，制作应急防火预案，安排护林员共计10人，加强日常巡逻。街道投入20万余元，购置扑救装备，并组织开展森林防火知识培训及演练活动，增强街道防火力量。年内，街道组织开展自建房隐患排查整治专项行动，组织精干力量，划分网格开展地毯式、拉网式摸排，对标对表，同步建立完善详实的摸排台账，对发现的问题分类、分层、分步施策，定期组织专题会议解决发现的具体问题。高效完成街道2307栋自建房系统录入工作，全年累计完成经营性自建房鉴定193户，排查出违建87处，面积31511平方米，已全部拆除。

【医疗卫生】 2022年，宋家桥街道严抓常态化疫情防控工作不松懈，做好各项防疫工作。加强卫生健康和计划生育整体服务，办理生育服务证共94本（其中一孩45本、二孩47本、三孩2本）；新增申报14周岁以内独生子女保健费3人，退出20人，合计服务85人；新增奖扶13人，合计服务88人；新增特扶5人，合计服务78人。采取“双岗联系人”管理制度对辖区特殊家庭进行帮扶慰问，在春节期间对特殊对象78人资金慰问36500元；对特扶生日对象77人资金慰问15400元；对住院特扶对象13人物资慰问1300元。组织开展无偿献血活动，已成功献血126人，开展以“促进家庭健康，弘扬婚育新风”为主题的系列宣传服务活动，成功申请计生特扶困难家庭、计生困难家庭和政策内三孩家庭共21户进行物资慰问。开展民生工程农村和城镇低保贫困适龄妇女“两癌”筛查，完成检查333人。开展免费孕前优生健康检查54人，开展产前筛查和叶酸增补项目，全年无出生缺陷儿发生。开展基本公卫服务，为辖区群众提供公卫服务指导2万余人次，开展爱卫健教活动，积极开展慢病综合防控与健康教育宣传，每季度更新健康教育宣传栏内容，倡导文明健康的生活方式。开展爱国卫生相关工作，开展春季防“四害”行动，有效控制病毒传播，积极创建无烟党政机关。

【乡村振兴】 2022年，宋家桥街道创新模式，广泛动员推动乡村振兴，开展村庄清洁行动，进行4余次全区和全街道性质的农村垃圾大清扫行动，开展乡风文明和具有本土特色志愿帮扶活动30余次；开展厕所革命，改造农户厕所73户。挖掘一支志愿者队伍，参与农村环境改善的各项工作中，树立典范，处理协调村里大小事20余件，将环境整治、乡风文明建设、基础设施建设、征地拆迁、村民福利等重点工作纳入常态化议事日程；通过制度建设和考评办法多措并举实现重点任务完成，全面激发村民自治热情，积极投入人居环境建设。始终树立粮食安全底线，率先在龙洲村由村集体经济组织牵头，进行粮食生产试点，成功种植双季稻共53.33公顷、一季稻23.33公顷，完成粮食生产既定目标。街道总计抛荒面积为9.11公顷，已完成抛荒治理任务7.87公顷。积极开展辖区脱贫质量回头看工作，按照一户一策的管理模式对辖区102户297名“五类对象”家庭登记造册，有针对性开展帮扶；加大投入，资金倾斜，除确保低保、“五保”等社会性基础保障之外，额外投入近30万元对五类对象家庭开展资金帮扶，实现全街道100%脱贫的目标；结合荷塘区“精准就业”服务决策要求，免费开展焊工、电工等技能培训，建立街道就业驿站，有针对性地设置村级公益性岗位，全年推荐辖区村民实现就业120余人，推动脱贫工作可持续性发展。全面推行河长制建设，投入10余万元对辖区水环境进行治理。积极推进农村集体产权制度改革，落实农村宅基地审批工作。根据政府职能调整，宅基地审批工作于2019年归口到农业线，已率先完成宅基地改建审批4户，办理建房许可证及规划许可证。扎实推进耕地恢复工作，按照田长制工作要求，成立专班领导小组，制定田长制工作方案，严格落实田长制工作。已完成3.2公顷田地整改任务。

【城市管理】 2022年，宋家桥街道全面开展辖区市容秩序和环境卫生综合整治行动，清理主次干道、农贸市场、建筑垃圾等800余吨。清洗主次道路、农贸市场油渍和渣土污染10000余平方米；在文明城市复检期间，每日组织应急队伍对戴家岭和430农贸市场墙面、地面、台面进行清洗。拆除小区违规搭建棚子、建筑物300余平方米；整治小区绿化带、花盆、泡沫箱违规种菜3000余平方米；清理"牛皮癣"2万余张；拆除高空广告牌100余块；清洗和喷涂高空油渍和广告污染2000余平方米；为缓解停车难问题，在430农贸市场、同心路、八达小区、机齿小区、天台安置小区、芙蓉社区前新增车辆和摩托车停车位600余个。为完善垃圾桶设施，街道投入2万余元，购买100个垃圾桶设施及垃圾分类标识，给小区和农贸市场新增和更换垃圾桶100余个，张贴垃圾分类标识300余张，清洗垃圾桶200余个；安排挖机清理征收范围以及新村一三组建筑垃圾1万余平方米，用防尘网覆盖建筑垃圾10000余平方米；拆除新华东路芙蓉冲一线废弃门面处存在较大安全隐患的破损广告架和墙面空调架150余平方米，并对废弃门面进行砌墙封闭，共封闭面积100余平方米。多次联合区城管大队、区交警大队开展整治行动，发放限期整改通知书10余份，组织街道综合行政执法队队员平均每日劝导农贸市场、学校周边出店和占道经营20余次，整治车辆违规停放20余辆。2022年，宋家桥街道城市管理工作荣获2次全区第一。

【武装工作】 2022年，宋家桥街道认真落实春、秋季征兵和兵役登记工作。对辖区大学生进行家庭走访、摸底统计数据信息，开展初审初检及政审工作。高标准完成民兵整组工作，对街道应急排人员进行合理调整，优先在党员、退役军人、专业对口和荷塘区户口中选人的编组方式，整编民兵应急排人员。重视基干民兵思想政治教育和军事训练，定期组织全员参与点验任务及队列训练；组织街道退役军人骨干开展精准帮扶评议会，根据日常各村（社区)反映和老兵来访的情况，对辖区生活困难的老兵落实帮扶工作，帮扶资金及物资合计约2万元。为辖区退役军人办理建档立卡及优待卡工作，接待退役军人及家属来访，认真倾听他们在生活上所遇到的问题和困难，将诉求记录备案，及时妥善处理。每月按照区退役军人事务局提供的优抚资金和发放要求，按时发放优抚资金，受理优抚对象的医疗救助申请材料。

（谢灵燕）

金山街道

【概况】 株洲市荷塘区金山街道办事处（以下简称金山街道）成立于2005年，位于新华东路以南、红旗南路以东、金山路以西，南接芦淞区白关镇。办事处驻太阳村雷塘组，下辖晏家湾、流芳、湘华、石宋路4个城市社区和太阳、新市、桐梓坪、金钩山4个行政村，辖区常住人口4万余人。2022年，金山街道荣获“湖南省最美潇湘文化阵地”“株洲市爱国拥军模范单位”“株洲市基层人民武装部全面建设星级达标考核五星单位”“株洲市十强十快乡镇（街道）固定资产投资单项考核突出奖”“株洲市护航‘二十大’特护期安保信访维稳工作先进单位”“株洲市垃圾分类先进街道办事处”等荣誉称号。

【党的建设】 2022年，金山街道严格落实“第一议题”学习制度，第一时间部署开展学习贯彻党的二十大精神，结合“干部能力提升年”相关要求，开展青年干部座谈会、干部上挂下派交流等活动。党工委共开展理论中心组学习12次，第一议题学习近20次，党工委会议专题研究部署基层党建工作，确保思维层次、政治站位再上台阶。2022年，共发展预备党员5名，党员转正15名。截至2022年12月，已组建小区党支部32个，建成小区党群服务站20个，选派35名街道干部驻小区助力基层治理；在疫情防控工作中，科学绘制网格图，划分责任片区，充分发挥网格内党员、干部、志愿者等多方力量，坚决打赢疫情防控保卫战。完善基层治理，健全社区党组织体系，晏家湾社区湘运小区采取交叉任职方法，充分调动党小组、小区楼栋长积极性，各项工作顺利推进。

【党风廉政建设】 2022年，金山街道按照省、市、区纪委工作要求，开展各项督查检查共计100余次，发放督查通报17次；疫情防控期间，对1名党员进行谈话提醒，对1名工作人员进行通报批评；规范小微权力运行，推进小微权力清单和微信巡群制度，通过湖南监督服务微信群平台收到群众投诉28件，办结28件，各村（社区）村务公开、“三资”管理等公开总数293件，利用“幸福株洲”监督并开展微信群政策解答、诉求回应3000余起，打通监督“最后一公里”；宣传廉政文件精神，派发宣传单1000余本，悬挂宣传横幅10余条，制作宣传专栏9个，形成浓厚的党风廉政建设宣传氛围。

【经济建设】 2022年，金山街道规模工业增加值13亿元，同比增长9%；固定资产投资额完成97.5亿元，同比下降10.1%；社会消费品零售额完成14亿元，同比增长2.3%；规上服务业营业收入10.78亿元，同比下降19.1%；辖区规模以上单位共66家，其中工业企业6家、服务业企业25家、商贸业企业21家、资质以内建筑业企业7家，资质以内房地产企业7家；完成“四上”企业申报9家。组织各社区、村开展一系列打击整治非法金融活动，未发现有涉及非法金融的企业、组织和个人。2022年，金山街道完成征地3.8公顷，K1K2项目完成所有房屋签约、倒房、付款工作，新文化路项目集体签约2栋，国有签约2栋，签约面积近5000平方米；接待、协调处理园区污水干管施工、映日路、金钩山路施工等项目问题及项目人员上访纠纷等60余起。

【安全生产】 2022年，金山街道以“5·12”防灾减灾、安全生产宣传月、森林防火宣传月等为重点，组织开展多种形式的宣传教育，发放安全生产、消防安全、防震减灾等宣传教育资料1600余份，悬挂各类安全警示横幅50余条；成立应急专班，按要求进行排班值守，遇突发事件第一时间赶到现场处理；对辖区老旧小区进行消防安全隐患排查，在小区物业、小区公示栏、楼栋及居民微信群转发消防安全提示信和安全燃放烟花爆竹倡议书；组织街道干部、辖区物业公司负责人、企业负责人等参加消防安全学习讲座，学习灭火应急演练等知识；对辖区内非法经营烟花爆竹情况展开联合执法行动，处罚、警告非法经营门店30余家，并对非法销售的烟花爆竹进行销毁处置。针对长沙“4·29”特大居民自建房垮塌事件，根据区政府统一安排部署开展自建房安全专项整治暨拆违保安“百日攻坚”行动，共普查自建房2412栋，排查2265栋，3天完成429栋的抽查工作，9天完成1671栋的复查工作，不到1个月的时间完成重点区域有结构性安全隐患62栋自建房的安全鉴定工作，对190余栋初判有安全隐患的自建房积极采取管理措施，对发现存在安全隐患的房屋立即采取处置行动，对鉴定为D级的自建房厉行拆除，排除安全隐患，展现金山效率；全年组织拆除行动六次，累计拆除44处，拆除面积11120.5平方米；录入违法建设排查系统386户，共计237492.96平方米。

【基层治理】 2022年，金山街道接到各类信访件53件，做到及时回复，受理各类纠纷152件，调解成功149件；大力推进禁毒工作，完成吸毒人员帮扶工作；有序推进网格化工作，每日进行巡查，精准拔除安全隐患，全年共采集上报隐患事件36件，整治36件，整治率100%，现场纠正41宗，现场纠正率100%；加大平安建设工作宣传力度，开展集中宣传7次，张贴通告500余份，悬挂横幅110余条，制作展板、广告牌、宣传橱窗等30余块，走访企事业单位、家庭750余户，发放宣传资料2万余份。

【城市管理】 2022年，金山街道在辖区内深入开展包括垃圾分类、蓝天保卫战、建宁港水体治理、“散、乱、污”企业整治，效果明显。关停、搬迁各种作坊10余家，养殖户退养8家，巡查处置露天焚烧行为100余次，拘留2人，现场训诫15人，整改黑臭水体8处；垃圾清运做到日产日清，清理卫生死角和屋顶垃圾800余次，处理杂物1000余车，动用挖机、铲车处理建筑垃圾60次，城市和农村人居环境卫生大为改观。

【乡村振兴】 2022年，金山街道持续改善农业种植条件，确保粮食安全，完成双季稻种植12.07公顷、一季稻156.47公顷，旱粮63.33公顷，治理抛荒15.14公顷；发放耕地地力保护补贴、种粮农民一次性补贴、稻谷种植补贴等惠农资金37.9万余元；在全面推行河长制工作进入常态化管理同时，全面建立以街道、村（社区）两级河长为主要内容的河长制组织体系，各级河长开展巡河300余次，发现问题10余处，并及时督办整改到位；防返贫工作排查农户129户387人，其中边缘易致贫监测对象9户29人已全部解除致贫风险。

【民生实事】 2022年，金山街道对辖区内123户、133名帮困对象进行精准、重点帮扶，开展3个街道级项目：“爱在行动”圆梦贫困病友服务项目、“雨润青苗”关爱贫困单亲学子服务项目以及“阳光伴晚”关爱空巢独居老人志愿服务项目；2个区级项目：“向阳计划”社区精神康复项目和“暖心家园”关爱失独家庭项目。按照“三榜工作法”（精准识别榜、精准施策榜、精准退出榜）的要求，坚持“一户一档，一人一策”的工作原则，完成133名服务对象的建档，共计走访1596人次，根据对象的不同需求，开展精准帮扶、定档施策，开展大中小型团体活动34场，共链接资源价值106700元；共招募志愿者465人，根据地域划分组建14支志愿者队伍并在“荷塘志愿”平台进行注册，开展志愿者培训3场，提升志愿者的服务能力，在基层治理、城乡帮困、疫情防控等工作中发挥重要作用，获省、市、区级媒体报道十余次，湘华社区荣获“2022年度株洲市最美志愿服务社区”称号。“一件事一次办”政务服务中心共受理业务5834件，法定期限办结率100%。便民公开电话受理中心群众来电、来信办结率100%。

2022年6月14日，金山街道举办志愿者培训

【劳动保障】 2022年，金山街道新增低保16人，减少86人，现有低保372人，特困14人，累计发放低保特困金2571559元，发放各项补贴304645.52元，临时救助辖区困难群众32人49200元，给困难群众发放棉衣等39套，发放慰问金16000元，追缴违规领取低保资金4068元；街道现有80岁以上高龄老人748人，全年发放高龄补贴458200元，发放3名事实无人抚养儿童生活补贴17647元；为17位老人提供居家养老服务约5万元，为8位老人发放基本养老服务补贴1920元，为22位特殊困难老人进行家庭适老化改造；推行殡葬改革，宣传丧事从简、文明悼念，惠民礼葬和各种安葬奖励补贴减免15人；街道有残疾人592人，困难残疾和重度残疾279人，累计发放“两项补贴”428800元，发放辅助器具13件，走访慰问残疾人13人，入户信息采集调查603人，农村户籍残疾人返贫致贫风险排查259人，开展残疾人职业技能培训，提高残疾人就业能力水平，为17名残疾人开展居家托养服务，更换第三代残疾证280张，为1名贫困家庭大学生申请“金秋助学”，为4人申请残疾人大学生和贫困残疾人家庭大学生资助，为2人申请高中阶段残疾学生和贫困残疾人家庭子女资助，顺利完成街道第三届残疾人联合代表大会换届选举工作。

【卫健工作】 2022年，金山街道共出生106人，其中男孩62人，女孩44人，人口出生比2021年有所下降，办理一、二、三孩生育服务登记证120本，处理各村、社区上报的村直报323条；街道在册有计划生育家庭特别扶助对象66人，0~14岁独生子女保健费发放160人，新增4人；城镇独生子女父母奖励扶助共计3282人；围绕计划生育家庭特别扶助“三个全覆盖”（即：对计划生育家庭的联系人制度、就医“绿色通道”以及家庭医生签约服务全覆盖）来开展工作，对辖区66名特扶对象进行生日、节日等慰问145次；全面推进优质服务，引导符合生育条件的育龄妇女优生优育，完成18对免费孕前优生检查，为5位超龄妇女出具取出宫内节育器证明；组织辖区300名居民参加“两癌筛查”，完成率100%；积极开展无偿献血工作，组织无偿献血活动2次，参与献血人员181人，成功献血95人，献血量36000毫升；精心组织辖区居民进行新冠疫苗接种，构建免疫防线，共计组织接种疫苗13607剂/次。

【人民武装】 2022年，金山街道武装部完成征兵动员、民兵整组、兵役登记、民兵思想政治教育、民兵点验活动等武装工作任务，作为区人武部首推“五星”单位迎接市军分区星级等级评定检查，成功达标；在春节和“八一”之际开展走访慰问，对辖区优抚对象、抗美援越及对越自卫反击在企业退休人员、困难复转军人、义务兵现役军人家庭、退役军人等进行慰问，发放“两节”慰问金10万余元，帮助优抚对象医疗报销34人次，成功处理上访事件3起；积极组织辖区退役老兵开展参观红色画展党建活动、庆祝中国共产党成立101周年座谈会、庆“八一”建军节座谈会、“学党史 当先锋——我为群众办实事解难题”暨“关爱退役军人光明行动”——公益眼健康体检活动等系列活动，增强退役军人的归属感和集体荣誉感；完成优待证建档立卡及优待证申请办理。

（凌 榔）

桂花街道

【概况】 株洲市荷塘区桂花街道办事处（以下简称桂花街道）地处荷塘区西南部，东与宋家桥街道为邻，东南、南与金山街道、月塘街道相接，西南与茨菇塘街道毗邻，西北、北与仙庾镇相连。桂花街道下辖西子、新荷、赵家冲、向阳、阳光里、龙湾6个社区及新桂、戴家岭2个行政村，土地面积10.8平方公里。根据2020年第七次人口普查，街道常住人口7.8万人。

2022年，桂花街道获评“株洲市文明单位”“株洲市信访工作示范乡镇（街道）”“株洲市城市管理工作先进街道办事处”“市级标兵财政所称号”“市级财源建设工作先进乡镇”等多项荣誉称号。

【党的建设】 2022年，桂花街道党工委下辖4个社区党委、2个社区党总支、1个社区党支部、1个村党总支、1个机关支部、1个机关离退休支部、7个非公党支部、68个村社区二级党支部、78个党小组，辖区直管党员1393名。恒大林溪郡在全市率先保交楼，建成68个小区党支部。御景龙湾等8个小区纳入全区小区党建示范点建设，新增17家两新党组织，7个小区党群服务站，在小区有活动阵地的小区党支部达到34个。新增2个市五星级小区党支部，占全区的三分之二。成功推选1个市示范离退休干部党支部、2名市级优秀小区党支部书记、1名市最美老干部。全年新发展党员6名。落实村（居）民代表联户工作，辖区38个网格片区、122个村（居）民小组、964名村居民代表，覆盖所有无物业小区、散户组及门面。成功举办“文明创建我来了 幸福株洲我来建”全市主会场活动。新桂都小区、东部美的城小区被评为全市红色物业示范项目，成为全区仅此获评的2个小区。在全区率先开展业主委员会主任述职，推进物管工作提质。新桂都小区入选全国市域社会治理现代化试点创新案例。城市党建工作接受团中央、省委组织部、省妇联观摩与指导。组织开展干部演说能力大赛、青年读书分享会、优秀站办所评比等系列活动，提高干部精气神，力促比学赶超。积极发挥新闻媒体宣传导向作用，扎实开展理论宣讲活动20余场，深入开展道德模范，湖南好人等先进典型活动，1人被评为2022年度湖南好人，累计在红网、“新湖南”“今日头条”等媒体发布新闻报道及短视频92个，在荷塘区政府门户网发布信息55篇，在“在荷塘”公众号及视频号发布内容资讯10余条。

【经济建设】 2022年，桂花街道累计贡献税收1.28亿元，在全区乡镇（街道）中排名第一，积极落实“市场主体培育年”主体责任，培育新增注册企业460家、个体工商户1037户，财源建设引进企业105家，百分百完成增资引项任务54万元；紧紧围绕项目“清零扫尾”攻坚任务，积极推进征地拆迁工作，完成铁东路、宋家桥城中村项目剩余房屋拆除 13 栋，完成项目结算工作 7 个。

【基层治理】 2022 年，桂花街道结合各社区（村）实际，以“五社联动+推动居民自治”为主线，策划实施“一米花园”“建国 511”“小鬼当家”3 个第一批区级微项目，形成“1+5 街区式一米花园”，从改造环境小切口出发，搭建“花园”议事会平台，以点连线，以线连片，带动居民参与小区治理，助力老旧小区焕发新活力，老旧小区治理模式；建立常态化的矛盾调解机制，探索形成“建国 511 工作法”（即：通过以“5 颗红心”培育“5 种力量”，从而实现小区治理的“5 个目标”，通过搭建 1 个“花园”议事会平台，协商解决小区的烦心事，建立一支小区矛盾调解队伍），化解居民之间的邻里事，助力小区的共建共治共享。美的城、新桂都、玫瑰名城、三一歌雅郡、西子花园 5 个小区已策划第二批微项目，其中，美的城“宝妈厨房”、新桂都“她空间”微项目正式运行。在全市率先以探索社区基金的形式，打通群众参与基层社会治理的制度化渠道，以 99 公益为契机，链接社会资金达 5 万元，有序引导更多社会力量参与到基层治理工作中，并利用社区基金助力“一米花园”建设，有效解决建湘片区环境问题。依托街道社工站的专业力量，引导居民参与小区日常事务管理，在试点小区孵化培育社区社会组织，成功备案 5 家；依托荷塘志愿平台，完成志愿者注册 1370 人，队伍 31 支；深化实践街道 4V 志愿者培育体系，通过开展志愿者培训与激励相结合的方式，培养一大批“家门口”的骨干力量，解决“家门口”服务涉及的诸多自治问题。“一米花园”微项目被评为“市级基层治理好项目”；城乡帮困宣传片荣获“省民政厅一等奖”。

2022 年 10 月 10 日，桂花街道花园议事角正在探讨问题

【文明创建】 2022 年，桂花街道坚持对标找差距，聚焦城市管理重点问题持续发力，提升城市品质。针对小区、校园周边、农贸市场周边等占道经营、环境卫生进行集中整治 350 余次，清除沟渠、水塘、田地垃圾 300 余处，清运垃圾杂物 1400 余吨，清理违规广告牌、“牛皮癣”小广告等 400 余处。2022 年，桂花街道城管数字化终端共接到案卷 13281 起，处置完成 12472 起，结案率 93.01%，接到市、区两级城管考评部门下达的交办督办共计 490 余件，市长热线投诉以及“马上办问题”170 余起，均及时处理，辖区市容秩序明显改观，顺利通过中央文明办实地测评考核。严格对照区文明办要求上传各类文件、说明报告 45 项各种图片、截屏 152 幅，按时保质保量完成全国文明城市资料上报工作，依托新时代文明实践所（站）开展多样化活动 600 余次，打通宣传群众教育、群众服务群众的“最后一公里”。

【社会事业】 2022 年，桂花街道累计新增城镇就业 776 人，失业人员再就业 306 人，就业困难人员再就业 172 人，农村劳动力转移 20 人，为辖区 2 人申请小额担保贷款。办理核发就业创业证 116 本，为 69 人进行就业困难人员认定。桂花街道就业驿站登记 1180 名求职人员，结合辖区的失业人员的实际需求，成功推荐上岗人员 165 人。精准培训 85 人，召开各类招聘会 4 场；申请廉租房补贴 5 户，申请廉租房实物配租 5 户；完成特殊人群，低保户 322 人、特困 4 人、重度残疾 354 人、精神智力三四级 39 人、低保边缘户 44 人。大病救助 68 人，居民医保参保人数 19738 人。办理灵活就业人员社保补贴 362 人，新办理退休人员 53 人，办理丧葬费补贴 15 人次；为居民办理各种行政审批和服务事项 3851 件。在全区“一件事一次办”政务服务季度考核中，一季度荣获第一名、三季度获第二名的成绩。

【医疗卫生】 2022 年，桂花街道办理人口婚育情况证明 45 例，申办城镇独生子女父母奖励 375 例，新增独生子女保健费 3 例，计划生育家庭特别扶助 5 例，农村部分计划生育家庭奖励扶助 10 例，生育服务证（一孩）123 本，生育服务证（二孩）128 本，生育服务证（三孩）3 本。组织适龄已婚妇女进行“两癌”免费筛查工作，全年任务 300 人，完成 333 人，完成率 111%。免费孕前优生健康检查 60 人，早孕随访率和妊娠结局随访率达到 100%。做好出生缺陷综合防控工作，建立待孕妇女花名册，发放叶酸，指导其规范服用，以及做好产前筛查知识的宣传指导等。慰问 60 户计划生育家庭，完成农村奖扶对象 101 例，特别扶助对象 76 例，独生子女保健费 132 例。组织社区卫生服务中心巡诊 320 次，服务居民数 2695 人次，65 岁以上老年人体检 2344 人，慢性病人群体检数 3610 人。完成家庭医生签约 978 人，发放宣传资料 18216 份。积极组织无偿献血，全年完成献血任务 155 人，献血量达 4.5 万毫升。

【综治司法】 2022 年，桂花街道广泛开展法治宣传教育 16 次；深入推进法律援助服务，“一村一律师”开展坐班制，签订合同进行考核。全年调处群体性事件 4 起。社戒、社康帮扶对象 37 人，帮扶到位 37 人，帮扶率为 100%，同时，成功帮扶社区戒毒康复人员 12 人回归社会。其他人员逐一建立个人档案，并及时更新动态。网上信访件办结率为 100%。

【安全生产】 2022 年，桂花街道深入开展居民自建房安全隐患排查整治和“拆违保安”百日攻坚行动，全年排查自建房 1331 栋并录入到位。安全顺利拆除违章建筑 43 处，拆除面积 23870.35 平方米，推动“三年行动”及打非治违工作，排查门店 334 家，企业 55 家，发现安全隐患 130 余处。针对重大隐患制作“一单四制”59 份，均已按要求整改完毕。全面筑牢森林防火安全防线，上户签订森林防火承诺书 370 户，处置焚烧事件 30 余起，实现全年零起山火零人员死亡。

（贺瑞欣）

仙庾镇

【概况】 株洲市荷塘区仙庾镇（以下简称仙庾镇）地处株洲市东大门，毗邻浏阳、云龙新区、芦淞区，沪昆高速、长株高速邻近而过，境内省道 211 线、茶马公路、县道龙樟公路穿境而过。镇政府距市中心 10 千米，到长沙黄花机场车程仅 40 分钟，地理位置优越。境内植被资源丰富，属于长株潭生态绿心核心区。2022 年，全镇下辖有联星、兴塘、黄陂田、徐家塘、黄塘、东山、樟霞、亭子前、仙庾岭、蝶屏村 10 个行政村及永福社区 1 个社区，面积 80.19 平方千米，常住人口 2.7 万人，是荷塘区唯一一个建制乡镇。

2022 年，仙庾镇坚持以习近平新时代中国特色社会主义思想为指导，深入贯彻党的二十大精神，以经济发展为主线，以乡村振兴为目标，以美丽乡村建设为主抓手，进一步推动项目攻坚、作风建设，狠抓落实宣传工作、基层治理、森林防火、安全生产、综治维稳等重点工作。仙庾镇切实在机制、投入、措施等方面下功夫，积极提升村（居）民生活幸福指数。2022 年，获评“十四五”期间湖南省乡村振兴示范乡镇、“株洲市美丽乡村示范建设先进集体”“株洲市信访工作示范乡镇”、株洲市“村电共治·便民服务”工程先进乡镇。

【党的建设】 2022 年，仙庾镇党委班子将学习贯彻习近平新时代中国特色社会主义思想和党的二十大精神放在突出位置，履行党建“一岗双责”职责，以开展主题党日、研讨会、宣讲会等多种形式抓好党员教育。其中，承办“动力党建，实力乡村”培训班暨农村党员冬春训、荷塘区党建引领乡村振兴培训班，开展红色讲堂·习总书记关于“三农”工作重要论述、党课开讲啦——《党建引领乡村振兴——人才振兴机制》讲座，组织党员参观平江红色教育基地，筑牢宣传工作防线，全年开展中心组理论学习 12 次。严格落实党内政治生活，镇村两级积极配合荷塘区委开展巡察工作，针对反馈的问题制定整改方案，并召开专题民主生活会，开展廉政谈话、作风督查、专项整治等工作。班子成员谈心谈话 10 次、征求意见 30 条、对照检查存在问题 6 个、批评与自我批评 30 条、问题整改 68 个；实地走访、查阅 169 份党员档案，诫勉谈话 6 人，批评教育 51 人，提醒谈话 7 人，不予承认党员身份 2 人。另外，组织慰问活动，慰问生活困难党员、老党员、老干部 125 人次，慰问金额累计 7.6 万元。2022 年，共发展 8 名预备党员。

【经济工作】 2022 年，仙庾镇落实粮食安全党政同责要求，油菜种植面积达 499.2 公顷，早稻播种面积 42.72 公顷。“田长制”全面落实，完成抛荒耕地治理复种复耕 100.32 公顷，完成涉及工程建设和安全隐患的 24.57 公顷耕地治理。仙庾镇创新“党建+”产业发展模式，推动高标准文旅品牌建设，强化文旅发展，增强经济发展驱动力，持续打造耕食小镇品牌，加快推进耕食农禅文化园等项目建设，持续提高耕食小镇项目辐射带动效益。仙庾镇成功申报“十四五”期间湖南省乡村振兴示范乡镇创建；成功举办株洲市首届乡村音乐节暨第七季“穿越荷塘”活动；仙庾岭村获评“湖南省乡村旅游重点村”“湖南省最美潇湘文化阵地”；耕食书院入选首批湖南省五星级旅游民宿。其中，乡村音乐节活动吸引线上 380 余万人“围观”，得到新华社、《人民日报》、中国网等主流媒体宣传推介，“穿越荷塘”品牌持续擦亮。发展集体经济，振兴乡村产业，推进清产核资、成员身份“回头看”，建立村党组织引领下的多种经营主体利益共同体，将村集体经济组织作为农村经济发展的主要承载平台，依规依序理清资产、资金、资源，对 10 个村的村账与社账进行分离，顺利完成村集体经济合作社相关组织的换届工作。樟霞古树茶油申报国家地理标志产品，村集体年增收 5 万元以上；探索产研销合一种植模式，“兴塘丝瓜”助力村集体经济增收 6 万元。产业发展提质增效，成立仙庾镇招商引资小分队，明确专人负责，结合仙庾镇的优势和特点，制订招商计划，引进符合仙庾定位和发展规划的企业。

【美丽乡村建设】 2022 年，仙庾镇将人居环境整治作为乡村振兴主要任务。健全农村生活垃圾治理体系，推行垃圾治理制度，“户清扫－村收集－镇转运－区处理”体系已经全面形成，樟霞村、仙庾岭村、蝶屏村已开展农村生活垃圾分类先行试点工作。2022 年，全镇清理修复水塘 68 口，清理沟渠 19 千米，农村面源污染得到全面治理；开展环境整治行动，完成改厕施工建设100户，清理乱堆乱放和“牛皮癣”1700余处、整治违规破损招牌200余处、清理建筑垃圾50余处；依托完善的河长制工作体系，结合科学巡河的“三步法、四字诀”，镇、村两级河长巡河200余次，处理河湖问题13次。

【基层治理】 2022年，仙庾镇注重提升群众自治能力，动员村民民事民议、民事民决、民事民干，让老百姓成为乡村建设的参与者、决策者、管理者。分别在徐家塘村、蝶屏村、樟霞村建设市级幸福屋场3个，其中，樟霞村村委会被评为湖南省先进基层群众性自治组织。另外，坚持村民“自己建、自己管”的原则，127户受益村民共筹资9万余元，组建屋场管委会、屋场义工队等屋场自治组织，召开50余场屋场会，明确屋场建好后的长效管护制度。引导村民将空地、杂乱地进行“小三园”改造，改造“小三园”50余处，村容村貌、村民居住环境得到极大改善。疫情期间，仙庾镇无一例感染，辖区爱心企业、爱心村民捐献抗疫物资及现金共计5万余元。仙庾镇进一步深化村民代表职能，引导村民代表发挥政策宣传员、民情联络员、安全防护员、文明示范员、民主议事员的作用，在防火防汛、疫情防控、抛荒治理、志愿服务等工作中履职尽责。仙庾镇现有村民代表629名，居民代表22名，共651人；村民代表联系5721户，居民代表联系40户，共联系5761户；已参加培训的代表有591名；村民代表走访4775户，通过走访上户，收集社情民意91件，调解矛盾纠纷132件；其他为民服务事项621件，发放代表证591份，发送联系卡2353张。

【社会民生】 2022年，仙庾镇高度重视民生实事工作，努力把群众“盼的事”变成镇党委、镇政府“干的事”。一是从严抓好疫情防控工作。完成7轮常态化全员核酸及紧急三天两检全员核酸共10万人次，同时保障群众基本购药需求，村干部提供上门送药服务，全镇共送出布洛芬3900余颗，医疗包300余份。开展疫苗注射点轮值，全体机关干部轮班值守重要交通卡口、支援黄塘集市疫情防控工作，发放口罩2000余只、宣传手册200余份，文明劝导200余人次。老年人新冠病毒疫苗接种有效推进，重点人群健康情况摸底及分类管理开展到位。二是全力做好卫健服务工作。办理一孩证59本、二孩证54本、三孩证6本，完成免费孕前优生健康检查42对，408人享受农村部分计划生育家庭奖励扶助，26人享受特别扶助，141人享受独生子女保健费，组织辖区内617名已婚妇女进行免费“两癌”筛查。三是扎实做好民生保障工作。秉持应保尽保原则，把符合条件的困难群众、残疾人群体纳入保障范畴。2022年，共发放低保资金292.18万元，特困人员救助金135.64万元，困难残疾补贴32.03万元，重度残疾补贴38.43万元，春节慰问金83600元，共175人受益。四是多措并举推进就业工作。举办专场招聘会2场，服务企业38家，提供百余个岗位；采集求职登记表366份，成功推荐上岗104人；开展保育员培训班、养老护理员培训班，提升村民就业技能。

【森林防火】 2022年，仙庾镇严抓森林防火工作，辖区有专业护林防火队员40人，防火物资配备齐全，并按照人员分布情况实行三级网格化管理，在火情发生后能及时控制，将损失降到最低。仙庾镇政府成立秋冬森林防火工作领导小组，负责防火工作的统筹协调，清明节等其他法定节假日以及连续高温天气安排专人值班，对公墓、公益林由防火队员常规值守，劝阻祭扫不带鞭炮或者其他火种上山。2022年，共计处理山火及田间火7起，未发生需要上级支援的火灾，做到及时反应、处置妥当，无人员伤亡。

【安全工作】 2022年，仙庾镇辖区内的大小工贸企业共有26家，个体商户134家均通过“一单四制”的方式，检查发现安全隐患、交办企业整治问题隐患，在整治进展过程中进行台账管理、整治完成后进行再检查，检查无误最后进行销号，形成完整的闭环管理模式。2022年，累计排查重大安全隐患48处，累计销号48处。积极落实株洲市“拆违保安百日攻坚”行动，对辖区内存在安全隐患的违法建设进行全面摸排，并逐步实施拆除工作，全年共计拆除违法建设34处，拆除面积7026平方米。在拆违保安行动中共计摸排违法建筑203处，面积146265平方米。仙庾镇大力开展食品安全宣传活动。2022年，仙庾镇安监站工作人员到徐家塘村、黄塘集市、仙庾养老院等重点区域多次展开食品安全专项检查和综合检查以及对野生毒蘑菇防控、长江禁捕、禁食野生动物等食品安全问题进行宣传，仙庾镇共开展食品安全宣传活动6次，张贴标语600余条，发放宣传单宣传手册2万份，设立流动板报12块次，培训食品安全协管员和信息员120人次，加强农村食品安全监管。

【综治维稳】 2022年，仙庾镇高度重视社会管理综合治理工作，坚持以维护社会稳定为重点工作，以平安创建活动为目标，充分调动辖区各单位的积极性，扎实开展宣传活动，全面落实社会治安综合治理各项措施。排查调处各类矛盾纠纷40余起。强化社会治安防控体系建设，联合派出所组建巡逻队，不间断巡逻巡查，全力保障辖区群众人身财产安全。积极做好禁毒宣传工作，联合仙庾派出所在仙庾中心学校开展以“健康人生 绿色无毒”为主题的班会课，向同学们科普禁毒相关知识，在思想上、心理上、行为上构筑起拒绝毒品的坚强防线；在黄塘集市举办禁毒宣传活动，悬挂横幅，向赶集群众进行宣传教育，接受群众有关禁毒法律法规及相关知识问题的咨询。同时，加强普法宣传教育，在辖区打造形式多样、内容丰富、通俗易懂的法治文化阵地，建立公共法律服务工作室示范点，将仙庾镇打造成人民调解的“枫桥经验”样本，真正实现“小事不出村、大事不出镇，矛盾不上交”。（谷 梁）

2022年6月13日，仙庾镇开展青少年毒品预防教育知识培训

明照街道

【概况】 株洲市荷塘区明照街道办事处（以下简称明照街道），成立于2017年6月，总面积21.9平方千米，辖区范围东与仙庾镇毗邻，南、西与宋家桥街道接壤，北抵云龙示范区和仙庾镇，街道办事处驻荷塘大道明照安置房裙楼。辖东园村、星星村、金塘村、明照村、青塘社区，常住人口约1.37万人。明照街道是荷塘区“两城”建设的主战场，街道始终牢牢把握服务园区高质量发展的政治站位，牢固树立“园区、街道发展共同体，服务园区就是抓发展”的定位，认真履行服务园区发展职能，为园区发展提供全方位环境保障和土地要素支撑，推动园区、街道共同发展、共同繁荣。

【党的建设】 2022年，明照街道切实发挥“党建+”的引领示范作用。以“整建提质专项行动”为契机，织密 8 个大网格、104 个小网格的党群连心网，实现党建网格与综治网格的“两网合一”。选优配强 273 名村（居）代表，深入开展“五个到户”和村（居）民代表联户活动，推行街道村社区干部“片长制”联络、村（居）民代表“联户式”联系、邻里守护“组团式”服务的工作模式，累计收集意见建议 134 条，调解矛盾纠纷 40 余起，办理回复率达 100%。以“能力建设年”为契机，通过定期开展“读书交流会”、干部“座谈会”，组织征地拆迁、舆情引导、矛盾化解等专题培训会等，全面提高干部队伍的综合业务能力。坚持“区委工作重心在哪里、干部能力提升就跟进到哪里”的原则，持续探索构建“三级联动体系”（即：党工委统一调度、攻坚小组分工直联、党员队伍驻守一线），选派 4 名基层经验丰富的机关干部开展驻村工作，推动党员干部主动到疫情防控、自建房排查、森林防火等急难险重任务第一线，让党员干部在中心工作中当先锋、打头阵，提能力。坚持在急难险重岗位锻炼、考察、识别干部，提拔重用“硬干部”5 名，“有为者有位”导向更加鲜明。党风廉政建设深入推进。完善党风廉政建设主体责任清单，层层传导压力，组织开展集体约谈 2 次、通报批评 2 人次、诫勉谈话 1 人次。建立劳务派遣人员工龄工资增长机制，有效激发干部队伍工作活力。

【项目建设】 2022 年，明照街道完成金泉路、金桥路 2 个项目的征地拆迁工作，有力保障三一智慧钢铁城配套基础设施建设用地。建立重点项目施工环境保障专班。加强与村组党员干部协同配合，先后组织三一智慧钢铁城 5#地块杆线迁移、碎石场搬迁等专项行动，妥善处置好星星村、金塘村三一项目土地费发放和遗留问题处置，全力保障三一智慧钢铁城等重点项目有序施工，确保该项目在 2022 年 9 月份完成厂房交付。

【医疗卫生】 2022 年，明照街道压紧压实属地管理和网格化包联责任，确保管得住、管得牢、不失管、不漏管。11 月，株洲疫情再次发生，明照街道先后划分 12 个临时防疫网格，对三一、株洲车辆段等企业实行“一企一策”，做好企业生产保障工作。街道班子成员带领 100 多名党员干部、志愿者，日夜奋战在第一线，确保明照街道未出现外溢病例、未出现舆情、未停产一家企业。组织医务人员上门为辖区 60 岁以上老人提供疫苗接种服务，主动做好村（居）民退烧药等药品保障工作。

【民生保障】 2022 年，明照街道着力深化“她空间”基层治理微项目。以青塘社区为试点，积极引导发挥女性群体力量，探索建立“她空间”服务平台，凝聚“她力量”，带动“她群体”，通过妇女“半边天”带动家庭参与社区治理，项目模式已被区妇联成功复制到其他小区。“照亮明天、城乡帮困”工作卓有成效。经过摸排走访与精准识别，覆盖辖区村（社区）共计 34 名服务对象，通过联动本土及高校志愿力量为 34 名乡村儿童开展个案管理分档跟进以及“六位一体”（即：监护人、教师、村部志愿者、高校志愿者、社会工作者、儿童主任）服务共建，为孩子们规避成长风险、提供陪伴支持，为乡村青少年儿童们照亮明天。2022 年，明照街道共有低保户 80 户，132 人，全年共计发放低保金 56.3 万元；有散养五保户 11 人，发放散养五保救助资金 10.2 万元；共有 80 岁（含）至 89 岁老人 258 人，发放生活补助 14.2 万元；90 岁（含）以上高龄老人 36 人，发放生活补助 3.6 万元；发放残疾人生活补贴 440 人次，共 24.7 万元；临时救助 18 人次，救助金额 1.5 万元。

【社会治理】 2022 年，明照街道以市域社会治理现代化试点工作为抓手，统筹抓好社会综合治理工作，确保辖区稳定。落实区委“1+N”（即；“1”就是要坚持街道党委、政府为主导，以党建为引领，必须旗帜鲜明地将社会主义核心价值观融入到基层矛盾纠纷化解中，要学习借鉴“枫桥经验”，切实做到矛盾不上交；所谓的“N”就是综治办、派出所、司法所及各类社会组织和社会力量，要将邻里纠纷调解会、志愿者服务协会等社会力量充分激活和调动起来，实现社会矛盾协同共治）大矛盾调解机制，建立街道、派出所、村（社区）联动调解机制，初步实现矛盾纠纷“零上交”，成功化解黄某征拆信访等一批历史“老大难”问题，有序推进李某房屋征拆的省交办信访事项、H6 项目黄某房屋强拆行政诉讼案件，其他涉及项目历史遗留问题等矛盾正在逐步化解。成立逸都花园楼盘问题工作专班，定期组织园区管委会、楼盘开发商和居民代表沟通交流，督促开发商妥善解决楼盘瓷片脱落、运动公园维护等问题。

【安全生产】 2022 年，明照街道积极开展自建房安全排查工作，严格按照“不漏一村、不漏一户、不漏一房”的工作思路，实行“街道联点领导+村干部包组包户”责任制，率先在全区完成自建房安全隐患排查工作，共摸排自建房 2236 栋，拆除危房、违法建设用房 45 处，面积 9777 平方米，组织鉴定 56 户。森林防火和安全生产平稳有序。面对极端干旱高温天气、森林火险等级长期居高不下的严峻形势，明照街道严格执行 24 小时领导带班值班和“有火必报、报扑同步”火灾信息报告制度，通过短信平台、宣传车、小喇叭以及张贴宣传资料、签订责任书（承诺书）、开展敲门行动等形式进行宣传，成立 5 支党员干部和志愿者巡防队伍，对焚烧秸秆等野外用火实行全天巡护，及时处置金塘村通信铁塔漏电失火等火情 20 余次，全年没有发生较大森林火情。同时，认真落实安全生产“三管三必须”的工作要求，夯实领导班子成员安全生产监管责任，对 18 家工贸企业、地质灾害防治等 11 个行业领域的重点隐患进行全面排查整治，全年安全生产保持平稳可控。 （邱金亮）

人　物

新任领导

表 8

序号	姓名	基本情况	任职时间
1	余　鹏	男，汉族，湖南攸县人，1974 年 10 月出生，1995 年 7 月参加工作，1997 年 1 月加入中国共产党，中央党校函授本科学历	2022 年 4 月，任株洲市荷塘区委副书记、政法委书记
2	邹　晖	男，汉族，湖南醴陵人，1974 年 8 月生，1996 年 8 月参加工作，2001 年 6 月加入中国共产党，大学学历，文学学士	2022 年 4 月，任株洲市荷塘区委常委、组织部部长
3	单　丹	女，汉族，湖南衡东人，1980 年 12 月出生，2006 年 7 月参加工作，2003 年 3 月加入中国共产党，研究生学历，文学硕士	2022 年 5 月，任株洲市荷塘区委常委、统战部部长,区政协党组副书记
4	田业强	男，汉族，湖南安乡人，1980 年 12 月出生，2004 年 10 月参加工作，2008 年 7 月加入中国共产党，大学学历，农业推广硕士	2022 年 8 月，任株洲市荷塘区委常委、区委办主任
5	冯　晓	男，汉族，湖南宁远人，1974 年 9 月出生，1996 年 12 月参加工作，自考本科学历	2022 年 12 月，任株洲市荷塘区人大常委会副主任候选人
6	文　丽	女，汉族，湖南株洲市人，1979 年 8 月出生，2002 年 10 月参加工作，自考本科学历，法律硕士	2022 年 12 月，政协株洲市荷塘区委员会副主席候选人，区行政审批局局长
7	欧阳翔	男，瑶族，湖南新宁人，1979 年 12 月出生，2000 年 8 月参加工作，2008 年 6 月加入中国共产党，在职本科学历，法律硕士	2022 年 9 月，任株洲市荷塘区人民检察院党组书记、检察长候选人、代理检察长

（姚　广）

先进人物

唐　杜　男，汉族，1980年6月出生，籍贯湖南株洲市，中共党员，大学文化，任株洲市荷塘区文学艺术界联合会主席。唐杜从事文联工作近3年，工作认真负责，他注重人才培养，每年组织辖区书法、摄影、舞蹈爱好者积极参加上级比赛，坚持以人民为中心开展文艺惠民等志愿服务，2022年，获评“湖南省文联先进个人”。

在工作中，识大体，顾大局，在思想上、行动上始终同党中央保持高度一致。一直以来，他重视学习，努力提高个人的政治思想觉悟。他始终以饱满的工作热情和忘我的工作态度，强化理论武装，锤炼政治品格，团结和带领全区文艺工作者坚守人民立场，坚持守正创新，围绕中心、服务大局，以人民为中心，潜心精品创作，为推动荷塘高质量发展作出积极贡献。

2022年，紧紧围绕迎接宣传贯彻党的二十大精神和区委、区政府中心工作这条主线，组织歌舞、诗词、书画等文艺作品创作及展演活动上百余件次；坚持以人民为中心的工作导向，持续开展送春联送福活动，美术、歌舞等公益课堂定期授课，募集价值10多万元的作品、培训课程等捐赠给“荷塘志愿”贡享超市；以培养、推介文艺人才为己任，选送张雄文、窦强等一批德艺双馨的文艺人才到市属协会任重要职务，一年来，各协会在各类大赛、展览中入围和获奖92件次。在他的带领下，2022年，区文联荣获“株洲市文联系统先进单位”　“株洲市文明单位”等荣誉。

在他任职期间，严格遵守机关各项规章制度，工作认真负责、作风严谨、廉洁自律、待人诚恳、尊重领导、团结同志，作为单位负责人他注重统筹协调、加强协作互助，推动文联和区属各文艺协会、文艺家“上下、左右、内外”联动，树立文联工作“一盘棋”认识。同时，在区作家协会成立功能型党支部，筹建荷塘区沙画协会，增强区文联组织活力、向心力和吸引力。

杨定国　男，1965年6月出生，籍贯湖北荆门市，1983年入伍，曾任株洲市武警支队政治处副主任，于2001年8月转业成为荷塘区公安分局茨菇塘派出所一名社区民警。获评2022年敬业奉献类“中国好人”、株洲市第七届道德模范“见义勇为模范”。

2022年4月他在下班途中见义勇为，徒手夺刀救人，获记战时三等功。作为一名社区民警，他时刻把群众的困难放在心上，不论何时何地、不论上班下班，只要有群众有危难就挺身而出。除了是一名社区民警，杨定国同志还有多重“身份”，那些炫酷的外号让人感觉到亲切。因为他喜欢国学，又被株洲国学大讲堂聘请为客座教授，被同事称为“杨教授”；因为经常到学校讲授安全防范课程，又被辖区学校的同学们亲切地称为“安全大师”；因为他将辖区曾经留下劣迹的人当亲人一样关爱，给他们带来希望，还被称为“曙光警察”。

李春雄　男，汉族，1946年12月出生，籍贯湖南株洲市，省建五公司离退休工人，现为樟霞村万福组常住村民。获评2022年“湖南好人•最美生态环境保护者”。

1988年李春雄从省建五公司退休后，回到樟霞村定居。通过土地流转，李春雄从其他村民那里承包了20多亩荒山，他发扬愚公精神，用30多年时间，手抬肩扛，在20多亩荒山上，开垦出一片油茶树林，既增加农民收入，又保护生态环境。在他的带领下，樟霞村的一些年轻人积极返乡种植油茶树，其他村民效仿他开荒，李春雄还将种油茶的丰富种植经验教授给村民，带动大家共同走上致富路。

赵光辉　男，汉族，1957年10月出生，籍贯河南光山县，中共党员，退休于广铁集团长沙供电段。入选2022年助人为乐类“湖南好人榜”，获湖南省“绿色卫士之星”、株洲市“十大优秀环保志愿者”等荣誉称号。

近30年来，他坚持做公益，平均每年参与志愿服务活动时间达400多个小时；虽身患直肠癌晚期行动不便，仍坚持参加各类志愿服务活动；乐于奉献的精神受到小区居民连连称赞。2021年6月，他高票当选桂花街道西子社区玫瑰名城小区党支部书记，他积极联合物业公司、辖区热心人士，精心设计策划了多场温情的邻里节系列活动。在活动中，他为居民免费磨刀，将一把把菜刀打磨得和新的一样，被小区居民亲切地称为“磨刀书记”。

单位负责人

中共荷塘区委及工作部门负责人

中共荷塘区委

书记　方　靖
副书记　罗鹏程
杨喜兰（女，2022年1月免）
余　鹏（2022年4月任）
常委　马永章
李小冬
余　鹏（2022年4月免）
邹　晖（2022年4月任）
王　冬（2022年5月免）
单　丹（女，2022年5月任）
王伟胜（2022年8月免）
田业强（2022年8月任）
陈柏文
刘定光
张宇晨

区委办公室

主任　王伟胜（2022年8月免）
田业强（2022年8月任）
常务副主任　张海湘（女）
副主任　周　涛
国安办专职副主任兼区委办公室副主任
桂凌云（2022年12月任）
副主任兼机要局（密码管理局）局长、区委密码工作领导小组办公室主任
宋楚才（2022年2月任）
督查专员兼督查室主任
张腾升（2022年1月免）
周宇峰（2022年12月任）

经济研究中心

主任　王杨辉（2022年8月免）
副主任　辜天鹏
王　钊

区纪委、监察委

书记、监察委主任　李小冬
副书记、监察委副主任
汤　灿
肖　煊
纪委常委　刘　皓（女，2022年3月任）

纪委常委、监察委委员
戴树忠
罗向阳
纪委常委　曾云艺（女，2022 年 3 月免）
陈　果
监察委委员　孙续艳（女）
欧阳好（女，2022 年 5 月免）
谭艳辉（女，2022 年 7 月任）
办公室主任　历镜仁（2022 年 3 月任）
党风政风监督室主任
蒋　维（女）
信访室主任　周　惠（女）
第一纪检监察室主任
赵羿成（2022 年 3 月免）
龙佳欢（2022 年 3 月任）
第二纪检监察室主任
谭艳辉（女，2022 年 7 月免）
文　星（2022 年 7 月任）
第三纪检监察室主任
迟　橙
案件审理室主任　汤星宇
派驻财政局纪检监察组组长、财政局党组成员
易继锋（2022 年 7 月免）
杨艳红（女，2022 年 7 月任）
派驻区教育局纪检监察组组长、教育局党委委员
曾云艺（女，2022 年 3 月任）
陈　宁（女，2022 年 3 月免）
派驻区卫生健康局纪检监察组组长、卫生健康局党委委员
汤云峰
派驻政法委纪检监察组组长
彭中心

区委巡察办

主任　刘　皓（女）
副主任　黄兴云

巡察组

组长　向宏武
朱航宏
丁圣民
副组长　漆　琳（女，2022 年 9 月任）
肖　荣
文　钰（女，2022 年 9 月免）

区委组织部

部长　余　鹏（2022 年 4 月免）
邹　晖（2022 年 4 月任）
常务副部长、“两新”党工委书记（兼）
袁夕辉（“两新”党工委书记 2022 年 1 月免）
副部长、“两新”党工委书记（兼）
瞿逢时（女，“两新”党工委书记 2022 年 1 月任）
副部长（兼）　刘石建（2022 年 5 月任）
副部长　龚丽君（女，2022 年 9 月免）
“两新”党工委专职副书记
杨　芳（女，2022 年 6 月任）
老干部服务中心主任
张小军（女）
党员教育中心主任　刘　芳（女，2022 年 12 月免）
伍玉铁（2022 年 12 月任）
人才服务中心主任　杨　芳（女，2022 年 6 月免）
童映雪（女，2022 年 6 月任）

区委党校

校长　肖　勇
副校长　朱　毅（2022 年 6 月免）

区委编办

主任　刘石建（2022 年 2 月任）
副主任　冯晓倩（女）
机构编制事务中心主任
　李诺男（女）

区委宣传部

部长　张宇晨
常务副部长　张智春
副部长　唐珺泽（女）
　刘梦宸（女，2022 年 12 月免）
　阳源良（2022 年 12 月任）
融媒体中心主任　秦　蓁

区委统战部

部长　王　冬（2022 年 5 月免）
　单　丹（女，2022 年 5 月任）
常务副部长　周文洁（女，2022 年 12 月免）
副部长　王洪连（2022 年 12 月任）
副部长，民宗局局长（兼）
　文铁柱
副部长　刘克章（2022 年 12 月免）

区委政法委

书记　杨喜兰（女，2022 年 1 月免）
　余　鹏（2022 年 4 月任）
常务副书记　贺志德（2022 年 5 月免）
　赵　冰（2022 年 5 月任）
副书记　田　畅
　龙正来
政治部主任　朱　毅（2022 年 6 月任）
区纪委监委派驻政法委纪检监察组组长
　彭中心

区委网信办

主任　王沧海（2022 年 12 月免）
　刘梦宸（女，2022 年 12 月任）
副主任　刘晶晶（女）

网格化管理服务中心

主任　杜　杨（女）
副主任　陈　捷（女）
　唐彩金（女，2022 年 7 月任）

区档案馆

馆长　聂　炼
副馆长　刘丽君（女，2022 年 7 月免）
　石　丹（女）
　刘　博（2022 年 7 月任）

荷塘区人大常委会及各委办负责人

党组书记、主任　刘国梁
党组副书记、副主任
　丁国祥
副主任　冯　晓（2022 年 12 月提名任）
　谭光明（2022 年 8 月免）
党组成员、副主任　朱福兴
　周湘雄
　蔡世华
党组成员、办公室主任（信访办公室主任）
　刘　勇

选举任免联络工作委员会主任
陈　翊（女）
监察和司法委员会主任委员
谭件美（2022年12月免）
晏　毅（2022年12月任）
财政经济委员会主任委员
黄克忠（2022年1月免）
唐佳昕（女，2022年1月任）
教育科学文化卫生委员会主任委员
唐　倩（女）
环境和资源保护委员会主任委员
彭　栋
农业与农村委员会主任委员
龙丽娜（女）
社会建设委员会主任委员
刘海荣
办公室副主任　张　超（女）
选举任免联络工作委员会副主任
陈　静（女）
财政经济委员会副主任委员
席卫国（女）
代表事务中心主任　贺　梦（2022年5月任）

荷塘区人民政府及工作部门负责人

区人民政府

党组书记、区长　罗鹏程
党组副书记、常务副区长
陈柏文
党组成员、副区长
刘定光
副区长　罗　曼（女）
党组成员、副区长　王　昆
言　清
向前进
张　璐
陈佳敏

政府办公室

党组书记、主任　唐　坚
党组成员、副主任　黎　健
周平刚
彭鹏远
曾　慧（女）
李　源
督查专员兼督查室主任
黄宇晖
接待服务中心主任　宋楚才（2022年2月免）
王　川（2022年2月任）

发展和改革局

党组书记、局长　唐　斌
党组副书记、副局长
龙　卉（女，2022年6月任）
党组成员、副局长　黎　剑

教育局

党委书记、局长　周　波
党委副书记、副局长
潘书巧（女）
区纪委监委派驻教育局纪检监察组组长、
教育局党委副书记
曾云艺（女，2022年3月任）
陈　宁（女，2022年3月免）
党委委员、副局长　王沧海（2022年12月任）
党委委员、总督学　田　勇

党委委员、副局长　李　薇（女，2022 年 3 月免）
过　斌（2022 年 2 月任）
教研中心主任　过　斌（2022 年 2 月免）
吴　健（女，2022 年 5 月任）

科技和工业信息化局
党委书记、局长　曾　健（2022 年 5 月免）
马艳花（女，2022 年 6 月任）
党委副书记、副局长
黄生发（党委副书记 2022 年 1 月任）
党委委员、副局长　赖健鹰（女）
杨光强（2022 年 6 月任）

民政局
党组书记、局长　刘骞晖
党组副书记、副局长
张　晖（2022 年 8 月任）
党组成员、副局长　桂凌云（2022 年 12 月免）
赵　婷（女，2022 年 7 月免）
谭震宇（2022 年 12 月任）
慈善事务服务中心主任
易　洲（女）

司法局
党组书记、局长　易　东（2022 年 12 月免）
宋周伟（2022 年 12 月任）
党组成员、副局长　周　璐（女）
彭丽华（女）
王雨薇（女）

财政局
党组书记、局长　苏　智
区纪委监委派驻财政局纪检监察组组长、
财政局党组成员　易继锋（2022 年 7 月免）
杨艳红（女，2022 年 7 月任）
党组成员、副局长　李　莉（女，2022 年 5 月免）
李　剑（女）
谭　琦
党组成员、总会计师
曹菁槿（女，2022 年 2 月任）
党组成员、副局长　李　晔（女，2022 年 6 月任）
国库集中支付核算中心主任
漆卫星（女）
乡镇财政服务中心主任
曹菁槿（女，2022 年 2 月免）
金　晶（女，2022 年 5 月任）
财政投资评审中心主任
刘　坤（2022 年 5 月任）

人力资源和社会保障局
党组书记、局长　黄大平
党组成员、副局长
夏昌顺
漆　琳（女，2022 年 9 月免）
陈斯娜（2022 年 5 月任）
易海涛（2022 年 9 月任）
劳动监察大队大队长
余　雷
社会保险服务中心主任
徐昕晔（女，2022 年 7 月免）
赵　途（女，2022 年 7 月任）
就业服务中心主任　尹李军（2022 年 5 月免）
周士杰（2022 年 7 月任）

住房和城乡建设局

党委书记、局长、防空办主任
刘胜贤
党委委员、副局长　熊金星
宋永中
党委委员、总工程师
周　理
人防办副主任　陈红兵（女）
建安站站长　张　暘

交通运输局

党组书记、局长　魏　星（2022 年 12 月免）
石治国（2022 年 12 月任）
副局长　颜俊龙（2022 年 12 月免）

农业农村局

党组书记、局长　谭洪勇（2022 年 5 月免）
贺志德（2022 年 5 月任）
党组成员、副局长　贺　伟（2022 年 7 月免）
刘剑锋
党组成员、总农艺师
陈春贵（女）
农技推广中心主任　宾　倪
农村经济管理服务站站长
张颖佳（女）

商务和粮食局

党委书记、局长　李挺美（2022 年 9 月免）
党委副书记、副局长
成　兰（女，2022 年 9 月免）
党委委员、副局长　李海林（2022 年 9 月免）

商务局

党委书记、局长　李挺美（2022 年 9 月任）
党委副书记、副局长
成　兰（女，2022 年 9 月任）
党委委员、副局长　李海林（2022 年 9 月任）

文化旅游体育局

党组书记、局长　周　兴
党组成员、副局长　龚　婷（女，2022 年 2 月免）
副局长　李　芳（女，2022 年 1 月任）
公共文化服务中心主任
谭　杰

卫生健康局

党委书记、局长　冯　晓（2022 年 12 月提名免）
党委书记　石治国（2022 年 12 月免）
党委书记、局长　李正玉（2022 年 12 月任）
党委副书记、副局长
欧阳江帆（党委副书记 2022 年 12 月任）
党委委员、区疾控中心主任兼区卫生综合监督执法局局长　谭爱平（2022 年 9 月任）
区纪委监委派驻卫生健康局纪检监察组组长、卫生健康局党委委员
汤云峰
党委委员、副局长　朱　珍（女）
文　钰（女，2022 年 9 月任）
党委委员、疾控局局长兼卫生健康局副局长
黄海鹏（疾控局局长 2022 年 8 月任）

妇幼保健计划生育服务中心

主任　田映平（女）

副主任　　胡晓玲（女）

疾控中心

党支部书记　　魏永卷（2022 年 9 月免）
主任　　谭光明（2022 年 10 月免）

卫生计生综合监督执法大队

大队长　　刘　珺（2022 年 9 月免）

审计局

党组书记、局长　　廖　敏（女）
党组成员、副局长　　彭　程
　　彭　畅（女）
投资审计中心主任　　李　晔（女，2022 年 6 月免）
　　夏　芳（女，2022 年 6 月任）

退役军人事务局

党组书记、局长　　陈　靖
党组成员、副局长　　谭　昕（2022 年 5 月免）
　　易　峰（2022 年 7 月任）

应急管理局

党委书记、局长　　赵　冰（2022 年 5 月免）
党委书记、局长，区应急管理综合行政执法局局长　　郭　维（应急局党委书记、局长 2022 年 5 月任，应急管理综合行政执法局局长 2022 年 9 月任）
党委成员、副局长　　罗志勇
党委委员、区应急管理综合行政执法大队大队长　　陈锦润（2022 年 9 月任）
副局长　　罗　宁

城市管理和综合执法局

党委书记、局长　　汤思源（2022 年 5 月免）
　　谭洪勇（2022 年 5 月任）
党委委员、副局长　　李伟斌
　　江水龙
　　晏　蕾
　　黄　炜

园林绿化服务中心

主任　　易　旭

环境卫生服务中心

主任　　张　晖（2022 年 8 月免）
　　谭前勇（2022 年 8 月任）

数字化城市管理监督指挥中心

主任　　易勇强

城市管理综合行政执法大队

大队长（兼）　　李伟斌
副大队长　　易洋华
　　李动奇

治违大队

大队长　　王海亮

统计局

党组书记、局长　　旷世平
党组成员、副局长　　吴　娟（女）
　　欧阳敏（女）
党组成员、社会经济调查中心主任　　刘青松（党组成员 2022 年 9 月任）
普查中心主任　　赵　凯

信访局

党组书记、局长，区政府办公室副主任（兼）
龚大力（党组书记 2022 年 5 月任）
党组成员、副局长 裴黎明
黎　伟

医疗保障局

党组书记、局长 宋周伟（女，2022 年 12 月免）
周文洁（女，2022 年 12 月任）
党组成员、副局长 李娅琴（女）
医疗保障事务中心主任
唐国先

行政审批服务局

局长 文　丽（女）
党组书记 宾海燕（女）
党组成员、副局长 刘海燕（女，2022 年 2 月任）
政务服务中心主任 刘海燕（女，2022 年 2 月免）
郑泽方（2022 年 5 月任）

自然资源局（林业局）

局长 熊　昕（2022 年 7 月免）
党组书记、局长 刘　超（2022 年 7 月任）
仙庾岭风景名胜区管理服务中心主任
黄　强

市场监管局

党组副书记、局长 罗炽成（2022 年 5 月免）
党组书记 郭　维（2022 年 5 月免）
党组书记、局长 汤思源（2022 年 5 月任）
党组副书记、副局长
张新春
党组成员、副局长 晏世元
张罗生
易　平（女）

政府金融工作办公室

党组书记、主任 彭小龙（2022 年 12 月免）
党组书记 宋红娆（女，2022 年 12 月任）
主任 管　婧（女，2022 年 12 月任）
副主任 管　婧（女，2022 年 12 月免）

征地工作协调服务中心

主任 马涛涛
党组书记 汤　建
党组成员、副主任 欧阳文刚
边俊华

物业服务指导中心

党组书记、主任 苏　轩（2022 年 2 月任）
党组成员、副主任 漆泰虹（女）
副主任 何　龙

产业服务中心

党组书记、主任 陈霞霞（女）
党组成员、副主任 王珊珊（女）
杨光强（2022 年 6 月免）
胡新宇（2022 年 7 月任）

市场服务中心

党组书记、主任 胡　嵩
党组成员、副主任 何彦欣（女，2022 年 2 月免）
何　滔
彭　维（2022 年 7 月任）

优化营商环境协调事务中心

党组书记、主任　　罗　铭（2022 年 6 月免）
　　　　　　　　　黎　伟（2022 年 6 月任）
副主任　　　　　　何　立
　　　　　　　　　谭前勇（2022 年 8 月免）
　　　　　　　　　曹思佳（女，2022 年 12 月任）

机关事务服务中心

党组书记、主任　　刘石建（2022 年 2 月免）
　　　　　　　　　赵　虎（2022 年 2 月任）
党组成员、副主任　余　玲（女，2022 年 7 月免）
　　　　　　　　　刘　浩（女，2022 年 7 月任）
　　　　　　　　　曹思佳（女，2022 年 12 月免）
副主任　　　　　　朱其利（女）

荷塘产业开发区

党工委书记　　　　肖昊昕
党工委副书记、管委会主任
　　　　　　　　　王　荣
党工委副书记兼纪工委书记、监工委主任
　　　　　　　　　王　巍（2022 年 5 月任，2022 年 7 月免）
　　　　　　　　　王杨辉（2022 年 8 月任）
党工委委员、管委会副主任
　　　　　　　　　罗周明
金山科技工业园管委会副主任
　　　　　　　　　蔡群英（女）
金山科技工业园规划建设科科长
　　　　　　　　　李　琳（女，2022 年 7 月免）
金山科技工业园招商产业科科长
　　　　　　　　　唐丝思（女，2022 年 7 月免）
经济合作局局长　　唐丝思（女，2022 年 7 月任）
金山科技工业园办公室主任
　　　　　　　　　唐佳昕（女，2022 年 1 月免）
办公室主任　　　　言　彪（2022 年 5 月任）

荷塘月色事务服务中心

党组书记、主任　　胡震宇
党组成员、副主任　熊　玉（女）
副主任　　　　　　罗　恒

政协荷塘区委员会及各委办负责人

党组书记、主席　　汤小红（女）
党组副书记、副主席
　　　　　　　　　方　芳（女）
副主席（兼）　　　冯　晓（2022 年 12 月提名免）
党组成员、副主席　张苏龙
副主席（兼）　　　龚新胜
副主席　　　　　　杨能华
副主席（兼）　　　文　丽（女，2022 年 12 月提名任）
党组成员、秘书长、办公室主任
　　　　　　　　　陈乐红（女）
提案和委员学习联络委员会主任
　　　　　　　　　罗智玲（女）
社会法制和民族宗教委员会主任
　　　　　　　　　吴　琼（女）
文教卫体和文史委员会主任
　　　　　　　　　王　华（2022 年 12 月免）
　　　　　　　　　刘克章（2022 年 12 月任）
经济科技和外事委员会主任
　　　　　　　　　刘　伟
农业农村和人口资源环境委员会主任
　　　　　　　　　袁宏伟
办公室副主任　　　张　浩（女）

农业农村和人口资源环境委员会副主任
文　静（女）
委员事务中心主任　李　璞（女，2022年7月任）

荷塘区人民法院、人民检察院负责人

荷塘区人民法院

党组书记、院长　徐达江
党组副书记、审委会专职委员
蒋　弘（女，专职委员2022年12月免）
党组副书记、副院长
文环宇
副院长　黎　胜（2022年12月免）
党组成员、副院长　陈正刚（副院长2022年12月免）
党组成员、云龙示范区人民法庭庭长
王丹茂（女）
党组成员、综合办公室主任、机关党总支书记　喻志强
副院长　尹　强（2022年12月任）
审判委员会专职委员
李如鹰（女，2022年12月任）
党组成员、政治部主任
王　艳（女）
审委会专职委员、刑庭庭长
唐　玲（女，2022年12月免）
何　丽（女，2022年12月任）

荷塘区人民检察院

党组书记、检察长　陈卫华（2022年9月免）
欧阳翔（2022年9月提名任）
党组副书记、副检察长
康文辉（副检察长2022年12月免）
副检察长　李津梁（2022年12月任）
党组副书记、检委会专职委员
方清华（专职委员2022年12月免）
党组成员、副检察长
谭　熠（副检察长2022年12月免）
副检察长　黎　静（女，2022年12月免）
易　瑜（2022年12月任）
党组成员、政治部主任
罗君峰
副检察长　王晓龙（2022年12月任）
检委会专职委员　于岩君（2022年12月任）

荷塘区社会团体负责人

总工会

主席　张　岚（女，2022年1月免）
朱福兴（2022年1月任）
副主席　曹晓晖（女，2022年12月免）
魏　星（2022年12月任）
何彦欣（女，2022年2月任）

团委

书记　张　敏（女）
副书记　王思静（女）

妇联

主席　张思思（女）
副主席　吴莉华（女）

残联

党组书记、理事长　蔡灵敏（女）
党组成员、副理事长
　彭文瑾（女）

工商联

党组书记、区委统战部副部长（兼）
　欧阳劲梅（女）
主席　黎　婷（女）
副主席　胡跃玲（女）

科协

主席　曹姜君
党组书记　刘雪峰
副主席　游　隽（女）

文联

主席　唐　杜

计生协会

会长　龚新胜
专职副会长　许建红（2022 年 1 月任）

红十字会

会长（兼）　罗　曼（女）
副会长　刘　恋（女）

侨联

党组书记　朱　勇

荷塘区镇（街道）负责人

仙庾镇

区委常委、副区长、仙庾镇党委书记
　刘定光
党委副书记、镇长　李俊伟
党委副书记　周　成（2022 年 5 月免）
　赵　婷（女，2022 年 7 月任）
党委委员、人大主席
　杨思维（2022 年 5 月免）
　李　果（2022 年 5 月任）
党委委员、副镇长　柳　萧
党委委员、宣传统战委员
　阳源良（2022 年 12 月免）
党委委员、政法委员、副镇长
　姜　波
党委委员、纪委书记
　侯德昌（2022 年 12 月免）
　胡棕盛（2022 年 12 月任）
党委委员、组织委员
　文羽纶（女）
副镇长　周　斌（2022 年 7 月免）
　刘彦直（2022 年 7 月任）
　魏博磊（2022 年 5 月任）
人大副主席　王理蓉（女，2022 年 8 月免）
　沈　璇（女，2022 年 12 月任）

月塘街道

党工委书记　王　穗（2022 年 5 月任）
党工委副书记、办事处主任
　王　穗（2022 年 5 月免）
　罗　铭（2022 年 6 月任）
党工委副书记　李　果（2022 年 5 月免）
　谭　昕（2022 年 5 月任）
党工委委员、人大工作委员会主任
　宋红娆（女，2022 年 12 月免）

刘　强（2022 年 12 月任）

党工委委员、政法委员

王云贵（2022 年 12 月免）

党工委委员、纪工委书记

言莫依

党工委委员、宣传统战委员

肖　锟

党工委委员、组织委员

毛　伟

党工委委员、办事处副主任

雷颖俊

办事处副主任　彭　莉（女）

游　超（2022 年 7 月任）

劳保站站长　赵　途（女，2022 年 7 月免）

茨菇塘街道

党工委书记　刘石平

党工委副书记、办事处主任

何　毅

党工委副书记　向章琳（2022 年 1 月任）

党工委委员、人大工作委员会主任

廖结文

党工委委员、政法委员

周　剑

党工委委员、办事处副主任

欧阳鲲（2022 年 8 月免）

党工委委员、组织委员

陈春花（女）

党工委委员、宣传统战委员

韩　娟（女）

党工委委员、纪工委书记

黄　涛（女）

党工委委员、办事处副主任

刘子尧（2022 年 8 月任）

办事处副主任　文　浪（2022 年 7 月免）

刘江岸（女）

张　俊（2022 年 8 月任）

桂花街道

党工委书记　邓思思（女，2022 年 3 月免）

曾　健（2022 年 5 月任）

党工委副书记、办事处主任

张　健

党工委副书记　周　威（2022 年 5 月免）

欧阳妤（2022 年 5 月任）

党工委委员、人大工作委员会主任

黎　伟（2022 年 5 月免）

杨思维（2022 年 5 月任）

党工委委员、政法委员

易　峰（2022 年 7 月免）

文　浪（2022 年 7 月任）

党工委委员、办事处副主任

刘文进

党工委委员、宣传统战委员

黄鹤辉（女）

党工委委员、组织委员

谭震宇（2022 年 12 月免）

郭昌勇（2022 年 12 月任）

党工委委员、纪工委书记

颜建利

办事处副主任　郭昌勇（2022 年 12 月免）

沈秋鱼（女）

刘　珊（女，2022 年 12 月任）

金山街道

党工委书记　万　景（2022 年 5 月任）

党工委副书记、办事处主任

万　景（2022 年 5 月免）

周　成（2022 年 5 月任）

党工委副书记　张森宇

党工委委员、人大工作委员会主任

晏　毅（2022 年 12 月免）

熊　军（2022 年 12 月任）

党工委委员、纪工委书记

佘高平

党工委委员、宣传统战委员

陈斯娜（女，2022 年 5 月免）

党工委委员、政法委员

言　彪（2022 年 5 月免）

梁　波（2022 年 7 月任）

党工委委员、办事处副主任

龙　斌

党工委委员、组织委员

罗　丹（女）

党工委委员、宣传统战委员

文　乾（2022 年 5 月任）

办事处副主任　陶勇峰

刘　珺（2022 年 9 月任）

劳保站站长　胡新宇（2022 年 7 月免）

宋家桥街道

党工委书记　钟　杨（2022 年 5 月免）

党工委副书记、办事处主任

杜　杜

党工委副书记　董婉璐（女）

党工委委员、人大工作委员会主任

王洪连（2022 年 12 月免）

颜俊龙（2022 年 12 月任）

党工委委员、宣传统战委员

黄海平（女，2022 年 12 月免）

党工委委员、办事处副主任

熊　军（2022 年 12 月免）

党工委委员、纪工委书记

单志雄

党工委委员、政法委员

易祥涛

党工委委员、组织委员

刘靖一（女）

办事处副主任　梁　波（2022 年 7 月免）

魏永卷（2022 年 9 月任）

张良莅（女，2022 年 9 月任）

明照街道

党工委书记　刘　晔

党工委副书记、办事处主任

李正玉（2022 年 12 月免）

党工委副书记　刘　强（2022 年 12 月免）

侯德昌（2022 年 12 月任）

党工委委员、人大工作委员会主任

谭爱平（2022 年 9 月免）

龚丽君（女，2022 年 9 月任）

党工委委员、宣传统战委员

周　凯

党工委委员、政法委员

罗　威

党工委委员、纪工委书记

赵羿成（2022 年 3 月任）

龙佳欢（2022 年 3 月免）

党工委委员、组织委员

罗宇祥

党工委委员、办事处副主任 陈苏远

办事处副主任 汤　瑶

刘彦直（2022 年 7 月免）

周　斌（2022 年 7 月任）

胡　浩（2022 年 9 月免）

吕友星（2022 年 9 月任）

朱　涛

向晨序

罗志刚（2022 年 9 月任）

党委委员、纪检组组长 汪　洋（2022 年 1 月任）

荷塘区公安及消防救援部门负责人

株洲市公安局荷塘分局

党委书记、局长 言　清

党委副书记、政委 龙志奇

党委副书记、副局长 陈庚社

党委委员、副局长 方　剑

刘拥军

黄稳钢

杨湘兵

党委委员、纪委书记 李星舟

党委委员、政工室主任 温　桃

工会主席 王建明

荷塘区消防救援大队

大队长 涂　强

教导员 邓　杰

株洲市公安局交警支队荷塘大队

大队长 周　武

教导员 陈昱名

副大队长 周喜爱

殷星燎

朱　飞

颜　嘉

株洲市生态环境局荷塘分局

支部书记、局长 周应和

支部副书记、大队长 张启云

支委委员、四级调研员 江　涛

支委委员、副局长 李志海

支委委员 邹晓辉

支委委员、副大队长 胡继权

荷塘区“双管”机构及金融单位负责人

国家税务总局株洲市荷塘区税务局

党委书记、局长 杨文明

党委委员、副局长 李晓玢（女，2022 年 6 月免）

肖　曦（2022 年 7 月免）

株洲市国有土地上房屋征收处荷塘中心

主任 宋智敏

副主任 袁　鲲

湖南银行株洲东一支行

行长 蔡　婧（女）

副行长　　吕尚鸿

中国农业银行株洲荷塘支行

党总支书记、行长　　杨炎秋

中国建设银行株洲市城东支行

行长　　刘　婷（女）

副行长　　倪巧兰（女）

副行长　　张园媛（女）

运营主管　　杨淑蓉（女）

中国工商银行株洲分行新华路支行

行长　　璐　丹

副行长　　曹志刚

副行长　　李　玮

副行长　　黄　蓉（女）

副行长　　张立红（女）

支委委员　　黄学锋

中国光大银行株洲分行

党委书记、行长　　孟文博

荣 誉

2022年荷塘区获市级以上荣誉表

表9

单位	获奖名称	授予部门
荷塘区	“友邻帮”农村养老服务模式获评全国居家和社区养老服务改革试点工作优秀案例	民政部、财政部
	2022年度巩固深化“强基础、转作风、树形象”专项行动表现突出单位	住房和城乡建设部
	空军青少年航空学校招生工作先进单位	国家空军招飞局
	“楼栋长来当家”获全省城市基层党建工作重点教学案例	省委组织部
	《荷塘区探索校园足球“三全”模式》改革经验被省委改革简报2022年第21期刊登	中共湖南省委全面深化改革委员会办公室
	2022年度真抓实干成效明显地区表扬激励“全省信访工作示范县市区”	湖南省人民政府办公厅
	湖南省基础教育精品课活动优秀组织单位	湖南省教育厅
	全市防范和化解生态环境安全风险隐患“利剑行动”优秀县市区	湖南省生态环境保护委员会办公室
	2022年度株洲市征拆征收工作先进县市区	株洲市征地拆迁和房屋征收工作协调领导小组

2022年荷塘区各单位获市级以上荣誉表

表10

单位	获奖名称	授予部门
区委组织部	株洲市打造“三个高地”第三季度竞赛评比单项冠军	株洲市打造“三个高地”指挥部
荷塘区委党校	2022年度全市党校行政学院系统创新工作先进单位	株洲市委党校

续表 10

单位	获奖名称	授予部门
荷塘区青少年农业科普基地	省级“同心项目”	中共湖南省委统战部
区委网信办	2022 湖南网民留言办理组织工作成绩突出单位	中共湖南省委网络安全和信息化委员会办公室
	株洲市舆情信息报送工作先进单位	株洲市网信办
区行政审批局	2022 年度真抓实干成效明显地区表扬激励	湖南省人民政府办公厅
	湖南省学雷锋活动示范点	中共湖南省委宣传部
	打造“指尖上的政府”获湖南省“放管服”改革“揭榜竞优”优秀成果	湖南省政务管理服务局
	打造“指尖上的政府”湖南省基层智慧治理优秀案例	中共湖南省委网信办、湖南省民政厅、湖南省政务管理服务局
区优化营商环境中心	株洲市打造“三个高地”第四季度竞赛评比单项冠军	株洲市打造“三个高地”指挥部
	株洲市优化营商环境先进单位	株洲市优化营商环境工作领导小组办公室
区总工会	《“工会+N”维权服务新模式，提升工会组织吸引力》获评湖南省十大优秀案例	湖南省总工会
	2022 年度株洲市工会工作优秀单位	株洲市总工会
	2017—2022 年“尊法守法·携手筑梦”公益法律服务行动成绩突出集体	湖南省总工会、湖南省司法厅、湖南省律师协会
	“七彩假期·情暖童心”假期托管课堂获评湖南省 2022 年“爱心托管 幸福职工”为民办实事竞赛创优活动优秀托管班	湖南省总工会
共青团荷塘区委员会	“七彩假期”获评“株洲市 2022 年度最佳志愿服务项目”	株洲市精神文明建设指导委员会办公室
	“团团心灵驿站”青少年心理健康服务项目获评“2022 年度株洲市基层治理好项目”	株洲市民政局
区青年志愿者协会	入选团中央“七彩假期”志愿服务示范团队	团中央青年志愿者行动指导中心、中国青年志愿者协会

续表 10

单位	获奖名称	授予部门
区科协	2022 年湖南省全国科普日优秀组织单位	湖南省科协技术协会
	喜迎二十大 科普向未来 荷塘区“科普进校园”活动获评 2022 年湖南省全国科普日优秀活动	湖南省科协技术协会
区残联	困难残疾人家庭无障碍改造工作获得省残联“优秀”等次	湖南省残联
	“组宣工作、教育培训工作、困难残疾人家庭无障碍工作、就业服务工作”四项业务工作分别评为市残联各业务部门“优秀”等次	株洲市残联
区文联	株洲市文明单位	株洲市精神文明建设指导委员会
	株洲市文联系统先进单位	株洲市文学艺术界联合会
公安荷塘分局	全国公安机关执法示范单位	公安部
	平安湖南建设先进集体	湖南省平安建设领导小组、湖南省人力资源和社会保障厅
	全省公安机关执法质量考评优秀单位	湖南省公安厅
	全市公安机关绩效考核优秀单位	株洲市公安局
	全市公安机关平安建设优秀单位	株洲市公安局
	全市公安机关政治工作成绩突出单位	株洲市公安局
	全市公安机关督察工作成绩突出单位	株洲市公安局
荷塘交警大队	全市公安机关春运交通安保工作成绩突出集体	株洲市公安局
区人民检察院	湖南省检察机关信息工作表现突出集体	湖南省人民检察院
	株洲市政法工作先进集体	株洲市委政法委
	株洲市文明单位	株洲市精神文明建设指导委员会
	株洲市五四红旗团支部	共青团株洲市委员会
	株洲市级青年文明号	共青团株洲市委员会
	株洲市巾帼文明岗	株洲妇女联合会

续表 10

单位	获奖名称	授予部门
区人民法院	湖南省文明单位	湖南省精神文明建设指导委员会
	株洲市政法工作先进集体	株洲市委政法委
区司法局	2022 年社区矫正和安置帮教工作被省司法厅通报表扬	湖南省司法厅
区交通运输局	株洲市春运工作先进单位	株洲市春运协调小组
区农业农村局	第二十三届中国国际农品会、中国中部（湖南）国际农博会组织工作先进集体	株洲市农业农村局
	株洲市动物疫病防控绩效考核先进单位	株洲市重大动物疫病防治指挥部
	株洲市供销合作社综合业绩考核二等奖	株洲市供销合作社联社
区应急管理局	株洲市安全生产和消防工作优秀单位	中共株洲市委办公室 株洲市人民政府办公室
区科工信局	株洲市企业办事不求人第一名	株洲市打造“三个高地”指挥部办公室
	株洲市真抓实干科技创新奖	株洲市人民政府办公室
	株洲市三季度打造三个高地先进制造业组铜牌	株洲市打造“三个高地”指挥部办公室
区税务局	省文明标兵单位	湖南省文明办
	株洲市税务系统绩效管理先进单位	国家税务总局株洲市税务局
区城管局	2022 年城市管理先进城区	株洲市城市管理委员会
	2022 年度垃圾分类工作先进城区	株洲市城市管理委员会
区环境卫生服务中心	2022 年度城市管理先进单位	株洲市城市管理委员会
区园林绿化中心	2022 年度城市管理先进单位	株洲市城市管理委员会

续表 10

单位	获奖名称	授予部门
区征地协调中心	株洲市征地拆迁和房屋征收工作先进单位	株洲市征地拆迁和房屋征收工作协调领导小组
产业开发区	省级绿色园区	湖南省工业和信息化厅
区产业服务中心	株洲市青年文明号	共青团株洲市委 株洲市青年职工工作委员会
区中小企业公共服务平台	2022 年湖南省中小企业公共服务平台网络工作先进窗口平台	湖南省工业和信息化厅
区中小企业公共服务平台	2022 年度湖南省中小企业公共服务平台网络最受欢迎窗口服务平台	湖南省工业和信息化厅
区卫健局	2022 年度全市职业卫生工作目标管理先进单位	株洲健康行动推进委员会
区疾病预防控制中心	株洲市职业卫生工作目标管理先进单位	株洲市卫生健康委员会
	实施《湖南省遏制结核病行动计划（2019—2022 年）》先进集体	湖南省卫生健康委疾控处
	2022 年国家职业病防治监测项目工作先进单位	株洲市卫生健康委员会
区医疗保障局	打击欺诈骗保集中整治工作突出表现地区	株洲市医疗保障局
区文旅体局、仙庾镇	耕食书院获评省五星级旅游民宿	湖南省文化和旅游厅
荷塘区足球协会	湖南省县域足球优秀单位	湖南省足球协会
仙庾镇	“十四五”期间湖南省乡村振兴示范乡镇	省乡村振兴局、省农业农村厅
	株洲市美丽乡村示范建设先进集体	株洲市评比达标表彰工作协调小组办公室
	2022 年度株洲市征拆征收工作先进单位	株洲市征地拆迁和房屋征收工作协调领导小组
	2022 年度全市信访工作先进单位和示范乡镇	株洲市信访工作联席会议
	株洲市“村电共治·便民服务”工程先进乡镇	株洲市乡村振兴局

续表 10

单位	获奖名称	授予部门
月塘街道	株洲市基层人民武装部全面建设五星达标荣誉称号	中共株洲市委组织部、株洲市人力资源和社会保障局、株洲军分区动员处
	株洲市学雷锋先进集体	湖南省株洲军分区
茨菇塘街道	“楼栋长来当家”项目被评为全省 15 个“基层治理先进实验项目”荣誉称号	湖南省民政厅
	“楼栋长来当家”项目被评为三高四新“十大改革创新项目”荣誉称号	中共株洲市委全面深化改革委员会
	平安建设先进单位	市委政法委
	2022 年度全市信访工作先进单位和示范乡镇	株洲市信访工作联席会议
茨菇塘街道天鹅社区	全国民主法治示范村	司法部、民政部
	株洲市“模范职工之家”	株洲市总工会
宋家桥街道	湖南省“百佳乡镇（街道）工会”	湖南省总工会
	湖南省“统计基层联系点建设工作省级优秀单位”	湖南省统计局办公室
	株洲市“林长制工作先进单位”	湖南省林业局
宋家桥街道	株洲市文明建设先进单位	株洲市精神文明建设指导委员会
	2022 年度全市信访工作先进单位和示范乡镇	株洲市信访工作联席会议
	2022 年株洲市乡村治理示范村镇推荐认定单位	株洲市委农村工作工作领导小组办公室
	2022 年度株洲市科普中国信息传播优秀组织单位	株洲市科协
桂花街道	平安建设先进单位	株洲市委政法委
	2022 年度城市管理工作先进集体	株洲市城市管理委员会
	2022 年度全市信访工作先进单位和示范乡镇	株洲市信访工作联席会议
	株洲市文明单位	株洲市精神文明建设指导委员会

续表 10

单位	获奖名称	授予部门
月塘街道	市级标兵财政所称号	株洲市财政局
	市级财源建设工作先进乡镇	株洲市财政局
桂花街道阳光里社区	株洲市 2022 年度最美志愿服务社区	株洲市精神文明建设指导委员会办公室
金山街道	湖南省最美潇湘文化阵地	湖南省文化和旅游厅
	株洲市垃圾分类先进街道办事处（乡镇）	株洲市城市管理委员会
	株洲市爱国拥军模范单位	株洲市拥军优属拥政爱民工作领导小组
	株洲市基层人民武装部全面建设星级达标考核五星单位	株洲市军分区、湖南省军区
	株洲市十强十快乡镇（街道）固定资产投资单项考核突出奖	株洲市十强十快乡镇（街道）综合评价工作领导小组办公室
	株洲市护航二十大特护期安保信访维稳工作先进单位	株洲市市域社会治理风险防控“N合一”机制建设指挥部
金山街道太阳村	湖南省民主法治示范村	湖南省司法厅、湖南省民政厅
	株洲市民主法治示范村	株洲市司法局、株洲市民政局
金山街道湘华社区	全国红十字模范单位	中国红十字总会
金山街道金钩山村	株洲市民主法治示范村	株洲市司法局、株洲市民政局

附　录

重要文件选录

中共株洲市荷塘区委员会
关于深入开展全区安全突出问题隐患排查整治的通知

株荷发〔2022〕10号

仙庾镇党委，各街道党工委，区直机关各部门（单位）、各人民团体、市直驻区各分支机构、各企事业单位党委（党组、总支、支部）：

根据《株洲市深入排查重点行业领域潜在风险隐患坚决防范遏制重特大事故行动实施方案》和市纪委《关于对全市安全突出问题背后的责任作风腐败问题开展专项监督的工作方案》要求，结合我区实际，现开展全区安全突出问题隐患排查整治工作，具体要求如下。

一、聚焦突出问题

重点对森林防火、自建房安全等8个问题突出的领域进行深化整治和加强监督，压紧压实属地管理责任、部门监管责任、排查整治责任，严肃查处安全事故和安全隐患背后的责任问题、作风问题和腐败问题。

1. 森林防火方面的突出问题。林长制落实不到位以及护林员、监督员、执法员、瞭望员缺勤缺岗问题；落实禁火令不力，农事用火、上山祭祀等野外火源管控不到位问题；防火宣传进村入户不到位问题；瞒报迟报火情、有关信息报送不及时问题；镇（街道）防火物资、器材等应急物资储备严重缺乏等问题。（牵头单位：区自然资源局，责任单位：仙庾镇、各涉林街道、区应急管理局、公安荷塘分局、区农业农村局、荷塘消防救援大队）

2. 自建房安全整治中的突出问题。自建房安全隐患排查不到位问题；评估鉴定工作推动不力、进展缓慢问题，危房管控处置不到位问题（牵头单位：区住建局）。随意加层、违法改扩建、擅自改变功能结构布局等违法行为监管不到位、处罚不力等问题（牵头单位：区自然资源局）。违规经营、超范围经营、擅自改变审批业态经营、违法违规建筑用于经营等违法行为监管不到位问题（牵头单位：区市场监管局）。自建房消防隐患等违法行为监管不到位、处罚不力等问题。（牵头单位：荷塘消防救援大队，责任单位：仙庾镇、各街道、公安荷塘分局、区城管局、区教育局、区商务局、区科工信局、区文旅体局、区卫健局、区市场服务中心）

3. 烟花爆竹行业打非治违中的突出问题。“一证多厂”“分包转包”“四超两改”和非法生产、非法储存、非法运输等问题排查整治不力；对经营超标、违禁、非法生产的产品，超许可范围经验等非法经营、非法销售问题查处不力、督促整改不到位等问题。（牵头单位：区应急管理局，责任单位：仙庾镇、各街道、公安荷塘分局、区交通运输局、区市场监管局、区科工信局）

4. 机动车维修行业中的突出问题。机动车维修行业安全生产管理制度不规范问题；机动车维修点消防设备配备不全、废弃轮胎乱堆乱放，电动车室内充电等安全隐患问题整治不到位等问题。（牵头单位：区交通运输局，责任单位：仙庾镇、各街道、区市场监管局、荷塘消防救援大队）

5. “环保油”（醇基燃料）领域突出问题。餐饮店、学校食堂、敬老院、农家乐、宾馆、酒店、建筑工地等场所违法违规使用“环保油”问题；“环保油”生产、经营、运输环节存在的安全生产违法违规行为等问题。（牵头单位：区市场监管局，责任单位：仙庾镇、各街道、区商务局、区教育局、区农业农村局、区文旅体局、区应急管理局、区住建局、公安荷塘分局、荷塘消防救援大队、区民政局、区城管局、荷塘交警大队）

6. 设施农业用地、临时用地存在的突出问题。改变设施农业用地、临时用地土地用途，从事非农业生产等违法生产问题。（牵头单位：区自然资源局，责任单位：仙庾镇、各涉农街道、区农业农村局）

7. 摩托车电动车非法加装等方面的突出问题。摩托车、电动车加装遮阳伞、不戴头盔整治不到位问题；非法销售摩托车、非标电动车自行车，非法改拼装摩托车、电动车方面的突出问题。（牵头单位：荷塘交警大队，责任部门：仙庾镇、各街道、区市场监管局）

8. 高层建筑及消防通道方面的突出问题。违停占用消防通道问题；老旧高层商住混合体、老旧高层住宅消防安全无人管理、公共区域电气线路绝缘老化、私拉乱接等问题。（牵头单位：区住建局，责任单位：仙庾镇、各街道、区城管局、荷塘消防救援大队、区物业指导中心）

二、优化方式方法

建立“发现问题、信息处置、移交办理、信息公开、提级督查、重点督导、考核通报”的全过程闭环管理体系，注重整治方法的运用，做好结合文章，构建齐抓共管、统筹推进的工作格局。

1. 条块结合。严格落实属地管理和部门监管责任。各镇（街道）、部门要按照“管行业必须管安全、管业务必须管安全、管生产经营必须管安全”的要求，抓实抓牢抓细各自区域、各自领域安全突出问题的隐患排查整治工作。

2. 点线结合。压实企业安全责任意识，推动企业主体责任落实，全面开展企业自查自纠工作，抓好安全突出问题隐患排查整治的第一道“防线”。行业主管部门开展监督检查，督促企业认真履行安全生产责任，切实做好隐患排查整治，确保消除安全隐患。

3. 督政与查处结合。严厉打击惩治各类违法违规行为，严肃查处安全隐患（事故）背后的责任问题、作风问题、腐败问题，重点查处安全隐患排查整治不到位、违法问题查处不严密、隐患整改落实不彻底、监督执法“宽松软”、充当非法“保护伞”等问题。

4. 集中排查与即时整改结合。本次集中隐患排查整治时间自即日起至2022年11月20日，各牵头单位按照任务分工开展有关联领域的安全隐患排查整治，有关责任单位积极配合，认真查找存在的突出问题，各镇（街道）形成问题清单（附件1），牵头部门形成问题清单（附件2），并明确整改措施和整改期限，列出时间表、任务书持续整治。各镇（街道）、牵头部门问题清单经单位主要负责人签字后，报区委办汇总形成问题清单（附件3）。

5. 线上调度检查与线下现场突查结合。各牵头单位要建立定期调度机制，及时了解掌握有关领域的安全隐患排查工作进展。不定期组织开展突击检查，直入一线、深入现场，及时发现问题，并督促解决。

三、强化组织领导

成立荷塘区安全突出问题隐患排查整治工作领导小组，由区委书记方靖任第一组长，区委副书记、区长罗鹏程任组长，区委常委、区纪委书记、区监委主任李小冬，区委常委、区人民政府常务副区长陈柏文，区委常委、区委办主任田业强任副组长，区人民政府副区长王昆、言清、向前进、张璐等为领导小组成员。领导小组在区委办设办公室，区纪委监委、区委办、区政府办、区自然资源局、荷塘消防救援大队、区应急管理局、区交通运输局、区市场监管局、荷塘交警大队、区住建局等负责人为办公室成员，负责安全隐患排查整治工作的统筹协调、情况汇总、问题交办等工作。

安全隐患突出问题隐患排查整治工作采取各镇（街道）负责，各牵头单位对口统筹、有关责任单位协助配合的方式进行。各镇（街道）、相关职能部门要按照“谁主管、谁负责”的原则，扎实组织开展本辖区的安全隐患排查整治工作。区纪委监委要聚焦重点，强化对安全隐患排查整治工作的跟进监督、全程监督、精准监督，确保专项监督取得成效。

附件1.镇（街道）安全隐患排查整治问题清单

附件2.牵头部门安全隐患排查整治问题清单

附件3.安全隐患排查整治问题汇总表

中共株洲市荷塘区委员会

2022年10月26日

附件1

镇（街道）安全隐患排查整治问题清单

填报单位：　　　　　　　　　　　　负责人签字：

问题领域	查找的问题	问题所属村（社区）	整改措施	整改期限	当前整改落实情况

附件 2

牵头部门安全隐患排查整治问题清单

填报单位：　　　　　　　　　　　　　　　　　　　　负责人签字：

问题领域	责任单位	查找的问题	问题所属镇（街道）	整改措施	整改期限	当前整改落实情况

附件 3

安全隐患排查整治问题汇总表

填报单位：　　　　　　　　　　　　　　　　负责人签字：

问题领域	牵头单位	责任单位	查找的问题	问题所属镇（街道）	整改措施	整改期限	当前整改落实情况

株洲市荷塘区人民政府
关于印发《株洲市荷塘区人民政府工作规则（试行）》的通知

株荷政发〔2022〕2 号

仙庾镇人民政府、各街道办事处，区直机关各部门（单位）：

《株洲市荷塘区人民政府工作规则（试行）》已经区六届人民政府第五次常务会议审议通过，现予印发，请认真执行。

株洲市荷塘区人民政府

2022 年 3 月 17 日

株洲市荷塘区人民政府工作规则（试行）

第一章　总则

第一条　株洲市荷塘区第六届人民代表大会第一次会议产生了新一届株洲市荷塘区人民政府，根据《中华人民共和国地方各级人民代表大会和地方各级人民政府组织法》，参照《国务院工作规则》

《湖南省人民政府工作规则》《株洲市人民政府工作规则》，按照中央、省委、市委和区委的有关规定，结合荷塘区人民政府工作实际，制定本规则。

第二条　区人民政府工作的指导思想是，高举中国特色社会主义伟大旗帜，坚持以习近平新时代中国特色社会主义思想为指导，全面贯彻党的十九大和十九届历次全会精神，全面贯彻将要召开的党的二十大和二十届各次全会精神，深入贯彻习近平总书记对湖南重要讲话重要指示批示精神，统筹推进“五位一体”总体布局，协调推进“四个全面”战略布局，立足新发展阶段，贯彻新发展理念，构建新发展格局，坚持稳中求进工作总基调，完整、准确、全面贯彻新发展理念，服务和融入新发展格局，坚持创新驱动发展，全面落实“三高四新”战略定位和使命任务，按照“发愤图强、重振雄风”工作要求，坚持“聚焦、裂变、创新、升级、品牌”工作思路，坚持以供给侧结构性改革为主线，统筹发展和安全，办好十件大事，实施产业升级、园区提质、营商环境优化、城市更新、乡村振兴、“幸福荷塘”六大工程，奋力打造“一区两城”，加快建设实力更强、环境更优、人民更幸福的现代化新荷塘。

第三条　旗帜鲜明讲政治，自觉把“两个确立”作为坚定的政治信念入脑入心，不断提高政治判断力、政治领悟力、政治执行力，始终在政治立场、政治方向、政治原则、政治道路上同以习近平同志为核心的党中央保持高度一致。坚持把对党绝对忠诚体现在贯彻落实党中央决策部署的行动上，体现在履职尽责、做好本职工作的实效上，体现在日常言行上，以实干实绩增强“四个意识”、坚定“四个自信”、做到“两个维护”。

第四条　区人民政府工作的准则是，坚持党对一切工作的领导，坚持以人为本、执政为民，坚持解放思想、实事求是，坚持依法行政、民主公开，坚持清正廉洁、从严行政，坚持改革创新、务实高效。

第二章　组成人员职责

第五条　区人民政府由区长、副区长、政府办主任、区人民政府工作部门的主要负责人等组成。

第六条　区人民政府组成人员必须模范遵守宪法、法律、法规、规章和区人民政府规范性文件，认真履行职责，为民务实，严守纪律，勤勉廉洁。

第七条　区人民政府实行区长负责制，区长领导区人民政府的工作。区长出访或较长时间离荷期间，受区长委托，由负责常务工作的副区长主持区人民政府工作。

第八条　区长召集和主持区人民政府全体会议和区人民政府常务会议。区人民政府工作中的重大事项，必须经区人民政府全体会议或区人民政府常务会议讨论决定。

第九条　副区长协助区长工作，按分工负责分管工作。受区长委托，负责其他方面的工作或专项任务，并可代表区人民政府进行外事活动。

第十条　政府办主任在区长领导下，负责处理区人民政府日常工作。

第十一条　区人民政府工作部门一般实行局长、主任负责制，由其领导本部门的工作。党政主要负责人分设的工作部门，按区委明确的分工落实负责制。

区人民政府各部门要各司其职，各尽其责，顾全大局，协调配合，切实维护团结统一、政令畅通，坚决贯彻落实区人民政府各项工作部署。

第三章　全面依法正确履行政府职能

第十二条　区人民政府要围绕推动高质量发展，建设现代化经济体系，加强和完善经济调节、市场监管、社会治理、公共服务和环境保护等职能，全面提高政府效能，形成权界清晰、分工合理、权责一致、运转高效、法治保障的机构职能体系，创造良好发展环境，提供基本均等公共服务，维护社会公平正义。

第十三条 坚持以经济建设为中心，优化经济调节，坚决贯彻执行国家宏观调控政策，坚持稳中求进工作总基调，充分发挥市场在资源配置中的决定性作用，更好发挥政府作用，科学确定发展目标，加强经济形势分析研判，注重预期引导，主要运用经济手段、法律手段和必要的行政手段引导、调控经济运行，促进经济持续健康发展。

第十四条 依法严格市场监管，深化“放管服”改革，优化营商环境，推动有效市场和有为政府更好结合，建立健全跨部门综合监管制度，统筹推进市场监管、质量监管、安全监管、金融监管，加快建立全方位、多层次、立体化监管体系，实现事前事中事后全链条全领域监管。加强信用体系建设，规范市场执法，规范行政裁量权，完善质量、价格监督机制，维护市场的统一开放、公平诚信、竞争有序，促进大众创业、万众创新，激发市场活力和社会创造力。

第十五条 提升社会治理体系和治理能力现代化水平，健全公共安全体系、社会治安防控体系、应急管理体系、社区治理体系、社会保障体系，打造共建共治共享的社会管理格局，实现政府治理和社会调节、居民自治良性互动，确保人民安居乐业、社会安定有序。

第十六条 更加注重公共服务，完善公共政策和公共服务工作机制，优化公共资源配置，健全政府主导、社会参与、覆盖城乡、普惠共享、可持续的公共服务体系，增强基本公共服务能力，加快推进基本公共服务均等化，促进共同富裕，在发展中保障和改善民生，不断增进人民福祉。

第十七条 积极推进绿色发展，牢固树立绿水青山就是金山银山的理念，实行最严格的生态环境保护制度，加强生态系统保护，打好“蓝天、碧水、净土”保卫战，着力解决突出环境问题，强化自然资源资产管理，优化完善国土开发和保护格局，推动形成绿色发展方式和生活方式，严控高耗能、高排放项目，落实“双碳”要求，努力建设天蓝地绿水清的美丽荷塘。

第四章 坚持依法行政

第十八条 区人民政府及各部门要带头维护宪法和法律权威，深入贯彻《法治政府建设实施纲要（2021—2025 年）》，严格按照职能科学、权责法定、执法严明、公开公正、智能高效、廉洁诚信、人民满意的要求，行使权力，履行职责，承担责任，推进法治政府建设。

第十九条 区人民政府根据全区经济社会发展需要和维护社会主义法制统一的要求，统筹安排相关联相配套的政府规范性文件的立改废释工作。适时向区人民代表大会及其常务委员会提出有关议案，制定发布、及时修改或废止本级政府规范性文件。严格落实区人民政府规范性文件定期清理制度，使所确立的制度能够准确反映新时代社会主要矛盾变化，充分反映全区人民意愿，切实解决荷塘实际问题。

提请区人民政府审议的区人民政府规范性文件代拟稿，由区司法局进行合法性审查或组织起草。区人民政府规范性文件的解释工作由承办部门负责，区司法局予以协助。

第二十条 区人民政府及各部门制定规范性文件，必须符合宪法、法律、法规和国务院、省人民政府、市人民政府有关规章、决定、命令以及区人民政府有关决定、命令，严格遵守法定权限和程序。对违法或者规定不适当的部门规范性文件，要依法责令制定机关纠正或由区人民政府予以撤销。

涉及两个以上部门职权的事项，应充分听取相关部门意见，由有关部门联合制定规范性文件，重要事项由区人民政府制定规范性文件。涉及公众权益、社会关注度高的事项，涉外、涉港澳台侨的事项，须事先请示区人民政府。部门联合制定的重要规范性文件，经区人民政府批准后方可公布。

严格合法性审查和公平竞争审查。规范性文件不得设定行政许可、行政处罚、行政强制、行政事业性收费等事项；不得违法作出限制剥夺公民、法人或者其他组织权利或增加公民、法人或其他组织义务的规定；不得违法制定含有排除、限制竞争内容的政策措施。

区人民政府各部门规范性文件须经区人民政府统一登记、统一编号、统一公布。完善和执行规范性文件有效期制度，加强规范性文件制度执行情况的督促检查，实行废、改、立相统一。由区司法局负责规范性文件的备案登记和审查工作，并定期向区人民政府报告。

第二十一条　区人民政府及各部门必须依法管理经济、文化事业和社会事务。实施行政许可、行政处罚、行政强制、行政检查、行政征收、行政确认、行政给付等具体行政行为，应当合法、合理、适当、及时和有效。

第二十二条　区人民政府及各部门要严格规范公正文明执法，健全规则，完善程序，落实责任，强化监督，规范裁量权，做到有法必依、执法必严、违法必究，绝不允许以言代法、以权压法、逐利违法、徇私枉法，切实维护公共利益、人民权益和社会秩序。

第二十三条　完善政府重大合同审查管理工作机制，依法依规依程序对政府合同进行审查和管理。对于标的额较大、法律关系复杂的政府合同，严格实行专家论证制，确保政府合同审查质量；对以区人民政府名义和区人民政府授权的相关部门以及区属国有投融资集团公司名义签订的重大政府合同，由区司法局或政府法律顾问实行提前介入和过程跟踪，及时参与、指导、监督合同的调研、谈判、起草、签订等工作，确保合同的合法性，有效防范合同风险。

第二十四条　完善法治政府建设考核和报告制度。仙庾镇政府和各街道办事处应当按要求向区人民政府报告年度本地区推进法治政府建设的进展情况、主要成效、突出问题和下一步工作。区人民政府各部门每年要向区人民政府报告本部门法治政府建设的具体情况。

第五章　实行科学民主依法决策

第二十五条　区人民政府及各部门要严格执行党委、党组工作条例和加强民主集中制建设的相关规定，完善落实民主集中制各项制度，凡属重大问题都必须集体讨论决定，做到科学民主依法决策。要完善行政决策程序规则，将调查研究、公众参与、专家论证、风险评估、合法性审查、公平竞争审查和集体讨论决定作为重大决策的必经程序，增强公共政策制定透明度和公众参与度。

第二十六条　全区国民经济和社会发展计划、财政预算及执行情况，重大规划，政治、经济、教育、科学、文化、卫生、环境和资源保护、民政、民族等工作的重大事项，区人民政府提请区人民代表大会及其常委会审议的规章制度草案，重大项目资金安排（含专项债务资金）等，应由区人民政府常务会议或者区人民政府全体会议讨论决定，必要时报请区委决定。

第二十七条 健全依法决策机制，落实法律顾问和公职律师制度，提升运用法治思维和法治方式解决问题的能力。区人民政府各部门提请区人民政府研究决定的重大事项，必须经过深入调查研究，进行必要性、科学性、可行性、可控性评估论证和合法性审查、公平竞争审查，必要时可请研究、咨询机构参与；涉及相关部门的，应当充分协调，尽量取得一致意见；涉及乡镇、街道办事处的，应当事先征求意见并采纳合理意见；涉及重大公共利益和公众权益、可能引发社会稳定问题的，要进行社会稳定风险评估，并采取听证会等多种形式听取各方面意见。

在重大决策执行过程中，要跟踪决策的实施情况，了解利益相关方和社会公众对决策实施的意见建议，全面评估决策执行效果，及时调整完善。

第二十八条 区人民政府在作出重大决策前，根据需要通过多种方式，直接听取人大代表、政协委员、民主党派、社会团体、专家学者、企业、社会公众等方面的意见和建议。坚持区人民政府常务会议邀请财政部门、纪委监委、宣传部门、司法部门等列席制度，促进政府决策民主化、科学化、法治化，扩大公民有序的政治参与，密切政府与人民群众的联系。

第六章 推进政务公开

第二十九条 区人民政府及各部门、仙庾镇、各街道办事处要认真执行《中华人民共和国政府信息公开条例》和《湖南省实施〈中华人民共和国政府信息公开条例〉办法》，把公开透明作为政府工作的基本制度，贯穿权力运行全流程、政务服务全过程，大力推进行政决策、执行、管理、服务和结果公开，确保政务阳光透明。

第三十条 区人民政府全体会议和常务会议讨论决定的事项，区人民政府及各部门制定的政策，行政机关实施的行政许可、行政处罚、行政强制、行政事业性收费等职权的依据、过程和结果等，除依法需要保密的外，应及时公布。要运用多种方式做好政策解读，及时准确传递政策意图。搭建好政民互动平台，扩大公众参与，主动回应社会关切。

第三十一条 凡涉及公共利益、公众权益、需要广泛知晓的事项和社会关切的事项，以及法律法规和国务院、省人民政府、市人民政府、区人民政府规定需要公开的其他事项，均应通过政府公报、政府门户网站、新闻发布会、政务公开栏以及报刊、广播、电视、网络、新媒体等方式，依法、及时、全面、准确、具体地向社会公开。区人民政府领导重要政务活动除有保密要求的外，应在区人民政府门户网站反映，提高政府工作透明度。

第三十二条 加快推进“互联网+政务服务”，完善线上线下政务服务功能，纵深推进基层政务公开标准化规范化工作，运用市场化、改革化手段建立新型政务数据库，促进政务服务标准化、网络化、智慧化，实现多渠道政务服务，提供更多的网上办事和便民服务。加强政府网站建设，推动政务信息系统互联互通和公共数据共享，提高政府行政效能。

第七章 健全监督制度

第三十三条 区人民政府要依法接受区人民代表大会及其常务委员会的监督，认真负责地报告工作，接受询问和质询，依法备案政府规章和规范性文件，办理人大代表议案、建议。要自觉接受区政协的民主监督，虚心听取意见和建议，办理政协提案。

第三十四条 区人民政府及各部门要依照行政诉讼法及有关法律规定接受司法监督，依法办理行政应诉案件，落实行政机关负责人出庭应诉制度，尊重并自觉履行人民法院的生效判决、裁定。要自觉接受监察、审计等专门监督，健全层级监督制度。对监督中发现的问题，要认真及时查处和整改，并向区人民政府报告。

第三十五条　区人民政府要严格执行行政复议法，加强行政复议规范化建设和行政复议人员队伍建设，依法受理和办理行政复议案件，纠正违法或不当的行政行为，依法及时化解行政争议。

第三十六条　区人民政府及各部门要接受社会公众和新闻舆论的监督，对社会公众和新闻舆论反映的问题，要高度重视，积极回应，认真核实，妥善处理，及时正确发布信息，主动向社会公布处理结果。

第三十七条　区人民政府及各部门要重视信访工作，进一步完善信访工作制度，用好区域社会治理风险防控“N合一”机制，促进信访法治化建设，畅通和规范群众诉求表达、利益协调、权益保障渠道。区人民政府领导同志及各部门负责人要亲自阅批群众重要来信和网上重要信访，定期接待群众来访，深入基层下访回访，协调处理疑难复杂信访问题，保障合理合法诉求依照法律规定和程序得到合理合法的结果。

第八章　提高行政效能

第三十八条　区人民政府及各部门要增强效率意识和服务意识，大力倡导“马上就办、真抓实干”的工作作风，发扬“钉钉子”精神，始终保持工作快节奏、高效率，把本职工作做到最好；要按照服务大局、服务基层、服务群众的原则，不断优化行政权力运行流程，精简审批事项，大力压缩行政审批时限，全面建立办事高效、运转协调、服务规范的行政运行机制。

第三十九条　区人民政府各部门必须坚决落实区人民政府的决定，及时跟踪和反馈执行情况。区人民政府办公室和各部门要加强对《政府工作报告》确定的工作任务及区人民政府其他决策部署事项的督促检查，健全督查激励与问责机制，实行月度调度，促进问题解决，推动工作落实。区人民政府各部门须向区人民政府书面报告年度工作计划和年度工作完成情况。

第四十条　区人民政府及各部门要完善绩效管理制度和行政问责制度，加强对重大决策部署落实、部门职责履行、重点工作推进以及自身建设等方面的考核评估，注重对“三高四新”战略定位和使命任务落实情况、高质量发展、保障和改善民生、安全生产、依法行政等方面的考核评价，健全纠错制度，严格责任追究，加强执行力建设，培养攻坚克难韧劲，提高政府公信力和执行力。

第四十一条　充分发挥绩效管理的激励导向作用，深化结果运用，加大奖优、治庸、罚劣力度，建立健全激励约束机制，确保结果运用有力有效。区人民政府部门绩效管理考评结果报区人民政府常务会议、区委常委会议审定，作为干部选拔任用、评先奖优、教育培训、问效问责等重要依据。

第九章　会议制度

第四十二条　区人民政府实行区人民政府全体会议、区人民政府常务会议和区人民政府专题会议制度。

第四十三条　区人民政府全体会议由区长、副区长、区人民政府办主任、区人民政府其他领导和区人民政府工作部门的各局长、主任等组成，由区长召集和主持。区人民政府全体会议的主要任务是：

（一）传达贯彻党中央、国务院，省委、省政府、市委、市政府、区委的重大决策部署、重大决定和重要会议精神；

（二）讨论决定区人民政府工作中的重大事项；

（三）总结部署区人民政府的重要工作；

（四）通报重要工作情况；

（五）讨论通过依法需要由区人民政府全体会议决定的其他重要事项。

区人民政府全体会议一般每年召开二次。根据需要，可邀请、安排有关方面领导、仙庾镇、各街道办事处主要负责人及有关部门、有关企业主要负责人列席会议。

第四十四条 区人民政府常务会议由区长、副区长、办公室主任和区人民政府其他领导组成，由区长召集和主持。区人民政府常务会议的主要任务是：

（一）传达贯彻党中央、国务院，省委、省政府、市委、市政府及区委重要决策部署、重要决定和重要会议精神；

（二）研究讨论向市人民政府及区委请示报告的重要事项；

（三）讨论决定区人民政府工作中的重要事项；

（四）讨论、审议区人民政府规章草案和重要的规范性文件；

（五）听取区人民政府部门和有关单位关于全区重要工作事项汇报；

（六）分析形势、通报情况；

（七）讨论决定区人民政府工作其他重要事项。

区人民政府常务会议一般每月召开二次。根据需要，可邀请、安排有关方面领导、街道、乡镇主要负责人和有关部门、有关企业主要负责人列席会议。区人民政府常务会议有半数以上常务会议组成人员出席方为有效。

第四十五条 区人民政府专题会议由区人民政府领导召集和主持。区人民政府专题会议的主要任务是：研究协调区人民政府工作中的专项问题。会议根据需要召开，安排有关部门负责人出席。涉及机构编制、城市规划、国土资源、财税政策、资金安排、重大项目等方面内容的，会前要严格按程序报审。

第四十六条 提请区人民政府全体会议和区人民政府常务会议讨论的议题，由区人民政府分管领导协调或审核后提出，必要时由负责常务工作的副区长协调或审核后提出，由区人民政府办公室主任统筹安排，报区长确定。区人民政府全体会议、区人民政府常务会议和区人民政府专题会议的组织工作由区人民政府办公室负责，会议文件于会前按规范格式送达区人民政府领导。

区人民政府常务会议议题要着眼改革发展稳定大局，立足解决突出问题，不涉及全局、没有实质内容、无明确意见、意见不一致的议题一律不上会。提请区人民政府常务会议讨论的议题涉及多个部门的，主办部门应当在会前主动协调，相关部门应积极配合，提出的意见和建议由主要负责人签署。经协调不能取得一致意见的，须报分管副区长协调；仍不能取得一致的，报负责常务工作的副区长协调，主办部门应列明各方理据，并提出倾向性意见，确保议题规范、成熟，切实提高议事的针对性和决策质量。提请区人民政府常务会议审议的规范性文件，必须由区人民政府办公室进行初审，并经区司法局进行合法性审查和公平竞争审查。

区人民政府全体会议和区人民政府常务会议工作规则由区人民政府办公室制订。

第四十七条 区人民政府领导不能出席区人民政府全体会议、区人民政府常务会议，须向区长请假。各部门主要负责人不能参加区人民政府全体会议、区人民政府常务会议，书面向区人民政府办公室请假，由区人民政府办公室向区长报告批准。不能按要求参加区人民政府专题会议的人员，向会议主持人请假。

第四十八条 区人民政府全体会议和区人民政

府常务会议的会议纪要，一般由区人民政府办公室主任审签，负责常务工作的副区长审核，报区长签发；区人民政府专题会议纪要，由召集和主持会议的区人民政府领导签发，如有必要，报负责常务工作的副区长、区长签发。

第四十九条　区人民政府各类会议讨论决定的事项，可以公开报道的，应按相关规定进行报道。新闻稿须经区人民政府办公室主任或分管副区长审定，重大事项须报区长审定。

第五十条　区人民政府及各部门召开的工作会议，应坚持精简、高效、节约的原则，切实减少数量，控制规模，压缩时间、降低成本。各部门召开全区性工作会议原则上每年不超过一次。应由各部门召开的全区性工作会议，不以区人民政府或区人民政府办公室名义召开，一般不安排区人民政府领导出席，原则上不邀请街道、乡镇人民政府负责人参加，确需邀请的须报区人民政府批准，严格控制参会人员规模。严格执行会议定点及经费管理的有关规定，不得在风景区、度假区开会，会议活动现场布置要简朴。

各类会议都要充分准备，提高效率和质量，重在解决问题。

第十章　公文审批

第五十一条　区人民政府各部门、仙庾镇人民政府、各街道办事处报送区人民政府的公文，应当符合《党政机关公文处理工作条例》和《党政机关公文格式》的规定。除区人民政府领导同志交办事项、必须直接报送的绝密级事项、重大突发事件以及部分涉外事项外，一般不得直接向区人民政府领导同志个人报送公文，不得多头报送、越级报送，应送区人民政府办公室按规定程序办理。

区人民政府公文运转规则由区人民政府办公室制订。

第五十二条　区人民政府各部门报送区人民政府的请示性公文，应由部门主要负责人签发。凡涉及其他部门职权的，必须主动与相关部门充分协商，由主办部门主要负责人与相关部门负责人会签或联合报区人民政府审批。部门意见如有分歧，主办部门主要负责人要主动协商；协商后仍不能取得一致意见的，主办部门应列出各方理据，提出办理建议，与相关部门负责人会签后报区人民政府协调或决定。部门反馈意见时，须标注签发人，加盖部门印章。

第五十三条　区人民政府各部门、仙庾镇人民政府、各街道办事处报送区人民政府审批的公文，由区人民政府办公室按照区人民政府领导分工呈批，并根据需要由区人民政府领导转请区人民政府其他领导核批，涉及重大事项的，报送负责常务工作的副区长、区长审批。

第五十四条　区人民政府发布的命令、提请区人民代表大会及其常委会审议的议案，由区长签署。

第五十五条　区人民政府向上级人民政府报送的文件、制订的规范性文件、人事任免文件，由区长签发；区人民政府工作中一般事项发文由分管副区长签发，重大事项发文由负责常务工作的副区长、区长签发。以区人民政府办公室名义发文，一般由区人民政府办公室主任审签，报分管副区长、负责常务工作的副区长签发；如有必要，报区长签发。

签发公文时，应当签署意见、姓名和完整日期；圈阅或者签名的，视为同意。

第五十六条　坚持少发文、发短文、发管用的文，从严控制发文数量、发文规格和文件篇幅。法律、法规、规章已作出明确规定的，现行文件规定仍然适用、无新规定的，一律不再制发文件；没有实质内容、可发可不发的文件，一律不发；属部门职权范围内事项，不得升格由区人民政府或区人民政府办公室发文。未经区人民政府批准，区人民政府各部门、各议事协调机构不得向仙庾镇人民政府、各街道办事处发布指令性公文或在公文中提出指令性要求。

第五十七条 区人民政府及各部门要优化办文程序，加快推进机关信息化建设，积极推广电子公文和二维码应用，提高公文办理效率，紧急公文急事急办、特事特办，必要时可减少审批中间环节，确保在规定时间内办结。

第十一章 严格工作纪律

第五十八条 区人民政府组成人员要坚决贯彻执行党中央、国务院的路线方针政策和省委、省政府、市委、市政府、区委的工作部署，严格遵守纪律，有令必行，有禁必止，定期更新重要文件和领导批示及办理情况台账，确保事事有着落、件件有回音。

第五十九条 区人民政府组成人员必须坚决执行区人民政府的决定，如有不同意见可在内部提出，在重新作出决定前，不得有任何与区人民政府决定相违背的言论和行为；严格落实刊发个人署名文章和个人出版著作请示制度，代表区人民政府发表讲话和文章，个人发表涉及未经区人民政府研究决定的重大问题及事项的讲话和文章，事先须经区人民政府同意。

第六十条 区人民政府组成人员要严格执行请销假制度。副区长、政府办主任、区人民政府其他领导离荷出差、休假、学习，应事先报告区长，因紧急事项临时外出的应当及时报告，同时按程序向区委报告，并书面报送《领导干部外出报告单》，告知区人民政府办公室通报区人民政府其他领导，事后应及时销假。

各部门主要负责人离荷出差、休假、学习，应报区人民政府分管副区长和区长审批，并报区人民政府办公室备案。

第六十一条 发布涉及区人民政府的重要工作部署、经济社会发展重要信息、紧急事项等，要经过严格审定，依规依程序办理，重大情况要及时向区人民政府报告。

第六十二条 区人民政府组成人员要严格遵守保密纪律和外事纪律，严禁泄露国家秘密、工作秘密或因履行职责掌握的商业秘密等，坚决维护国家的安全、荣誉和利益。

第六十三条 区人民政府及各部门要加强值守应急工作，严格执行值班和节假日、特殊时期领导带班制度，按规定报告突发事件信息。

第十二章 加强廉政和作风建设

第六十四条 区人民政府及各部门要加强廉政建设和作风建设，严守政治纪律和政治规矩，做到信念过硬、政治过硬、责任过硬、能力过硬、作风过硬。要严格落实中央八项规定精神及其实施细则，严格执行廉洁从政各项规定，持之以恒正风肃纪，继续整治“四风”，力戒形式主义、官僚主义。

第六十五条 要从严治政，强化责任担当，勤勉干事创业。对职权范围内的事项要按程序和时限积极负责地办理，不能简单以会议贯彻会议、以文件落实文件，对不符合规定的事项要坚持原则不予办理；对因推诿、拖延或失职、渎职造成影响或损失的，要依法依纪追究责任；对越权办事、以权谋私等违纪、违规、违法行为，要严肃查处。

第六十六条 要廉洁从政，坚持以身作则、率先垂范，切实履行“一岗双责”，认真抓好职责范围内党风廉政建设和反腐败工作，严肃党内政治生活，加强党内监督。严格执行领导干部个人有关事项报告和重大问题请示报告制度，不得利用职权和职务影响为本人或特定关系人谋取不正当利益；不得违规插手人事安排；不得违反规定干预或插手市场经济活动；加强对亲属和身边工作人员的教育和约束，决不允许搞特权。

第六十七条 要严格执行财经纪律，按规定程序、对事业负责履行好项目资金、工作经费审批责任，坚持艰苦奋斗、厉行勤俭节约，坚决制止奢侈浪费，严格执行住房、办公用房、车辆配备等方面的规定，严格控制差旅、会议经费等一般性支出，切实降低行政成本，建设节约型机关。

严格落实中央、省、市、区关于新建、扩建、迁建和购置楼堂馆所有关政策规定，严格控制办公用房维修改造，严格履行审批程序，严禁豪华装修。

严格控制因公出国（境）活动的数量、时间和规模，不得以任何名义组织或参加没有明确公务目的和实质内容的公款出国（境）旅游或变相旅游。

改革和规范公务接待工作，严格按标准安排接待住宿用房和用餐，严禁用公款报销或支付应由个人负担的费用。公务接待出行应当安排集中乘车，严格控制随行车辆。不得违反规定用公款送礼和宴请，不得接受送礼和宴请。除外事接待和招商引资活动外，公务接待一律不得饮酒。严禁在任何时间、任何场合酗酒。

严格控制和规范各类会议、论坛、庆典、节会等活动，各类会议活动经费全部纳入预算管理。

第六十八条 要做学习的表率，建设学习型机关，坚持用习近平新时代中国特色社会主义思想武装头脑、引领方向、指导实践，积极促进知识更新、能力升级。区人民政府办公室要做好学习计划的制订和安排落实工作，建立健全传达学习和贯彻落实上级精神常态化机制，坚持区人民政府常务会议第一议题制度，及时学习贯彻党中央重大部署和习近平总书记重要讲话重要指示批示精神，不断充实新知识，研究新情况，积累新经验，解决新问题。

第六十九条 区人民政府组成人员要倡导清清爽爽的同志关系、规规矩矩的上下级关系和亲清新型政商关系。党内不搞拉拉扯扯、吹吹拍拍、阿谀奉承。会议发言中不称“尊敬的某某”；除党代会、“两会”等重大场合外，大会上台发言时不鞠躬。

第七十条 区人民政府领导及各部门负责人要加强调查研究，把调查研究贯穿于决策和执行的全过程，围绕上级重大决策部署和全区中心工作精准选题、精准施策、精准发力，坚持问题导向，坚持实事求是，推行一线工作法，深入基层、深入实际、深入群众，确保调研实效，确保用最好的办法解决问题。

到基层考察调研，要轻车简从，减少陪同，简化接待，减轻地方负担，严禁安排警车开道、群众迎送、搞交通管制，不得影响企事业单位正常的生产经营活动和人民群众正常的生产生活；考察调研时尽量安排集中统一乘车并严格控制车辆数；严禁在领导干部考察调研时违规到辖区边界和高速公路口迎送、张贴标语、铺设地毯、摆放花草、安排接见合影等；考察调研期间，严禁超规格安排食宿，严禁赠送各类纪念品或土特产；除工作需要外，不去名胜古迹、风景区参观考察。

第七十一条 除区委统一安排外，区人民政府领导同志个人不发贺信、贺电，不题词、题字、作序。区人民政府领导出席各类政务活动的新闻报道，严格执行中央、省委、市委、区委有关规定。未经批准，区人民政府组成人员一律不出席各类剪彩、奠基活动和庆祝会、纪念会、表彰会、博览会、研讨会及各类论坛等。

第十三章 附则

第七十二条 区人民政府工作部门适用本规则。

第七十三条 本规则自印发之日起施行。

中共株洲市荷塘区委办公室 株洲市荷塘区人民政府办公室 关于印发《关于打造“三个高地”促进荷塘高质量发展的实施方案》的通知

株荷办发〔2022〕4号

仙庾镇党委和人民政府，各街道党工委和办事处，区直机关各部门（单位）、各人民团体，市直驻区各分支机构，各企事业单位：

《关于打造“三个高地”促进荷塘高质量发展的实施方案》已经区委、区政府同意，现印发给你们，请认真贯彻执行。

中共株洲市荷塘区委办公室

株洲市荷塘区人民政府办公室

2022年3月8日

关于打造“三个高地” 促进荷塘高质量发展的实施方案

为坚决落实习近平总书记考察湖南重要讲话精神和中央、省委、市委决策部署，积极融入“三高四新”战略，贯彻“稳进高新”工作方针，坚持创新驱动转型升级，推动荷塘高质量发展，现制定本实施方案。

一、主要目标

力争到2025年，“三个高地”建设取得重大进展，争当全市“三个高地”建设排头兵。力争到2035年，在全市率先基本建成“三个高地”。

（一）勇当株洲打造国家重要先进制造业高地的主力军。“十四五”期间，全区规模工业增加值年均增长8.5%左右。2025年，制造业增加值占GDP比重达到40%以上，先进制造业占全部制造业比重达到35%以上，质量效益稳步提升，产业链供应链稳定性明显增强。打造“一廊五基地”的新格局，加快建设沿荷塘大道发展，北接云龙、南连芦淞的东部现代工业长廊；南部布局新材料高新技术产业化基地，中部布局三一智慧钢铁产业基地和动力产业配套智造基地，北部布局新型建筑工业化示范基地和生物医药健康产业创新基地的产业发展布局。做好“聚焦、裂变、创新、升级、品牌”文章，依托龙头企业引领产业聚集，打造材料科技城、现代物流城，力争培育国家级、省级先进制造业集群。

（二）勇当株洲打造具有核心竞争力的科技创新高地的主力军。2025年，全社会研发投入强度提高到3.3%以上，科技进步贡献率超过70%，高新技术产业增加值占GDP比重超过35%。“十四五”期间，制定落实高新技术企业倍增计划，力争到2025年，国家高新技术企业达到120家左右，科技创新制度环境进一步完善，高端创新人才加快集聚，创新成果不断涌现。积极争取国家、省、市重点实验室、重大科技基础设施布局园区，鼓励和支持有实力的企业承担建设国家重大科技专项。

（三）勇当株洲打造内陆地区改革开放高地的主力军。2025年，高标准市场体系基本建成，重点领域深层次改革取得重大进展，市场主体更加充满活力，建设开放发展先行区。主动融入中部崛起、长江经济带、粤港澳大湾区等国家战略，深度融入长株潭一体化建设，以更广阔视角综合运用国际国内两个市场、两种资源，广泛开展对外合作，形成区域经济发展新优势。紧密对接中国（湖南）自贸试验区、中非经贸博览会、长沙临空经济示范区、湘欧快线、株洲铜塘湾保税物流中心（B 型）等省、市重大开放平台，推动优势企业、产品“走出去”。

二、重点任务

（一）实施制造强区“七大工程”。实施先进制造业集群建设工程。着力建设先进硬质材料产业园、钢铁新材料产业园、智能建造新材料产业园、复合新材料产业园，形成先进制造业集群梯次推进的发展格局，打造国内一流、湖南标杆的“材料科技城”，力争进入全国新材料科技园区第一方阵，成为湖南省新材料产业新高地，为湖南装备制造业提供强有力的基础材料和加工支撑。加大对株硬集团和五矿中钨高新公司产能扩大、技术升级、管理升级、市场开拓等全方位支持力度，助力其巩固提升在先进硬质材料领域的行业领军企业地位；加快先进硬质材料交易中心等项目建设，大力引进高端硬质合金刀具和有色金属深加工领域优质项目、企业总部，申报国家级先进硬质材料产业集群，打造全国领先的先进硬质材料产业园。对接市高分子新材料产业链建设行动，支持株洲飞鹿高新、中化株洲橡胶院等企业做大做强，整合橡胶院、稀美钛、喜德盛等资源优势，引进发展一批高分子材料、溅射靶材、碳纤材料等生产企业，打造行业领先的复合材料产业园。

实施产业基础再造工程。加大重要产品和关键核心技术攻关力度，启动实施国产替代行动计划，不断提升关键基础零部件（元器件）、关键基础材料、先进基础工艺、产业技术基础和基础工业软件供给能力。加快龙头企业和高成长性小微企业培育，到 2025 年，省级及以上专精特新“小巨人”企业达到 15 家以上。建设一批产业协同创新平台、新型产业创新联盟。

实施产业链供应链提升工程。坚持链式发展、集群发展、融合发展，实施先进制造业优势产业链建设行动，落实市千亿产业集群培育计划和工业新兴优势产业链建设行动。推进产业链强链、补链、延链，着力构建自主可控、安全高效的产业链供应链，提升主导产业本地配套率。实施重点企业和重大产业项目攻坚行动，加快推进研发、设计、检验等现代服务业与先进制造业融合发展，形成“研发—设计—制造—检测—展示交易”全产业生态链条，全方位打造具有更强创新力、更高附加值、更安全可靠的现代化产业链，支撑现代产业体系建设。

实施园区提质升级工程。加快建设“材料科技城”“现代物流城”，全力创建规划定位好、创新平台好 、产业项目好、体制机制好、发展形象好的“五好”园区，推动产业层次、产值规模、综合品质再上新台阶。推行实体化运行、市场化运作、企业化经营，实现园区可持续发展，积极探索建设“园中园”新模式。建设绿色低碳园区，推动园区发展从追求经济总量扩张向绿色化、低碳化、安全化、循环化转型。推进园区和城镇基础设施、产业发展、市场体系、基本公共服务和生态环保一体化建设。

实施军民融合发展工程。统筹推进全方位、多领域、系统性、多方式的军民融合，培育一批“民参军”企业。依托宏达电子发挥军民融合协调创新作用，推动军民协调创新和资源共享，建设一批创新能力强、特色突出、科技含量高的军民融合技术转移中心和产品孵化中心。围绕硬质合金、轨道交通、新材料、新能源汽车等军民融合领域，建立军工科技成果、民技军用成果、军民融合产业项目库，布局和建设一批重大示范项目。

实施质量品牌提升工程。对接中国制造 2025 绿色制造工程，推动荷塘产业开发区创建“湖南省绿色园区”，鼓励和支持企业开发绿色产品、创建绿色工厂、打造绿色供应链。推动制造业绿色高质量发展，创建一批绿色工厂、绿色园区、绿色设计产品和绿色供应链管理企业。引导和鼓励生产制造类企业建立工匠工作室，通过技术攻关、破解生产难题、固化创新成果等塑造工匠品牌。

实施数字经济赋能工程。提升数字治理现代化水平，推动大数据、云计算、人工智能、区块链等产业发展，打造数字经济新优势。大力发展数字经济，提供政策扶持，引导株洲市电子商务行业协会总部入驻荷塘，引领行业发展。建设荷塘产业开发区智慧园区管理系统、三一数字化平台、“猫友”线上灵活用工平台、硬质合金综合服务线上展示交易平台，深入推进中小企业“上云上平台”行动，拓展智慧物流、智慧交通、智慧旅游、智慧农业等数字技术应用场景，培育数字经济新业态。对接中国制造2025战略和“两化融合”“两业融合”工作部署，大力发展智能制造、服务型制造和数字经济，着力创建一批国家、省、市示范企业、示范项目、示范平台，促进先进制造业与现代服务业深度融合，推进产业数字化、数字产业化，增强产业核心竞争力，提高产业发展质量。

（二）实施科技创新“七大计划”。实施关键核心技术攻关计划。聚焦优势产业、新兴产业和未来产业，推进关键共性技术与核心装备攻关，对接省、市关键核心技术攻关专项行动计划和领先科技创新深化行动，制订落实核心技术产品“攻尖”工程和自主创新产品“迭代”应用计划，力争五年内实施国家级科技项目2个、省级科技项目3个、市级科技项目15个。引导企业与高校院所、科研机构组建多种形式的产业创新联盟，开展核心、共性技术攻关。

实施基础研究发展计划。加强中南大学·荷塘区联合创新实践基地建设，搭建与职教城合作平台，探索完善校地合作机制，打造产学研合作典范。加强校企合作示范项目建设，依托“湖南省科技成果转移转化示范区”，推动八方声学与清华大学建筑学院，格斯特机械动力与南航、北航、浙江大学等更深入研究合作。

实施创新主体增量提质计划。制订落实高新技术企业倍增计划，力争到2025年，国家高新技术企业达到120家左右。制订落实“瞪羚企业”培育计划，遴选并重点培育32家优质成长型企业（平均每年8家），从研发投入、融资、市场开拓、产业发展基地、首台套示范应用等方面加大扶持力度，引导企业“专精特新”发展，促进企业做大做强。制定落实“小巨人”企业培育计划，支持和鼓励在校大学生、科研院所科技人员、大企业科技人员等创办科技型创业企业，引导传统型中小企业加快向科技型中小企业转变，力争五年内“小巨人”企业达到15家以上。

实施创新人才引培计划。对接省“芙蓉人才计划”和市“人才30条”政策，探索和创新“人才+技术”“人才+产业”路径，建立“卡脖子”技术人才需求清单和靶向引才、企业举才等机制，大力引进和培育企业做大做强急需的科技创新人才（团队）、产业集聚发展紧缺的创业类高层次人才（团队），着力建设科技领军人才、优秀青年人才、创新型企业家和技术技能人才“四支人才队伍”，打造荷塘“智力磁场”。加强人才服务体系建设，建立面向高端人才的跟踪服务和沟通反馈机制，强化人才“一站式”服务和人才安居、生活保障等措施。健全人才保障和激励体系，加大人才在科技研发、成果转移转化等活动中的合法利益保护。

实施创新平台建设计划。建立健全科技资源开放共享激励机制，推动硬质合金国家检测平台、株洲橡塑院国家乳胶制品质量监督检验中心、株洲科能通用检测技术平台开放。建设湖南（株洲）装配式建筑研究中心，打造新型建筑工业化产业技术创新联盟。支持株硬集团牵头建设湖南（株洲）新材料产业创新共享实验室，探索构建集技术、人才、市场、资本四位一体的“平台+”协同创新体系。到2025年，力争建成产业协同创新平台2个，新型产业创新联盟2个。

实施创新生态优化计划。制定落实科技金融融合发展计划，设立区创新创业投资引导资金，搭建科技金融合作平台，积极引入知名天使基金、VC、PE等投资机构入驻，推动设立科技金融专营机构，支持关键技术、重大成果创新和转化。制定落实省创新型区创建方案，建立健全“1+N”促进科技创新政策体系。建立健全科技决策咨询机制，提高科技管理决策水平。推行普惠性以奖代补和后补助，鼓励规模以上企业推行研发准备金制度，引导企业加大自身研发投入。到2025年，打造1家影响力和带动力强的双创示范基地。

实施科技成果转化计划。加强国家知识产权示范建设，推动建设国家知识产权示范企业、国家知识产权优势企业和高校知识产权中心，完善知识产权服务体系建设，争取省市政策建立区级知识产权服务分中心，促进自主创新成果的知识产权化、商品化、产业化、证券化。推动建立金融机构与科技创新创业企业的战略合作联盟，通过长期合作，持续推动科技创新创业孵化和科技成果转化。

（三）实施改革开放“六大行动”。实施深化国资国企改革行动。完善国有资产监管制度体系，全面实行清单管理制度，开展企业集团“总部机关化”专项治理。推动国有企业建立中国特色现代企业制度，推行国有企业经理层成员任期制和契约化管理。分层分类推进混合所有制改革，加快推动区属企业国有资本布局和结构战略性调整。加快区级平台公司改革转型，积极稳妥推进混合所有制改革。

实施深化投融资体制改革行动。发挥政府投资的撬动作用，深化投融资领域改革，建立多元投融资体系，引导和扩大社会投资。成立区产业投资基金，逐步完善“天使投资+创业投资+产业投资”全过程科技投融资体系。加强与银行、保险、担保、信托、证券等金融机构合作，推动设立科技金融专营机构，开发覆盖创新企业全生命周期的科技金融服务产品，逐步形成“投、贷、债、保”一体化科技金融服务网络。统筹协调科技金融资源，搭建科技金融合作平台。

实施深化要素市场化配置改革行动。积极落实中央、省、市关于要素市场化配置、建设高标准市场体系等重大制度性安排和改革方案，加快破除深层次体制机制障碍。以完善产权制度和要素市场化配置为重点，厘清政府与市场的边界，实现产权有效激励、要素自由流动、竞争公平有序、企业优胜劣汰，形成完善的市场经济运行体系。落实市场准入负面清单制度和公平竞争审查制度，推动“纾困、减负、赋能”政策措施直达基层、直接惠及每个市场主体，完善中小企业服务体系，持续深化“个转企、小升规、规改股、股上市”工作。

实施营商环境优化行动。深化“放管服”改革。大力推动政务服务入园，打造园区行政审批闭环，为园区企业提供“一站式”“零距离”服务。融入“长株潭”营商环境一体化建设，实现“跨市通办、一网通办、掌上即办”。抓好惠企政策兑现，推动惠企政策“免申即享”。完善企业服务体系。健全“一办两中心”企业服务体系，完善“代办+帮办”常态化服务机制，巩固提升企业服务效能。创新“政府主导+市场运作”的企业服务机制，引入市场专业机构，为企业提供更高效、更精准的服务。健全常态化政商沟通机制，完善领导联点、专员包片、政企“早餐会”、政企会商等联系企业制度。

实施“走出去”行动。支持企业国际产能合作，开展国际化经营。支持企业“借船出海”“抱团出海”，开拓国际市场。支持企业通过国际并购，获得发展所需的关键技术，拓展市场渠道。紧密对接中国（湖南）自贸试验区、中非经贸博览会、长沙临空经济示范区、湘欧快线、株洲铜塘湾保税物流中心（B 型）等省、市重大开放平台，推动优势企业、产品“走出去”。

实施“引进来”行动。依托“沪洽周”“粤港澳大湾区投资洽谈会”“湘台会”“投洽会”和“五大会展”、境内外行业协会、知名商协会等平台，加强项目对接洽谈。实施“五大开放行动”，主动融入中部崛起、长江经济带、粤港澳大湾区等国家战略，深度融入长株潭一体化建设，广泛开展对外合作。深化产业链招商，持续加大“三类 500 强”企业和产业链招商力度。大力发展总部经济，加强企业总部引进，同时针对总部不在荷塘区的入驻企业，实施二次招商；针对我区主机产品、优势产品生产的企业，支持其发挥技术、品牌和采购优势扩大产能，开拓区域市场，提高产业资源整合能力。

三、保障措施

（一）强化组织领导。按照“区统筹协调、部门落实推进”，成立打造“三个高地”促进荷塘高质量发展指挥部（名单附后），由区委、区政府主要领导挂帅，区直相关部门为成员单位，负责“三个高地”各领域相关工作。各部门要根据区统一部署组织开展 “三个高地”建设。

（二）完善推进机制。由区发展改革局、区科工信局、区商务粮食局、区招商办、区优化营商环境中心等部门分别制订具体工作计划、年度任务清单、责任清单和评价指标体系，加强监测分析，明确各项目标任务的具体目标和时间节点。将“三个高地”建设纳入贯彻落实习近平总书记考察湖南重要讲话指示精神政治督查和全区绩效评估范畴，各镇（街道），区直机关各部门要定期报送重要工作进展和工作信息。

（三）加强政策引导。加大财政投入，优化支出结构，推动财政资金向“三个高地”倾斜，提高财政资金配置和使用效率。强化产业政策支撑带动作用，统筹配置好财税、土地、金融、社保、医疗、住房、教育等各类政府综合配套资源，完善企业落户、人才引进、财税优惠、金融支持等政策。

（四）突出项目支撑。围绕打造“三个高地”，建立重大项目库，编制年度项目计划，加强项目策划和储备，形成“投产达效一批、开工建设一批、谋划储备一批”的良性循环体系。优先将“三个高地”建设项目纳入区重点建设项目清单，建立区领导联系推进重点项目清单，开辟审批“绿色通道”，切实保障项目用地、用能、用工等需求。

（五）加大宣传力度。围绕打造“三个高地”，进一步加强宣传报道。在区级媒体上要开设专栏专题，持续宣传报道相关政策举措和典型案例，营造全社会关心和支持“三个高地”建设的良好环境。

附件：打造“三个高地”促进荷塘高质量发展指挥部成员名单

附件

打造“三个高地”促进荷塘高质量发展指挥部成员名单

第一指挥长：方　靖　区委书记

指　挥　长：罗鹏程　区委副书记、区人民政府区长

常务副指挥长：　区委副书记、政法委书记

刘国梁　区人大常委会主任

汤小红　区政协主席

执行副指挥长：陈柏文　区委常委、区人民政府常务副区长

成　　员：马永章　区委常委、区人武部部长

李小冬　区委常委、区纪委书记、区监察委主任

余　鹏　区委常委、组织部部长

王　冬　区委常委、统战部部长

王伟胜　区委常委、区委办主任

刘定光　区委常委、区人民政府副区长、仙庾镇党委书记

张宇晨　区委常委、宣传部部长

罗　曼　区人民政府副区长

王　昆　区人民政府副区长

言　清　区人民政府副区长、公安荷塘分局局长

向前进　区人民政府副区长

张　璐　区人民政府副区长

陈佳敏　区人民政府副区长

肖昊昕　荷塘区产业开发区党工委书记

王　荣　荷塘区产业开发区管委会主任

冯　晓　区政协副主席、区卫生健康局局长

张海湘　区委办公室常务副主任

唐　坚　区政府办公室主任

汤　灿　区纪委常务副书记、监察委副主任

袁夕辉　区委组织部常务副部长

张智春　区委宣传部常务副部长

周文洁　区委统战部常务副部长

唐　斌　区发展改革局局长

周　波　区教育局局长

曾　健　区科工信局局长

刘骞晖　区民政局局长

易　东　区司法局局长

苏　智　区财政局局长

黄大平　区人力资源社会保障局局长

熊　昕　区自然资源局局长

刘胜贤　区住房城乡建设局局长

魏　星　区交通运输局局长

谭洪勇　区农业农村局局长

李挺美　区商务粮食局局长

周　兴　区文旅体局局长

廖　敏　区审计局局长

陈　靖　区退役军人局局长

赵　冰　区应急局局长

汤思源　区城管局局长

罗炽威　区市场监管局局长

旷世平　区统计局局长

彭小龙　区政府金融办主任

龚大力　区信访局局长

宋周伟　区医保局局长

文　丽　区行政审批局局长

杨文明　荷塘税务局局长

周应和　生态环境荷塘分局局长

王　巍　区招商办主任

马涛涛　区征地协调中心主任
罗　铭　区优化营商环境中心主任
陈霞霞　区产业服务中心主任
李俊伟　仙庾镇党委副书记、镇长
王　穗　月塘街道党工委副书记、办事处主任
刘石平　茨菇塘街道党工委书记
何　毅　茨菇塘街道党工委副书记、办事处主任
万　景　金山街道党工委副书记、办事处主任
张　健　桂花街道党工委副书记、办事处主任
钟　杨　宋家桥街道党工委书记
杜　杜　宋家桥街道党工委副书记、办事处主任
刘　晔　明照街道党工委书记
李正玉　明照街道党工委副书记、办事处主任
马艳花　金城集团董事长
王佳佳　金科集团董事长

指挥部负责打造“三个高地”领导工作。指挥部下设办公室和八个专项小组，其中办公室办公地点设在区发展改革局。今后，指挥部组成人员工作如有变动，由相应岗位人员自然递补。工作组相关成员单位及工作职责具体如下：

一、办公室

主　　任：区委副书记、政法委书记
常务副主任：陈柏文
副 主 任：张海湘、唐　坚、汤　灿、张智春、唐　斌（执行）

成员单位：区发展改革局（牵头单位）、区委办公室、区政府办公室、区纪委监委、区委组织部、区委宣传部、区委深改办、区科工信局、区商务粮食局、区文旅体局、区市场监管局、区优化营商环境中心、区财政局、区统计局

办公室工作职责：承担“三个高地”指挥部日常工作；将“三个高地”建设相关任务目标落实到下属各组、各镇（街道），并进行综合调度；统筹协调区级领导活动；组织召开联席会议、季度讲评等重要会议和筹办大型主题活动；负责“三个高地”建设情况督查督办、月度通报、季度讲评、年度考核等工作；负责问题交办、销号等协调调度工作；起草政策文件、规章制度和会议材料，编辑活动简报和考核通报；制定宣传报道方案，组织新闻媒体开展宣传报道。

二、改革开放组

组　　长：刘国梁
常务副组长：王伟胜、陈佳敏
副 组 长：李挺美（执行）、王　川（执行）、王　巍

成员单位：区委深改办（牵头改革工作）、区商务粮食局（牵头开放工作）、区发展改革局、区科工信局、区人力资源社会保障局、区自然资源局、区交通运输局、区农业农村局、区市场监管局、区行政审批局、区政府金融办、区优化营商环境中心、区工商联、区招商办、区教育局、仙庾镇、各街道

工作职责：制订改革开放高地建设年度工作计划；统筹推进改革开放高地建设工作，制定工作方案，明确工作分工；对各项工作推进情况进行总结、分析、督办，分类建立工作台账；及时协调解决推进工作过程中出现的问题，对需指挥部协调解决的问题及时向指挥部办公室报送；每月向指挥部办公室报送工作动态和进展情况；完成指挥部办公室交办的其他工作。

三、科技创新组

组　　长：汤小红
常务副组长：张　璐
副 组 长：曾　健（执行）

成员单位：区科工信局（牵头单位）、区委深改办、区委人才办、区发展改革局、区教育局、区司法局、区财政局、区人力资源社会保障局、区自

然资源局、区住房城乡建设局、区商务粮食局、区市场监管局、区统计局、区政府金融办、区科协、荷塘税务局、仙庾镇、各街道

工作职责：制订科技创新高地建设年度工作计划；统筹推进“创新引领”等工作，制定工作方案，明确工作分工，破除科技创新发展的瓶颈，加大核心技术攻关、科技成果转化度；对各项工作推进情况进行总结、分析、督办，分类建立工作台账；及时协调解决推进工作过程中出现的各项问题，对需指挥部协调解决的问题及时向指挥部办公室报送；每月向指挥部办公室报送工作动态和进展情况；完成指挥部办公室交办的其他工作。

四、干部能力提升组

组　　长：余　鹏

常务副组长：王　昆

副 组 长：袁夕辉（执行）、黄大平

成员单位：区委组织部（牵头单位）、区委办公室、区委宣传部、区人力资源社会保障局、区民政局、区农业农村局、区经济研究中心、区委党校、荷塘月色服务中心、荷塘产业开发区、仙庾镇、各街道

工作职责：制定工作方案，统筹推进“干部能力提升年”活动；加强对各单位活动开展情况的指导和督促；对各项工作推进情况进行总结、分析、督办，分类建立工作台账；及时研究解决活动开展过程中出现的问题和困难；每月向指挥部办公室报送工作动态和进展情况；完成指挥部办公室交办的其他工作。

五、市场主体培育组

组　　长：王　冬

常务副组长：张　璐

副 组 长：唐　斌（执行）、周文洁、罗炽威、杨文明、文　丽

成员单位：区发展改革局（牵头单位）、区委人才办、区委网信办、区市场监管局、区教育局、区科工信局、公安荷塘分局、区民政局、区司法局、区财政局、区人力资源社会保障局、区自然资源局、区住房城乡建设局、区交通运输局、区农业农村局、区商务粮食局、区文旅体局、区卫生健康局、区统计局、区政府金融办、区行政审批局、区优化营商环境中心、区工商联、荷塘税务局

工作职责：统筹推进“市场主体培育年”活动，制定目标任务、工作计划和工作方案，明确职责分工；对各项工作推进情况进行总结、分析、督办，分类建立工作台账；及时协调解决推进工作过程中出现的各项问题，对需指挥部协调解决的问题及时向指挥部办公室报送；每月向指挥部办公室报送工作动态和进展情况；完成指挥部办公室交办的其他工作。

六、要素保障组

组　　长：陈柏文

常务副组长：向前进、肖昊昕

副 组 长：汤　灿、袁夕辉、罗　铭（执行）、熊　昕、唐　斌、彭小龙

成员单位：区优化营商环境中心（牵头单位）、荷塘产业开发区、区财政局、区人力资源社会保障局、区自然资源局、区政府金融办、区行政审批局，区住房城乡建设局、仙庾镇、各街道、金城集团、金科集团

工作职责：制定要素保障年度目标任务和工作计划；明确职责分工，统筹推进营商环境优化、人才、土地、金融等要素保障工作；对各项工作推进情况进行总结、分析、督办，分类建立工作台账；及时协调解决推进工作过程中出现的各项问题，对需指挥部协调解决的问题及时向指挥部办公室报送；每月向指挥部办公室报送工作动态和进展情况；

完成指挥部办公室交办的其他工作。

七、先进制造业组

组　　长：张　璐

常务副组长：王　荣

副 组 长：曾　健（执行）

成员单位：区科工信局（牵头单位）、区发展改革局、区教育局、区财政局、区人力资源社会保障局、区自然资源局、生态环境荷塘分局、区交通运输局、区商务粮食局、区文旅体局、区市场监管局、区统计局、区政府金融办、区行政审批局、荷塘税务局、仙庾镇、各街道、各产业链办公室

工作职责：制订先进制造业高地建设工作计划；统筹推进制造业发展等工作，制定工作方案，明确工作分工，破除先进制造业发展的瓶颈，加快先进制造业升级步伐；对各项工作推进情况进行总结、分析、督办，分类建立工作台账；及时协调解决推进工作过程中出现的各项问题，对需指挥部协调解决的问题及时向指挥部办公室报送；每月向指挥部办公室报送工作动态和进展情况；完成指挥部办公室交办的其他工作。

八、品牌推广组

组　　长：张宇晨

常务副组长：陈佳敏

副 组 长：张智春（执行）、周　兴

成员单位：区委宣传部（牵头单位）、区文旅体局、区委网信办、区发展改革局、区教育局、区科工信局、公安荷塘分局、区民政局、区财政局、区人力资源社会保障局、区自然资源局、区住房城乡建设局、区农业农村局、区商务粮食局、区卫生健康局、区城管局、区市场监管局、区工商联

工作职责：制定品牌推广年度目标任务和工作计划；统筹推进品牌推广行动，促进产品品牌、产业品牌和区域品牌提升，制定工作方案，明确工作分工；对各项工作推进情况进行总结、分析、督办，分类建立工作台账；及时协调解决品牌推广工作过程中出现的各项问题，对需指挥部协调解决的问题及时向指挥部办公室报送；每月向指挥部办公室报送工作动态和进展情况；完成指挥部办公室交办的其他工作。

九、“双碳”电网建设组

组　　长：陈柏文

常务副组长：张　璐、王　荣

副 组 长：唐　斌（执行）、曾　健、刘胜贤、蔡群英

成员单位：区发展改革局（牵头单位）、荷塘产业开发区、区科工信局、区住房城乡建设局、区教育局、仙庾镇、各街道、金城集团、金科集团

工作职责：制定“双碳”电网建设工作年度目标任务和工作计划；明确职责分工，统筹推进“双碳”电网建设项目及承办交办工作任务等工作；对各项工作推进情况进行总结、分析、督办，分类建立工作台账；及时协调解决推进工作过程中出现的各项问题，对需指挥部协调解决的问题及时向指挥部办公室报送；每月向指挥部办公室报送工作动态和进展情况；完成指挥部办公室交办的其他工作。

统计资料

2022 年荷塘区主要综合经济指标完成情况表

附表 1

指标名称	计量单位	完成经济指标	同比增长（%）
1. 地区生产总值（GDP）（季度）	亿元	281.4	5.3
#第一产业	亿元	5.1	2.6
第二产业	亿元	146.3	6.9
第三产业	亿元	133.3	3.6
2. 城乡居民可支配收入（元）（季度）	元	57955	4.8
3. 固定资产投资	亿元	212.4	-13.0
#工业投资	亿元	—	-2.2
4. ▲规模以上工业增加值	亿元	76.2	10.8
5. ▲规模以下工业增加值（季度）	—	—	5.0
6. ▲社会消费品零售总额	亿元	93.4	2.3
7. ▲建筑业总产值（季度）	亿元	86.6	9.2
8. ▲商品房销售面积（万平方米）	万平方米	33.0	-33.9
9. ▲房地产业工资总额（季度）	—	—	-3.4
10. ▲农林牧渔总产值（季度）	亿元	8.5	2.6
11. 高新技术产业增加值（季度）	亿元	83.4	20.0
12. ▲其他营利性服务业营业收入（季度）	—	—	—
多式联运和运输代理业	—	—	17.4
装卸搬运和仓储业	—	—	3.6
信息传输软件和信息技术服务业	—	—	60.6
互联网及相关服务业	—	—	143.5
软件和信息技术服务	—	—	35.6
租赁和商务服务业	—	—	31.8
科学研究和技术服务业	—	—	20.9
居民服务、修理和其他服务业	—	—	30.6
文化、体育和娱乐业	—	—	35.7
13. ▲8 个行业劳动工资（季度）	—	—	—

续附表 1

指标名称	计量单位	完成经济指标	同比增长（%）
科学研究与技术服务业工资	—	—	10.1
文化、体育和娱乐业工资	—	—	0.9
水利、环境和公共设施管理业工资	—	—	0.2
教育工资	—	—	17.3
卫生和社会工作工资	—	—	11.7
公共管理、社会保障和社会组织工资	—	—	22.8
租赁和商务服务业	—	—	12.0
居民服务、修理和其他服务业	—	—	25.2
14. 一般公共预算总收入	亿元	/	-4.1
#税收收入	亿元	6.4	-2.5
15. 地方收入	亿元	4.0	-2.0
#地方税收收入	亿元	3.3	1.8
16. 一般公共预算支出	个	22.5	22.4
17. 实际利用外资	万美元	15.5	—
18. 实际利用内资	亿元	134.0	12.6
19. 新增“四上”企业数	个	55	—

县（市、区）主要经济指标一览表（一）

附表 2

县（市、区）名称	生产总值（GDP）同比增减（%）	第一产业增加值同比增减（%）	第二产业增加值同比增长（%）
荷塘区	5.3	2.6	6.9
芦淞区	0.3	3.5	-3.1
石峰区	6.5	4.4	7.8
天元区	4.5	2.7	6.8
经开区	2.2	3.3	0.4
渌口区	6.0	3.4	9.2
攸　县	4.6	3.0	6.4
茶陵县	5.2	4.1	9.4
炎陵县	3.8	4.4	5.0
醴陵市	5.4	3.1	6.9

县（市、区）主要经济指标一览表（二）

附表 3

县（市、区）名称	第三产业增加值同比增减（%）	建筑业增加值同比增减（%）	规模工业增加值同比增减（%）
荷塘区	3.6	9.2	10.8
芦淞区	3.3	10.7	5.1
石峰区	4.2	7.1	10.7
天元区	2.8	12.3	10.5
经开区	3.0	5.3	5.1
渌口区	3.5	11.3	10.3
攸　县	3.9	13.9	7.7
茶陵县	2.5	12.8	8.6
炎陵县	2.6	8.7	8.2
醴陵市	3.9	18.0	6.2

县（市、区）主要经济指标一览表（三）

附表 4

县（市、区）名称	高新技术产业增加值同比增减（%）	固定资产投资同比增减（%）
荷塘区	20.0	-13.0
芦淞区	13.7	-43.4
石峰区	10.0	-32.0
天元区	12.1	-28.2
经开区	1.6	-34.1
渌口区	28.3	11.7
攸　县	24.9	7.8
茶陵县	12.6	8.1
炎陵县	9.0	0.8
醴陵市	9.9	5.5
县域合计	20.0	—

县（市、区）主要经济指标一览表（四）

附表 5

县（市、区）名称	社会消费品零售总额	
	绝对额（亿元）	同比增长（%）
荷塘区	93.4	2.3
芦淞区	237.7	2.0
石峰区	68.6	2.3
天元区	188.8	2.5
经开区	15.8	2.4
渌口区	61.1	2.9
攸　县	175.8	2.7
茶陵县	103.9	2.4
炎陵县	38.8	2.6
醴陵市	293.2	2.6

县（市、区）主要经济指标一览表（五）

附表 6

县（市、区）名称	实际利用外资	
	绝对额（万美元）	增速（%）
荷塘区	16	5.3
芦淞区	0	0.0
石峰区	1	0.3
天元区	1509	50.3
经开区	1	0.2
渌口区	5	1.7
攸　县	8	8.0
茶陵县	0	0.0
炎陵县	0	0.0
醴陵市	40	8.0

县（市、区）主要经济指标一览表（六）

附表 7

县（市、区）名称	实际利用内资	
	绝对额（万元）	增速（%）
荷塘区	1339985.7	12.6
芦淞区	1496270.0	16.0
石峰区	1172015.6	14.3
天元区	1648598.6	14.2
经开区	598005.6	22.2
渌口区	628019.4	13.3
攸　县	1228480.0	14.3
茶陵县	619955.2	11.2
炎陵县	524906.2	14.3
醴陵市	1251683.4	13.4

县（市、区）主要经济指标一览表（七）

附表 8

县（市、区）名称	城乡居民人均可支配收入	
	绝对额（元）	增速（%）
荷塘区	57955	4.8
芦淞区	60989	4.6
石峰区	58496	4.7
天元区	66651	4.5
经开区	47700	4.4
渌口区	31250	6.2
攸　县	42868	5.5
茶陵县	28442	6.3
炎陵县	23501	6.6
醴陵市	44586	6.3

县（市、区）主要经济指标一览表（八）

附表 9

县（市、区）名称	城镇居民人均可支配收入	
	绝对额（元）	增速（%）
荷塘区	57955	4.8
芦淞区	60989	4.6
石峰区	58496	4.7
天元区	66651	4.5
经开区	47700	4.4
渌口区	43933	5.0
攸　县	49352	5.1
茶陵县	42784	5.2
炎陵县	36662	5.3
醴陵市	51061	5.4

县（市、区）主要经济指标一览表（九）

附表 10

县（市、区）名称	农村居民人均可支配收入	
	绝对额（元）	增速（%）
荷塘区	—	—
芦淞区	—	—
石峰区	—	—
天元区	—	—
经开区	—	—
渌口区	25862	6.3
攸　县	35434	6.2
茶陵县	13759	7.1
炎陵县	12740	7.0
醴陵市	36089	6.5

县（市、区）主要经济指标一览表（十）

附表 11

县（市、区）名称	城乡居民人均消费支出	
	绝对额（元）	增速（%）
荷塘区	39708	4.9
芦淞区	38516	4.8
石峰区	39788	5.0
天元区	42986	4.6
经开区	29472	4.7
渌口区	22726	6.1
攸　县	26576	5.7
茶陵县	19245	5.5
炎陵县	16762	5.9
醴陵市	28575	5.6

县（市、区）主要经济指标一览表（十一）

附表 12

县（市、区）名称	金融存贷款（本外币）	
	绝对额（亿元）	增速（%）
一、金融机构存款余额		
全　　市	4240.8	11.7
城区合计	2588.6	10.6
渌 口 区	239.2	14.5
攸　　县	400.9	13.9
茶 陵 县	350.1	13.4
炎 陵 县	122.2	14.5
醴 陵 市	539.8	13.3
二、金融机构贷款余额		
全　　市	3232.1	12.3
城区合计	2100.7	10.2
渌 口 区	175.7	21.6

续附表 12

县（市、区）名称	金融存贷款（本外币）	
	绝对额（亿元）	增速（%）
攸　县	235.0	18.2
茶陵县	219.0	16.1
炎陵县	94.3	11.2
醴陵市	407.5	14.6

县（市、区）主要经济指标一览表（十二）

附表 13

县（市、区）名称	地方一般公共预算收入	
	绝对额（万元）	增速（%）
荷塘区	39735	-2.0
芦淞区	44862	22.6
石峰区	57209	11.0
天元区	425397	-11.0
经开区	113522	2.0
城区合计	680725	-5.2
渌口区	109920	9.4
攸　县	135815	9.4
茶陵县	100897	12.7
炎陵县	46875	22.3
醴陵市	308873	1.3
县域合计	702380	6.8

县（市、区）主要经济指标一览表（十三）

附表 14

县（市、区）名称	地方税收收入	
	绝对额（万元）	增速（%）
荷塘区	33025	1.8
芦淞区	35909	22.6
石峰区	47885	12.1

续附表 14

县（市、区）名称	地方税收收入	
	绝对额（万元）	增速（%）
天元区	371033	-8.2
经开区	91290	2.5
城区合计	579142	-3.1
渌口区	78075	11.4
攸　县	94674	26.4
茶陵县	76013	13.2
炎陵县	28332	13.6
醴陵市	222717	14.2
县域合计	499811	15.7

县（市、区）主要经济指标一览表（十四）

附表 15

县（市、区）名称	一般公共预算支出	
	绝对额（万元）	增速（%）
荷塘区	225322	22.4
芦淞区	158758	22.7
石峰区	216200	13.1
天元区	520672	-4.7
经开区	129358	-6.7
城区合计	1250310	5.1
渌口区	308395	-8.4
攸　县	528317	3.8
茶陵县	497640	11.7
炎陵县	203990	0.9
醴陵市	848381	3.0
县域合计	2386723	3.0

县（市、区）主要经济指标一览表（十五）

附表 16

县（市、区）名称	“四上”单位数	
	在库“四上”单位总数（个）	其中，新增“四上”单位（个）
荷塘区	456	55
芦淞区	474	29
石峰区	384	61
天元区	888	180
经开区	125	18
渌口区	314	45
攸　县	638	70
茶陵县	387	34
炎陵县	238	35
醴陵市	1106	119

索 引

说明：

1.本索引采用分析索引方法，按索引词首字汉语拼音顺序排列（阿拉伯数字开头的索引词转成对应汉字再按拼音序列排列）。首字母音序相同者，按第二音序排列，依次类推。

2.类目、分目作索引词用加粗黑体字标明。

3.索引词后的阿拉伯数字表示内容所在页码，拉丁字母 a、b 表示左右栏。

4.特载、大事记、人物、荣誉、附录、综述、概况未作索引。

E

F

G